U0601470

吕思勉国史通论

吕思勉 著　张耕华 编

中华书局

图书在版编目（CIP）数据

吕思勉国史通论/吕思勉著；张耕华编. —北京：中华书局，
2021.7
ISBN 978-7-101-15234-0

Ⅰ.吕…　Ⅱ.①吕…②张…　Ⅲ.中国历史　Ⅳ.K20

中国版本图书馆 CIP 数据核字（2021）第 110265 号

书　　　名	吕思勉国史通论	
著　　　者	吕思勉	
编　　　者	张耕华	
责任编辑	常利辉	
出版发行	中华书局	
	（北京市丰台区太平桥西里 38 号　100073）	
	http://www.zhbc.com.cn	
	E-mail:zhbc@zhbc.com.cn	
印　　　刷	北京瑞古冠中印刷厂	
版　　　次	2021 年 7 月北京第 1 版	
	2021 年 7 月北京第 1 次印刷	
规　　　格	开本/880×1230 毫米　1/32	
	印张 11½　插页 2　字数 300 千字	
印　　　数	1-6000 册	
国际书号	ISBN 978-7-101-15234-0	
定　　　价	32.00 元	

前　言

　　明末清初的大学者顾炎武,一生恪守祖训:著书不如钞书。他在《钞书篇》中写道:"著书不如钞书。凡今人之学,必不及古人也。今人所见之书之博,必不及古人。小子勉之,惟读书而已。"[1]

　　我的老师李永圻先生,便用顾炎武的这句名言,督促我养成一种读书做笔记的习惯。当时,正在协助李先生为出版社整理吕思勉先生的著作遗稿,便一边阅读、整理吕先生的著述,一边将吕著中有价值的段落抄录下来。集腋成裘,聚沙成塔,久而久之,便积累了好几册笔记簿。后来有了电脑,为了便于保存与检索,又将抄录的文字,一一录入电子文档;新抄录的,也直接在电脑上操作。偶尔,选些抄录的段落,传送给朋友、学生交流分享。大家读后也颇为喜欢,建议我将这些精彩的段落编成一册,以飨读者。这本册子所抄录的,大都偏于吕先生史论的文字,又以通史的系统加以编排,遂以《吕思勉国史通论》为书名。

　　史论,顾名思义,就是对历史人物、事件,以及各种典章制度等文化现象的评述。最初阅读、抄录吕著,自然会关注吕先生与我从教科书上所获得的相悖的史论史评。比如,教科书中有关史前史的叙述,

---

[1]　顾炎武著,黄汝成集释:《日知录集释》下册,上海古籍出版社 1990 年版,第 836—837 页。

都把史前的历史用一个公式来阐述,即史前的历史分为母系、父系两个演进的阶段,母系时代由母系女子统领掌权,父系时代是由父系男子统领掌权。但吕先生在著述中却说:"女权与女系异义。女系时代,事权不必皆在女子手中。"(见本书第 2 页。下仅出页码)"女系氏族的权力,亦有时在男子手中。此即所谓舅权制。此等权力,大抵兄弟相传,而不父子相继。"(第 4 页)

又如,各种教科书都说夏朝是奴隶社会的开端,夏商周属于奴隶制时代。但吕先生却说:"中国古代,虽有奴婢,似乎并不靠他做生产的主力。"(第 28 页)"近人所言中国奴隶社会之说,证据多不确实。"(第 29 页)教科书上说武帝征匈奴,西汉政府在河西走廊设立武威、张掖、酒泉、敦煌四郡,说唐朝中央政府加强对西域的管理,先后设置安西都护府和北庭都护府。吕先生论及此事,却提醒读者:汉、唐对西域的控制不可高估。"我国历代盛时,疆域非不广大,然多并非实际的占领,如汉朝设西域都护,以维持天山南北两条通路,只可称为线的占领。唐朝设西域都护府以管理漠南北,又于西域设四镇,只可称为点的占领。此等占领,虽身在其地,并不能确立势力,而要有别一种势力,以为其后盾而维持之,到维持之势力亡,其本身即不得不撤退了。"(第 320 页)

后来书读得多了,发觉凡是彼此有差异的地方,吕先生的史论更能获得史实上的支持,逐渐成为史学界的共识,这就正好可以用作我历史学习上的绳愆纠缪。这一类史论,还有"先秦诸子可分家不可分人""二世篡位非为事实""无为即放任""汉人称颂文景颇过其实""汉时刻剥其民为史所不详者多""使臣图自利"等等,它们有些可备学术研究上之一说,有些可以帮助我们看到历史上被遮蔽的另一面。

顾颉刚先生在《当代中国史学》一书中对吕先生的《吕著中国通史》有很高的评价,说这部著述"极多石破天惊的新理论"[1]。顾先生

① 顾颉刚:《当代中国史学》,胜利出版社 1947 年版,第 85 页。

所说的"新理论",既指吕先生在著述中吸取了不少社会科学的新成果、新理论,也指吕先生史论上的许多新看法、新观点,他用"石破天惊"来比喻,自然是强调这些新看法、新观点的不同凡响、新奇惊人。循着顾先生的提示,我的抄书也就着重留意一些"石破天惊"的段落。

比如,吕先生说秦是"新进于文明的野蛮国家,最为可怕"(第66页);秦的统一虽好,但联结的方法不佳,"前此的分争,固然不好,后来虽勉强统一,而其联结的办法,还不是最好的"(第71页)。又说秦的建立是"帝政成功,君政废坠"。"帝政成功,则(一)内战可息;(二)前此列国间经济上的隔阂,亦可消除,如撤去列国时代所设的关,出入无需通行证。而且统一之后,对外的力量,自然加强;中国未统一时,蒙古高原不曾有像汉以后匈奴等强大的游牧民族,是中国的天幸。这确较诸霸或王更为有利。但是帝政成功了,君政却全废坠了。"(第73页)君政的废坠,却是政治上的退化。

论及汉唐武功,吕先生的评说也与众人不同。他说西汉与匈奴,"国力相去悬绝,所以终能得到胜利。然此乃国力的胜利,并非战略的胜利"(第104页)。又说:"唐自太宗时,本无迫切之外患,而开边不已,高宗已后,国力日衰,而终不肯有所弃。于是玄宗继起,不得不重边兵,边兵重而安、史之乱作,节镇遍于内地,大局遂不可收拾矣。"(第204页)"论史者多以汉唐并称。论唐朝的武功,其成就,自较汉朝为尤大。然此乃世运为之。主要的是中外交通的进步。若论军事上的实力,则唐朝何能和汉朝比?汉朝对外的征讨,十之八九是发本国兵出去打的,唐朝则多是以夷制夷。这以一对论,亦可使中国的人民,减轻负担,然通全局而观之,则亦足以养成异族强悍,汉族衰颓之势。安禄山之所以蓄意反叛,沙陀突厥之所以横行中原,都由于此。就是宋朝的始终不振,也和这有间接的关系。"(第203页)

细读他的论证,却不得不敬佩吕先生的学力、才气与史识了。这些"石破天惊"的史论,可以开拓我们的视野,达到对历史的真切的领悟。

吕先生的史著，一般都以青年学生为预设对象，故他的著述都写得通俗练达、简明易懂。他的史论，不生硬套用深奥的理论，不铺陈艰涩的概念术语，为了论证的需要，他总是在史论中附以各种来自历史或现在的案例。比如，"文明民族何以见陵于野蛮民族""君子道长，小人道消"等条目，专门论述"文明民族何以见陵于野蛮民族"这一问题，吕先生认为：文明民族受野蛮民族的蹂躏，原因全在于文明民族自身的社会病状深刻。"以文明程度论，固然文明人优于野蛮人；以社会组织论，实在野蛮人胜于文明人。我们说具体一些的话：在政治上，我们有阳奉阴违之弊；又有法出而奸生，令下而诈起的弊。假使在两军相当之际，我们的将帅，就可以找一句推托的话，逗挠不前；我们的军需官，甚而可以借图私利。这许多事情，在野蛮社会里，大抵是很少有的。"（第272页）所以，"两国国力的强弱，不是以其所有的人力物力的多少而定，而是看其能利用于竞争的共有多少而定。旧时的政治组织，是不适宜于动员全民众的。其所恃以和异族抵抗的一部分，或者正是腐化分子的一个集团。试看宋朝南渡以后，军政的腐败，人民的困苦，而一部分士大夫反溺于晏安酖毒、歌舞湖山可知"（第271—272页）。甚至于该社会的首脑，"其行动先自误谬，导其众以入于盲人瞎马、夜半深池之境"（第274页）。

　　又如本书抄录的"教育偏重人伦不算错"一条，说："今之论者，每怪从前的教育，偏重人与社会的关系，而忽略了人与自然的关系，以致自然科学，在欧洲能够发达，而在中国则不能。此事的原因，是否真在于此，业已很成问题。即谓为然，而谓中国的教育，太忽略于自然则可，谓其太注重于人与社会的关系则不可。须知注重人与社会的关系，并不即等于抛荒人与自然的关系也。我们今日，何人不坐轮船火车，但何曾都懂得蒸汽机？何人不点电灯、打电话，但何曾都懂得电学？一国中而无懂得蒸汽机和电学的人，固然不行，有些人不懂得，何碍于其为人？且亦何法使人人都懂得？人与社会的关系，却不是如此。结婚了，岂能说我不明白夫妇间的伦理，而使人代行？出门行走,岂能说我不明白走路的规则,而撞伤人物?然则人对于自然的关系,所知甚浅,由他人操作而我但享用,是并无不可的,对于社会之关系却不然。此理实甚明白。中国传统的教育,视人与社会的关系为首要,人与自然的关系次之,实在并不算错。所错者,乃在其所谓人与社会的关系,太陈旧而不适合了。"(第 46 页)

这些史论,都是从常识、常理来立论,都是用浅显易懂的文字来论述,行文遣句里还带有一点吕先生特有的幽默感。

昔金松岑先生评说吕先生的古文,是"意境孤峭,笔锋犀利,近王安石的一派"①。我也深有同感,尤其欣赏一些如同格言、警句、座右铭之类的警拔独到的文字。如:"为政之道不能废督责。""国民而全不知法家之学,各事皆可谈,请勿谈政治。全不知道家之学,各事皆可谈,请勿谈外交。""治天下不可以有私心。""学问在空间,不在纸上。"等等。这些精彩的文字,读来毫不吸睛,却值得我们反复吟颂、深长思之。

为吕思勉先生编一本"国史通论"的想法始于二○○七年前后,先是有一个初步的设想,从吕著中划出所需的段落,请朱慈恩君帮忙输入成电脑文本,而后徐徐辑缀。本书将抄录的吕著史论,按内容分类辑成一个个专题,再按历史顺序加以编排。每一专题,摘录吕先生的原文概括成一段小引,以起到提纲挈领的作用。所引的吕著史论按著述的初版初刊加以注明出处,遇初版初刊有删节的,则按后来增补版加注。如《学校风潮》一文,初刊于《燕石读札》时就有删节,后收入《吕思勉读书札记》重印也未补全,现按增补本的《吕思勉读史札记》加注。②又有初刊时间不清或不全者,则以后来重印版加注。如《答振甲君》,原刊 1920 年的《沈阳高师周刊》,未知具体的期号,读者

---

① 顾正武:《怀念先师吕诚之先生》,见李永圻、张耕华《吕思勉先生年谱长编》,上海古籍出版社 2012 年版,第 608 页。
② 《吕思勉读史札记》下册,上海古籍出版社 2005 年版,第 1406、1408 页。

无法查找原文，现按《吕思勉全集》加注。抄录中凡有省略或节录的，为了保持行文的流畅，个别行文未加省略、删节号等，但均注明版本与具体页码，读者可以回溯查找原文。

编者

2021 年 4 月 22 日

目　录

第三章　列国时代：春秋战国一大变

第四章　秦代：帝政成功，君政废坠

第六章　三国时代：汉魏为民族盛衰之大界

第七章　晋南北朝时代：内重与外重

第八章 隋唐五代：风俗侈靡之世

第九章　宋辽金元时代：文明民族何以见陵于野蛮民族

第十章　明清时代：治天下不可以有私心

附　录　读史须知

第一章　史前时代：论大同之世

一　部落时代

> 以血缘结合者曰氏，亦曰氏族。以地缘结合者曰部，亦曰部落。二者兼有、抑其结合之原因不明者，则曰部族。此后世史家习用之称号。血族团体，其初必以女子为中心，而父子的关系，亦不如母子之密之故，遂渐成为母系氏族。女系氏族的权力，亦有时在男子手中，权力大抵兄弟相传。商和春秋时的鲁国、吴国，都有兄弟相及的遗迹。这是由于东南一带，母系氏族消灭较晚之故。同姓不婚的理由，昔人说是"男女同姓，其生不蕃"。以实际言，同姓为昏则必争，争则戈干起于骨肉间矣。昏于异姓，既可坊同姓之黩，又可收亲附异姓之功，一举而两得。此"附远厚别"所以为同姓不昏之真实义也。

氏族、部落与部族

以血缘结合者曰氏，亦曰氏族。以地缘结合者曰部，亦曰部落。二者兼有、抑其结合之原因不明者，则曰部族。此后世史家习用之称号也。[①]

什么叫做部落呢？便是其结合以地为主，而不尽依于血统。人类最初，亲爱之情，只限于血统以内；而其能互相了解，亦只限于血统

---

① 《本国史提纲》，《吕思勉遗文集》上册，华东师范大学出版社 1997 年版，第 635 页。

相同的人。因为这时候的人，知识浅短，凡事都只会照着习惯做，而交通不便，彼此无甚往来，两个血缘不同的团体，其习惯亦即往往不同之故。这是事实。然而世界是进化的。同一血统之人，势不能始终聚居于一处。而同一地域之内，亦难始终排斥血统不同的人。既已彼此同居一地，岁月渐深，终必要互相结合，这便成为部落。部落，固然有同一血统，如《辽史》所谓"族而部"的。又有血统虽不同，而丁单力弱之族，并入丁众力强之族而从其姓，如《辽史》所谓部而族的。然而族而不部、部而不族的，毕竟很多。（四种部族，见《辽史·部族志》。这是本有此四种，而辽人因之，并非辽人的创制。）虽在部落之中，族的界限，自然还是存在。凡强大之族，在战时及平时，如联合以作一大工程等，都易处于指挥统驭的地位。又族大则生利之力较大，受天灾人祸等影响较难，小族往往要仰赖其救济。一部落之中，族和族的关系，固然如此。即部落与部落之间，其关系亦是如此。各部落共同作战，或赴役，亦必有一部落为其中心。后世的所谓霸主，其远源，便是从此而来。而部落与部落间主从的关系，固然有由于兵力的不敌，然亦有因债务之故，而陷于从属地位的。凡弱小的部落，因饥荒穷困，而归附强大的部落的，都该属于此类。①

女系不等于女权

女权与女系异义。女系时代，事权不必皆在女子手中。特是时女子之权利，总较后世为优耳。②

人类愈进步，则其分化愈甚，而其组织的方法亦愈多。于是有所谓血族团体。血族团体，其初必以女子为中心。因为夫妇之伦未立，父不可知；即使可知，而父子的关系，亦不如母子之密之故。人类实

---

① 《中国社会变迁史》，《吕思勉全集》第 13 册，上海古籍出版社 2015 年版，第 446—447 页。
② 《中国宗族制度小史》，中山书局 1929 年版，第 4 页。

在是社群动物,而非家庭动物。所以其聚居,并不限于两代。母及同母之人以外,又有母的母,母的同母等。自己而下推,亦是如此。遂渐成为母系氏族。每一个母系氏族,都有一个名称,是即所谓姓。一姓总有一个始祖母的,如殷之简狄、周之姜嫄即是。简狄之子契,姜嫄之子稷,都是无父而生的。因为在传说中,此等始祖母,本来无夫之故。记载上又说他俩都是帝喾之妃,一定是后来附会的。[①]

农渔之民,都是食物饶足,且居有定地的,畋猎对于社会的贡献比较少,男子在经济上的权力不大,所以服务婚之制,亦发生于此时。赘婿即其遗迹。《战国·秦策》说太公望是齐之逐夫,当即赘婿。古代此等婚姻,在东方,怕很为普遍的。《汉书·地理志》说,齐襄公淫乱,姑姊妹不嫁。"于是下令国中:民家长女不得嫁,名曰巫儿,为家主祠,嫁者不利其家。民至今以为俗。"把此等风俗的原因,归诸人君的一道命令,其不足信,显而易见。其实齐襄公的姑姊妹不嫁,怕反系受这种风俗的影响罢?《公羊》桓公二年,有楚王妻媦之语。何注:媦,妹也。可见在东南的民族,内婚制维持较久。

《礼记·大传》说:"四世而缌,服之穷也。五世袒免,杀同姓也。六世亲属竭矣,其庶姓别于上,庶姓见下章。而戚单于下,单同殚。婚姻可以通乎?系之以姓而弗别,缀之以食而弗殊,虽百世而婚姻不通者,周道然也。"然则男系同族,永不通婚,只是周道。自殷以上,六世之后,婚姻就可以通的。殷也是东方之国。《汉书·地理志》又说燕国的风俗道:"初太子丹宾养勇士,不爱后宫美女,民化以为俗,至今犹然。宾客相过,以妇侍宿。嫁娶之夕,男女无别,反以为荣。后稍颇止,然终未改。"不知燕丹的举动,系受风俗的影响,反以为风俗源于燕丹,亦与其论齐襄公同病。而燕国对于性的共有制,维持较久,则于此可见。燕亦是滨海之地。然则自东南亘于东北,土性肥沃,水利丰饶,农渔二业兴盛之地,内婚制及母系氏族,都是维持较久的。

---

① 《吕著中国通史》上册,开明书店1940年版,第32—33页。

女系氏族的权力，亦有时在男子手中。此即所谓舅权制。此等权力，大抵兄弟相传，而不父子相继。因为兄弟是同氏族人，父子则异氏族之故。我国商朝和春秋时的鲁国、吴国，都有兄弟相及的遗迹。（鲁自庄公以前，都一代传子，一代传弟，见《史记·鲁世家》。）这是由于东南一带，母系氏族消灭较晚之故。[①]

同姓不婚的理由

同姓不婚的理由，昔人说是"男女同姓，其生不蕃"。（《左传》僖公二十三年郑叔詹说）"美先尽矣，则相生疾。"（同上，昭公元年郑子产说。）又说是同姓同德，异姓异德。（《国语·晋语》司空季子说）好像很知道遗传及健康上的关系的。然（一）血族结婚，有害遗传，本是俗说，科学上并无证据。（二）而氏族时代所谓同姓，亦和血缘远近不符。（三）至谓其有害于健康，则更无此说。然则此等都是后来附会之说，并不是什么真正的理由。以实际言，此项禁例，所以能维持久远的，大概还是由于《礼记·郊特牲》所说的"所以附远厚别"。因为文化渐进，人和人之间，妒忌之心，渐次发达，争风吃醋的事渐多，同族之中，必有因争色而致斗乱的，于是逐渐加繁其禁例，最后，遂至一切禁断。而在古代，和亲的交际，限于血缘上有关系的人。异姓间的婚姻，虽然始于掠夺，其后则渐变为卖买，再变为聘娶，彼此之间，无复敌意，而且可以互相联络了。试看春秋战国之世，以结婚姻为外交手段者之多，便可知《郊特牲》"附远"二字之确。这是同姓不婚之制，所以逐渐普遍，益臻固定的理由。及其既经普遍固定之后，则制度的本身，就具有很大的威权，更不必要什么理由了。[②]

予谓古者同姓不婚，实如《郊特牲》所言，以附远厚别为义；而其生不蕃，则相生疾诸说，则后来所附益也。何则？群之患莫大乎争，争则

---

① 《吕著中国通史》上册，第14—15、33页。
② 《吕著中国通史》上册，第13—14页。

乱。妃色，人所欲也。争色，致乱之由也。同姓为婚则必争，争则戈干起于骨肉间矣。《晋语》："同姓则同德，同德则同心，同心则同志。同志虽远，男女不相及，畏黩故也。黩则生怨，怨乱毓灾，灾毓灭姓。是故娶妻避同姓，畏乱灾也。"此为同姓不婚最重之义。古人所以谨男女之别于家庭之中者以此。《坊记》："孔子曰：男女授受不亲。御妇人则进左手。姑姊妹，女子子，已嫁而反，男子不与同席而坐。寡妇不夜哭。妇人疾，问之，不问其疾。以此坊民，民犹淫佚而乱于族。"乱于族，则《晋语》所谓黩也。……盖同姓之争色致乱如此。大为之坊犹然，而况乎黩乎？此古人所以严同姓为婚之禁也。同姓不婚，则必婚于异姓。婚于异姓，既可坊同姓之黩，又可收亲附异姓之功，此则一举而两得矣。此附远厚别，所以为同姓不婚之真实义也。①

古代姓氏之别

姓之始为女系，故于文"女生为姓"，如姬、姜等字是也。其后女系易为男系，则姓亦用以表示男子之血统。而同出一始祖者，又有氏以表其支派。乃称姓为正姓，氏为庶姓。古人姓氏各别，如齐太公姜姓，吕氏是也。姓百世而不更，氏数传而可改。三代以前，大抵男子称氏，女子称姓。封建制度破坏，贵族谱牒沦亡，莫能审其得姓受氏之由；亦无新创之姓氏；而二者之别遂亡。②

二　世运之变

古代的君主，都以德为号。所谓某某氏，亦可说是并无其人（至少虽有其人，而不关重要），而其名称，只代表进化中的一个阶段；或者某一个部族特长于某种事业。古代传说的君主，较有事迹可征的是巢、

① 《娶于异姓所以附远厚别义》，《吕思勉遗文集》下册，第 572—573 页。
② 《高中复习丛书　本国史》，商务印书馆 1935 年版，第 24 页。

燧、羲、农，大约可见从渔猎到农耕的社会进化。古人论世运的升降，大都认隆古之世，曾有一黄金世界。这固然是理想之谈，似当有事实的暗示。老子说"郅治之极"是"民各甘其食，美其服，安其俗，乐其业"，可与《礼运》所载孔子论大同之言若合符节，互相发明。孔子所谓"三代之英"，也是历史上明有其人、明有其时，不能指为子虚乌有。准此看来，所谓大同者，实当确有其世。至炎、黄之际，世运才发生一大变。

德号与地号

古代帝王的称号，有所谓德号及地号。（服虔说，见《礼记·月令》疏。）德号是以其所做的事业为根据的，地号则以其所居之地为根据。案，古代国名、地名，往往和部族之名相混，还可以随着部族而迁移，所以虽有地号，其部族究在何处，仍难断言。至于德号，更不过代表社会开化的某阶段；或者某一个部族，特长于某种事业；并其所在之地而不可知，其可考见的真相，就更少了。[①]

古代的传说，总把社会自然的事情，归功于一两个人，尤其是酋长身上。但是古代的君主，都以德为号。所以所谓某某氏、某某氏，亦可说是并无其人（至少虽有其人，而不关重要），而其名称，只是代表进化中的一个阶段。神话姑不必论。古代传说的君主，较有事迹可征的，是巢、燧、羲、农。巢是有巢氏，教民构木为巢的。燧是燧人氏，教民钻木取火的。羲是伏羲氏。伏羲，亦作庖牺。从前的人，说他是畜牧时代的酋长，这实在是望文生义。伏羲的正当解释，见于《尚书大传》中（《尚书大传》，是西汉初年伏生所撰。伏生名胜［汉人言生，如今人言先生］，还是秦朝的博士，是汉朝传《尚书》的第一个经师，所以其说较古而可信），是"下伏而化之"之义。至其事业，则《易经·系辞传》，说他"作结绳而为网罟，以佃以渔"。其仍在渔猎时代

---

① 《吕著中国通史》下册，开明书店 1944 年版，第 357 页。

可想。至于神农二字，则古人本多当农业或农学的意义用，神农氏为农业时代的君主，那就不言可知了。[①]

从渔猎到农耕

从来讲社会学的，多说社会经济的进化，是从渔猎到畜牧，畜牧到农耕，其实亦不尽然。社会经济的进化，盖亦视乎其地。就欧洲的已事看来，大抵草原之地，渔猎之民，多进为畜牧；山林川泽之地，则进为农耕。中国古代，似亦如此。

中国古代，进化之迹，稍有可征的，当推巢、燧、羲、农。巢、燧事迹，见于《韩非子》的《五蠹》篇。《五蠹》篇说："上古之世，人民少而禽兽众，人民不胜禽兽虫蛇。有圣人作，构木为巢，以避群害，而民说之，使王天下，号曰有巢氏。民食果蓏蚌蛤，腥臊恶臭，而伤害腹胃，民多疾病。有圣人作，钻燧取火，以化腥臊，而民说之，使王天下，号曰燧人氏。"其为渔猎时代的君长，显而易见。伏羲氏亦作庖羲氏。后人望文义，遂生出"驯伏牺牲"、取牺牲以充庖厨诸曲说，释为游牧时代的君长。其实伏羲乃"下伏而化之"之义，明见《尚书大传》。至其事迹，则《易·系辞传》明言其"作结绳而为网罟，以佃以渔"。《尸子》亦说："燧人氏之世，天下多水，故教民以渔。伏羲之世，天下多兽，故教民以猎。"其为渔猎时代的君长，更信而有征。

伏羲氏殁，神农氏作。"神农"二字，确为农业的意义。神农又号烈山氏。烈山，即《孟子》"益烈山泽而焚之"的烈山，乃今社会学家所谓"伐栽农业"。后人谓因起于随县北之厉山，故以为氏，则因厉、烈同音而附会耳。其实春秋时鲁有大庭氏之库，实为神农遗迹。神农的都邑，固明明在山东而不在湖北也。[②]

---

① 《中国民族演进史》，亚细亚书局 1935 年版，第 35—36 页。
② 《中国社会变迁史》，《吕思勉全集》第 13 册，第 430—431 页。

农业演进之证

农业之演进，于何证之？曰：观其所栽植之物可知也。古有恒言曰百谷，又曰九谷，又曰六谷，又曰五谷，所植之物递减，足证其遗粗而取精。[1]

论大同之世

说大同是实有的世界，照现在的情形看起来，似乎万无此理。然而(一)古人论世运的升降，把皇帝王霸，分作数等的甚多。儒家此等语，固人所习见，即各家亦多有之。……这固然是理想之谈，不能径认为事实。然而诸子百家，大都认皇古的治化，较后世为隆；大都认隆古之世，曾有一黄金世界。假使全系理想之谈，似不易如此符合。这其间，似当有事实的暗示。(二)古书的记事和寓言，很难分别，这诚然。然非竟无可分别。《礼运》孔子论大同小康一段，按其文体，固明明庄论而非诞辞。孔子说："大道之行也，与三代之英，丘未之逮也，而有志焉。"郑注说："志，谓识，古文。"这是把识字解释志字；更申言之，谓所谓志者，即系汉人所谓古文。志即现在口语中的记字；下笔或作记，或作志；古人则作志作识，都系名动词通用。古文则东汉人通称古书之辞。王静庵《汉代古文考》论之颇详。

孔子所谓"三代之英"，即指禹、汤、文、武、成王、周公六君子之世。这是历史上明有其人，明有其时代的，不能指为子虚乌有之谈。然则所谓大道之行者，在今日虽文献无征，而在孔子当日，则必薄有所据。准此看来，所谓大同者，实当确有其世。

《礼运》所载孔子论大同之言，业已人人耳熟能详，无待再举。又如老子说："郅治之极，邻国相望，鸡犬之声相闻，民各甘其食，美其服，安其俗，乐其业，至老死不相往来。"老死不相往来，用现在人的眼

---

① 《先秦史》，开明书店 1941 年版，第 303 页。

光看起来，固然不是美事。然而甘其食，美其服，安其俗，乐其业，却是不易得的。这颇可与孔子论大同之语，互相发明了。而如《淮南子·本经训》说："古者机械诈伪，莫藏于心。"而以"分山川溪谷，使有壤界；计人多少众寡，使有分数；筑城掘池，设机械险阻以为备；饰职事，制服等，异贵贱，差贤不肖，经诽誉，行赏罚"，为后世之事。尤与孔、老之言，若合符节。总而言之：分界限而别人我，异善恶而定是非，因之以行赏罚，都不是至治之事。孔、老皆不认为真善。老子所以贵道德而贱仁义者以此。观孔子论大同之言，则孔、老宗旨，并不相背；不过孔子所论，以小康之治为多，而大同不过偶一及之罢了。（古人学说传者，皆阙佚已甚。或孔子对于大同，多有论列，而所传者仅此，亦未可知。）①

释"并耕而食，饔飧而治"

许行说："贤者与民并耕而食，饔飧而治。"（《滕文公上》）这并非故为高论，在古代原是如此的。乌桓大人，"各自畜牧营产，不相徭役"（《后汉书·乌桓传》)，便是一个证据。孔子说大同时代，"选贤与能"，所选举出来的贤能，其地位，亦不过如此。"神农"两字，是农业的意思，已见前。神农之言，即农家之言。为神农之言，即治农家之学。所以《汉书·艺文志》论农业，说："鄙者为之，欲使君臣并耕，悖上下之序。"这话明是指许行。许行是治农家之学的人，是无疑义的。许行之言，即农家之言。其所主张，正是大同时代的治法。大同时代的文化，是农业的文化，得此又添一证据。

或者疑惑：既要经手公务，又要耕田和做饭，哪得这许多功夫？殊不知国家扩大了，公务才繁忙，才有一日二日万几之事。小小的一个社会，其治者，不过如今日村长、闾长之类，有何繁忙，而至于没有工夫？况且并耕而食，饔飧而治，原不过这么一句话。其意思，不过

---

① 《中国社会变迁史》,《吕思勉全集》第 13 册，第 425—426、427 页。

说当时的治者,既无权力,亦无权利。并非说一定要耕田,一定要做饭。依我看:耕田是当日普通的职业。治者既没甚繁忙,自用不着废掉耕种。至于做饭,则在当时,怕本没有家家做饭自己吃这一回事罢?①

炎、黄之际为世运一大变

从燧人到神农,虽然保持和平的关系,然而神农氏数传之后,却有一轩然大波,起于河北,是为炎、黄二族的争斗。黄帝,《史记·五帝本纪》,称其"迁徙往来无常处,以师兵为营卫"。即此二语,已可想见其为游牧之族。又称其东征西讨,"东至海;西至空同;南至江;北逐荤粥,合符釜山"。此等远迹,亦非游牧之族不能至。"黄帝邑于涿鹿之阿。"涿鹿,山名。服虔说在涿郡。张晏说在上谷。服说盖是。张说恐因后世地名而附会。涿郡,即今河北的涿县。这一带,正是平坦适于游牧之地。《商君书·画策》篇:"神农之世,男耕而食,妇织而衣;刑政不用而治,甲兵不起而王。神农既殁,以强胜弱,以众暴寡。故黄帝作为君臣上下之义,父子兄弟之礼,夫妇妃匹之合。内行刀锯,外用甲兵。"这数语,可为炎帝之族尚平和,黄帝之族好战斗的铁证。推想古时,似乎河南之地,适于农耕;河北之地,宜于畜牧。所以炎、黄两族,因地利之不同,生事遂随之而异。一旦发生冲突,爱好平和的农耕之民,自非乐于战斗的游牧之民之敌;而阪泉、涿鹿之役,炎族遂为黄族所弱了。农耕的共产小社会,内部的组织,最为合理;相互的关系,亦极平和。孔子所谓大同,老子所谓郅治,实在就是指这一种社会言之。自为游牧之民所征服,于是发生阶级。上级之人,剥削下级的人以自养。其善者,不过小康之治。并此而不能维持,就入于乱世了。世运的升降,大略如此。②

---

① 《中国社会变迁史》,《吕思勉全集》第 13 册,第 439 页。
② 《中国社会变迁史》,《吕思勉全集》第 13 册,第 432—433 页。

《战国策·赵策》曰："宓牺、神农，教而不诛，黄帝、尧、舜，诛而不怒。"《春秋繁露·尧舜不擅移汤武不专杀》曰："今足下以汤、武为不义，然则足下所谓义者，何世之君也？则答之以神农。"若是乎，自古相传，咸以炎、黄之际，为世运之一大变也。案，《战国·秦策》：苏秦言神农伐补遂，《吕览·用民》谓凤沙之民，自攻其君而归神农。（《说苑·政理篇》同）则神农之时，亦已有征诛之事。盖神农氏传世甚久，故其初年与末年，事势迥不相同也。然此等争战，尚不甚剧，至炎、黄之际，而其变益亟。[①]

政治的两种属性

人类是不能没有分业的。政治也是分业的一种。然而世界上，政治往往成为罪恶，政治家往往成为罪恶的人，这是什么原故？这并非政治是罪恶；亦非一经手政治，便要成为罪恶的人。实缘我们所谓政治者，性质不纯，本含有罪恶的成分在内。怎样叫我们的政治性质不纯呢？原来我们的政治，含有两种元素：一是公务，一是压迫。惟其常带权力压迫的性质，所以政治会成为罪恶，而政治家亦成为罪恶的人。[②]

现在论政之家，往往痛心疾首于所谓政治者，"纸面上有而实际上无"，此非今日之中国所独有之弊，乃古今中外官僚政治之通弊，官僚政治，为什么会有这种弊病呢？

通常所谓政治，实已含有两种性质：一种是群中的公务，公举若干人来办理的，这和我们随意组织的团体公举出若干人来办理事务的一样，竟不含强制的性质。又一种，则是以这一群人征服那一群人，或者一群之中，划分出一部分人来，专操治理之权，此即所谓封建势力。这两种政治，性质绝不相同，而我们现在，同蒙以政治之名，无

---

①　《先秦史》，第 57 页。
②　《中国社会变迁史》，《吕思勉全集》第 13 册，第 438 页。

论何种实际政治,总是兼含这两种性质的(国家之成立,必与阶级之成立俱,这句话是颠扑不破的,但凡政治亦含有第一种性质,这一点亦不可忽视,否则只看到其黑暗一方面,立论就要流于偏激了),不过其成分有多少,属于前者的成分多,则其社会较为安和而国家盛强,后者的成分则反是。①

---

① 《生活的轨范》下,1941 年 6 月 10 日《正言报》。

第二章　上古三代：论封建之世

一　夏商周之更迭

（禹）治水之事，详见于《禹贡篇》，所述是否当时之事，颇可疑。同时代的人，知识大抵相类，禹的治水，能否一变共工及鲧之法，实是一个疑问。疑心共工、鲧、禹，虽然相继施功，实未能把水患解决，到禹时，汉族的一支，便开始西迁。西边的地方，必较东边为瘠，因地瘠不能不多用人力，文明程度转因此进步。故夏的西迁，确是古史上的一个转捩。商代特异的制度，为王位继承法，似乎是长兄死后，以次传其同母弟；同母弟既尽，则还立其长兄之子。"高宗谅阴，三年不言。"系居丧之时，不自为政，实殷代之成法。古"臣有大丧，君三年不呼其门"，亦以此。西周之世，合东、西两畿之地，足当春秋时之大国而有余，能维持其共主的资格。西畿失后，形势大不相同，故昔人论平王东迁为失策，诚非无所见而云然。

夏的西迁

尧、舜、禹之间，似乎还有一件大事，那便是汉族的开始西迁。古书中屡次说颛顼、帝喾、尧、舜、禹和共工、三苗的争斗，共工、三苗，都是姜姓之国，似乎姬、姜之争，历世不绝，而结果是姬姓胜利的。我的看法，却不是如此。

《国语·周语》说"共工欲壅防百川，堕高堙庳，鲧称遂共工之过，禹乃高高下下，疏川导滞"，似乎共工和鲧，治水都是失败的，至禹乃一变其法。然《礼记·祭法篇》说"共工氏之霸九州也，其子曰后土，能平九州"，则共工氏治水之功，实与禹不相上下。后人说禹治水的功绩，和唐、虞、夏间的疆域，大抵根据《书经》中的《禹贡》，其实此篇所载，必非禹时实事。

同一时代的人，知识大抵相类，禹的治水，能否一变共工及鲧之法，实在是一个疑问。堙塞和疏导之法，在一个小区域之内，大约共工、鲧、禹，都不免要并用的。但区域既小，无论堙塞，即疏导，亦决不能挽回水灾的大势，所以我疑心共工、鲧、禹，虽然相继施功，实未能把水患解决，到禹的时代，汉族的一支，便开始西迁了。……自禹的儿子启以后，就不闻有和共工、三苗争斗之事，则夏朝自禹以后，逐渐西迁，似无可疑。

大约当时东方的水患，是很烈的，而水利亦颇饶。因其水利颇饶，所以成为汉族发祥之地。因其水患很烈，所以共工、鲧、禹，相继施功而无可如何。禹的西迁，大约是为避水患的。当时西边的地方，必较东边为瘠，所以非到水久治无功时，不肯迁徙。然既迁徙之后，因地瘠不能不多用人力，文明程度转因此进步，而留居故土的部族，转落其后了。这就是自夏以后，西方的历史传者较详，而东方较为茫昧之故。然则夏代的西迁，确是古史上的一个转捩，而夏朝亦确是古史上的一个界画了。[①]

殷兄弟相及

商代传三十一世，王天下六百余年。其制度特异的，为其王位继承之法。商代的继承法，似乎是长兄死后，以次传其同母弟；同母弟既尽，则还立其长兄之子。……《史记·殷本纪》载汤的太子太丁早卒，立其弟外丙、仲壬。仲壬死，还立太丁之子太甲。又祖辛死，立其

① 《吕著中国通史》下册，第360、361、362页。

弟沃甲。沃甲死，还立祖辛之子祖丁。我们观此，知商代的习惯，与夏不同，而周朝则与夏相近。①

殷代事迹最异者，为其君位承袭之法。自五帝以前君位承袭之法，实不可知。史所传五帝之序，盖后人就当时强部，能号令诸侯者言之，犹齐桓、宋襄、晋文之继霸，非一国之内，君位相承之序也。自夏以来，君位承袭，乃有可考；周家特重適长，明白无疑。夏后氏：据《史记本纪》所载，惟太康、仲康兄弟相及。又扃以弟继不降，扃卒，子廑立，廑卒，还立不降子孔甲，亦颇类有殷。然此乃承袭之法，偶失其常，不能谓夏弟兄相及也。殷三十王，弟兄相及者十四。（外丙、仲壬、大庚、雍己、大戊、外壬、河亶甲、沃甲、南庚、盘庚、小辛、小乙、祖甲、庚丁。若兼据《三代世表》及《古今人表》，则小甲、中丁、祖乙，亦皆兄弟相及，凡十七。）春秋时吴诸樊、余祭、余眛相及。季弟札让不肯立，立余眛之子僚。诸樊子光，以为不传季子，光当立，卒弑僚而代之。可见弟兄相及者，季弟死，当还立长兄之子。殷代亦然。大甲之继仲壬，祖丁之继沃甲，皆如此。其不然者，盖弟兄相及，年代孔长，长兄之子或先季弟死，又或在位者用私；诸弟子争立；不能尽如法也。

《春秋繁露·三代改制质文篇》曰："主天者法商而王，立嗣予子，笃母弟（《公羊》隐公七年何注曰：母弟，同母弟；母兄，同母兄。分别同母者，《春秋》变周之文，从殷之质，质家亲亲·明当亲厚，异于群公子也）；主地者法夏而王，立嗣予孙，笃世子。"必非虚语矣。母系之族，兄弟为一家，父子则否，故多行相及之法。兄弟尽，还立长兄之子，亦诸族类然。

《史记》言"自中丁以来，废適而更立诸弟子"，所谓適者，实兼弟言之，如大丁死后之外丙，仲壬死后之大甲；所谓诸弟子，则大丁死时之仲壬、大甲也。后世行此法者惟吴，而鲁自桓公以前，亦一生一及（见《公羊》庄公三十二年，《史记·鲁世家》作一继一及），盖东南之俗

---

① 《复兴高级中学教科书　本国史》上册，商务印书馆 1934 年版，第 36 页。

故如此,此可考见殷人之所起矣。① 夏朝传国共十七代,商朝则三十代。商朝的世数所以多于夏,大约是因其兼行兄终弟及之制而然。②

谅阴系殷之成法

子张曰:"高宗谅阴,三年不言,何谓也?"子曰:"何必高宗,古之人皆然。君薨,百官总己以听于冢宰,三年。"(《论语·宪问》)案,《丧服大记》曰:"父母之丧,居倚庐,非丧事不言。既葬,与人立,君言王事,不言国事。大夫士言公事,不言家事。君既葬,王政入于国。既卒哭而服王事。大夫士既葬,公政入于家。既卒哭,弁绖带,金革之事无辟也。既练,居垩室,不与人居。君谋国政,大夫士谋家事。"盖古之居丧者,于凡事皆无所与。古者君与民相去近,而国事亦简,是以能守其旧俗也。臣有大丧,君三年不呼其门(《公羊》宣公元年),亦以此。至于后世,则金革之事有不暇辟者也,礼从俗而变,亦事之不得不然。正不必讥后人之短丧也。③ 盖居丧之时,不自为政,实殷代之成法也。……然谅阴总己之制,后似不能常行。观《礼记·丧服四制》言高宗之时,礼废而复起可知。此亦可见君权之日扩也。④

桀纣恶政多附会

夏曾佑《古代史》曰:"中国言暴君,必数桀纣,犹之言圣君,必数尧、舜、汤、武也。今案各书所引桀、纣之事多同,可知其间必多附会。"……案,谓言桀、纣之恶者多附会,是也。然谓附会之由,由于兴者极言前王之恶,则误以后世度古人。古本无信史,古人又不知求实,凡事皆以意言之,正如希腊荷马之《史诗》,宋、元以来之平话耳。或侈陈而过其实,或臆说而失其真,皆意中事。然附会之辞,虽或失

---

① 《先秦史》,第 110—111 页。
② 《吕著中国通史》下册,第 367 页。
③ 《谅闇》,《吕思勉读史札记》上册,上海古籍出版社 2005 年版,第 294 页。
④ 《先秦史》,第 111—112 页。

实,亦必有由,不能全无根据也。就桀、纣言之,则纣之世近,而事之传者较详,桀之世远,而事之传者较略,故以纣之恶附诸桀者必多,以桀之恶附诸纣者必少。① 子贡曰:纣之不善,不如是之甚也,是以君子恶居下流,天下之恶皆归焉。善哉言乎。②

西周盛衰的大势

西周的盛衰,其原因有可推见的。周朝受封于陕西,本来是犬戎的根据地。历代都和犬戎竞争,到大王、王季、文王,三代相继,才得胜利,周朝立国的根据,到此才算确定。同时他的权力,向两方面发展:其一是出潼关,向如今的河洛一带,后来渡孟津伐纣,营建东都,所走的都是这一条路。其一便是出武关,向汉水流域,所以韩婴叙《周南》,说"其地在南郡、南阳之间"。(《水经注》三十四)现存的《诗序》,也说"文王之道,被于南国,美化行乎江汉之域"。(《汉广序》。就周公奔楚,所走的也是这条路。)后来他权力退缩,受敌人的压迫,也是从这两方面而来。昭王南征而不复,便是对于南方一条路权力的不振。宣王号称中兴,尚且败绩于姜戎,可见得戎狄的强盛。到幽王时候,东南一方面的申(中国,在如今河南的南阳县),和西方一方面的犬戎相合,西周就此灭亡了。这种形势,和前乎此的商朝,后乎此的秦朝,实在是一样的。③

平王东迁之失策

因不能还都而蒙受极大的损失的,历史上最早可考的,便要推东周。东周平王元年,为西元前七七〇年,下距秦始皇尽灭六国的前二二一年,凡五百四十九年,其时间不可谓不长。西周之世,西畿应为

---

① 《先秦史》,第 127、128 页。
② 《史事失实》,《论学集林》,上海教育出版社 1987 年版,第 692 页。
③ 《自修适用白话本国史(一)》第一篇《上古史》,商务印书馆 1923 年版,第 57—58 页。

声明文物之地，然直至战国时，论秦者尚称其杂戎狄之俗，在秦孝公变法自强以前，因此为东方诸侯所排摈，不得与于会盟之列，可见西周之亡，西畿之地，遭受破坏的残酷。当西畿未失之时，周朝合东西两畿之地，犹足以当春秋时之齐、晋、秦、楚，此其所以在西周时，大体上，能够维持其为共主的资格。到西畿既失之后，形势就大不相同了。昔人论东周之东迁，恒以为莫大之失策，诚非无所见而云然。[①]

当西周之世，合东西两畿之地，优足当春秋时的一个大国而有余，东迁以后，西畿既不能恢复，东畿地方，又颇受列国的剥削，周朝自然要夷于鲁、卫了。[②]

二 宗法与封建

所谓封建，应指（甲）慑服异部族，使其表示服从；（乙）打破异部族，改立自己的人为酋长；（丙）使本部族移殖于外言。前二者盖出于部落之互相吞并，后者则出于一部落之向外拓殖。古代扩充本族之势力，全恃宗法。宗法之制，别子为祖，继别为宗，继别之宗，百世不迁。故有一宗子，即其始祖之子孙，无论若何疏远，皆能聚而不散。宗子皆有土地，故有力收恤其族人；族人皆与宗子共托命于此土地，故不得不翊卫其宗子。其时言政治者，恒以"兴灭国、继绝世"为同族间之道德也。其治者阶级的精神：一武勇，二不好利。惟不好利，故富贵不能淫，贫贱不能移；惟能武勇，故威武不能屈。这是其能维持治者阶级地位的原因。贵族政体和民主政体，在古书上，亦未尝无相类的制度。古代君臣相去，初不甚远，周、召之共和行政，可见古贵族之权之大。

先部族后封建

分立之世，谓之封建，统一之时，号称郡县，为治史者习用之名。

---

① 《还都征古》，《启示》1946 年第 1 卷第 1 期。
② 《吕著中国通史》下册，第 372—373 页。

然以封建二字,该括郡县以前之世,于义实有未安。何则? 封者裂土之谓,建者树立之义,必能替彼旧酋,改树我之同姓、外戚、功臣、故旧,然后封建二字,可谓名称其实,否即难免名实不符之诮矣。故封建以前,实当更立一部族之世之名,然后于义为允也。("部落曰部,氏族曰族",见《辽史·营卫志》。)……盖古之民,或氏族而居,或部落而处,彼此之间,皆不能无关系。有关系,则必就其才德者而听命焉。又或一部族人口独多,财力独裕,兵力独强,他部族或当空无之时,资其救恤;或有大役之际,听其指挥;又或为其所慑;于是诸部族相率听命于一部族,而此一部族者,遂得遣其同姓、外戚、功臣、故旧,居于诸部族之上而监督之,亦或替其旧酋而为之代。又或开拓新地,使其同姓、外戚、功臣、故旧分处之。此等新建之部族,与其所自出之部族,其关系自仍不绝。如此,即自部族之世,渐入于封建之世矣。先封建之世,情形大略如此。①

何谓封建

从前的史家,率称统一以前为封建时代,此语颇须斟酌。学术上的用语,不该太拘于文字的初诂。封建二字,原不妨扩而充之,兼包列国并立的事实,不必泥定字面,要有一个封他的人。然列国本来并立,和有一个封他的人,二者之间,究应立一区别。我以为昔人所谓封建时代,应再分为(一)部族时代,或称先封建时代;(二)封建时代较妥。所谓封建,应指(甲)慑服异部族,使其表示服从;(乙)打破异部族,改立自己的人为酋长;(丙)使本部族移殖于外言之。② 封建之道,盖有三端:慑服他部,责令服从,一也。替其酋长,改树我之同姓、外戚、功臣、故旧,二也。开辟荒地,使同姓、外戚、功臣、故旧移殖焉,三也。由前二说,盖出于部落之互相吞并。由后之说,则出于一

---

① 《先秦史》,第374、375页。
② 《吕著中国通史》上册,第52—53页。

部落之向外拓殖者也。一部落之拓殖于外者，于其故主，固有君臣之分；异部落之见慑服者，对其上国，亦有主从之别；此天子诸侯尊卑之所由殊，而元后群后之所以异也。[1]

宗法与封建

宗法之立，实缘同出一祖的人太多了，一个承袭始祖的地位的人，管理有所不及，乃不得不随其支派，立此节级的组织，以便管理。迁居异地的人，旧时的族长，事实上无从管理他。此等组织，自然更为必要了。观此，即知宗法与封建，大有关系。因为封建是要将本族的人，分一部分出去的。有宗法的组织，则封之者和所封者之间，就可保持着一种联结了。然则宗法确能把同姓中亲尽情疏的人，联结在一起。他在九族之中，虽只联结得父姓一族。然在父姓之中，所联结者，却远较九族之制为广。怕合九族的总数，还不足以敌他。而且都是同居的人，又有严密的组织。母系氏族中，不知是否有与此相类的制度。即使有之，其功用，怕亦不如父系氏族的显著。因为氏族从母系转变到父系，本是和斗争有关系的。父系氏族而有此广大严密的组织，自然更能发挥其斗争的力量。我们所知，宗法之制，以周代为最完备，周这个氏族，在斗争上，是得到胜利的。宗法的组织，或者也是其中的一个原因。[2]

汉族古代所以扩充本族之势力者，全恃宗法，而宗法之制，则实借封建以行之。旧宗法之制，别子为祖，继别为宗，继别之宗，百世不迁。故有一宗子，即其始祖之子孙，无论若何疏远，皆能聚而不散，而其族之力以厚。为祖之别子，率皆有土之君，如始受封之诸侯，始受采地之大夫是也。惟为宗子者皆有土地，故有力以收恤其族人，惟为族人者，皆与宗子共托命于此土地，故为自保计，不得不翊卫其宗子。

---

① 《中国国体制度小史》，中山书局 1929 年版，第 4 页。
② 《吕著中国通史》上册，第 35—36 页。

古代征服异族，鞭长莫及之地，率以此法行之。而天子于其畿内，诸侯于其境内，即大夫于其采地内，亦莫不行此法，故其设治极密，如束湿薪，到处皆为此一族人所盘据，人民自无如之何矣。此其阶级之制，所以能相沿至于数千年之久也。其后所以破坏者，则由此等有土之人，自相攻伐，诸侯既交相吞噬，大夫亦各肆并兼。（如晋之六卿是。）吞并人者，看似地愈大而势愈强，实则被覂灭者，皆已降而为平民。而此族之高居民上者，日以少矣。（阶级制度之破，平民升为贵族者少，贵族降为平民者多，王官之学，散在四方，亦以此时……）迨于最后，则居于民上者惟一人，欲去此一族者，去此一人可矣，秦之亡是也。且推原其详，使一族之人，长此聚居一处，不与异族相接，原无所谓涣散，原不必设策以鸠之，所以必立宗为收族之计者，原以散处四方，虑涣而不可复合故；原以与异族错处，虑其混淆不能分别故，然则宗法之起，虽谓由于封建可也。（两事实相关因果。）[①]

宗与族及孝

古者宗与族异。族者，如欧阳尚书所说之九族，犹兼用女系（《白虎通》同。古文家以上自高祖下至玄孙为九族，非也。俞荫甫谓其误九世为九族，一语破的），宗则纯乎男系也。族主亲亲，宗主尊尊。（《白虎通》宗者，尊也，为先祖主者，宗人之所尊也。族者，凑也，聚也，谓恩爱相流凑也。生相亲爱，死相哀痛，有会聚之道，故谓之族。）有宗法而同族团结之力始厚，有宗法而与异族竞争之力始强。古代之宗法，盖实由团结同族，与异族竞争而起。亲亲故尊祖，尊祖故敬宗，敬宗故收族，收族故宗庙严，宗庙严故重社稷，数语尽之矣。古人说孝字之义，所以蟠天际地者以此。因当时一族之人，所以团结自保之道，举于是也。以一孝字，可摄诸德。自系古代社会思想如此，儒

---

① 《论货币与井田》，《建设》1920 年第 2 卷第 6 期。

家仍之。然则所谓孝者,其于同族诚厚矣,而其于异族,则亦酷矣。①

"兴灭国、继绝世"

古代封建之制,与宗族之制,关系最密。职是故,古代国际间之道德,亦与同族间之道德,大有关系。古之言政治者,恒以"兴灭国、继绝世"为美谈。所谓"兴灭国、继绝世",则同族间之道德也。《尚书大传》曰:"古者诸侯始受封,必有采地。其后子孙虽有罪黜,其采地不黜,使子孙贤者守之世世,以祠其始受封之人。此之谓'兴灭国、继绝世'。"盖古代最重祭祀,所谓"兴灭国、继绝世"者,则不绝始封之君之祀而已。②

封建精神

封建时代,治者阶级的精神,最紧要的有两种:一是武勇,一是不好利。惟不好利,故富贵不能淫,贫贱不能移;惟能武勇,故威武不能屈。这是其所以能高居民上,维持其治者阶级的地位的原因。在当时原非幸致。然而这种精神,也不是从天降,从地出,或者如观念论者所说,在上者教化好,就可以致之的。人,总是随着环境变迁的。假使人而不能随着环境变迁,则亦不能制驭环境,而为万物之灵了。在封建主义全盛时,治者阶级,因其靠武力得来的地位的优胜,不但衣食无忧,且其生活,总较被治的人为优裕,自然可以不言利。讲到武勇,则因前此及其当时,他们的生命,是靠腕力维持的,取之于自然界者如田猎;取之于人者,则为战争和掠夺。自能养成其不怕死不怕苦痛的精神。到武力掠夺,悬为厉禁,被治者的生活,反较治者为优裕;人类维持生活最好的方法,不是靠腕力取之于自然界,或夺之于团体之外,而反是靠智力以剥削团体以内的人;则环境大变了。治者

---

① 《论货币与井田》,《建设》1920 年第 2 卷第 6 期。
② 《中国国体制度小史》,第 17 页。

阶级的精神，如何能不随之转变呢？于是滔滔不可挽了。①

古代之民主政体

政权的决定，在名义上最后属于一人的，是为君主政体；属于较少数人的，是为贵族政体；属于较多数人的，是为民主政体。这种分类之法，是出于亚里士多德的。虽与今日情形不同，然以论古代的政体，则仍觉其适合。

贵族政体和民主政体，在古书上，亦未尝无相类的制度。然以大体言之，则君权之在中国，极为发达。君主的第（一）个资格，是从氏族时代的族长，沿袭而来的，所以古书上总说君是民之父母。其（二）则为政治或军事上之首领。其（三）则兼为宗教上之首领。所以天子祭天地，诸侯祭社稷等（《礼记·王制》），均有代表其群下而为祭司之权，而《书经》上说："天降下民，作之君，作之师。"（《孟子·梁惠王下篇》引）君主又操有最高的教育之权。……至于民主政治，则其遗迹更多了。我们简直可以说：古代是确有这种制度，而后来才破坏掉的。……原始的制度，总是民主的。到后来，各方面的利害冲突既深；政治的性质，亦益复杂；才变而由少数人专断。这是普遍的现象，无足怀疑的。有人说：中国自古就是专制，国人的政治能力，实在不及西人，固然抹杀史实；有人举此等民权遗迹以自豪，也是可以不必的。②

所谓民主政体者，谓凡事不容决之以一人，并不容决之以少数人，而必决之以多数人耳。（其所谓多数，以全国言之，实非多数，又是一事。）此则议事之初，本系如此。虽甚桀骜，能令众人服从其议者有之矣。使众人慑其威而不敢言，止矣。谓公共之事，众人本不当与，惟一人或少数人尸之，此非积渐，必不能致也。故民主政体者，乃政之初制也。我国所以无之者，则以地势便于统一，世愈降，国土愈

---

① 《吕著中国通史》上册，第 68—69 页。

② 《吕著中国通史》上册，第 49、50、51、52 页。

广,集众而议,势所不行。贵族专制,则较君主专制尤恶,故君主削贵族之权,人民实阴相之。遂至举一国之权,而奉诸一人耳。①

论共和行政

古代政体之奇异者,莫如共和。《史记·周本纪》云:"……召公、周公二相行政,号曰'共和'。共和十四年,厉王死于彘。太子静长于召公家,二相乃共立之为王,是为宣王。"是周之无君者,十有四年也。案,国本非君所独治,特后世君权重,人臣之位,皆受之于君,无君,则臣莫能自安其位。又视君位严,君之职,莫敢轻于摄代,故不可一日无君。若古代,则君臣共治其国之义尚明,臣之位亦多有所受之,非人君所能任意予夺。君权既小,则一国之政,必待人君措置者较少。人臣摄代其君,亦视为当然,而其顾虑,不如后世之甚,则无君自属无妨。《左》襄十四年,卫献公出奔,卫人立公孙剽。孙林父、宁殖相之,以听命于诸侯。此虽立君,实权皆在二相,亦犹周召之共和行政也。然究犹立一公孙剽。若鲁昭公之出奔,则鲁亦并不立君也。然则此等事,古代必尚不乏,特书阙有间,不尽传于后耳。韦昭释"共和"曰:"公卿相与和而修政事。"可见无君而不乱,实由百官之克举其职也。②

古代君臣相去,初不甚远,故有君薨百官总己以听于冢宰之制。《尚书·大诰》之"王若曰",王肃以为成王,郑玄以为周公。案,《春秋》鲁隐公摄政,初未尝事事以桓公之命行之,则郑说是也。《左氏》襄公十四年,卫献公出奔,卫人立公孙剽,孙林父、宁殖相之,以听命于诸侯。此虽有君,实权皆在二相,实与周、召之共和行政无异。若鲁昭公出居乾侯,则鲁并未尝立君也。知古贵族之权之大。君权既昌,此等事遂绝迹矣。③

---

① 《中国政体制度小史》,中山书局1929年版,第39—40页。
② 《中国政体制度小史》,第27—29页。
③ 《先秦史》,第393页。

三　古代的城与国

　　古代之城，版筑所成。城之外为郭，则依山川形势为之，非如城之四面有垣也。郭所以御小寇，有大敌则不能守。故春秋列国相攻，不闻守外城者。郭以内为郊，郊犹称国中；郭以外为鄙，亦曰野。居于郭以内之人，时曰国人，居于郭以外之人，则曰野人。国人从戎事，野人则否。然则国人者，战胜之部族，择险峻之地，筑邑以居；野人则战败之族，居平夷之地，从事耕耘者也。所谓寓兵于农，并非谓使农人当兵，乃谓以农器为兵器。古书上的兵字，是不能作军人讲的。国中之人当兵，野人则否。所以要寓兵于农，正因乡人没有兵器之故。中国古代，虽有奴婢，似乎并不靠他做生产的主力。旧有的土地，都属于农民。君大夫有封地，至多只能苛取其租税，而并非尽其所有，故被榨取者不能称为奴隶。

城与郭

　　渔猎之世，民多山居，亦有借水以自卫者。……湖居盖邃古之事，稍进则依丘陵。古丘虚同字。书传言先代都邑者，皆曰某某氏之虚，即某某氏之丘也。至农耕之世，民乃降丘宅土。《淮南》以作室筑墙茨屋，与辟地树谷并举其征。此时文明日进，营造之技日精，城郭宫室，乃次弟兴起矣。

　　古制：百里之国，九里之城。七十里之国，五里之城。五十里之国，三里之城。城之墙曰墉。又于其上为垣，于其中睥睨非常，是曰陴，亦曰堞，亦曰女墙。门外有曲城，谓之闉。其上有台曰阇，四角为屏以障城曰城隅。城，版筑所成。城之外为郭，亦曰郛，则依山川形势为之，非如城之四面有垣也。郭所以御小寇，有大敌则不能守，故春秋列国相攻，不闻守外城者。郭之设，如专于一面，即为长城，亦所以防钞掠。战国时秦、赵、燕三国,皆有长城,所以防北族,齐亦有长城,则所以防淮夷也。郭以内为郊,郊犹称国中;郭以外为鄙,亦曰野,则野人之居矣。(《春秋》之例:未入郭曰侵某鄙,伐某鄙;入郭曰入某郭;入城曰入。)郭为古征服者与所征服者之界。郭之门即郊门,其外有关。关多据形胜之地,不必尽在界上,盖扼险之始也。[1]

城名与国名

古代的事情,都不过传得一个大略;都邑之类亦然,不过大略知道他在什么地方……古人的"城名"和"国名",是分不开的;"国名"自然不能随时变换,所以新迁了一个都城,大概就把旧都城的名字,做他的名字。(譬如晋国的新绛、旧绛。)商朝是随便搬到什么地方,都城都唤作亳的;所以"所谓亳的地方",实在很多。[2]

"国"之古义

古所谓国,是指诸侯的私产言之。包括(一)其住居之所,(二)及其有收益的土地。大夫之所谓家者亦然。古书上所谓国,多指诸侯的都城言。都城的起源,即为诸侯的住所。诸侯的封域以内,以财产意义言,并非全属诸侯所私有。其一部分,还是要用以分封的。对于此等地方,诸侯仅能收其贡而不能收其税赋。其能直接收其税赋,以为财产上的收入的,亦限于诸侯的采地。《尚书大传》说:"古者诸侯始受封,必有采地。其后子孙虽有罪黜,其采地不黜,使子孙贤者守之世世,以祠其始受封之人,此之谓兴灭国,继绝世",即指此。采地从财产上论,是应该包括于国字之内的。《礼记·礼运》说:"天子有田以处其子孙,诸侯有国以处其子孙。"乃所谓互言以相备。说天子有田,即见得诸侯亦有田;说诸侯有国,即见得天子亦有国;在此等用

---

① 《先秦史》,第347、348—349页。
② 《自修适用白话本国史(一)》第一篇《上古史》,第31、35页。

法之下，田字的意义，亦包括国，国字的意义，亦包括田。乃古人语法如此。今之所谓国家，古无此语。必欲求其相近的，则为"社稷"二字或"邦"字。社是土神，稷是谷神，是住居于同一地方的人，所共同崇奉的。故说社稷沦亡，即有整个团体覆灭之意。①

故古言国家，义与今日大异。其为群之人所共托命，而义略近于今日之国家者，则社稷也。故以社稷并称，其义较古，以郊社并言，其辞必较晚也。②

国人与野人

中国最古之等级，时曰国人及野人，亦起于异部族之相争者也。何谓国人？古所谓国者，城郭之谓，居于郭以内之人，时曰国人，居于郭以外之人，则曰野人而已矣。后世之城郭，必筑于平夷之地，盖所以利交通，古代之城郭，则筑于山险之区，盖所以便守御。又古国人从戎事，野人则否。然则国人者，战胜之部族，择险峻之地，筑邑以居；野人则战败之族，居平夷之地，从事耕耘者也。如是，国人野人，宜相疾视，而书传绝无其事者？则以为时甚早，史弗能纪也。然其遗迹，犹有可考见者。

战胜之族，与战败之族，仇恨所以渐消者？盖有数端：古无史记，十口相传，故事久而亡佚；不亦浸失其真；战败之辱，稍以淡忘，一也。国有限，野无限。国中人口渐繁，不得不移居于野；即野人亦有移居于邑者。居地既近，婚姻遂通，二也。国人必朘野人以自肥，以故国人富而野人贫，国人华而野人朴。古者大都不得耦国，封域之内，富厚文明，盖无足与国都比者，然至后来，即非复如此矣。三也。春秋以前，军旅皆出于乡，野鄙之民，止于保乢闾里，战国以后，稍从征役，其强弱同，斯其地位等矣。四也。有此四者，故因异部族所成

---

① 《吕著中国通史》上册，第 49 页。
② 《先秦史》，第 451 页。

之等级渐夷，而因政权及生计之不平所造成之等级，继之而起。①

寓兵于农，非农人当兵

从前的人，都说古代是寓兵于农的，寓兵于农，便是兵农合一，井田既废，兵农始分，这是一个重大的误解。寓兵于农，乃谓以农器为兵器，说见《六韬·农器篇》。古代兵器是铜做的，农器是铁做的。兵器都藏在公家，临战才发给（所谓授甲、授兵），也只能供给正式军队用，乡下保卫团一类的兵，是不能给与的。然敌兵打来，不能真个制梃以自卫。所以有如《六韬》之说，教其以某种农器，当某种兵器。古无称当兵的人为兵的，寓兵于农，如何能释为兵农合一呢？江永《群经补义》中有一段，驳正此说。②

国中之人当兵，野人则否。案，后世之人，都误谓古代兵农合一，其实不然。江慎修说得好："说者谓古者寓兵于农，井田既废，兵农始分，考其实……可知兵常近国都，其野处之农，固不为兵也。"（《群经补义》）……须知古代野鄙之人，是没有好好的兵器的。所谓寓兵于农，并非谓使农人当兵。古书上的兵字，是不能作军人讲的。所谓寓兵于农，乃谓以农器为兵器。其制，详见于《六韬》的《农器》篇。所以要寓兵于农，正因乡人没有兵器之故。马牛车辇都出于乡人，而兵器则不给他们自卫。自出赋的人言之，真可谓借寇兵赍盗粮了。所以当时被征服阶级，很少反抗的事。被虐得不堪，则逝将去女，适彼乐土，以逃亡为抵抗而已。③

奴婢不作生产主力

中国古代，虽有奴婢，似乎并不靠他做生产的主力。因为这时

---

① 《先秦史》，第 291—292、292 页。
② 《吕著中国通史》上册，第 158 页。
③ 《中国社会变迁史》，《吕思勉全集》第 13 册，第 447、448、449 页。

候,土地尚未私有,旧有的土地,都属于农民。君大夫有封地的,至多只能苛取其租税,强征其劳力,即役。至于夺农民的土地为己有,而使奴隶从事于耕种,那是不会有这件事的。因为如此,于经济只有不利。所以虽有淫暴之君,亦只会弃田以为苑囿。到暴力一过去,苑囿就又变做田了。大规模的垦荒,或使奴隶从事于别种生产事业,那时候也不会有。其时的奴隶,只是在家庭中,以给使令,或从事于消费品的制造。①

言中国奴隶社会证据多不确实

中国开化,始于东南,其地与断发文身之越族为邻,战争颇剧。得俘虏则以为奴隶。故黥面在彼族为文饰者,在我族则以为刑罚。盖犯罪者视如异族,故加以异族之标识也。黥为五刑之一,相传始于蚩尤。传说又称蚩尤始作兵。此亦其时之汉族好战争之证。犯罪者后世多相沿以为奴隶,可见此时之受黥刑者及文身之俘虏,亦必用为奴隶。此等好战之族,或用奴隶为生产之主力。中国之奴隶社会,史失其纪,可凭以推测者,惟此而已。近人所言中国奴隶社会之说,证据多不确实。②

凡一民族,当其住居在一定的地方,自行从事耕作时,往往得异族即用为奴隶,使代耕作之劳,遂成为奴隶社会。若其踏上远征之途,而欲极其兵锋之所至,则必日以战斗为事,征服异部族,不过使其输粮以助馈饷,输财以供军实,出人力以为厮养而已,必无暇定居一地,从事于营田殖产,又何暇使用奴隶?孟子述三代税法,谓:"夏后氏五十而贡。"又引龙子的话说:"治地莫不善于贡。贡者,校数岁之中以为常。乐岁粒米狼戾,多取之而不为虐,则寡取之,凶年粪其田而不足,则必取盈焉。"自来暴君的多取,意皆在于自奉,而非有意与

———————

① 《吕著中国通史》上册,第71页。
② 《拟编中国通史说略》,《吕思勉全集》第2册,第403—404页。

人民为难，凶年不肯减少，自易理解；乐岁不肯多取，于意何居？观贡字之名，与后来大国取诸小国者相同，则知贡法之初，并非取诸纳税的人人，而系取诸整个被征服的部族，此原无所谓暴虐。到后来，征服部族和被征服部族，合并成一个国家，一切行政之权，逐渐移入征服者之手，被征服部族的首长，变成征服部族的官吏，而奉行其命令，至此则国家之租税，业已取诸纳税之人，而仍沿其旧额不变，遂如龙子之言，成为弊政了。然即此，亦可见其榨取农民，皆取赋税之形式，而并非尽其所有，则其被榨取者，不能称为奴隶可知。①

①　《拟中国通史教学大纲》，《吕思勉全集》第 2 册，第 414 页。

第三章　列国时代：春秋战国一大变

一　封建社会何以崩坏

　　春秋之世，南北之争实不如东西之争之烈。大国晋、楚、齐、秦、吴、越、燕，皆当日缘边之地也。泰岱以西，华岳以东，太行以南，淮水以北，为古所谓中原之地，鲁、卫、宋、郑、陈、蔡、曹、许，错处其间，皆不过二等国。梁任公谓诸大国皆逼异族，以竞争淬厉而强，可谓得其一端。居边垂，拓土易广，当为其又一端。而文化新旧，适剂其中，尤为原因之大者。《管子·霸言》曰："强国众，合强攻弱以图霸；强国少，合小攻大以图王。"此言东周以后与西周以前形势之异。列国形势之变迁，以晋之分，关系为最大。晋分而弱，不足御秦，则中原之势，折而入秦。古代开化，实始东南。然至后世，其文化转落北方之后者，则地理实为之。及春秋末叶，吴、越相继强盛，而榛狉之习乃一变焉。读史的人，往往以为一入战国，而秦即最强，这是错误的。秦国之强，起于献公而成于孝公，时已入战国一百二十年了。

南北之争不如东西之争为烈

　　春秋之世，争霸者为何方之国乎？曰：南方与北方之国也。南北之名国谁乎？曰南为楚，北为晋。此人人所能言，且以为无疑义者也。非也，南北之争实不如东西之争之烈。何也？案，春秋之世，首创霸业者为齐桓公。齐桓公之得国，在入春秋后三十七年。是时秦尚未盛,晋初兴,旋困于内乱,与齐争霸者,惟楚而已。入春秋后六十七年,齐桓公合诸侯于召陵以摈楚,楚服。后十三年(入春秋后八十年)而卒,诸子争立,霸业遂隳,宋襄公欲继之,而为楚所败。此犹楚之与徐,固纯然东西之争也。入春秋后九十一年,晋文公起,败楚于城濮。自此西方之国,复分为南北,历邲之战(入春秋后百二十六年)、鄢陵之战(入春秋后百四十八年)、萧鱼之会(入春秋后百六十二年),至入春秋后百七十七年,宋向戌为弭兵之会,而其争始稍澹焉,前后几九十年,似烈矣。然齐自桓公死后,阅三十七年,顷公立,即复欲图霸。以徒勇故,有鞍之败。(入春秋后百三十四年)顷公归国后,七年不饮酒,不食肉,国亦复安,入春秋后百四十一年卒,子灵公立,继父之志,与晋争。入春秋后百六十八年,晋合诸侯围之。就《左氏》所载观之,晋兵势似甚盛,然《公羊》谓其实未围齐,则《左氏》言之,不足信也。灵公亦好勇,明年见弑。子庄公立,性质复与父祖同。然入春秋后百七十三年,乘晋有栾氏之乱,出兵伐之,上太行,入孟门,张武军于荧庭,其兵威或转有胜于晋围齐之役也。后二年(入春秋后百七十五年),又见弑,弟景公立。景公之为人,盖多欲而侈,故不克大成霸业,然非如顷、灵、庄三世之徒勇,故其国势反较强。其季年,郑、卫景从,援范、中行氏以敌赵氏。虽竟未有成,然晋之为所苦亦甚矣。齐晋之争,始顷公之立,至获麟之岁,田常执齐政,惧诸侯讨之,修四境之好,乃西约韩、魏、赵氏,前后几百三十年,实较晋楚之争为久也。

抑不仅此也。晋楚之争至弭兵之会而澹,而其因此而挑起之吴越,则转代齐而为东海之表焉。东方名国,奄灭之后惟徐。然自此以南,诸小邦盖甚众。徐偃王败后,楚之声势,盖益东渐。齐桓公盖欲收率之以翦楚之羽翼,故召陵会后,滨海而东,陷于沛泽之中,受创颇巨,然其志殊未已,故频年仍有事于东。徐固大国,盖亦思倚齐以与楚抗,是以有娄林之役。(入春秋后七十八年)经略未竟,齐桓遽逝。尔后齐与楚无争,而晋代之。晋盖鉴于徐距中原较远,齐桓公欲援之而无成,故不复援徐以敌楚,惟思通吴以掎楚后而已。然其收效,反远较援徐为大,则世运日进,东南方之开化为之也。通吴之役,据《左氏》在入春秋后百四十七年。至二百十七年而有柏举之役,吴自此转锋北向。至二百三十七年而有艾陵之役,其兵锋复转而西。至二百四十一年而有黄池之会,吴为东方之大长,以屈西方之霸主矣。而睦于楚之越复牺吴后。至入战国后八年,吴遂为越所灭。越既灭吴,迁居琅邪,与齐晋会于徐州,而自齐顷公以来,东方与西方争霸之局,至此而告成。[①]

古汉族之实力

商周之先,都是从如今的陕西,用兵于河南,得手之后,就直打到如今山东的东部,江苏、安徽的北部。至于河南的西南部、湖北的西北部,也是竞争时候紧要的地方。可见古代汉族的实力:在陕西省里,限于渭水流域;在山西省里,限于太原以南;在直隶省里,限于恒山以南;河南一省,除西南一部外,大概全在汉族势力范围之内;山东的东部(半岛部),却就是异族;江苏、安徽的淮域,虽是异族,总算是关系较深的;对于湖北,仅及于汉水流域,江域还是没有设开辟的地方。周初封建的国,也还是如此。(齐、晋、楚初封的时候,都是和异族接境的。秦、吴、越等国,是封在蛮夷之地。关于周代封建的国,可以参看《春秋大事表》中的《列国爵姓及存灭表》。)长江流域和直隶山陕的北部、甘肃的东部、山东的东北部的开辟,都是东周以后的事;南岭以南,当这时代还不过仅有端倪,到秦汉时代才完全征服的。[②]

缘边诸国兴盛之由

春秋大国,时曰晋、楚、齐、秦,其后起者为吴、越,至战国而河北之燕亦强,皆当日缘边之地也。泰岱以西,华岳以东,太行以南,淮水

---

① 《古史时地略说(续)》,《华东师范大学学报》1957年第2期。
② 《自修适用白话本国史(一)》第一篇《上古史》,第95页。

以北，为古所谓中原之地，鲁、卫、宋、郑、陈、蔡、曹、许，错处其间，皆不过二等国。余则自郐无讥矣。是何哉？梁任公谓诸大国皆逼异族，以竞争淬厉而强（见所著《中国之武士道序》），可谓得其一端。居边垂，拓土易广，当为其又一端。而文化新旧，适剂其中，尤为原因之大者。盖社会之所以昌盛，一由其役物之力之强，一亦由于人与人相处之得其道。野蛮之族，人与人之相处，实较文明之族为优，然役物之力太弱，往往不胜天灾人祸而亡。文明之族，役物之力优矣，而人与人之相处，或失其宜，则又不能享役物之福，而转受其祸。惟能模放上国之文明，而又居僻陋之地，社会组织，病态未深者，为能合二者之长，而寖昌寖炽焉。此晋、楚、齐、秦诸国所由大乎？[①]

东、西周形势之异

《管子·霸言》曰："强国众，合强攻弱以图霸；强国少，合小攻大以图王。"此言实能道出东周以后，与西周以前形势之异。盖强国少，则服一强，即可号令当时之所谓天下，此为古人之所谓王。强国多，则地丑德齐，莫能相尚，即称雄一时者，亦仅能使彼不与我争，而不能使之臣服于我，此为古人之所谓霸。春秋之世，所谓五霸迭兴者，只是就中原之局言之。（当时强国所争，亦即在此。）至于各霸一方，如秦长西垂，楚雄南服，则虽当他国称霸之时，情势亦迄未尝变，即由是也。观此，知王降为霸，实乃事势使然，初非由于德力之优劣。而事势之转变，则社会之演进实为之。盖文化之发舒，恒自小而渐扩于大。其初只中心之地，有一强国者，其后则各区域中，各自有其强国，遂成此地丑德齐之局也。西周以前，史事几惟所谓天子之国为可知，东周以后，则诸大国所传皆详，天子之国，或反不逮，即由于此。[②]

---

① 《先秦史》，第 154—155 页。
② 《先秦史》，第 150 页。

古之"中原"

古所谓"中原"之地者,实仅泰岱以西,丰、镐以东,太原、涿鹿以南,阳城以北而已。春秋时代,齐开拓山东半岛,晋开拓今之山西。秦东向恢复周之故土,又西兼戎狄,至于陇西。楚则开拓今之湖北,直达长江下流,而吴、越又继之而起。而江河两域,几于完全开化。战国时,秦北据上郡,赵有云中、雁门、代郡,燕开山谷、渔阳、右北平、辽西、辽东五郡,则开拓及今辽宁、热、察、绥。秦又南并巴、蜀;楚南有洞庭、苍梧;庄蹻又通滇;越灭后,其子孙仍滨于江南海上,或为王,或为君;则长江上流及南岭以南,亦咸为声教所及已。①

论晋国之分

春秋以后,又二百六十年,而天下始归于统一。(周敬王四十年,至秦始皇帝二十六年。)当是时也,海内分为战国七。曩所谓二等国者,日益陵夷,不复足为诸大国间之缓冲。诸大国则争战益烈,终至由争霸之局,易为并吞之局焉。此盖事势之自然,非人力所能为也。列国形势之变迁,以晋之分,关系为最大。盖齐、秦地皆较偏,力亦较弱,春秋时,持南北分霸之局者,实以晋、楚为较久。晋分而弱,不足御秦,则中原之势,折而入秦,齐、楚皆为之弱,而燕无论矣。晋之分,亦出事势之自然。盖统一必以渐臻。春秋时之大国,地兼数圻,本非开拓之力所及,遂有尾大不掉之势。其分也,非分也,前此本非真合也。分裂以后,各君其国,各子其民,治理既专,开发弥易,则其四竟之内,风同道一,或反有过曩时矣。②

论吴越之兴

古代开化,实始东南。然至后世,其文化转落北方之后者,则地

---

① 《高中复习丛书　本国史》,第17—18页。
② 《先秦史》,第210页。

理实为之。盖东南之地，火耕水耨，鱼鳖饶给，故其民多呰窳偷生。（《汉书·地理志》，论楚地语，此江域皆然，不独楚也。）西北则天然之利较薄，非勤治沟洫，无以冀收成；而能殚力耕耘，亦不虑无丰登之报。水功勤则人事修，刈获丰则资生厚；而其地平坦，便往来，利驰突，又使诸部族之交通盛而竞争亦烈焉。此则其富厚文明，所以转非故国所及也。古帝传说，在南方者甚多。如乌程有颛顼陵，舜、禹旧迹，或在浙中是。此恐正因吴、越之南迁而起。《越绝书》谓巫咸出于虞山。今观殷事，绝无在江东之迹，则亦出后来附会。北方部族之南迁，疑始商、周之际。《越绝书·吴地传》云："毗陵县南城，古淹君地也。东南大冢，淹君子女冢。去县十八里，吴所葬。"奄城为今江苏武进县地，近年曾获有古迹。奄城之东，又有留城。留亦北方国。可见商、奄之族，与东南实有渊源。谓北迁部族，以其文化，返哺东南，实始于是，当非虚诬。然此时文身翦发之邦，尚未能跻于上国冠裳之列。及春秋末叶，吴、越相继强盛，而榛狉之习乃一变焉。[①]

封建社会何以崩坏

人类最初的团结，总是血统上的关系。这个便唤做"族"。所以《白虎通》说："族者，凑也，聚也，谓恩爱相流凑也；生相亲爱，死相哀痛，有会聚之道，故谓之族。"所谓九族、九世……这横竖两义，就把血族里头的人团结起来了。但是这种团结，范围究竟还不十分大；出于九族九世以外的人，又想个甚么法子呢？《白虎通》说："宗者，尊也；为先祖主者，宗人之所尊也。"有了"宗法"，便把血族团体里头的人无论亲疏远近都团结了起来；横里头的范围也广，竖里头的时间也持久了。所以宗法，实在是"古代贵族社会组织的根柢"。

宗法社会里，最重的就是"宗子"。这个宗子，便是代表始祖的。……有了一个宗子，就把从始祖相传下来的人都团结不散，而且

---

① 《先秦史》，第192、193页。

历久不敝了。(《大传》所谓"同姓从宗，合族属"。)单是把这许多人团结在一块，原没有什么道理，但是当时所谓"为祖"的"别子"，都是有土地的；——不是诸侯，就是大夫。——所以继"别子"而为"宗子"的，都有收恤族人的力量；他的族人为自卫起见，要保守自己族里的财产，也不得不尽辅翼宗子的责任。这件事情的内容：便是有一个人，占据了一片土地，把这土地上的出产和附属于这土地的人民的劳力，来养活自己一族的人。自己族里的人，便帮佃他管理这一片土地上的事务。傥然土地大了，一个人管辖不来，便把自己的族人分派一个出去。这分派出去的族人，管理他所受分的土地，也用这个法子，这便是古代的"封建政体"。所以封建政体，是从"族制"发达而成的。傥然一族的人，始终住在一处，并没有分散出去·这一处地方上，也并没有别一族的人和他杂居，原用不着这种法子。所以宗法之起，是为对抗异族而设的。

　　然则这种制度，到后来是怎样破坏掉的呢？这个仍出于"贵族团体自身的破裂"。古人论封建制度的说得好，做了皇帝，分封自己的弟兄子侄，出去做诸侯王；初封出去的时候，是亲的；隔了几代，就是路人了；怎不要互相猜忌。况且有国有家，原是利之所在，怎叫人不要互相争夺。况且初行分封制的时代，总是地广人稀；得了百里、七十里、五十里的地方，四面八方，凭着你去开辟，总不会和人家触接。到后世就不然了；你要开拓，就得要侵占人家的地方，怎不要互相冲突？互相冲突就总有灭亡的人。诸侯相互之间是如此，卿大夫相互之间也是如此，譬如晋国的六卿，互相吞并。所以古代的封建，是夺了异族的地方来分给自己的人。到了后世，便变做自己的"伯叔兄弟"，或者是"母党""妻党"的人，互相争夺。争夺之后，丧失产业的，便做了平民。少数的人所兼并的土地愈多，就丧失土地变做平民的人亦愈多，那么，古代的阶级社会就渐渐的崩坏而变为平民社会了。[①]

---

① 　《自修适用白话本国史（一）》第一篇《上古史》，第 97、98、99、100 页。

古代社会的经济组织，他的特质，到底在什么地方呢？就是"私有的制度"还没有起源，一个人的生产，不是为着自己而生产，都是为着全社会而生产。一个人的消费，也不必自己设法，社会上总得分配给他一份。所以当时的农工商，并不是为自己要谋生活，才去找这件事干的；是社会全体，要经营这种事业，分配到他头上；所以他们都是"世业"，并没有"择业的自由"。所以当时就是不能工作的人，分配起来，也得给他一份。……孔子所说"故人不独亲其亲，不独子其子，使老有所终，壮有所用，幼有所长，鳏寡孤独废疾者，皆有所养；男有分，女有归。货恶其弃于地也，不必藏于己；力恶其不出于身也，不必为己"；所梦想的也是这一种经济组织。

但是这种组织，到后来破坏了。为什么破坏呢？我说有两种原因：（一）当时社会上，有贵族平民两种阶级。贵族阶级侵夺平民阶级。（二）因生产的方法进步了，各部落都有余财，交易之风渐盛。（一个部落里，虽没有私有财产的人，然而部落的财产，却是私有的。所以部落和部落之间，仍可互相交易。）因交易之风渐盛，而生产方法格外改变。从前各个部落，都得汲汲乎谋自给自足的，到这时候却可以不必。（缺乏了什么，可以仰给于他部落。）于是个人渐可自由择业，而财产私有之风以起。……总而言之，（一）贵贱的阶级破，贫富的阶级起。（二）共有财产的组织全坏，自由竞争的风气大开。是春秋战国时代社会的一种大变迁，是三代以前和秦汉以后社会的一个大界限。[①]

春秋战国一大变

春秋之世，诸侯只想争霸，即争得二三等国的服从，一等国之间，直接的兵争较少，有之亦不过疆场细故，不甚剧烈。至战国时，则（一）北方诸侯，亦不复将周天子放在眼里，而先后称王。（二）二三等

---

① 《自修适用白话本国史（一）》第一篇《上古史》，第 150、151、155 页。

国，已全然无足重轻，日益削弱，而终至于夷灭，诸一等国间，遂无复缓冲之国。（三）而其土地又日广，人民又日多，兵甲亦益盛，战争遂更烈。始而要凌驾于诸王之上而称帝，再进一步，就要径图并吞，实现统一的欲望了。春秋时的一等国，有发展过速，而其内部的组织，还不甚完密的，至战国时，则臣强于君的，如齐国的田氏，竟废其君而代之，势成分裂的，如晋之赵、韩、魏三家，则索性分晋而独立。看似力分而弱，实则其力量反更充实了。边方诸国，发展的趋势，依旧进行不已，其成功较晚的为北燕。天下遂分为燕、齐、赵、韩、魏、秦、楚七国。六国都为秦所并，读史的人，往往以为一入战国，而秦即最强，这是错误了的。秦国之强，起于献公而成于孝公，献公之立，在公元前三八五年，是入战国后的九十六年，孝公之立，在公元前三六一年，是入战国后的一百二十年了。[①]

二 古代的制度

兵农合一，不但春秋以后不然；就西周以前，也并没这一回事。古代的疆域，"北不尽恒山"。自此以南的平地，为汉族所居，这一带山地，则山戎所处，必得把他开拓了，才会和北方骑寇相接，所以汉族和骑寇的接触，必在太原、中山和战国时北燕之地开辟以后。春秋以前，注重于车战；到战国时代，渐趋重于骑兵。这大约是前世地广人稀，打仗都在平地，后来地渐开辟，打仗也渐趋于山险地方的原故。古代教育，有贵族的"国学"和平民的"乡学"。平民教育的优点是切于人的生活，劣点则传授传统的见解，而不授以较高的智识。传统的教育，视人与社会的关系为首要，实在并不算错。所错者，乃在其所谓人与社会的关系，太陈旧而不适合。

----

① 《吕著中国通史》下册，第 374—375 页。

古非"兵农合一"

论古代兵制的,都误于"兵农合一"之说,以致把全国的人民都算在里头。……兵农合一,不但春秋以后不然;就西周以前,也并没这一回事。这是为什么呢?因为古代的人民,总有征服者和被服者两阶级:征服之族,是居于中央,制驭异族的。这是所谓"乡"之民。被征服之族,是处于四围,从事耕作的,这是"遂"以外之民。前者是服兵役的。后者是不服兵役的。(乡民固然也种田,然而不过如后世兵的"屯田",并不是全国的农夫,都可当兵;"当兵的"同"种田的",也分明是两个阶级;和向来所谓"兵农合一"的观念,全不相同。)天子畿内,虽有方千里的地方;服兵役的,却只有六乡;所以只出得六军;诸侯的三军二军一军,也是这个道理。春秋以前,列国的兵制,大概如此;所以出兵总不过几万人。……春秋战国时代兵制的变迁,还有一端,可注意的。便是春秋以前,还注重于车战;到战国时代,便渐渐趋重于骑兵。所以苏秦说六国的兵,都有骑若干匹的话。这个原因,大约由于前世地广人稀,打仗都在平地,到后来地渐开辟,打仗也渐趋于山险地方的原故。[①]

车战与骑战

车易为骑,盖始于战国之世。案,车战之废,与骑战之兴,实非一事。(编者按:兵制,车废骑兴非一事。)盖骑便驰骋,利原野,吾国内地,古多沟洫阻固,骑战固非所利,即戎狄居山林,骑亦无所用之也。《左氏》隐公九年,北戎侵郑,郑伯御之。患戎师,曰:彼徒我车,惧其侵轶我也。昭公元年,中行穆子败敌于大原,亦不过毁车崇卒而已。僖公二十八年,晋作三行以御敌。《周官》有舆司马、行司马,孙诒让《正义》谓即《诗·唐风》之公路、公行,行指步卒,其说是也。《大司马

---

① 《自修适用白话本国史(一)》第一篇《上古史》,第 121、125、127、128—129 页。

职》云："险野人为主，易野车为主。"苏秦、张仪言七国之兵，虽皆有骑，然其数初不多。世皆谓赵武灵王胡服骑射，以取中山，其实乃欲临胡貉。攻中山凡五军，赵希将胡、代之兵为其一（《史记·赵世家》），初不言为骑兵。盖中山亦小国，不利驰骤也。李牧居代、雁门备匈奴，乃有选骑万三千匹（《史记》本传），逾于仪、秦所言秦、楚举国之数矣，以所临者为骑寇也。故车战在春秋时稍替，骑战至战国时始兴。①

山戎与骑寇

亚洲的东部，在世界上，是自成其为一个文化区域的。这一个区域，以黄河、长江两流域为其文化的中心。其北为蒙古高原，便于游牧民族的住居。其南的粤江、闽江两流域，则地势崎岖，气候炎热，开化虽甚早，进步却较迟。黄河、长江两流域，也不是没有山地的，但其下流，则包括淮水流域（以古地理言之，则江、河之间，包括淮、济二水。今黄河下流，为古济水入海之道，黄河则在今天津入海），扩展为一大平原，地味腴沃，气候适宜，这便是中国民族的文化最初函毓之处。汉族，很早的就是个农耕民族，居于平地的。他所遇见的民族，就其所居之地言之，可以分为两种：一种是住在山地的，古代称为山戎，多数似亦以农为业，但其农业不及中国的进步。一种是住在平地，大约是广大的草原上，而以畜牧为业的，古人称为骑寇。春秋以前，我族所遇的，以山戎为多，战国以后，才开始和骑寇接触。

《礼记·王制》说：古代的疆域，"北不尽恒山"。此所谓恒山，当在今河北正定县附近，即汉朝恒山郡之地（后避文帝讳改常山）。自此以南的平地，为汉族所居，这一带山地，则山戎所处，必得把他开拓了，才会和北方骑寇相接，所以汉族和骑寇的接触，必在太原、中山和

---

① 《先秦史》，第 420 页。

战国时北燕之地开辟以后。①

　　中国古代文明的得以长成,盖由太行山脉为之屏蔽,使其与北方的侵略地带隔绝。(《史记·匈奴列传》将古代北狄事迹,悉行叙入,后人遂误会古代的北狄,即后世匈奴之伦,此实大误。后世之匈奴乃骑寇,古代之北狄则山戎,观交战时恒"彼徒我车"可见。所以古代的黄河流域,其情形,实类似后世的西南。山戎不能合大群,地居山间,经济、文化,亦不易进步,是不能为大患的。)到战国时代,秦、赵、燕诸国将今陕北及河北、山西、辽、热之地,尽行开辟,形势就一变了。(赵有雁门、代郡,燕有上谷、渔阳、右北平、辽西、辽东。魏有河西、上郡,其地,后如于秦。)秦汉之世,为中原之患者,首为今蒙古地方的匈奴,次则匈奴东边的鲜卑,及今青海地方的羌。一时间,被中原王朝的优势兵力征服了,然其他遗族迁居塞内及居于附塞之地的,却乘中原紊乱之时,起而为患。②

税、赋、役

　　取民之法,最早者有三:一曰税,二曰赋,三曰役。而此三者,实仍是一事。盖邃古职业少,人皆务农,按其田之所获而取之,是为租。马牛车辇等供军用者,自亦为其所出,是为赋。有事则共赴焉,是曰役。至于山林薮泽等,其初本属公有,自无所谓赋税。关之设,所以讥察非常,不为收税。商则行于部族与部族间,不为牟利之举。当部族分立之时物产既少,制造之技亦尚未精。则或必需之品,偶尔缺乏,不得不求之于外。又或其物为本部族所无,不得不求之于外。此时奢侈之风未开,所求者大抵有用之品,于民生利病,关系甚巨。有能挟之而来者,方且庆幸之不暇,安有征税之理?(《金史·世纪》:"生女直旧无铁,邻国有以甲胄来易者,景祖倾赀厚贾,以与贸易,亦

① 《吕著中国通史》下册,第379、381—382页。
② 《中国通史的分期》,《吕思勉遗文集》上册,第579页。

令昆弟族人皆售之。得铁既多，因之以修弓矢，备器械，兵势稍振。"古厚待商人，多以此等故也。)故山、海、池、泽、征商之税，无一非后起之法也。[1]

法与俗

言古代刑法者，每喜考中国之有成文法，始于何时，其实此乃无甚关系之事也。邃古之时，人与人之利害，不甚相违，众所共由之事，自能率循而不越。若此者，就众所共由言之，则曰俗。就一人之践履言之，则曰礼。古有礼而已矣，无法也。迨群治演进，人人之利害，稍不相同，始有悍然违众者。自其人言之，则曰违礼。违礼者，众不能不加以裁制，然其裁制也，亦不过诽议指摘而已。利害之相违日甚，悍然犯礼者，非复诽议指摘所能止，乃不得不制之以力。于是有所谓法。法强人以必行之力强于礼，然其所强者，不能如礼之广。于其所必不容己者则强之，可出可入者则听之，此法之所以异于礼也。[2]

我以为，一切事情，最坏的是实际的情形，尚未能臻于划一的程度，而要强取划一的办法，如是，有许多不妥的问题，就起于其中了。姑以法律为喻。法律的根本是风俗，有许多行为，在这种风俗之下做，是犯罪的，在那种风俗之下做，却并不是犯罪，甚而至于是好意。（如食人之族之食人，即其一例。）所以在古代"君子行礼，不求变俗"，礼在古代，是具有法的作用的，行礼不求变俗，就是十分尊重习惯法，直到后世，法律上还有化外人犯罪，各以其法治之的条文，因为必如此，才可以情真罪当，而达到维持善良风俗的目的。不幸在后世，此种办法，只能施诸化外人了，其在本国，各地方的风俗，还未能真正统一，而政治先已统一了，国法不可异施，不得不强令全国一律，在这种情形之下，法律就成为不近人情之物，不过能勉强维持某种秩序，并

---

① 《先秦史》，第 400—401 页。
② 《先秦史》，第 422—423 页。

不能真正维持风俗了。[1]

"国学"和"乡学"

古代的教育,有"国学"和"乡学"的区别,又有"太学"和"小学"的区别。"太学"和"小学",是以程度浅深分的;"国学"和"乡学",一个是贵族进的,一个是平民进的。两者截然,各为系统,不可牵混。……古代平民所入的学校,是两级制:一级在里,所谓"塾""校室""余子皆入学"的"学"。一级在乡,所谓"夏曰校,殷曰序,周曰庠"。……这两级学校,都是平民进的。进到乡学里头,就有入国学的机会了;入了国学,就仕进之途也在这里了。……这里头,从乡学里升上来的俊士、选士等,和王太子、王子、群后之太子、卿大夫元士之适子,都是同学的,而且是"入学以齿"(注,皆以长幼受学,不以尊卑),很为平等的。……选举的法子,虽然如此,然而实际上:(一)乡人能够升入太学得为进士的,恐怕很少;(二)就是得为进士,也未必能和贵族出身的人同一任用。

古代贵族、平民都有学校,似乎很为文明。然而平民学校所教的,孟子说:"皆所以明人伦也;人伦明于上,小民亲于下。"(《滕文公上》)正和子游所谓"小人学道则易使也"(《论语·阳货篇》)一鼻孔出气。严格论起来,实在是一种"奴隶教育"。贵族的教育,也含有"宗教臭味"。……以"诗书礼乐"四项为限。礼乐是举行"祭典"时用的,诗就是乐的"歌词",书是宗教里的古典。他的起源,大概如此;后来抑或有点变化,然而总是"不离其宗"的。所以贵族虽有学校,也教育不出什么人才来。所谓专门智识,是《汉书·艺文志》所谓某某之学,出于某某之官。专门的技能,则《王制》所谓"凡执技以事上者,不贰事,不移官"。都是世代相传的。世官的不能废,亦由于此。[2]

---

[1] 《论禄米之制》,1941 年 4 月 13 日《中美日报》。

[2] 《自修适用白话本国史(一)》第一篇《上古史》,第 113、115、116、119、120 页。

古代的平民教育，有其优点，亦有其劣点。优点是切于人的生活。劣点则但把传统的见解，传授给后生，而不授以较高的智识。如此，平民就只好照着传统的道理做人，而无从再研究其是非了。太学中的宗教哲学，虽然高深，却又去实际太远。所以必须到东周之世，各机关中的才智之士，将其（一）经验所得的智识，及（二）太学中相传的宗教哲学，合而为一，而学术才能开一新纪元。此时的学术，既非传统的见解所能限，亦非复学校及机关所能容，乃一变而为私家之学。求学问的，亦只得拜私人为师。于是教育之权，亦由官家移于私家，乃有先秦诸子聚徒讲学之事。①

古代学校重在教化

古代学业，多得之在官，汉世犹有其意。《汉书·马宫传》云"本姓马矢，宫仕学称马氏"，此以仕学并称也。《楼护传》云：长者咸爱重之，共谓曰："以君卿之材，何不宦学乎？"此以宦学并称也。然学术日益精深，终非徒习于事者所能深究，故虽以法令之最当代者，亦且别有传授。王官之学，变为九流，固由封建破坏，官失其守，亦由学术日精，非仕宦所能兼。

古代学校，本讲教化，非重学业，汉人犹有此见解，故武帝兴学之诏，以崇乡里之化为言；而公孙弘等之议，亦云建首善自京师始也。夫既讲教化，自宜普及全国。故《汉书·礼乐志》言："显宗宗祀光武皇帝于明堂，养三老、五更于辟雍，威仪既盛美矣，然德化未流洽者，礼乐未具，庠序未设之故也。"夫如是，则地方之学，当重于京师；人伦之教，当先于咕哔。此自汉人议论推之则然，然汉人之所行，终未能与此见解相副也。②

---

① 《吕著中国通史》上册，第 273 页。
② 《秦汉史》下册，开明书店 1947 年版，第 721、721—722 页。

教育偏重人伦不算错

今之论者，每怪从前的教育，偏重人与社会的关系，而忽略了人与自然的关系，以致自然科学，在欧洲能够发达，而在中国则不能。此事的原因，是否真在于此，业已很成问题。即谓为然，而谓中国的教育，太忽略于自然则可，谓其太注重于人与社会的关系则不可。须知注重于人与社会的关系，并不即等于抛荒人与自然的关系也。我们今日，何人不坐轮船火车，但何曾都懂得蒸汽机？何人不点电灯、打电话，但何曾都懂得电学？一国中而无懂得蒸汽机和电学的人，固然不行，有些人不懂得，何碍于其为人？且亦何法使人人都懂得？人与社会的关系，却不是如此。结婚了，岂能说我不明白夫妇间的伦理，而使人代行？出门行走，岂能说我不明白走路的规则，而撞伤人物？然则人对于自然的关系，所知甚浅，由他人操作而我但享用，是并无不可的，对于社会之关系却不然。此理实甚明白。中国传统的教育，视人与社会的关系为首要，人与自然的关系次之，实在并不算错。所错者，乃在其所谓人与社会的关系，太陈旧而不适合了。

论人与社会之关系者，古书中虽亦有多种说法，其最通行者，实为五伦。五伦中夫妇、父子、兄弟，均系家族伦理，君臣、朋友，则出于家族以外。然"资于事父以事君"；"枢机之内，衽席之上，朋友之道"，为妻事夫四义之一，则仍推家族伦理以行之。故古代所谓五伦，实不过一家族伦理的扩大而已。此说之制定，乃在家族制度全盛的时代，此原不足为怪。然古人能就当时的社会组织，发明一种人与人相处之道，而不能禁社会组织之不变迁。社会组织既变，而人与人相处之道，墨守旧习而不变，就要情见势绌了。在古代，人所恃以相生相养者，实惟家族。然至后世，则久已不是如此。家族制度，不惟不足以解决人的生活问题，且成为生活改善的障碍。……然墨守家族伦理，仍视为做人之道的基本，必不适合于今日，则是显而易见的。所以儒家的重视人与社会的关系，并没有错，而其所制定的具体的伦理道德的条件，则多不适合。[①]

三　王、君、臣、民之古义

所谓原始的"君"者，不过是一个社会中的总账房（总管理处的首领），账房自然应该对于主人尽责的，不尽责自然该撤换，撤换而要抗拒，自可加以实力的制裁。原始的"王"，只是诸侯间公认的首领。他的责任在于：诸侯之国，内部有失政，则加以矫正；其相互之间，若有纠纷，则加以制止或处理。"君之视臣如草芥，则臣视君如寇仇"，视君如寇仇，则人臣没有效忠的义务；臣且如此，民更不必说了。后世顾有以王朝倾覆，樵夫牧子，捐躯殉节为美谈，真不知是从何而来的道理。中国人向来没有国家的观念，对于国家的关系本不甚密切，社会虽互相联结，然除财产共同的团体以内的人，大率处于半敌对的地位。而千年来的小家庭制度，实在并不能与现代人的生活相适应。

"王"与"君"

从来读儒家的书的，总觉得他有一个矛盾，便是他忽而主张君权，忽又主张民权。主张君权的，如《论语·季氏》篇所载，礼乐征伐，一定要自天子出；自诸侯出，已经不行；自大夫出，陪臣执国命，就更不必说了。主张民权的，如孟子说民为贵，社稷次之，君为轻；又说闻诛一夫纣矣，未闻弑君也；也说得极为激烈。近四十年来，不论是革命巨子，或者宗社党、遗老，都可以孔子之道自居，这真极天下之奇观了。然则儒家的思想，到底怎样呢？关于这个问题，我以为并不是儒家的思想有矛盾，而是后世读书的人，不得其解。须知所谓"王"与

[①]　《中国文化诊断续说》，写于 1948 年 10 月，《吕思勉遗文隽》上册，第 333—334 页。

"君",是有区别的。

怎样说"王"与"君"有区别呢？案，荀子说："君者，善群也。群道当，则万物皆得其宜，六畜皆得其长，群生皆得其命。"……然而所谓原始的"君"者，语其实，不过是一个社会中的总账房——总管理处的首领——账房自然应该对于主人尽责的。不尽责自然该撤换；撤换而要抗拒，自可加以实力的制裁。这便是政治上所谓革命，丝毫不足为怪。遍翻儒家的书，也找不到一句人君可以虐民、百姓不该反抗的话。所以民贵君轻，征诛和禅让，一样合理，自是儒家一贯的理论，毫无可以怀疑之处。至于原始的"王"，则天下归往谓之王，只是诸侯间公认的首领。他的责任在于：（一）诸侯之国，内部有失政，则加以矫正；（二）其相互之间，若有纠纷，则加以制止或处理。这种人，自然希望他的权力伸张，才能使列国之间，免入于无政府的状态，专恃腕力斗争，其内部则肆无忌惮，无所不为，以为民害。没有王，就是有霸主，也是好的；总胜于并此而无有；所以五霸次于三王。君是会虐民的，所以要主张民权，诸侯则较难暴虐诸侯，如其间有强凌弱、众暴寡的事，则正要希望霸王出来纠正，所以用不着对于天子而主张诸侯之权，对于诸侯而主张大夫之权。这是很明显的理论，用不着怀疑的。"王"与"君"的有区别，并不是儒家独特的议论，乃是当时社会上普通的见解。[①]

"臣"与"民"

"臣"与"民"是有区别的。"臣"是被征服的人，受征服阶级的青睐，引为亲信，使之任某种职务，因而养活他的。其生活，自然较之一般被征服者为优裕；甚至也加以相当的敬礼。为之臣者，感恩知己，自然要图相当的报称。即使没有这种意气相与的关系，而君为什么

---

① 《中国政治思想史十讲（二续）》（第四讲），《光华大学半月刊》1936 年第 4 卷第 7 期。

要任用臣？臣在何种条件之下，承认君的任用自己？其间也有契约的关系。契约本来是要守信义的，所以说事君"先资其言，拜自献其身，以成其信"；"是故君有责于其臣，臣有死于其言"。（见《礼记·表记》）君臣的关系，不过如此。"谋人之军师，败则死之，谋人之邦邑，危则亡之"（见《礼记·檀弓》），就不过是守信的一种。至于"生共其乐，死共其哀"（秦穆公和三良结约的话，见《韩诗外传》），则已从君臣的关系，进于朋友，非凡君臣之间所有了。这是封建时代的君臣之义，大约是社会上所固有的。

儒家进一步，而承认臣对于君自卫的权利。所谓"君之视臣如草芥，则臣视君如寇仇"；"寇仇，何服之有"？（《孟子·离娄下》）这是承认遇见了暴君，人臣没有效忠的义务的。再进一步，则主张臣本非君的私人，不徒以效忠于君为义务。所谓"有安社稷臣者，以安社稷为悦"（《孟子·尽心上》）；"若为己死而为己亡，非其私昵，谁敢任之"（齐庄公死后晏子说的话，见《左传》）？这是儒家对于君臣之义的改善。君臣尚且如此，君民更不必说了。古代的人，只知道亲族的关系，所以亲族以外的关系，也以亲族之道推之，所以以君臣和父子等视；所以说臣弑其君，子弑其父，是人伦的大变。然而既已承认视君如寇仇，则弑君之可不可，实在已成疑问；臣且如此，民更不必说了。——在古代，本亦没有民弑其君这句话。儒家君臣民之义，明白如此。后世顾有以王朝倾覆，樵夫牧子，捐躯殉节为美谈的，那真不知是从何而来的道理了。[1]

列国时代无平民革命

《韩非子·外储说》，谓齐桓公将立管仲，令群臣曰：善者入门而左，不善者入门而右，与《左氏》言陈怀公朝国人，令欲与楚者左，欲与

① 《中国政治思想史十讲（二续）》（第四讲），《光华大学半月刊》1936 年第 4 卷第 7 期。

吴者右相合。则古必有成法,特其后渐废不行,遂至无可考耳。《管子》言黄帝立明台之议,尧有衢室之问,舜有告善之旌,禹立谏鼓于朝,汤有总街之庭,武王有灵台之复,欲立啧室之议,人有非上之所过者内焉(《桓公问》)。疑亦必有所据,非尽假托之辞矣。暴其民甚者,若周厉王之监谤,势不可以口舌争,则国人起而逐之,此等事虽不多见,然古列国之君,暴虐甚者,大夫多能逐之;大夫暴虐甚者,其君亦多能正之;诸侯与诸侯,大夫与大夫之间,亦恒互相攻击,虽其意不在吊民伐罪,然暴民甚者,亦多因此而覆亡焉。此平民革命之事,所以不数数见也。① 厉王监谤,道路以目,起而流之于彘。……梁任公说:中国历代的革命,只有这一次,可以算是市民革命(见所作《中国历史上革命之研究》),其实古无所谓市民。当兵的国人,起而革暴君之命,亦仍是军人革命而已。②

民无忠君义务

在实际上,君主专制,是行之数千年了,但在理论上,则从来没有承认君主可以专制。其在古代,本来是臣有效忠于君的义务,而民没有的。反之,如儒家所提倡的"民为贵,社稷次之,君为轻"等理论,则君反有效忠于民的义务。此等思想,虽然因被治阶级之无能力,而无法使之实现,但在理论上,是从来没有被破坏过的。试看从来的治者阶级,实际虽行着虐民的事,然在口头,从来不敢承认虐民,不但不敢承认虐民,还要装出一个爱民的幌子,便可知道。立君所以为民,这种思想,既极普遍,然则为民而苟以不立君为宜,君主制度,自然可以废除。这是理论上当然的结论。从前所以不敢说废除君主,只是狃于旧习,以为国不可一日无君,无君便要大乱;因为国不可一日无治,既要有政治,即非建立君主不可。——现在既然看见人家没有君主,

---

① 《先秦史》,第 391 页。
② 《中国社会变迁史》,《吕思勉全集》第 13 册,第 449 页。

也可以致治,而且其政治还较我们为良好,那么,废除君主的思想,自然要勃然而兴了。两间之物,越是被人看得无关紧要的,越没有危险。越是被人看得重要的,其危险性越大。中国的君主,在事实上是负不了什么责任的,然在理论上,则被视为最能负责任,最该负责任的人,一切事情不妥,都要归咎于他。①

天下与国家不分

中国人是向来没有国家观念的。中国人对所谓国家和天下,并无明确的分别。中国人最大的目的是平天下:这固然从来没有能做到,然而从来也没有能将国家和天下,定出一个明确的界限来,说我先把国家治好了,然后进而平定天下。质而言之,则中国人看治国和平天下,并不是一件极大极难的事,要在长期间逐步努力进行,先达到一件,然后徐图其他的——若以为难,则治国之难,亦和平天下相去无几。总而言之,没有认为平天下比治国更难的观念。因为国就是天下,所以治国的责任,几于要到天下平而后可以算终了。这种观念,也是很普遍的。②

"家"之古义

古"家"字有二义:一卿大夫之家,一即今所谓家。《诗序》:"国异政,家殊俗。"《正义》:"此家谓天下民家。《孝经》云:非家至而日见之也,亦谓天下民家,非大夫称家也。"今所谓家,其职有四:(一)为夫妇同居之所。(二)上事父母。(三)下育子女。(四)则一家之率同财,有无相通。此所以相生相养也。家之制亦不一。中国普通之家,则系如此。自古迄今,无甚大变。此即古所谓五口八口之家,一

---

① 《中国政治思想史十讲(七续)》(第九讲),《光华大学半月刊》1936 年第 5 卷第 2 期。

② 《中国政治思想史十讲(七续)》(第九讲),《光华大学半月刊》1935 年第 5 卷第 2 期。

夫上父母,下妻子者也。今人多诋中国为大家族,其实西人之家,较之中国,亦仅少上事父母一端耳。数世同居,宗族百口,在中国亦非恒有之事也。国则操治理之权,谋公益,禁强暴,所以维持现状,更求进步者也。二者不可缺一,在古代皆宗族职之。其后则相生相养之道归诸家,治理之权操诸国,而所谓宗与族者,遂有其名而亡其实焉。[1]

国人爱家太甚

人情于其所甚爱者,每不愿其灭绝,中国人上不爱其国,下不爱其群。所毕生尽力经营者,厥惟家室。钟鸣漏尽,犹欲举其所有,传之所爱之人;且立一人焉以主之,勿使之绝,此亦生于此时此地者之恒情。非社会组织大变,其情不能遽变。[2]

中国人从前对于国家的关系,本不甚密切,社会虽互相联结,然自分配变为交易,明明互相倚赖之事,必以互相剥削之道行之,于是除财产共同的团体以内的人,大率处于半敌对的地位。个人所恃以为保障的,只有家族,普通人的精力,自然聚集于此了。因此,家族自私之情,亦特别发达。(一)为要保持血统的纯洁,则排斥螟蛉子,重视妇女的贞操。(二)为要维持家族,使之不绝,则人人以无后为大戚。因而奖励早婚,奖励多丁,致经济上的负担加重,教养都不能达到相当的程度。(三)公益事情,有一部分亦以家族为范围,如族内的义田、义学等是。(四)因此而有害于更大的公益。如官吏的贪污,社会上经手公共事业的人的不清白,均系剥削广大的社会,以利其家族。(五)一部分人,被家族主义所吞噬,失其独立,而人格不能发展。尤其是妇女,如说女子无才便是德,因而不施以教育,反加以抑压锢蔽之类。[3]

---

[1] 《中国宗族制度小史》,中山书局 1929 年版,第 20 页。

[2] 《中国宗族制度小史》,第 74 页。

[3] 《中国近世史前编》,《吕著中国近代史》,华东师范大学出版社 1997 年版,第 161—162 页。

小家庭能否与现代生活相适应

氏族崩溃,家庭代之而兴。家庭的组织,是经济上的一个单位,所以尽相生相养之道的。相生相养之道,是老者需人奉养,幼者需人抚育。这些事,自氏族崩溃后,既已无人负责.而专为中间一辈所谓一夫一妇者的责任。自然家庭的组织,不能不以一夫上父母下妻子为范围了。几千年以来,社会的生活情形,未曾大变,所以此种组织,迄亦未曾改变。

中国社会,(一)小家庭和(二)一夫上父母下妻子的家庭,同样普遍。(三)兄弟同居的,亦自不乏。(四)至于五世同居,九世同居,宗族百口等,则为罕有的现象了。……在经济上,合则力强,分则力弱,以昔时的生活程度论,一夫一妇,在生产和消费方面,实多不能自立的。儒者以此等家庭之多,夸奖某地方风俗之厚,或且自诩其教化之功,就大谬不然了。然经济上虽有此需要,而私产制度,业已深入人心,父子兄弟之间,亦不能无分彼此。于是一方面牵于旧见解,迫于经济情形,不能不合;另一方面,则受私有财产风气的影响,而要求分;暗斗明争,家庭遂成为苦海。试看旧时伦理道德上的教训,戒人好货财、私妻子而薄父母兄弟之说之多,便知此项家庭制度之岌岌可危。制度果然自己站得住,何须如此扶持呢?

然小家庭又是值得提倡的么?

不论何等组织,总得和实际的生活相应,才能持久。小家庭制度,是否和现代人的生活相应呢?历来有句俗话,叫做"养儿防老,积谷防饥"。可见所谓家庭,实以扶养老者,抚育儿童,为其天职。然在今日,此等责任,不但苦于知识之不足(如看护病人,抚养、教育儿童,均须专门智识.实亦为其力量所不及),兼日大财力言之(如一主妇不易看顾多数儿童,兼操家政。又如医药、教育的费用,不易负担)。在古代,劳力重于资本,丁多即可致富,而在今日,则适成为穷困的原因。因为生产的机键,自家庭而移于社会了,多丁不能增加生产,反要增加消费。(如纺织事业)儿童的教育,年限加长了,不但不能如从前,稍长大即为家庭挣钱,反须支出教育费。而一切家务,合之则省力,分之则多费的(如烹调、浣濯),又因家庭范围太小,而浪费物质及劳力。男子终岁劳动,所入尚不足以赡其家。女子忙得和奴隶一般,家事还不能措置得妥帖。[①]

四　先秦学术之缺点

先秦诸子所纂辑,率皆出于后之人,欲分别其说属于某人甚难,而欲分别其说属于某家则甚易。故治先秦之学者,无从分人,而亦不必分人。儒家的政治思想伟大周密,其缺点在于所想望的境界,只是镜花水月,决无实现的可能。先秦诸子中,只有法家最看得出社会前进的趋势,然其指导亦未能全然合法。他家都是想把世运逆挽之,使其回到小康以前的时代的,所以都不能行。法家的落伍之处,便是不知道国家和社会的区别,误以为国家的利益,始终和社会是一致的。社会的利益,彻头彻尾,都可用国家做工具去达到,就有将国权扩张得过大之弊。天下可无政治则已;亦既有之,则既有治人与治于人之分,即不能无治人之术。故为政之道,必不能废督责。督责者,法家之术也。中国是一个政治发达的国家;几千年来,研究学术的人,特别重视政治;但没有比较,不生疑问,故关于政治的议论,都不是什么根本上的问题。

世臣世禄卒为游谈之士取代

历代世禄之家,未有不般乐怠敖,一无所能者。《春秋》讥世卿之义,盖由是而兴。(见隐公三年、宣公十年)然其事有甚难焉者。盖古之事人,恒以其族,去官则族无所庇(《左氏》文公十六年:"司城荡卒,公孙寿辞司城,请使意诸为之。既而告人曰:君无道,吾官近,惧及

---

① 《吕著中国通史》上册,第37、38、39—40页。

焉。弃官则族无所庇。子，身之二也，姑纾死焉。虽亡子，犹不亡族。"），故有一族之人，并起而为难者。王子朝"因旧官百工之丧职秩者以作乱"是也。（《左氏》昭公二十二年，七月，单子使王子处守于王城，盟百工于平宫，八月，司徒丑以王师败绩于前城，百工叛。）孟子曰："国君进贤，如不得已。将使卑逾尊，疏逾戚，可不慎与？"（《梁惠王下》）巩简公弃其子弟而用远人，为群子弟所贼（《左氏》昭公二年）；单献公弃亲用羁，为襄、顷之族所杀；（七年）吴起、商鞅，皆身见诛戮；亦可谓难矣。然大势卒不可挽，"孟子见齐宣王曰：所谓故国者，非谓有乔木之谓也，有世臣之谓也。王无亲臣矣，昔者所进，今日不知其亡也"。（《梁惠王下》）盖时局日亟，决非骄淫矜夸者所能支持，故其时之人，虽犹习以世臣为与国同休戚，然卒不能不坐视游谈之士，代之而兴也。[1]

先秦学术兴盛之原因

先秦之世学术兴盛之原因，其重要者：（一）由封建制度破坏，贵族多降为平民，社会中骤增许多有学识之分子；（二）由社会组织变动，平民之能从事研究者渐多；（三）由时势艰难，仁人君子，竞思籍学术以救世；（四）由人君登用贤才：名卿大夫，亦竞于养士；势位富厚，有以奖进其研究；（五）由学术未定于一尊，诸家互相辩论，益得发皇其思想，而发现真理。[2]

古代士大夫之学，出于与宗教相合之哲学及官守；民间之教育，则随顺习俗，以前辈之所知所能者，传诸后辈。东周以降，社会之等级渐平，人民之好学者日众，士大夫所专之学，渐次被及于氓庶，此乃自然之势，无可遏抑。秦始皇帝及李斯，顾力反之，而欲复诸政教合一之旧，于道可谓大悖。汉兴，除挟书之律，设学校之官，既逢清晏之

---

[1] 《先秦史》，第 398 页。

[2] 《高中复习丛书　本国史》，第 30 页。

时,益以利禄之路,于是乡学者益众,学术为士大夫所专有之局,至此全破矣。此实古今政教之一大变也。①

先秦诸子可分家不可分人

先秦诸子,大抵不自著书。今其书之存者,大抵治其学者所为;而其纂辑,则更出于后之人。书之亡佚既多;辑其书者,又未必通其学(即谓好治此学,然既无师授,即无从知其书之由来,亦无从正其书之真伪;即有可疑者,也不得不过而存之矣);不过见讲此类学术之书共有若干,即合而编之,而取某子之标题,本不过表明学派之词,不谓书即其人所著;与集部书之标题为某某集者,大不相同。

治先秦之学者,可分家而不可分人。何则?先秦诸子,大抵不自著书;凡所纂辑,率皆出于后之人。(张孟劬尝以佛家之结集譬之。)欲从其书中,搜寻某一人所独有之说,几于无从措手;而一家之学,则其言大抵从同。故欲分别其说属于某人甚难,而欲分别其说属于某家则甚易。此在汉世,经师之谨守家法者尚然。清代诸儒,搜辑已佚之经说,大抵恃此也。故治先秦之学者,无从分人,而亦不必分人。②

儒家政治思想的缺点

儒家的政治思想,是颇为伟大周密的,其缺点在什么地方呢?那就在无法可以实现。儒家的希望,是有一个"王",根据着最高的原理,以行政事,而天下的人,都服从他。假如能够办到,这原是最好的事。但是能不能呢?

其在大同之世,社会甚小,事务既极单简,利害亦相共同;要把他措置得十分妥帖,原不是件难事。但是这种社会,倒用不着政治了——也可以说本来没有政治的。至于扩而大之,事务复杂了,遍知

---

① 《秦汉史》下册,第 713 页。
② 《先秦学术概论》,世界书局 1933 年版,第 17、20 页。

且有所不能,何从想出最好的法子来? 各方面的利害,实在冲突得太甚了,调和且来不及,就有好法子,何法使之实行? 何况治者也是一个人,也总要顾着私利的。超越私人利害的人,原不能说是没有,但治天下决不是一个人去治,总是一个阶级去治,超越利害的私人,则闻之矣,超越利害之阶级,则未之闻。

所以儒家所想望的境界,只是镜花水月,决无实现的可能。儒家之误,在于谓无君之世的良好状态,至有君之世,还能保存;而且这个"君道",只要扩而充之,就可以做天下的"王"。殊不知儒家所想望的黄金世界,只是无君之世才有,到有君之世,就不是这么一回事了。即使退一步,说有君之世,也可以有一个准健康体,我们的希望,就姑止于是,然而君所能致之治,若把"君"的地位抬高扩大而至于"王",也就无法可致了。因为治大的东西,毕竟和小的不同;对付复杂的问题,到底和简单的不同。所以儒家的希望,只是个镜花水月。[①]

法家的长处与短处

法家之学,在先秦诸子中,是最为新颖的。先秦诸子之学,只有这一家见用于时;而见用之后,居然能以之取天下;确非偶然之事。

法家之学,详言之,当分为法术两端,其说见于《韩非子》的《定法》篇。法术之学的所以兴起,依我看来,其理由如下:(一)当春秋之世,列国之间,互相侵夺;内之则暴政亟行。当此之时,确有希望一个霸或王出来救世的必要。——后来竟做到统一天下,这是法家兴起之世所不能豫料的。法家初兴之时,所希望的,亦不过是霸或王。而要做成一个霸或王,则确有先富国强兵的必要。要富国强兵,就非先训练其民,使之能为国效力不可。这是法家之学之所以兴起的原因。(二)一个社会中,和一人之身一样的。不可有一部分特别发达。

---

① 《中国政治思想史十讲(二续)》(第四讲),《光华大学半月刊》1936 年第 4 卷第 7 期。

一部分特别发达，就要害及全体了。然社会往往有此病。一社会中特别发达的一部分，自然是所谓特权阶级。国与民的不利，都是这一阶级所为。法家看清了这一点，所以特别要想法子对付他。

　　法家主要的办法，在"法"一方面，是"一民于农战"。要一民于农战，当然要抑商贾，退游士。因为商贾是剥削农民的，商贾被抑，农民的利益，才得保全。国家的爵赏有限，施之于游士，战士便不能见尊异。"术"一方面的议论，最重要的，是"臣主异利"四个字。这所谓臣，并不是指个人，而是指一个阶级。阶级，在古人用语中，谓之朋党。朋党并不是有意结合的，只是"在某种社会中，有某种人，在某一方面，其利害处于共同的地位；因此有意的，无意的，自然会做一致的行动"。不论什么时代、什么社会里，总有一个阶级，其利害是和公益一致的。公共的利益，普通人口不能言，而这一阶级的人，知其所在；普通人没有法子去达到，而这一阶级的人，知其途径，能领导着普通人去趋赴；他们且为了大众，而不恤自己牺牲。这一个阶级，在这个时代，就是革命的阶级。社会的能否向上，就看这一个阶级能够握权周否。这一个阶级，在法家看起来，就是所谓法术之士。

　　法家本此宗旨，实行起来，则其结果为：（一）官僚的任用。这是所以打倒旧贵族的。李斯《谏逐客书》庸或言之过甚，然而秦国多用客卿，这确是事实。《荀子·强国》篇说："入秦……及都邑官府，其百吏肃然，莫不恭俭敦敬忠信而不楛，古之吏也。入其国，观其士大夫。出于其门，入于公门，出于公门，归于其家，无有私事也；不比周，不朋党，偶然莫不明通而公也；古之士大夫也。观其朝廷，其间听决，百事不留，恬然如无治者，古之朝也。"这就是多用草茅新进之士的效验，腐败的旧贵族，万办不到的。秦国政治的所以整饬，就得力于此。（二）国民军的编成。古代造兵之法有两种：其一如《管子》所述轨里连乡之制。有士乡，有工商之乡。作内政寄军令之法，专施之于士乡，工商之乡的人，并不当兵。此法兵数太少，不足以应付战国时的事势。其二是如《荀子·议兵》篇所述魏国之法。立了一种标准,去挑选全国强壮的人当兵。合格的,就复其户,利其田宅。这种兵是精强了。然而人的勇力,是数年而衰的,而复其户,利其田宅的利益,不能遽行剥夺。如此,要编成多数的兵,则财力有所不给;若要顾虑到财政,则只好眼看着兵力的就衰。所以这种兵是强而不多,甚至于并不能强。只有秦国的法,刑赏并用,使其民非战无以要利于上,才能造成多而且精的兵。秦国吞并六国时,其兵锋东北到辽东,东南到江南。其时并不借用别地方的兵,都是发关中的军队出去打的。这是何等强大的兵力?秦人这种兵力,都是商君变法所造成。

以上两端,是法术之学应用到实际的效果。法家的长处,在于最能观察现实,不是听了前人的议论,就终身诵之的。所以他在经济上的见解,也较别一家为高超。儒家主张恢复井田,他则主张开阡陌。儒家当商业兴起之世,还说市廛而不税,关讥而不征。他则有轻重之说:主张将(一)农田以外的土地——山泽,和(二)独占的大企业——盐铁,收归国营;而(三)轻重敛散和(四)借贷,亦由国家操其权;免得特殊阶级,借此剥削一般人。轻重之说,不知当时曾否有个国家实行?开阡陌一事,虽然把古来的土地公有制度破坏了,然而照我们的眼光看,土地公有之制,在实际是久经破坏了的,商君不过加以公开的承认;而且在当时,一定曾借此施行过一次不回复旧法的整理。这事于所谓尽地力,是很有效的,该是秦国致富的一个大原因。

法家之学,亦自有其落伍之处。落伍之处在哪里呢?便是不知道国家和社会的区别。国家和社会,不是一物。因此,国家和社会的利益,只是在一定的限度内是一致的,过此以往,便相冲突。国家是手段,不是目的。所以国家的权力,只该扩张到一定的程度,过此以往,便无功而有罪。法家不知此义,误以为国家的利益,始终和社会是一致的。社会的利益,彻头彻尾,都可用国家做工具去达到,就有将国权扩张得过大之弊。秦始皇既并天下之后,还不改变政策,这是秦朝所以灭亡的大原因。这种错误,不是秦始皇个人的过失,也不是偶然的事实;而是法家之学必至的结果。所以说法家的思想,也是落伍的。①

"法自然"与"自贵近始"

　　法家的政策如此,至其所以行之之道,则尽于"法自然"三字。法自然含有两种意义。其一自然是冷酷的,没有丝毫感情搀杂进去,所以法家最戒释法而任情。其二自然是必然的,没有差忒的,所以要信赏必罚。②

　　言治者之所以"法自然",自然,即今言"自然力"之"自然",谓其祸福之必至而无可逭云尔。夫至于不善者皆奉身而退,则善者进矣。何则? 在正当之赏罚之下竞争,则善人较不善人为适;在是非不明、赏罚失当之情势之下竞争,则不善者较善者为适故也。故督责之术,纵不能使恶者为善,亦必能保善者,使不至于恶,且可保护善者,使不至亡灭,而竞争之下,转致恶者独存。夫是力也,固非独政治可以致之,然政治则其最捷者也。或曰:行督责之术,则必有操此督责之权之人,此人安保其可信邪? 此固然矣。然若并此人而不能得,则更无望政治之清明也。……不过向者操此术者为君主,今后则为国民耳。国民而全不知法家之学,各事皆可谈,请勿谈政治。全不知道家之学,各事皆可谈,请勿谈外交。③

　　凡打破恶势力,当从强者做起,能将一最强者打退,其余自不攻而服,若徒枝枝节节,删除无名小卒,无益也。……故法家之行法,有一要义,曰:自贵近始。君主之行法如是,人民之攻击恶势力亦然。④

————————

①　《中国政治思想史十讲(二续)》(第四讲),《光华大学半月刊》1936 年第 4 卷第 7 期。
②　《中国政治思想史十讲(二续)》(第四讲),《光华大学半月刊》1936 年第 4 卷第 7 期。
③　《对于群众运动的感想》,《东方杂志》1920 年第 17 卷第 16 号。
④　《答振甲君》,1920 年《沈阳高等师范周刊》,《吕思勉全集》第 11 册,第 248 页。

为政之道不能废督责

凡为政之道,必不能废督责。督责者,法家之术也。法家之术,论者率以为刻薄寡恩,行之必至于乱天下。其实事之获理者,恒阴由之而不自知。(魏武帝、诸葛亮等,皆行法家之术以致治者也。今人中,严几道、章太炎、章行严等,亦时有主张法家之论;而严氏主之尤力。见《学衡》杂志所载严氏与熊纯如诸书。)盖天下可无政治则已;亦既有之,则既有治人与治于人之分,即不能无治人之术。法家之言,治人之术也。法家之精义甚多。而其最要者,莫过于臣主异利一语。夫臣主异利者,非如世俗所云,欲为一姓一人,保其产业,而为之设制防其下之法也。以意逆志,绎其意而勿泥其辞,则所谓臣主异利云者,谓治者与受治者,利益恒有冲突;更申言之,则私人之利益,与公众之利益,恒有冲突;故公众不能不有所藉手焉,以制裁之。所谓臣者,则但图自己利益之人;所谓主者,则代表公众利益之人云尔。①

诸子主张都不适用

先秦诸子,关于政治社会方面的意见,是各有所本的,而其所本亦分新旧。依我看来:(一)农家之所本最旧,这是隆古时代农业部族的思想。(二)道家次之,是游牧好侵略的社会的反动。(三)墨家又次之,所取法的是夏朝。(四)儒家及阴阳家又次之,这是综合自上古至西周的政治经验所发生的思想。(五)法家最新,是按切东周时的政治形势所发生的思想。②

将现社会的组织,摧毁之而加以改造。这亦非古人所没有想到,先秦诸子,如儒、墨、道、法诸家,就同抱着这个志愿的,但其所主张的改革的方法,都不甚适合。道家空存想望,并没有具体实行的方案

---

① 《考试论》,《光华期刊》1928 年第 2 期。

② 《吕著中国通史》上册,第 301 页。

的,不必说了。墨家不讲平均分配,而专讲节制消费,也是不能行的。儒家希望恢复井田,法家希望制止大工商业的跋扈,把大事业收归官营;救济事业亦由国家办理,以制止富豪的重利盘剥;进步些了。然单讲平均地权,本不能解决社会的经济问题,兼讲节制资本,又苦于没有推行的机关。在政治上,因为民主政治,废坠的久了,诸家虽都以民为重,却想不出一个使人民参与政治的办法,而只希望在上者用温情主义来抚恤人民,尊重舆论,用督责手段,以制止臣下的虐民。在国与国之间,儒家则希望有一个明王出来,能够处理列国间的纷争,而监督其内政;法家因为兴起较后,渐抱统一的思想,然秦朝的统一,和贵族的被裁抑,都只是事势的迁流,并不能实行法家的理想,所以要自此再进一步,就没有办法了。在伦理上,诸家所希望的,同是使下级服从上级。臣民该服从君主,儿子要服从父亲,妇女要服从男子,少年该服从老人。他们以为上级和下级的人,各安其分,各尽其职,则天下自然太平,而不知道上级的人受不到制裁,决不会安其分而尽其职。总而言之:小康之世,所以发展向乱世,是有其深刻的原因的。世运只能向前进,要想改革,只能顺其前进的趋势而加以指导。先秦诸子中,只有法家最看得出社会前进的趋势,然其指导亦未能全然合法。他家则都是想把世运逆挽之,使其回到小康以前的时代的,所以都不能行。①

齐一众论为晚周秦汉人所同欲

在春秋战国时代,有一个共同的要求,是定于一。当时所怕的,不但是君大夫对人民肆行暴虐,尤其怕的是国与国、家与家之间争斗不绝。前者如今日政治的不良,后者如今日军人的互相争斗。两者比较起来,自然后者诒祸更大了。欲除此弊,希望人民出来革命,是没有这回事的。所可希望的,只是下级的人,能服从上级,回复到封

---

① 《吕著中国通史》下册,第 387 页。

建制度完整时代的秩序。此义是儒、墨、名、法诸家共同赞成的。①

焚书之议，不外乎欲齐一众论。夫欲齐一众论者，不独始皇、李斯也，董仲舒对策曰："春秋大一统者，天地之常经，古今之通谊也。今师异道，人异论，百家殊方，指意不同，是以上亡以持一统；法制数变，下不知所守。臣愚以为诸不在六艺之科、孔子之术者，皆绝其道，勿使并进。邪辟之说灭息，然后统纪可一、而法度可明，民知所从矣。"与李斯议何异？特斯欲一之以当世之法律辟禁，而仲舒则欲一之以孔子之道耳。孔子之道，非吏之所知，欲以此一天下，自不得不用通知古今之博士。始皇令民以吏为师，而汉武独为五经博士置弟子，其所以教民者异，其使之必出于一则同矣。

李斯论当时之弊，谓"语皆道古以害今，饰虚言以乱实"；又谓"五帝不相复，三代不相袭，各以治，非其相反、时变异也"。而谓淳于越曰："越言乃三代之事，何足法也"，善矣。抑此法家之公言，非斯一人之私言也；虽儒家亦恶处士横议。而曰三王之道若循环，终而复始，则亦恶夫道古以害今，饰虚言以乱实者矣。然而斯之所为，则欲复古政教不分、官师合一之旧者也。虽董仲舒亦曷尝不愿之哉？未能致耳。亦何以异于淳于越乎？却行而笑人之北，岂不悲哉？

李斯之负谤久矣，仲舒昔人称之，今亦以其抑黜百家为罪状，其实立言各以其时，不必相非也。后人生于专制已久，思想已统一之世，但患在上者之权威过大，在下者之锢蔽过深，不察时势之异，乃皆奋笔以诋李斯、仲舒，其实思想锢蔽固有弊，思想太披猖亦有弊。今也遇人于路，刺而杀之，则司败将执而致诸辟，虽途之人，亦莫之哀也，是以莫敢刺人而杀之也。若斯世之风气，十里五里而不同，有杀人于国门之外者，或訾其暴，或訾其勇，司败执而戮之，则或聚徒而篡之，而是邦也，不可以一朝居矣。此墨翟所以有尚同之论也，非独儒

① 《中国政治思想史十讲（二续）》（第四讲），《光华大学半月刊》1936 年第 4 卷第 7 期。

法也,一异道与异论,固晚周、秦、汉之世,人人之所同欲也。^①

古代政治思想未及根本问题

中国是一个政治发达的国家;而且几千年来,研究学术的人,特别重视政治;关于政治的议论,自然有许多,但都不是什么根本上的问题。为什么呢? 因为一件事情,我们倘然看作问题而加以研究,必先对于这件事情发生了疑问;而疑问是生于比较的。我们都知道:希腊的政治思想,发达得很早。在亚里士多德时,已经有很明晰的学说了。这就是由于希腊的地小而分裂,以区区之地,分成许多国,各国所行的政体,既然不同,而又时有变迁。留心政治问题的人,自然觉得政治制度的良否,和政治的良否大有关系,而要加以研究了。中国则不然。中国是个大陆之国,地势是平坦而利于统一的。所以支离破碎,不如希腊之甚。古代的原民族,——即今日所谓汉族——分封之国虽多,所行的政体,大概是一样。其余诸民族自然有两样的,但因其文明程度的低下,中原人不大看得起他,因而不屑加以比较研究。孔子说夷狄之有君,不如诸夏之无也(见《论语·八佾》),最可以代表这种思想、这种趋势。直到后世,还是如此。没有比较,哪里会发生疑问? 对于政治,如何会有根本上的研究呢?^②

---

① 《焚书》,《光华大学半月刊》1933 年第 1 卷第 6 期。
② 《中国政治思想史十讲》(第一、二讲),《光华大学半月刊》1935 年第 4 卷第 5 期。

第四章　秦代：帝政成功，君政虚坠

一　秦是新进的野蛮国家

大抵文明进化已久的国，往往不免于暮气；文明程度太浅的国，因为物质和精神两方面，强盛的元素都太缺乏，又兴旺不起来，就暂时强盛，也不能持久，吴越就属于这一种。战国时代的六国属于前一种。只有新进于文明的野蛮国家，最为可怕，秦国就属于这一种。秦始皇的政治实在是抱有一种伟大的理想，但政治是不能专凭理想，而要顾及实际的情形的，即不论实际的情形能行与否，亦还要顾到行之手腕。秦始皇的政策虽好，行之却似过于急进。焚书这件事，不但剥夺人家议论的权利，并且要剥夺人家议论的智识。秦始皇、李斯所做的事，大概是"变古"的，独有这件事，是"复古"的。统一全国人的心思，实在是想回复古代"政教合一，官师不分"之旧。法家宗旨，在"法自然"，故戒释法而任情。揆其意，固不主于宽纵，亦不容失之严酷。然专欲富国强兵，终不免以人为殉。在列国相争，急求一统之时，可以暂用，治平一统之时而犹用之，则恋旧庐而不舍矣。秦之速亡，亦不得谓非过用法家言之咎。

秦是新进文明的野蛮国家

秦国所以能灭掉六国，下列三条，大约是最大的原因：（一）秦国和戎狄竞争最烈，以磨砺而强。（晋在太原时近狄，迁绛之后，距敌较远。和楚竞争的"黎""越"二族，和齐竞争的莱夷，都不是强敌。比不上犬戎。)(二)秦国所据的地势,和商周先世是一样。(从这地方出函谷关攻山东,出武关攻南阳、襄汉,都是上流之势。秦国攻楚的路,和楚国先世拓土的路,也是一样。)(三)秦国开化较晚,所以风气朴实,国力较六国为充足。(试看李斯《谏逐客书》,列举当时淫侈的事情,秦国竟没有一件。大抵文明进化已久的国,往往不免于暮气;文明程度太浅的国,因为物质和精神两方面,强盛的元素都太缺乏,又兴旺不起来,就暂时强盛,也不能持久,吴越就属于这一种。战国时代的六国属于前一种。只有新进于文明的野蛮国家,最为可怕,秦国就属于这一种了。)[1]

秦统一的原因

秦朝的统一,决不全是兵力的关系。我们须注意:此时交通的便利,列国内部的发达,小国的被夷灭,郡县的渐次设立,在政治上、经济上、文化上,本有趋于统一之势,而秦人特收其成功。秦人所以能收成功之利:则(一)他地处西垂,开化较晚,风气较为诚朴。(二)三晋地狭人稠,秦地广人稀,秦人因招致三晋之民,使之任耕,而使自己之民任战。(三)又能奉行法家的政策,裁抑贵族的势力,使能尽力于农战的人民,有一个邀赏的机会,该是其最重要的原因。[2]

秦何以强

昔者七国之兵,莫强于秦,是以四世有胜,卒并天下。非应、穰之画胜于原、尝、春、陵,而项燕、李牧,不格白起、王翦也。秦人捐甲徒裼而趋敌,山东之士,被甲蒙胄而会战。且秦人,其生民也狭陋,其使民也酷烈。商君之法,无功赏者,虽富无所纷华,而非战陈亦无功赏。是以其民皆勇于公战,以缴利于上。而三晋之民,试之中程,则复其身,利其田宅。十年而筋力衰,勇气沮,非复选锋,二十年而不可用

---

[1]　《自修适用白话本国史(一)》第一篇《上古史》,第71页。
[2]　《吕著中国通史》下册,第376—377页。

矣。然则秦之民举国皆强，三晋则惟选士耳。三晋如此，齐楚更不足论矣。其不格宜矣。然秦民之强，岂徒商君之法令为之哉。李斯谏逐客之书，刊举淫乐侈糜之事，皆来自东诸侯之邦，出于秦者无一焉。声色货利之场，又岂有孟贲、乌获乎。①

秦政行之过急

秦始皇，向来都说他是暴君，把他的好处一笔抹杀了，其实这是冤枉的。看以上所述，他的政治实在是抱有一种伟大的理想的。这亦非他一人所能为，大约是法家所定的政策，而他据以实行的。这只要看他用李斯为宰相，言听计从，焚诗书、废封建之议，都出于李斯可知。政治是不能专凭理想，而要顾及实际的情形的，即不论实际的情形能行与否，亦还要顾到行之之手腕。秦始皇的政策虽好，行之却似过于急进。北筑长城，南收两越，除当时的征战外，还要发兵戍守；既然有兵戍守，就得运粮饷去供给他；这样，人民业已不堪赋役的负担。他还沿着战国以前的旧习惯，虐民以自奉。造阿房宫，在骊山起坟茔（骊山，在今陕西临潼县），都穷极奢侈，还要到处去巡游。统一虽然是势所必至，然而人的见解，总是落后的，在当时的人，怕并不认为合理之举，甚而至于认为反常之态。况且不必论理，六国夷灭，总有一班失其地位的人，心上是不服的，满怀着报仇的愤恨，和复旧的希望。加以大多数人民的困于无告而易于煽动，一有机会，就要乘机而起了。②

秦始皇之"无道"

秦始皇的措置：第一件，便是自称皇帝，除去谥法。……第二件，便是废封建，置郡县。……第三件，便是收天下的兵器，把他都聚到咸阳销毁了，铸做"钟""镰"和十二个铜人。……第四件，是统一天

---

① 《健康之身体基于静谧之精神》，1933年《光华年刊》。
② 《吕著中国通史》下册，第391—392页。

下的"度""量""衡"和行车的轨与文字。……第五件,是把天下的富豪迁徙到咸阳来,一共有十二万户。这都是初并天下这一年的事,后来又有"焚书""坑儒"两件事。

这几件事情,其中第二、第四两件,自然是时代所要求。第三件,后人都笑他的愚,然而这事也不过和现在"禁止军火入口""不准私藏军械"一样,无甚可笑。第五件似乎暴虐些,然而这时候,各地方旧有的贵族、新生的富者阶级,势力很大,要是怕乱,所怕的就是这一班人(后来纷纷而起的,毕竟是六国的王族和将家占其多数;否则就是地方上的豪杰。并非真是"瓮牖绳枢之子,甿隶之人,迁徙之徒",可见地方上的特殊势力,原是应当划除的)。汉高祖生平,是并不学秦朝的政策的。然而一定天下,也就"徙齐、楚大族于关中",可见这也是时势所要求,还没甚可议之处。最专制的,便是第一件和"焚书""坑儒"两件事。为什么呢?"皇帝"是个空名,凭他去称"皇",称"帝",称"王",称"皇帝",似乎没甚相干。然而古人说:"天子者,爵也。"又说:"天子一位,公一位,侯一位,伯一位,子男同一位,凡五等。"可见天子虽尊,还不过是各阶级中之一;并不和其余的人截然相离。到秦始皇,便无论"命""令""自称",都要定出一个特别名词来,天子之尊,真是"殊绝于人"了。"太古有号无谥",自是当时风气质朴,并不是天子有种权利,不许人家议论。到始皇,除去谥法,不许"子议父,臣议君",才真是绝对的专制。焚书这件事,不但剥夺人家议论的权利,并且要剥夺人家议论的智识。——始皇和李斯,所做的事,大概是"变古"的,独有这件事,是"复古"的。他们脑筋里,还全是西周以前"学术官守,合而为一"的旧思想,务求做到那"政学一致"的地步。人人都要议论,而且都有学问去发议论,实在是看不惯的。"坑儒"的事情,虽然是方士引起来,然而他坐诸生的罪名,是"惑乱黔首",正和"焚书"是一样的思想。这两件事,都是"无道"到极点的。[1]

---

① 《自修适用白话本国史(二)》第二篇《中古史上》,第 1、2、3、4、5 页。

"政教合一，官师不分"

秦始皇所行的……最根本的，莫过于统一人民的心思了。原来古代社会，内部没有矛盾，在下者的意见，总和在上者一致，此即所谓"天下有道，则庶人不议"。（《论语·季氏》）后世阶级分化，内部的矛盾多了，有利于这方面的，就不利于那方面。自然人民的意见，不能统一。处置之法，最好的，是使其利害相一致；次之则当求各方面的调和，使其都有发表意见的机会；此即今日社会主义和民主政治的原理。但当时的人，不知此理。他们不知道各方面的利害冲突了，所以有不同的见解，误以为许多方面，各有其不同的主张，以致人各有心，代表全国公益的在上者的政策，不能顺利进行。如此，自有统一全国人的心思的必要。……始皇、李斯此举，认为不合时代潮流，他是百口无以自解的，认为有背于古，则实在冤枉。他们所想回复的，正是古代"政教合一，官师不分"之旧。[①]

法家之学与秦之兴亡

以上诸家（编者按：指先秦诸子），辜较言之，可云农家之所愿望者，为神农以前之世。道家之所称诵者，为黄帝时之说。墨家所欲行者为夏道。儒家与阴阳家，则欲合西周以前之法，斟酌而损益之。切于东周事势者，实惟法家。秦人之兼并六国，原因虽不一端，法家之功，要不可没也。东周时之要务有二：一为富国强兵，一为裁抑贵族。前者为法家言，后者为术家言，说见《韩非子·定法篇》。申不害言术，公孙鞅为法，韩非盖欲兼综二派者。法家宗旨，在"法自然"，故戒释法而任情。揆其意，固不主于宽纵，亦不容失之严酷。然专欲富国强兵，终不免以人为殉。《韩非子·备内篇》云："王良爱马，为其可以驰驱，勾践爱人，乃欲用以战斗。"情见于辞矣。在列国相争，急求

---

① 《吕著中国通史》下册，第389、390—391页。

一统之时,可以暂用,治平一统之时而犹用之,则恋蘧庐而不舍矣。秦之速亡,亦不得谓非过用法家言之咎。①

秦始皇并非不用儒

秦之速亡,亦不得谓非过用法家言之咎。秦亡之后,众皆以其刻薄寡恩,归咎于法家(其实此系误解,盖专以成败论事,归咎法家),而法家之学,一时遂为众所忌讳。是时急于休养生息,故道家之说颇行。如孝惠元年,曹参相齐,尊治黄、老言者盖公,为言"道贵清静,而民自定",参用之,相齐九年,齐国安集。及继萧何为相,举事无所变更,择谨厚长者为郡国史,掩人细过,不事事,百姓歌之,有"载其清靖,民以定壹"之辞。孝景时,窦太后好黄、老术,皆其著者。然道家主无为,为正常之社会言之则可;社会已不正常,而犹言无为,是有病而不治也。故其说亦不能大盛。

此时社会,(一)当改正制度,(二)当兴起教化,此为理论上当然之结果,无人能加以反对,而此二者,惟儒家为独优,故儒学之必兴者,势也。秦始皇坑儒时,曾言:"吾前收天下书不中用者尽去之,悉召文学方术士甚众,欲以兴太平,方士欲练以求奇药。"(见《史记·始皇本纪》)兴太平,即指改正朔兴起教化言,是始皇固尝有意于此矣。特未及行耳。当时致力镇压诸侯之遗,北逐匈奴,筑长城,南略定南越,置郡,迄无闲暇。苟天假以年,或有兴太平之举,亦未可知。②

二　君政废坠是政治的退化

分争固然不好,后来勉强统一,而其联结的办法,还不是最好。帝

---

① 《先秦史》,第 477 页。
② 《国学概论》,吕思勉述、黄永年记:《吕思勉文史四讲》,中华书局 2008 年版,第 163—164 页。

政成功,内战可息,前此列国间经济上的隔阂,亦可消除,对外的力量,自然加强,这较诸霸或王更为有利。但是帝政成功,君政却全废坠了。凡人民相生相养之事,在古代,由其团体自谋,其后由人君代管其枢者,至此,乃悉废坠而无人过问,而人民遂现出极萧索可怜的状态。国家的政治权力扩大,代表政治权力的,是国王所信任的官僚。官僚阶级当其初兴之时,其利害恒与大多数人相一致,及其得志之后,则又处于对立之地位。以阶级性质论,官僚则义务必求其尽得最少,权利必求其享得最多;苟可虐民,必将无所不至。以封建时代邦域之小,为国君者,尚不能监察其下,何况一统以后之幅员万里呢?为人民者,不将更处于水深火热之中欤?社会文化,得官力的辅助而发展是例外;事业遭压迫,财力被榨取,人才被吸收,以致萎缩,倒是通常的现象。所以官僚阶级,实在是社会文化发展向上的大敌。

统一虽好但联结方法不佳

政治上的互相争斗,可以说是使人群趋于分争角立的,而自经济上言之,则总以互相联合为有利。亦且人类的本性,原是互相亲爱的;政治上的分争,只可说是社会的病态。所以在封建时代,政治上的情形,虽然四分五裂,而社会的同化作用,还是不断进行的。《中庸》说:"今天下,车同轨,书同文,行同伦。"可见当春秋战国时,社会的物质和精神,都已大略一致;因为只从古相传下来,凭恃武力的阶级所把持,以致统一不能实现罢了。此等政治上争斗的性质,固因有国有家者,各欲保守其固有的地位,而至于分争;亦因其贪求无已,不夺不餍,而渐趋于统一。并兼之势日烈,则统一之力加强。政治的社会的两力并行,而统一遂终于实现。

统一,自然是有利的事。人类不论从哪一方面讲,总是以统一为有利的。但是前此的分争,固然不好,后来虽勉强统一,而其联结的办法,还不是最好的。因而处于这一个大国家社会之中的人,不能个个都得到利益；而且有一部分是被牺牲的。而国家社会的自身，亦因此而不得进化。这种趋势，是从皇古时代，因社会内部的分化和其相互间的争斗而就开始进行的；到战国的末年，已经过很长的时间了。在这长时期中，从民族和国家的全体上看，是由分趋合，走上了进化的大路的。从社会组织上看，则因前此良好的制度逐渐废坠；人和人相互之间的善意逐渐消失；而至于酿成病态。①

　　中国自列国分立，逐渐互相吞并，而终至于统一，实缘社会经济起着剧烈之变迁。政治之力，不过追随其后而已。当列国分立之时，各国内之经济大率保持自给自足的状况，此其所以能分立。此时之封君坐食租税，其生活反较劳动平民为优裕，固属不平。然其所谓不平者止于此。其余大体尚保存氏族时代之旧规。其生产消费，均为有计划的，因而其社会经济，亦为有秩序的也。随着生产力的进步，旧规逐渐成为获利之障碍，遂逐渐被人破坏。当此情势之下，交通逐渐便利，各国人民，互相往来者日多，风俗亦逐渐接近，遂造成统一有利之条件，而政治之力随之。政治上之统一，固属有利，然各国内部，前此经济上之规制，逐渐破坏，而无新规制以代之，遂成为无秩序无组织之局矣。②

帝政成功，君政废坠

　　秦以前的政治，和周以前不同，是谁都会说的。然则其不同之处究竟安在呢？

　　秦始皇并天下后，令丞相御史说：天下大定，而名号不更，无以称成功，传后世。命他们议自己的称号，丞相御史等议上尊号的奏，亦说他“平定天下，海内为郡县，法令由一统，自上古以来未尝有，五帝所不及”。后来赵高弑二世，召集诸大臣公子说：“秦故王国，始皇

① 《中国政治思想史十讲(续)》(第三讲)，《光华大学半月刊》1936年第4卷第6期。
② 《史籍选文评述》，《吕著史学与史籍》，华东师范大学出版社2002年版，第127页。

君天下,故称帝。今六国复自立,秦地益小,乃以空名为帝,不可;宜为王如故。"于是立公子婴为秦王。据此看来,当时的人,对于皇和帝的观念,确是不同的。其异点,就在一"君天下",一不君天下。当春秋时代和战国的前半期,希望尽灭诸国,而自己做一个一统之君,这种思想,大概还无人敢有。并吞六国、统一天下的思想,大概是发生于战国的末期的。前此大家所希望的,总不过是霸或王罢了。然而列国纷争,到底不是苏秦的合从所能加以团结;亦不是张仪的连衡,所能息其兵戈;悬崖转石之机,愈接愈厉,到底并做一国而后已。这可以说是出于前此政治家的虑外的。

帝政成功,则(一)内战可息;(二)前此列国间经济上的隔阂,亦可消除,如撤去列国时代所设的关,出入无需通行证。而且统一之后,对外的力量,自然加强;中国未统一时,蒙古高原不曾有像汉以后匈奴等强大的游牧民族,是中国的天幸。这确较诸霸或王更为有利。但是帝政成功了,君政却全废坠了。

怎样说帝政成功,而君政废坠呢?原来"君者善群也"。他的责任,就是把一群中的事情,措置得件件妥帖。原始的君,固未必人人能如此,然以其时的制度论,则确是可以如此的。所以只要有仁君,的确可以希望他行仁政。原来封建政体,即实行分封制的贵族政体中,保留有原始"君"的制度的残余,自从封建政体逐渐破坏,此种制度,亦就逐渐变更了。这话又是怎样说呢?要明白这个道理,先要知道从封建到郡县,在政治制度上,是怎样的一个变迁。我们都知道:秦汉时的县名,有许多就是古代的国名。这许多县,并不是起于秦的。前此地兼数圻的大国中,早已包含着不少了。这就是(一)从远古相传的国,被夷灭而成为大国中的一县。这是县的起源的一种。还有(二)卿大夫的采地,发达而成为县;如《左氏》说晋国韩赋七邑,皆成县之类。(三)以及国家有意设立的。如商君并小乡聚邑为县。此三者,虽其起源不同,而其实际等于古代的一个国则一。所以县等于国,县令等于国君。以次推之,则郡守等于方伯。然则大夫是什么呢？那就是秦汉时的三老、啬夫、游徼之属了。士是什么呢？那就是里魁和什伍之属了。后世都说县令是亲民之官，其实这不过和郡以上的官比较而云然，在实际，县令还不是亲民的。若乡老以下诸职，通统没有，做县令的，也就无所施其技，虽欲尽其"君者善群"的责任而不得了。从秦汉以后，这种职守，渐渐的没落而寖至于无。所以做县令的人，也一事不能办；而只得以坐啸卧治，花落讼庭闲，为为治的极则。县令如此，郡以上的官，更不必说了。所以说"帝政成功，而君政废坠"。[1]

君政废坠是政治的退化

从前贵族阶级跋扈时，法术之士——即官僚阶级的前身，是作为君主为代表公心的机关，教他行督责之术，去打倒贵族阶级的。这时候，官僚阶级既代居贵族的地位，君主应即以其人之道，还治其人之身。但是理想是理想，事实是事实。理想的本性，总想做到十分，一落入事实界，就只能做到两分三分了。君主所行的是政治，政治是实际的事务。凡实际的事务，总是带有调和的性质的，即是求各种势力的均衡。官僚和民众的利益，是处于相反的地位的。而这两个阶级，都有相当的势力，做君主的，不但不能消灭那一方面，并不能过于牺牲那一方面，亦只得求其势力的均衡。所以做君主的，也只能保障官僚的剥削平民，限于某一限度以内，过此以往，便不能为人民帮忙。从前官场中总流行着一种见解："人民固应保护，做官的人，也该叫他有饭吃。"——譬如你为保护人民故，而裁撤官吏所得的陋规，官场中人，就会把这话批评你——就是这种意识的表现。

所以这时候的平民，自己是既愚且弱，不会办什么事了。官吏在责任减至最小限度、权利扩至最大限度的原则下，不会来替你办什么

---

[1] 《中国政治思想史十讲（三续）》（第五讲），《光华大学半月刊》1936 年第 4 卷第 8 期。

事的;而且你要自己办事,还会为其所破坏。为什么呢?因为你会办事,你的能力就强了;就会反抗官吏的诛求。而且你有余款,照理,官吏是要榨取去的,怎会让你留着,谋你们的公益事务呢?如此,凡人民相生相养之事,在古代,由其团体自谋,而其后由人君代管其枢者,至此,乃悉废坠而无人过问,而人民遂现出极萧索可怜的状态。中国后世的人,都要讴思古代,这并不是无因的。因为表显在古书中那种"百废俱举,即人和人相生相养之事,积极的有计划、有规模,而人不是在最小限度之下,勉强维持其生存的现象",在后世确乎是不可见了。在物质文明方面,总是随着时代而逐渐进步的,在社会组织方面,则确乎是退步了。人,究竟在物质文明进步、社会组织退步的环境中所得的幸福多呢,还是在物质文明较低、社会组织合理的环境中所得的幸福多呢?这本是很难说的话。何况想象的人,总只注意到古代社会组织合理的一方面,而不甚注意到其物质不发达的一方面呢?讴歌古代,崇拜古代,又何足为怪呢?所以说:帝政成功,君政废坠,实在是政治上的一个大变迁。

帝政的成功,君政的废坠,既然是政治退化的大原因,人为什么不回到老路上去,把一个大帝国,再斫而小之呢?此则由于人类本来是要联合的。无论从物质方面·精神方面讲,都是如此。而且全世界未至于风同道一,则不能不分为许多民族和国家。异民族和异国家之间,是常有冲突的。有冲突,我们亦利于大。这是已成的大帝国,不能斫而小之的原因。国既不能斫而小之,而国之内又不能无利害冲突,则只有仰戴一个能调和各阶级利害的君主,以希冀保持各阶级间势力的均衡了。帝政从秦灭六国之岁,至于亡清逊位之年,凡绵历二千余载,其原理即由于此。[1]

---

[1] 《中国政治思想史十讲(三续)》(第五讲),《光华大学半月刊》1936 年第 4 卷第8 期。

官僚阶级的兴起

春秋战国时……国家的政治权力,不是缩小了,而反是扩大了。因为政治是所以调和矛盾,也可说是优胜的一个阶级用来压迫劣败的阶级的。社会的矛盾,日益加甚,自然政治的权力,日益加大。但是这时候,代表政治上的权力的,不是从来拥有采地的封建主,而是国王所信任的官僚。

官僚阶级是怎样兴起的呢?那便是:(一)新兴的工商家,和地主阶级中较有知识的分子;(二)没落的旧贵族尤多,他们的地位身份虽然丧失,其政治上的才能和知识,是不会随而丧失的。现代的县名,还有一部分沿自秦汉时代,秦汉的县名很容易看得出,有一部分就是古代的国名;可见其本为一独立国。独立国夷而为县,并不是从秦汉时代开始的;春秋战国时,早已有许多小国,变成大国中的一县了。国变而为县,便是固有君主的撤废,中央政府派遣地方官吏的成功。质而言之,就是后代的改土归流。因封建制度崩溃,而官僚阶级增多;亦因官僚阶级增多,而大国的君主,权力愈扩大;封建政体,因之愈趋于崩溃。[1]

官之利害恒与民相背

凡一阶级,当其初兴之时,其利害,总是和大多数被压迫的人一致的。及其成功,即其取敌对阶级的地位而代之之时,其利害,便和大多数人相反了。官僚阶级取贵族而代之,即系如此。当这时代,大多数的人民,是怎样呢?因为凡稍有才力的人,都升入官僚阶级里去了。官僚阶级的数量,略有定限,自然有希望走进去而始终走不进的人。然而达得到目的与否是一事,抱这目的与否,又是一事。他们虽始终走不进去,总还希望走进去,而决不肯退到平民这一方面来,和

---

[1] 《中国政治思想史十讲(续)》(第三讲),《光华大学半月刊》1936 年第 4 卷第 6 期。

官僚斗争。于是人民方面所剩的,就只是愚与弱。除掉以暴动为反抗外,就只有束手待毙。(苏东坡《志林》论战国任侠最能道破此中消息。)①

凡一阶级当其初兴之时,其利害恒与大多数人相一致,及其得志之后,则又处于对立之地位,此为无可如何之事。所谓官僚,其初盖即游士,在封建政体未废除之前,他们的利害,实上与英明之国君,下与困苦之人民相一致,及其既废除之后,则他们又代居其位,而其利害,和人民相反了。……任何一阶级中,都有好人,所谓好人,即后私利而先公益之谓,然此等人不代表其阶级的性质,以阶级的性质论,则义务必求其尽得最少,权利必求其享得最多。(经济学上以最少劳费获最大效果之原则。)然则官僚阶层,苟可虐民,必将无所不至。以封建时代邦域之小,为国君者,尚不能监察其下,何况一统以后之幅员万里呢?为人民者,不将更处于水深火热之中欤?②

官僚阶级是社会发展的大敌

几千年来,封建制度的余毒,未尝铲除净尽,贵族衰落之后,复继之以官僚。所谓官僚阶级,乃合下列几种人而组织成功的,即:(一)做官的人。(二)辅助官的人。其中又分(甲)高级、参与谋议的,或有专门技术的,即幕僚。(乙)办例行公事的,即胥吏。(丙)供奔走使令的,即差役。(三)与官相结托的人,即士绅。这三种中,固然都不乏好人。然虽有好人,改变不了阶级的性质。以阶级的性质论,总是要求自利的。自利的方法,从理论上言,是权威力求其大,收入力求其多,办事力求其少。在上级监督,社会制裁的力量所不及之处,便要

① 《中国政治思想史十讲(三续)》(第五讲),《光华大学半月刊》1936 年第 4 卷第 8 期。
② 《中国文化诊断一说》,《中国建设》1946 年第 6 卷第 6 期。

尽力行之。社会的文化，因得官力的辅助而发展是例外，事业遭其压迫，财力被其榨取，人才被其吸收，以致萎缩，倒是通常的现象。所以官僚阶级，实在是社会文化发展向上的大敌。[①]

三　论秦史的真伪

秦用刑之严，固同法家有关。至于"凿颠""抽胁""镬亨""车裂""腰斩"等酷刑，似乎从未开化的蛮族里采来，故秦律似别一法系。秦并天下，富强之基，树于商君；蚕食之形，成于穰侯；囊括之谋，肇于不韦；三人实秦并天下之首功。秦之酷，实不如后世所言之甚。秦之暴，李斯固不能无罪，亦当薄乎云尔。视斯为助桀为虐之流，则过矣。古太子皆不将兵。使将兵，即有意废立，故扶苏之不立，盖决于监军上郡之时。史所传李斯、赵高废立之事，必非其实。秦筑长城，誉之者以为立万古夷夏之防，毁之者以为不足御侵略，皆不察情实之谈。长城以防小部落之寇钞，所以省戍役，防寇钞，休兵息民，本不以御大敌。匈奴控弦数十万，入塞者辄千万骑，所以御之者，自别有策矣。长城之修筑，大抵北边安静时，无事于此，有大敌时，亦无事于此，惟有小寇贼，释之不可，防之不胜其劳，则长城之修筑急焉。而制北之策，当兴畜牧于长城之外，以为长城卫，而长城又为畜牧之卫也。

论秦的法律

秦国的法律，似乎是别一法系。《汉书·刑法志》说："陵夷至于战国，韩任申子，秦用商鞅，连'相坐'之法，造'参夷'之诛，增加肉刑大辟，有'凿颠''抽胁''镬亨'之刑。"商鞅、申不害……都是法家；法家的用刑，固然主乎严峻，然而所讲的，只是信赏必罚（把现存的《管子》《韩非子》《商君书》等看起来，都是如此）。并没有造作酷刑的理

---

① 《中国现阶段文化的特征》，1940 年 4 月 5 日《中美日报》。

论。秦国用刑之严，固然同法家有点关系。至于"凿颠""抽胁""镬亨""车裂""腰斩""夷其族""夷三族"等刑罚，似乎不是商君等造的。然则这许多刑罚是从哪里来的呢？按秦国开化最晚，当时的人，都说他是戎翟之俗。这许多酷刑，难保是从未开化的蛮族里采取来的。所以我说他是别一法系。①

　　秦朝的法律所以贻害天下，有两种道理：其（一）是由于他所用的"刑罚的野蛮"。……（二）然而秦朝的害天下，实在又在其"用法的刻深"。……这种情形，在当时司法界已成为风气。②

论吕不韦

　　不韦相秦，实非碌碌，孝文王立而施德布惠，庄襄王诛周而不绝其祀（此即所谓"兴灭国，继绝世"者），皆不韦之所为。观其招致宾客著书，俨有兴起太平之意。史称其欲以并天下，说盖不诬。李斯固不韦舍人，不韦废而斯用事，所奉行者，亦未必非不韦之遗策也。富强之基，树于商君；蚕食之形，成于穰侯；囊括之谋，肇于不韦；三人者，实秦并天下之首功矣。③

　　前二四六年，秦始皇立。《史记·秦本纪》说：这时候，吕不韦为相国，招致宾客游士，欲以并天下。大概并吞之计，和吕不韦是很有关系的。后来吕不韦虽废死于蜀，然秦人仍守其政策不变。④

论李斯

　　李斯学于荀卿，史公谓其"知六艺之归"。其行事，则《史记》本传叙述最得其要。……并天下之后，斯为丞相，事之荦荦大者，盖有八端：夷郡县城一，销兵刃二，废封建三，去诗书四，同文书五，治离宫

①　《自修适用白话本国史（一）》第一篇《上古史》，第 137 页。
②　《自修适用白话本国史（二）》第二篇《中古史上》，第 80、82 页。
③　《先秦史》，第 240 页。
④　《吕著中国通史》下册，第 376 页。

别馆六,巡守七,攘四夷八也。斯之说秦王曰:"今诸侯服秦,譬若郡县,夫以秦之强,大王之贤,由灶上骚除,足以灭诸侯,成帝业,为天下一统,此万世之一时也。今怠而不急就,诸侯复强,相聚约从,虽有黄帝之贤,不能并也。"一统盖斯之素志,一统固儒家之义也。夷郡县城,销兵刃,废封建,同文书,皆所以成一统,即与儒家之旨不背。去《诗》《书》百家语,若甚相背,实所以复三代政教相合、官师不分之旧。巡守所以镇抚四方,攘夷狄亦所以安中国。所最不可解者为营宫室。然王者当备制度,亦儒家所不废。始皇特失之侈,此或始皇所自焉。至大营骊山,复作阿房,则赵高实为之,斯且尝进谏矣。然则秦之暴,斯固不能无罪,亦当薄乎云尔。视斯为助桀为虐之流,则过矣。……秦之酷,实不如后世所言之甚。且六国之时,所以用其民者,曷尝不极其力,特史不尽传耳。秦之刑罚,虽较后世为急,赋敛虽较后世为重,安知较之六国,不见其缓且薄哉?况于秦之所行,非皆斯之意乎?《史记》云:"人皆以斯极忠而被五刑死。"邹阳上梁王书亦曰:"李斯竭忠,胡亥极刑。"固非无由也。李由告归咸阳,李斯置酒于家,百官长皆前为寿,门廷车骑以千数。李斯喟然而叹曰:嗟乎! 吾闻之荀卿曰:"物禁太盛。夫斯乃上蔡布衣,闾巷之黔首,上不知其驽下,遂擢至此。当今人臣之位,无居臣上者,可谓富贵极矣。物极则衰,吾未知所税驾也。"惓惓不忘其师之言。至与中子俱执,要斩咸阳市,顾其子曰:"吾欲与若复牵黄犬俱出上蔡东门逐狡兔,岂可得乎?"犹斯旨也。故斯生平学术,实未有以大异乎荀卿。古者学有专门,诵习之书少,而其体验也深。先人之言,有终身不忘者,势使然也。其论督责一书,专欲明申、韩之术,修商君之法,乃为阿意求容(二世责斯之说,盖皆赵高之言。高以此责斯,盖正观其能曲从与否,斯乃弃所学而阿之也),以此疑斯之学术,则又过矣。[1]

① 《李斯》,《光华大学半月刊》,1934 年第 3 卷第 3 期。

二世篡位非为事实

秦始皇帝以前二一〇年，东巡死于沙丘（今河北邢台县）。他大的儿子，名唤扶苏，先已谪罚到上郡去（今陕西绥德县），做蒙恬军队中的监军了。从前政治上的惯例，太子是不出京城，不做军队中的事务的，苟其如此，就是表示要不立他的意思。所以秦始皇的不立扶苏，是豫定了的。《史记》说秦始皇的少子胡亥，宠幸宦者赵高，始皇死后，赵高替胡亥运动李斯，假造诏书，杀掉扶苏、蒙恬而立胡亥，这话是不足信的。（《史记·李斯列传》）所载的全是当时的传说，并非事实。秦、汉间史实，如此者甚多。①

古太子皆不将兵。使将兵，即为有意废立，晋献公之于申生是也。扶苏之不立，盖决于监军上郡之时。二十余子，而胡亥独幸从，则蒙毅谓先王之举用太子，乃数年之积，其说不诬。始皇在位，不为不久，而迄未建储，盖正因欲立少子之故。扶苏与蒙氏，非有深交，而李斯为秦相，积功劳日久，安知扶苏立必废斯而任蒙恬？斯能豫烛蒙恬用，已必不怀通侯印归乡里，岂不能逆料赵高用而己将被祸乎？故知史所传李斯、赵高废立之事，必非其实也。②

论长城

秦始皇帝筑长城，誉之者以为立万古夷夏之防，毁之者以为不足御侵略，皆不察情实之谈也。……《史记》曰："自陇以西，有绵诸、绲戎、翟獂之戎。岐梁山、泾、漆以北，有义渠、大荔、乌氏、朐衍之戎。而晋北有林胡、楼烦之戎，燕北有东胡、山戎，各分散居溪谷，自有君长；往往而聚者，百有余戎，然莫能相一。"头曼以前之匈奴，则亦如此而已。此等小部落，大兴师征之，则遁逃伏匿，不可得而诛也；师还则

---

① 《吕著中国通史》下册，第393页。
② 《秦汉史》上册，第22页。

寇钞又起；留卒戍守，则劳费不资；故惟有筑长城以防之。长城非起始皇，战国时，秦、赵、燕三国，即皆有之。皆所以防此等小部落之寇钞者也。齐之南亦有长城，齐之南为淮夷，亦小部落，能为寇钞者也。若所邻者为习于战陈之国，则有云梯隧道之攻，虽小而坚如偪阳，犹惧不守，况延袤至千百里乎？然则长城之筑，所以省戍役，防寇钞，休兵而息民也。本不以御大敌。若战国秦时之匈奴，亦如冒顿，控弦数十万，入塞者辄千万骑，所以御之者，自别有策矣。谓足立万古夷夏之防，几全不察汉后匈奴、鲜卑、突厥之事，瞀孰甚焉。责其劳民而不足立夷夏之防，其论异，其不察史事同也。①

中国长城之修筑，凡有数期。大抵北边安静时，无事于此，如清代是也。有大敌时，亦无事于此，以其不能恃此以御也，如汉、唐之世，匈奴、突厥方张之时是也。惟有小小寇贼，释之不可，防之不胜其劳，则长城之修筑急焉。五胡乱后，北方较大之部落，多已侵入中国，所遗皆零星小部。诸胡侵入中国后，浸失其轻悍之风，向之好侵扰人者，今转虑人之侵扰，而修筑长城之事起矣。②

以畜牧卫长城

《隋书·贺娄子幹传》："高祖以陇西频被寇掠，甚患之。彼俗不设村坞，命子幹勒民为堡，营田积谷，以备不虞。子幹上书曰：陇西河右，土旷民希，边境未宁，不可广为田种，比见（建）屯田之所，获少费多，虚役人功，卒逢践暴。屯田疏远者，请皆废省。但陇右之民，以畜牧为事，若更屯聚，弥不获安，只可严谨斥候，岂容集人聚畜，请要路之所，加以防守，但使镇戍连接，烽堠相望，民虽散居，必谓无虑。高祖从之。"案，边缘之地，每苦游牧部族之侵略，屯兵守围，费大劳多，发兵攻之，则彼远走高飞，不可得而迹，此历代之所大患也。今若

① 《秦始皇筑长城》,《吕思勉读史札记》中册,第 675、676 页。
② 《两晋南北朝史》下册,开明书店 1948 年版,第 1175 页。

于缘边之地，皆兴畜牧之利，而于其内为之坚城深池，则我之长技与彼同，不徒不患其侵略，且可乘间出击，惩创之矣。彼若大举，我可于坚城之内，更设牧场，驱民入保，是畜牧于长城之外，所以为长城卫，而长城又所以为畜牧之卫也。兼华夷之长技而用之，既不如历代缘边，惨遭杀略，亦不致如匈奴遇汉兵深入，弃走，有孕重堕殰之苦矣，此安边之至计也。屠敬山先生屡游蒙古，常云："制北之策，无逾于秋高时焚其牧草，我无折伤，使彼自毙，刘仁恭所以能制契丹也。"我以是施于彼，彼亦可以是施于我，则制敌又岂在牧地之外，先发以创之，如彼此相安，则又宜各守疆界，通工易事，斩以化之也。①

---

① 《畜牧宜在长城外》，《吕思勉遗文集》下册，第 632—633 页。

第五章　两汉时代：治天下、安天下与让天下安

一　汉初君臣均是无赖

　　项（羽）用人犹沿封建之世卑不逾尊、疏不逾戚之旧，汉高则不然。是时知勇之士，不出于世禄之家，所以一多助、一寡助。刘、项兴亡，实社会之变迁为之。汤放桀、武王伐纣、秦灭周，都是诸侯革天子的命。三家分晋、田和篡齐，是大夫革诸侯的命。豪杰亡秦，算中国平民革命第一次成功。成功帝位者，乃一贫贱无行之刘季，将相亦多贫贱无赖之徒，这不是气运使然，实是社会组织的变迁。自此以后，遂人人可登帝位矣。以政府之力统治全国（替天下废除封建），秦始皇有此魄力，亦有此公心，汉高祖却无。猜忌异姓，大封同姓以自辅，功臣所以不敢推翻刘氏，与同姓分封之多，确实是有关系的，所以封建不能说没有一时之用。然异姓功臣灭，所患却又在同姓。封建亲戚以为屏藩之梦，此时尚未能破。后来，汉之封建，居然名存实亡，怕也是汉初的人所不能豫料的。

论刘、项成败

　　刘、项成败，汉得萧何以守关中，韩信以下赵、代、燕、齐，而楚后路为彭越所扰，兵少食尽，固为其大原因。然汉何以得萧何、信、越等，而楚亲信如英布、周殷等，且纷纷以叛乎？高祖置酒洛阳宫，曰："列侯诸将，无敢隐朕，皆言其情。吾所以有天下者何？项氏之所以

失天下者何？"高起、王陵对曰："陛下慢而侮人，项羽仁而爱人，然陛下使人攻城略地，所降下者，因以予之，与天下同利也。项羽妒贤嫉能，有功者害之，贤者疑之，战胜而不予人功，得地而不与人利，此所以失天下也。"高祖曰："公知其一，未知其二：夫运筹帷帐之中，决胜于千里之外，吾不如子房，填国家，抚百姓，给馈饷，不绝粮道，吾不如萧何，连百万之军，战必胜，攻必取，吾不如韩信。此三人皆人杰也：吾能用之，此吾所以取天下也。项羽有一范增而不能用，此其所以为我禽也。"高祖所言，与高起、王陵所说，其实是一。韩信曰："项王使人，有功当封爵者，印刓弊，忍不能予。"陈平言："项王不能信人，其所任爱，非诸项，即妻之昆弟，虽有奇士不能用。"郦食其说齐王，亦言项羽非项氏莫得用事。盖项氏故楚世家，其用人犹沿封建之世卑不逾尊、疏不逾戚之旧，汉高起于泯庶，则不然已。然是时知勇之士，固不出于世禄之家，此其所以一多助、一寡助乎？然则刘、项之兴亡，实社会之变迁为之矣。[1]

汉初君臣均是无赖

豪杰亡秦，要算中国平民革命第一次成功。以前汤放桀，武王伐纣，秦灭周，都是以诸侯革天子的命。三家分晋，田和篡齐，是以大夫革诸侯的命。这时候，革命的是一班什么人，成功的又是一班什么人，请看：

《史记·高祖本纪》：高祖为人……仁而爱人，喜施（这六个字，是用钱撒泼的别名），意豁如也。常有大度（这八个字，是无赖行径，什么事都不放在心上），不事家人生产作业。及壮，试为吏，为泗水亭长，廷中吏无所不狎侮。好酒及色。尝从王媪、武负贳酒，醉卧，武负、王媪见其上常有龙，怪之。高祖每酤留饮，酒雠数倍。及见怪，岁竟，此两家尝折券弃责。高祖尝繇咸阳，纵观，观秦皇帝，喟然太息

---

① 《秦汉史》上册，第51—52页。

曰：嗟乎！大丈夫当如此也。

只这几句话，活画出一个无赖的行径。要是细心搜寻，一部《史记》里不知可以搜出多少条来，现在且别细讲他。再看辅佐他的人：萧何、曹参，都是个刀笔吏；只有张良是个世家子弟，然而他的性质，也是和江湖上人接近的；陈平便是个不事生产的人；韩信、彭越更不必说了。汉高祖用了这一班人，却居然成功，项王"其所任爱，非诸项，即妻之昆弟；虽有奇士不能用"。（这是陈平说项王的话，见《史记·陈丞相世家》。）分明带有贵族性质，就到底败亡。而且当时不但贵族里头没有人，就是草野之间出一点"贤人"的名声的，这个人也就没甚用处（如周文、张耳、陈余等），反不如这一班无赖，这不是气运使然么？实在就是社会组织的变迁。①

汉以后人人可登帝位

秦汉之际之革易，外观虽同，而其实大异。此役也，实政体转变之关键，不容与其余诸役等量齐观也。何也？自周以前之革命，皆以诸侯灭天子。此役则亡秦者皆起于草野，无尺土一民。一也。当时纷纷而起者，六国之后，若六国将相之后，皆无成功。卒登帝位者，乃一贫贱无行之刘季。其将相，亦多贫贱无赖之徒。二也。故此役，实开平民革命之局。自此以后，遂人人可登帝位矣。②

汉世封建的反动

封建政体，沿袭了几千年，断无没有反动之力之理。所以秦灭六国未几，而反动即起。秦、汉之间以及汉初的封建，是和后世不同的。在后世，像晋朝、明朝的封建，不过出于帝王自私之心。天下的人，大都不以为然。即封建之之人，对于此制，亦未必敢有何等奢望，不过

---

① 《自修适用白话本国史（二）》第二篇《中古史上》，第17—18页。
② 《中国政体制度小史》，第32页。

舍此别无他法，还想借此牵制异姓，使其不敢轻于篡夺而已。受封者亦知其与时势不宜，惴惴然不敢自安。所以唐太宗要封功臣，功臣竟不敢受。(见《唐书·长孙无忌传》)至于秦汉闲人，则其见解大异。当时的人，盖实以封建为当然，视统一转为变局。所以皆视秦之灭六国为无道之举，称之为暴秦，为强虎狼之秦。然则前此为六国所灭之国如何呢？秦灭六国，当恢复原状，为六国所灭之国，岂不当一一兴灭继绝？傥使以此为难，论者自将无辞可对。然大多数人的见解，是不能以逻辑论，而其欲望之所在，亦是不可以口舌争的。

　　所以秦亡之后，在戏下的诸侯，立即决定分封的方法。当时所封建的是：(一)六国之后，(二)亡秦有功之人。此时的封建，因汉高祖借口于项王背约，夺其关中之地而起兵，汉代史家所记述，遂像煞是由项王一个人作主，其实至少是以会议的形式决定的。所以在《太史公自序》里，还无意间透露出一句真消息来，谓之"诸侯之相王"。当时的封爵，分为二等：大者王，小者侯，这是沿袭战国时代的故事的。(战国时，列国封其臣者，或称侯，或称君，如穰侯、文信侯、孟尝君、望诸君等是。侯之爵较君为高，其地当亦较君为大。此时所封的国，大小无和战国之君相当的，故亦无君之称。)诸侯之大者皆称王，项羽以霸王为之长，而义帝以空名加于其上，也是取法于东周以后，实权皆在霸主，而天王仅存虚名的。以大体言，实不可谓之不惬当。

　　然人的见解，常较时势为落后。人心虽以为允洽，而事势已不容许，总是不能维持的。所以不过五年，而天下复归于统一了。然而当时的人心，仍未觉悟，韩信始终不肯背汉，至后来死于吕后之手，读史者多以为至愚。其实韩信再老实些，也不会以汉高祖为可信。韩信当时的见解，必以为举天下而统属于一人，乃事理所必无。韩信非自信功高，以为汉终不夺其王，乃汉夺其王之事，为信当时所不能想象。此恐非独韩信如此，汉初的功臣，莫不如此。若使当时，韩信等豫料奉汉王以皇帝的空名，汉王即能利用之把自己诛灭，又岂肯如此做？确实，汉高祖翦灭所封的异姓，也是一半靠阴谋，一半靠实力的，并非靠皇帝的虚名。若就法理而论,就自古相传列国间的习惯,当时的人心认为正义者论,皇帝对于当时的王,可否如此任意诛灭呢? 也还是一个疑问。所以汉高祖的尽灭异姓之国(楚王韩信,梁王彭越,韩王信,淮南王英布,燕王臧荼、卢绾。惟长沙王吴芮仅存),虽然不动干戈,实在和其尽灭戏下所封诸国,是同样的一个奇迹。不但如此,汉高祖所封同姓诸国,后来酝酿成吴、楚七国这样的一个大乱,竟会在短期间戡定;戡定之后,景帝摧抑诸侯,不得自治民补吏;武帝又用主父偃之策,令诸侯各以国邑,分封子弟;而汉初的封建,居然就名存而实亡;怕也是汉初的人所不能豫料的。①

　　以一个政府之力统治全国,秦始皇是有此魄力的,或亦可以说是有此公心,替天下废除封建,汉高祖却无有了。既猜忌异姓,就要大封同姓以自辅,于是随着异姓诸侯的灭亡,而同姓诸国次第建立。……当时的功臣,所以不敢推翻刘氏,和汉朝同姓分封之多,确实是有关系的,所以封建不能说没有一时之用。然而异姓功臣都灭亡后,所患的,却又在于同姓了。……封建亲戚以为屏藩之梦,此时尚未能破。我们试看:魏武帝于建安十五年十二月己亥下令,说从前朝廷恩封我的几个儿子,我辞而不受,现在想起来,却又要受了,因为执掌政权年久,怕要谋害我的人多,想借此自全之故,就可见得这时候人的思想。②

内争未有不召外侮

　　《史记》言匈奴"自左右贤王以下至当户,大者万骑,小者数千,凡二十四长,立号曰万骑",所谓控弦之士三十余万,盖合单于之众计之。匈奴士力能弯弓,尽为甲骑,则其丁壮之数,即其控弦之数。南单于降汉后,户口胜兵,数皆可考,胜兵之数,约当口数四之一强。然则匈奴人口,不过百余万。故贾生谓其不过汉一大县。以中国之力

---

① 《吕著中国通史》上册,第57—59页。
② 《吕著中国通史》下册,第396、397、430页。

制之，实绰乎有余。然汉是时，方务休养生息，亦且命将则惩韩王信之事，自将则不能专力于匈奴，故遂用刘敬之策。……《匈奴列传》曰：岁奉匈奴絮、缯、酒、米、食物各有数，约为昆弟（《汉书》作兄弟。案，古称结婚姻为兄弟，见《礼记·曾子问》）以和亲。盖荐女赠遗，实当时议和之两条件也。以结婚姻羁縻目前，隐为渐臣之计，古列国间固多此事，刘敬乃战国策士之流，其画此计，固无足怪。至是时匈奴之形势，与前此之蛮夷不同，非复此策所能臣属，则旷古未开之局，往往非当时之人所能知，亦不足为敬咎。必遣适长公主，乃传者附会之辞，不足信。要之以荐女赠遗为和戎之计，以和戎息民而免反侧者之乘釁，则当为敬所画而高帝用之耳。然以荐女赠遗结和亲，遂为汉家故事，并为后世所沿袭矣。贾生曰："夷狄征令，是主上之操也。天子共贡，是臣下之礼也。足反居上，首顾居下，倒县如此，莫之能解，犹为国有人乎？"虽曰一时之计，究可羞也，况遂沿为故事乎？始作俑者，不得辞其责矣。然百姓新困于兵，又内多反侧者，固不得不如此，故内争未有不召外侮者也。①

　　袁子才的《小仓山房文集》，其中有一段汉高祖论，大意是说：汉高祖灭掉项羽之后，对外妥协太早了。倘使他当时发一个命令，令韩信、彭越、英布等北向以攻匈奴，则匈奴可以早摧，而诸臣的才力，有一用之之途，内部的矛盾，反可以消弭了。袁子才并不是什么史学家，这一篇又是他十余龄时的少作，自然于史事不能尽合，然而其中仍含有甚大的道理。②

　　凡内争，是无有不引起外患的（如唐末），沙陀的侵入，就是一个例。但沙陀是整个部族，侵入中国的，正和五胡一样。过了几代之后，和我们同化了，他的命运，也就完了。若在中国境外，立有一国，

---

① 《秦汉史》上册，第64、65页。
② 《论度量（五）——论宋武帝与陈武帝》，《现实：新闻双周报》1947年第9期。

以国家的资格侵入，侵入之后，其本国依然存在的，则其情形自又不同。①

秦汉时天下大势在东方

汉初诸政皆与秦异，独其从刘敬说徙六国后，及豪杰名家，则与秦徙天下豪富于咸阳同。然则秦中人少，殆非因其新破？抑秦本地广人希，故得招来三晋之人任耕，而使秦人任战，则其患寡，殆自战国以来，至汉初而未有改也。何以守位曰人？何以聚人曰财？秦果何所恃而能兼并六国哉？则自东周以来，六国地日广，人日多，益富且强，而其荒淫亦益甚，而秦居瘠土，其政事较整饬，《荀子·强国篇》所言，可以复按，夫固人事，而非地与民之资之独异于其余诸国也。天下大势，实在东方，此秦始皇灭六国后，所以频岁东游，即二世初立时亦然。楚怀王以空名称义帝，而项羽为霸王，正犹周天子以空名称王，政由五霸，夫安得不居彭城？汉王所以背戏下约与项王争者，亦曰不能郁郁久居巴蜀、汉中耳，而安得如史家所言，关中本最善之地，为诸将所共歆羡，故在出兵之初，怀王已指是立约；而楚之不居关中，亦徒以秦宫室残破，其本意未尝不歆羡之，至以此怨怀王不肯令与沛公俱西入关而北救赵，后天下约哉？汉所以都关中者，在东方，本无根柢，非如项氏之世为楚将，项氏尚为齐、赵之叛所苦，而况汉王？于楚尚尔，楚之外，更何地可以即安？独关中则据之已数年，治理之方粗具，故遂因而用之，所谓非择而取之，不得已也。西都之策，发自刘敬，而成于张良，良之言曰："关中之地，诸侯安定，河渭漕挽天下，西给京师。诸侯有变，顺流而下，足以委输。"使其本居东方富庶之地，何待漕挽以自给？如其东方皆叛，徒恃河渭之顺流，亦何益哉？汉王既灭项氏，仍岁劳于东方，有叛者必自讨之，亦犹秦皇之志也。高祖之灭项氏无足称，两雄相争，固必有一胜一负，独其灭项氏之后，频岁

① 《吕著中国通史》下册，第467页。

驰驱东方,并起诸雄,皆为所翦灭,使封建复归于郡县,虽世运为之,而其乘机亦可谓敏矣。此无他,知天下之大势在东方,驰驱于东方,犹战于敌境,安居关中,则待人之来攻矣。东方所以为大势所系,以其富庶也。东方定,高祖亦无禄矣。使其更在位数年,亦安知其不为东迁之计哉?[①]

二　无为即放任

有为之治求有功,无为之治求无过,虽不能改恶而致善,亦不使善者入于恶。一统之世,疆域既广,政理弥殷。督察者之耳目,既有所不周,奉行者之情弊,遂难于究诘。与其多所兴作,使奸吏豪强,得所凭借,以刻剥下民,尚不如束手一事不办者。故历代清静之治,苟遇社会安定之际,恒能偷一日之安。其效果是富力的增加,然也有弊病:一、豪强之徒侵凌穷人,毫无制裁;二、文化方面太觉黯然无色。(无为之治)只是维持现状而已,要说到改进治化就未免南辕北辙。汉代的田租,就是古代的税,其取之甚轻。但古代的田,是没有私租的,汉世则正税之外,还有私租,所以国家之所取虽薄,农民的负担,仍未见减轻。汉代的钱价,远较后世为贵,口钱的负担,很觉其重。农民所有者谷,所乏者币,赋税必收货币,迫得农民以谷易币,谷价往往于此时下落,而利遂归于兼并之家。汉之刻剥其民为史所不详者多矣。

论无为为治

从春秋到战国,中国实在经过五百年的长期战争;再加以秦朝的暴虐;再加以楚汉的分争;这时候,社会的状况如何? 如何不要发生这一种心理呢? 社会心理的力量是最大不过的。生于其间的人没一个能不受它的鼓动,而且受其鼓动而不自知。……孝文帝这种恭俭

---

① 《汉都关中》,《论学集林》,第704—705 页。

的君主,在历史上却也难得。功臣是最喜欢捣乱的,也能够"论议务在宽厚",更为奇怪。我说:这都是受了社会心理的鼓荡而不自知的。

　　当时的政治受这种心理的支配。可考见的共有三端:其(一)是减轻人民的负担:汉高祖初定天下,"轻田租,十五而税一"。文帝十三年,前二〇七八年(公元前一六七)。"除民之田租。"到景帝三年,前二〇六七年(公元前一五四)。才令民半出租,其间共有一十三年,没有收过一文的田税。这是中国历史上仅有过一次的事。从此以后,田租是三十而税一。其(二)是简省刑罚,高祖入关,就和人民约法三章。其后萧何定《九章律》,虽然沿用秦法,然而断狱四百在实际上却是简省的。文景时代,又屡有减轻刑罚的举动。详见第八章第五节。其(三)是在政治上一切都守无为主义。所以贾生劝文帝"改正朔,易服色,法制度,定官名,兴礼乐"。文帝就"谦让未遑"。(《史记》本传)匈奴屡次入寇,从景帝以前,始终取防御主义。这种政策,高祖、高后、文帝、景帝四代相继,共有六十六年。前二一一七(公元前二〇六)至前二〇五二年(公元前一四一)。它的效果便是:……富力的增加,也总算得快的了。然而这种政治也有个弊病,便是(一)豪强之徒侵凌穷人,毫无制裁;(二)文化方面太觉黯然无色,所以激成武帝和王莽时的政治。[①]

　　汉以无为为治,由来久矣。有为之治求有功,无为之治,则但求无过,虽不能改恶者而致诸善,亦不使善者由我而入于恶。一统之世,疆域既广,政理弥殷。督察者之耳目,既有所不周,奉行者之情弊,遂难于究诘。与其多所兴作,使奸吏豪强,得所凭借,以刻剥下民,尚不如束手一事不办者,譬诸服药,犹得中医矣。故历代清静之治,苟遇社会安定之际,恒能偷一日之安也。[②]

---

①　《自修适用白话本国史(二)》第二篇《中古史上》,第 30、31、32—33 页。
②　《秦汉史》上册,第 78 页。

无为即放任

道家是汉定天下以后最早得势的学派。他的思想我们可以盖公和汲黯两个人来做代表。盖公为言治道贵清静而民自定。曹参听了他的话,相齐九年,齐国安集,人称贤相。后来做了汉朝的宰相,也还是用这老法子。《史记》上记载这两件事,最可见得当时道家的态度:"参去,属其后相曰:以齐狱市为寄,慎勿扰也。后相曰:治无大于此者乎?参曰不然,狱市者,所以并容也,今君扰之,奸人安所容也?吾是以先之。为汉相国,举事无所变更,一遵萧何约束。择郡国吏,木讷于文辞重厚长者,即召除为丞相史。吏之言文刻深欲务声名者,辄斥去之。"于此,我们可以知道道家的得失。他的所谓并容里面,实包含着无限的丑恶。不务绝奸人,而反求所以并容之,天下哪有这治法?然而却能得到好声名,这是何故?原来天下事最怕的,是上下相蒙。大抵善为声名的人,总是涂泽表面,而内容则不堪问。你叫他去治狱市,他在表面上替你把狱市治得很好了,便是你自己去查察,也看不出什么毛病来,然而实际可以更坏。为什么呢?(一)他会嘱咐手下的人,说丞相要来查察什么什么事情——表面上的——你们要得当心些,暗中就可风示他,实际的事情拆烂污些不妨,甚至于公然嘱咐,只要涂泽表面就够了。如此,手下的人本来胆小不敢作弊的,就敢作弊了。本来老实不会作弊的,就会作弊了。(二)他可以威胁狱市中的人不敢举发他的弊病,甚而还要称颂他。(三)而他还可以得些物质上不正当的利益。所谓巧宦,其弊如此。所以用这一种人去治国,是旧弊未除,又生新弊。简而言之,就是弊上加弊,弊+弊=2弊。倒不如用老实的人,他虽无能力改良事情的内容,倒也想不出法子来,或者虽想得出法子而也不敢去涂泽表面,这却是弊+0。所以从来用质朴无能的人,可以维持现状,使其不致更坏,即由于此。这就是曹参的所以成功,岂但曹参,汉文帝所以被称为三代后的贤君,也不外乎这个道理。所以后来汉武帝所做的事情,有许多并不能说是没有理由,至少他对朝臣所说的吾欲云云,其所云云者,决不是坏话,然而汲黯看了,他就觉得很不入眼,要说他内多欲而外施仁义,奈何欲效唐虞之治了。然则在中国历史上,放任政策总得到相当的成功,确有其很大的理由。这种放任政策确也不能不承认他是有相当的长处。然而其长处,亦只是维持现状而已,要说到改进治化就未免南辕北辙。[①]

中国政治的消极性

中国的政治,是取放任主义的。从前的政治家,有一句老话,说:"治天下不如安天下,安天下不如与天下安。"只这一句话,便表明了中国政治的消极性。中国的政治,为什么取这种消极主义呢?原来政治总是随阶级而兴起的。既有阶级,彼此的利害,决不能相同。中国政治上的治者阶级,是什么呢?在封建时代,为世袭的贵族。封建既废,则代之以官僚。所谓官僚,是合(一)官。(二)士,即官的预备军。(三)辅助官的人,又分为(甲)幕友,(乙)吏胥,(丙)差役,(四)与官相结托的人,亦分为(子)绅士,(丑)豪民,此等人,其利害都和被治者相反,都是要剥削被治者以自利的。固然,官僚阶级中,未尝无好人,视被治阶级的利害,即为自己的利害。然而总只是少数。这是因为生物学上的公例,好的和坏的,都是反常的现象,只有中庸是常态。中庸之人,是不会以他人之利为己利,亦不会以他人之害为己害的,总是以自己的利益为本位。社会的组织,使其利害与某一部分人共同,他就是个利他者。使其利害和某一部分人相对立,就不免要损人以自利了。所以官僚阶级,决不能废督责。(督责二字,为先秦时代法家所用的术语。其义与现在所谓监察有些相似,似乎还要积极些。)然中国地大人众,政治上的等级,不得不多,等级多则监督难。

---

① 《中国政治思想史十讲(四续)》(第六讲),《光华大学半月刊》1936 年第 4 卷第 9 期。

任办何事，官僚阶级都可借此机会，以剥民以自利。既监督之不胜其监督，倒不如少办事，不办事，来得稳妥些。在中国历史上，行放任政策，总还可以苟安，行干涉政策，就不免弊余于利，就是为此。因此，造成了中国政治的消极性。①

中国在幅员和资源上，是个满足之国，自不会有侵略之念，民族自然的拓殖，也从来不恃武力的，历代的对外战争，属于自卫的，和属于君主个人的野心的，很难分析清楚，军事上的措置，又很难得当，总不免荼毒人民。又其历代，右文的观念甚深，尚德化而薄力征，遂成为普通的观念。因此，在承平之时，虽有名为兵之人，而其人，实无可以称为兵之实，直可称为无兵备之国，其政治，则因疆域过广，交通不便，不论调查、计划、措施、监督，均极为难，全取消极放任政策。"治天下不如安天下，安天下不如与天下安"，这两句话，殆泄尽了中国政治的秘奥。所以行政，特别软弱无力，政权在官僚阶级手里，其为暴，自不如封建时代领主之深，而其无力，亦适与之成正比例，后人痛心政治废弛的，至于愤激而欲复封建，即由于此。②

汉人称颂文景颇过其实

汉人之称文、景，亦有颇过其实者。《汉书·文帝纪》赞曰："孝文皇帝即位二十三年，宫室苑囿，车骑服御，无所增益。有不便，辄弛以利民。尝欲作露台，召匠计之，直百金。上曰：百金，中人十家之产也。吾奉先帝宫室，常恐羞之，何以台为？身衣弋绨，所幸慎夫人，衣不曳地。以示敦朴，为天下先。治霸陵，皆瓦器，不得以金、银、铜、锡为饰，因其山，不起坟。南越尉佗自立为帝，召贵佗兄弟，以德怀之，佗遂称臣。与匈奴结和亲，后而背约入盗，令边备守，不发兵深入，恐烦百姓。吴王诈病不朝，赐以几杖。群臣袁盎等谏说虽切，常假借纳

① 《中国近世史前编》，《吕著中国近代史》，第148—149页。
② 《抗战的总检讨和今后的方针》，《青光半月刊》1945年复刊号。

用焉。张武等受赂金钱觉，更加赏赐，以愧其心。专务以德化民。是以海内殷富，兴于礼义，断狱数百，几致刑措。乌乎！仁哉！"《景帝纪》赞曰："周、秦之敝，罔密文峻，而奸轨不胜。汉兴，扫除烦苛，与民休息。至于孝文，加之以恭俭。孝景遵业，五六十载之间，至于移风易俗，黎民醇厚。周云成、康，汉言文、景，美矣！"其称颂之可谓至矣。

然应劭《风俗通义》言：成帝尝问刘向以世俗传道文帝之事，而向皆以为不然。其说云："文帝虽节俭，未央前殿至奢，雕文五采，画华榱璧珰，轩楯皆饰以黄金，其势不可以囊为帷。即位十余年，时五谷丰熟，百姓足，仓廪实，稸积有余。然文帝本修黄、老之言，不甚好儒术，其治尚清静无为，以故礼乐、庠序未修，民俗未能大化，苟温饱完给而已。其后匈奴数犯塞，深入寇掠，北边置屯待战，转输络绎；因以年岁不登，百姓饥乏，谷籴常至石五百，不升一钱。前待诏贾捐之为孝元皇帝言：太宗(文帝)时民赋四十，断狱四百余。案，太宗时民重犯法，治理不能过中宗(宣帝)之世，地节元年，天下断狱四万七千余人，捐之言复不类。又文帝时政颇遗失。大中大夫邓通，以佞幸吮痈疡脓汁，见爱拟于至亲，赐以蜀郡铜山，令得铸钱。通私家之富，侔于王者，封君。又为微行，数幸通家。文帝代服，衣皂襜，袭毡帽，骑骏马，从侍中、近臣、常侍、期门武骑猎渐台下，驰射狐兔，毕弋刺彘。是时待诏贾山谏，以为不宜数从郡国贤良出游猎。大中大夫贾谊，亦数陈上游猎。(案，二贾之言，皆见《汉书》本传。又《袁盎传》言上从霸陵上，欲西驰下峻阪，盎谏乃止，知文帝确不免轻俊自喜。)谊与邓通俱侍中，同位，谊又恶通为人，数廷讥之，由是疏远，迁为长沙大傅。既之官，内不自得。及渡湘水，投吊书曰：阘茸尊显，佞谀得意，以哀屈原离谗邪之咎，亦因自伤为邓通等所诉也。"(案，《史》《汉》皆但云贾生为绛、灌之属所毁而已，不云为邓通所诉也，岂所谓为贤者讳邪？)成帝曰："其治天下，孰与孝宣皇帝？"向曰："中宗之世，政教明，法令行，边竟安，四夷亲，单于款塞，天下殷富，百姓康乐，其治过于太宗之时，亦以遭遇匈奴宾服，四夷和亲也。"上曰："后世皆言文帝治天下几至太平，其德比周成王，此语何从生？"向对曰："生于言事。文帝礼言事者，不伤其意。群臣无小大，至即从容言，上止辇听之。其言可者称善，不可者喜笑而已。言事多褒之，后人见遗文，则以为然。世之毁誉，莫能得实。审形者少，随声者多，或至以无为有。然文帝节俭约身，以率先天下，忍容言者，含咽臣子之短，此亦通人难及，似出于孝宣皇帝。如其聪明远识，不忘数十年事，制持万机，天资治理之材，恐不及孝宣。"然则文帝乃中主，虽有恭俭之德，人君优为之者亦多。即以西汉诸帝论：元帝之宽仁，殊不后于文帝，其任石显，亦未甚于文帝之宠邓通也。文、景之致治，盖时会为之，王仲任治期之论（见《论衡》），信不诬矣。（《汉书·东方朔传》：朔对武帝，言文帝身衣弋绨，足履革舄，以韦带剑，莞蒲为席，兵木无刃，衣缊无文，集上书囊，以为殿帷，即刘向所辨世俗不审之辞也。《汉书》于朔事虽明为好事者所附著，然《文景纪》中所举亦此等说也。信审形者之少，随声者之多矣。）[1]

汉时农民负担仍重

秦汉之世，去古未远，所以古代租税的系统，还觉分明。汉代的田租，就是古代的税，其取之甚轻。高祖时，十五税一。文帝从晁错之说，令民入粟拜爵，十三年，遂全除田租。至景帝十年，乃令民半出租，为三十而税一。后汉初年，尝行十一之税。天下已定，仍三十而税一。除灵帝曾按亩敛修宫钱外，始终无他横敛。（修宫钱只是横敛，实不能算增加田租。）可谓轻极了。但古代的田，是没有私租的，汉世则正税之外，还有私租，所以国家之所取虽薄，农民的负担，仍未见减轻，还只有加重。王莽行王田之制时，诏书说汉时的私租，"厥名三十，实十税五"，则合三十税一的官租，是三十分之十六了。[2]

---

① 《秦汉史》上册，第79—81页。括号内的文帝、宣帝，均为编者所加。
② 《吕著中国通史》上册，第143页。

汉时钱贵

秦汉之兴,货币的作用,仍远较后世为微弱。《汉书·食货志》载李悝尽地力之教,估计当时粟价,每石不过钱三十文。《史记·货殖列传》亦说:谷价上不过八十,下不过三十,则农末俱利。而汉宣帝时,谷价之贱,至于石仅五钱。汉朝的一石,约当今之二斗,然则自战国至汉,现在一石谷,最贵不过四百钱,最贱时乃二十有五。汉时的钱价,其贵如此,零星贸易,如何还能使用?所以《盐铁论·散不足篇》说:当时买肉的人,是"负粟而往,易肉而归",可见当时的铜钱,在社会上流行的数量,很为微小,惟其如是,故其时的货币,和人民生活的关系,远不如后世的密切,当时所以屡次有人要废货币而代之以粟帛者以此。……币价在一个时期之内,逐渐上升,农民以谷易币,以币纳赋,无形之中,负担即逐渐加重。如其逐渐下降,则国家的收入,即无形减少。[1]

汉代的钱价,远较后世为贵,人民对于口钱的负担,很觉其重。武帝令民生子三岁出口钱,民至于生子不举。元帝时,贡禹力言之。帝乃令民七岁乃出口钱。(见《汉书·禹传》)[2]农民所有者谷,所乏者币,赋税必收货币,迫得农民以谷易币,谷价往往于此时下落,而利遂归于兼并之家。这是向来议论农村经济、赋税政策的人,所视为最严重的一个问题。[3]

汉时刻剥其民为史所不详者多

八年,高祖东击韩王信余寇于东垣(今河北正定县),还,见宫阙状甚,怒,谓萧何曰:"天下匈匈,苦战数岁,成败未可知,是何治宫室过度

---

① 《论禄米之制》,1941 年 4 月 13 日《中美日报》。

② 《吕著中国通史》上册,第 144 页。

③ 《田赋征收实物问题》,《美商青年月刊》1941 年第 3 卷第 5 期。

也?"何曰:"天下方未定,故可因遂就宫室。且亡天子以四海为家,非壮丽无以重威,且亡令后世有以加也。"高祖乃说。何之言,实文过免罪之辞。闻安民可与行义,劳民易与为非矣,未闻天下匈匈,可因之以兴劳役。昧旦丕显,后世犹怠,岂有先为过度之事,而冀后世之无所加者乎?论史者多称何能镇抚关中,实则其为萑苇殊甚。彭城之败,何发关中老弱未傅者悉诣军,是时楚、汉战争方始,则其后此所发,皆本无役籍者可知也。是岁,关中大饥,米斛万钱,人相食,令民就食蜀、汉。《食货志》言秦钱文曰半两,重如其文,汉兴,以为秦钱重难用,更令民铸荚钱,不轨逐利之民,畜积余赢,以稽市物,痛腾跃,米至石万钱,马至匹百金,即此时事也。废重作轻,而又放民私铸,物之腾踊宜矣。顾归咎于民之逐利,可乎?然则汉之刻剥其民,而为史所不详者多矣。[1]

吕后事非实录

萧何死,相曹参;曹参死,相陈平;又以周勃为太尉;既非高祖顾命,则皆吕后之谋,然则吕后实惟功臣之任。《吕后本纪》言:孝惠帝崩,张辟疆说丞相拜吕台、吕产、吕禄为将,将兵居南北军,吕氏权由此起。果如所言,少帝废后,安得又以周勃为太尉?然则产、禄之居南北军,实在高后临命之际,即其封王吕氏,亦在称制之年,盖诚以少帝年少,欲借外戚以为夹辅,亦特使与刘氏相参。吕后初意,固惟汉宗室、功臣之任也。吕氏之败,正由其本无翦灭宗室、功臣之计,临事徒思据军以为固;既无心腹爪牙之任;齐兵卒起又无腹心可使,而仍任灌婴;遂至内外交困,不得已,欲听郦寄之计。使其早有危刘氏之计,何至是乎?乃诬以产、禄欲为乱关中。产、禄果有反谋,安得吕禄去军,而不以报吕产?吕产又徒手入未央宫,欲何为乎?故知汉世所传吕后事,悉非实录也。[2]

---

① 《秦汉史》上册,第 55 页。
② 《秦汉史》上册,第 74 页。

三　西汉盛世之真相

　　《史记》所述的富庶情形,所谓政简刑清,人给家足,都只是会开口的、受人注意的阶级,得些好处罢了,不受人注意的阶级,就再困苦煞,大家还是不闻不见。董仲舒说:"富者田连阡陌,贫者亡立锥之地。贫民常衣牛马之衣,而食犬彘之食。"观此所谓人给家足,是什么人,什么家,就可以明白了。汉朝用兵的必要,实则一匈奴。而汉武的用兵,殊不得法,所谓以最大的劳费,得最小的效果。其余则都是出于侈心,并无为国为民之念。他不用功臣宿将,专用卫青、霍去病等椒房之亲,纪律既不严明,军需又不爱惜,以致士卒死伤很多,物质亦极浪费。秦汉时代,民尚武的性质还在,贾人、赘婿、刑徒、谪吏惟所用之,无不如志。以政治论,似乎自汉以后,总控制着新疆,然多非实际的占领,如设西域都护,以维持天山南北两条通路,只可称为线的占领。汉唐盛时,开疆拓土,非不广远,兵力一衰,旋后沦丧,即由于此,故守边以实边为本。

西汉盛世之真相

　　《史记·平准书》说:至今上即位数岁,汉兴七十余年之间,国家无事,非遇水旱之灾,民则人给家足,都鄙廪庾皆满,而府库余货财。京师之钱累巨万,贯朽而不可校。太仓之粟,陈陈相因,充溢露积于外,至腐败不可食。众庶街巷有马,阡陌之间成群,而乘字牝者摈而不得聚会。守闾阎者食粱肉,为吏者长子孙,居官者以为姓号,故人人自爱而重犯法,先行谊而后绌耻辱焉。当是之时,网疏而民富,役财骄溢,或至兼并,豪党之徒,以武断于乡曲。

　　兼并总是行于民穷财尽之时的,果真人给家足,谁愿受人的兼并?又谁能兼并人?然则《史记》所述富庶的情形,到底是真的呢,假的呢？从前有人说所谓清朝盛时的富庶，全是骗人的。不然为什么当时的学者如汪中、张惠言等，据其自述未达之时，会穷苦到这步田地，难道这些学者都是骗人的么？我说两方面的话，都是真的。大抵什么时代都有个不受人注意的阶级，他就再困苦煞，大家还是不闻不见的。所谓政简刑清，所谓人给家足，都只是会开口的、受人注意的阶级，得些好处罢了。所以董仲舒说："富者田连阡陌，贫者亡立锥之地，又颛川泽之利，管山林之饶，荒淫越制逾侈以相高，邑有人君之尊，里有公侯之富。……贫民常衣牛马之衣，而食犬彘之食。"晁错也说："今农夫五口之家，其服役者不过二人，其能耕者不过百亩，百亩之收，不过百石。春耕夏耘，秋获冬藏，伐薪樵，治官府，给徭役，春不得避风尘，夏不得避暑热，秋不得避阴雨，冬不得避寒冻，四时之间，亡日休息。又私自送往迎来，吊死问疾，养孤长幼在其中。勤苦如此，尚复被水旱之灾，急政暴虐，赋敛不时，朝令而暮改。当其有者半价而卖，亡者取倍称之息，于是有卖田宅鬻子孙以偿责者矣。而商贾大者积贮倍息，小者坐列贩卖，操其奇赢，日游都市，乘上之急，所卖必倍。故其男不耕耘，女不蚕织，衣必文采，食必粱肉，亡农夫之苦，有阡陌之得，因其富厚，交通王侯，力过吏势，以利相倾，千里游敖，冠盖相望，乘坚策肥，履丝曳缟，此商人所以兼并农人，农人所以流亡者也。"

观此则《史记》所谓人给家足，是什么人，什么家，就很可以明白了，何怪其有兼并和被兼并的人呢？然则《汉书·刑法志》说："及孝文即位，躬修玄默，劝趣农桑，减省租赋。而将相皆旧功臣，少文多质，惩恶亡秦之政，论议务在宽厚，耻言人之过失。化行天下，告讦之俗易，吏安其官，民乐其业，畜积岁增，户口寖息，风流笃厚，禁网疏阔。选张释之为廷尉，罪疑者予民，是以刑罚大省，至于断狱四百，有刑错之风。"这所谓禁网疏阔，就是《史记·平准书》所谓网疏；断狱四百，并非天下真没有犯罪的人，不过纵释弗诛罢了。所纵释的是何等样人，也就可想而知了。所以历代的放任政策，其内容，是包含着无限的丑恶的。[1]

武帝用兵不经济

秦始皇的用兵,已经很不经济,汉武帝更其专信几个椒房之亲,家无法度,以致总算起来,总是败北的时候多,胜利的时候少(细看《汉书·匈奴列传》可见。伐大宛这一役,尤其是用兵不经济的确证。汉朝用兵,所以结局总获胜利,是由于这时候中国和外国的国力,相差太远,并不是用兵的得法。这种用兵,结局虽获胜利,毕竟是以最大的劳费,得最小的效果的),就使胜利,也所得不偿所失。这种用兵,实在一无可取。中国大有可为的时代,就给这两个人弄糟了的。然而后世,反很多崇拜他、原谅他的人,可谓徼幸极了。[2]

汉去封建之世近,士大夫皆慷慨喜功名。以当时中国之国力,如得严明任法之主而用之,所立之功,虽十倍于汉武可也。汉武严而不明,任喜怒而不任法,置宿将而任椒房之亲;又任严酷之吏,以深文随其后;虽能摧匈奴,通西域,县朝鲜,平两越,开西南夷,实当时中国国力与四夷相去悬绝,有以致之。计其所失亡,中国转远过于夷狄,盖国力之浪费者多矣。[3]

汉武帝这个人……太"不经济"。他所做的事情,譬如"事四夷""开漕渠""徙贫民",原也是做得的事。然而应当花一个钱的事,他做起来总得花到十个八个。而且绝不考察事情的先后缓急,按照财政情形次第举办。无论什么事情,总是想着就办,到钱不够了,却再想法子,所以弄得左支右绌。至于"封禅""巡守""营宫室""求神仙",就本是昏愦的事情。……文景以前,七十年的畜积,到此就扫地以尽,而且把社会上的经济,弄得扰乱异常。这都是汉武帝一个人的罪业。

---

[1] 《中国政治思想史十讲(四续)》(第六讲),《光华大学半月刊》1936 年第 4 卷第 9 期。

[2] 《自修适用白话本国史(二)》第二篇《中古史上》,第 79 页。

[3] 《古史家传记文选》中,长沙商务印书馆,1938 年版,第 119 页。

然而还有崇拜他的人。不过是迷信他的武功。我说：国家的武功，是国力扩张自然的结果，并非一二人所能为。以武帝时候中国的国力，倘使真得一个英明的君主，还不知道扩充到什么地步呢？"汉武式"的用兵，是实在无足崇拜的。[1]

武帝对外多出侈心

汉武的武功为后人所称道，然在当时，有用兵的必要的，实则一匈奴。而汉武的用兵于匈奴，殊不得法。真所谓以最大的劳费，得最小的效果。其余诸地方，则都是出于侈心，并无为国为民之念。（一）西域之通，起于张骞的招致大月氏，原欲与之共攻匈奴，以节省中国的兵力财力，然自张骞还后，月氏之不能共攻匈奴，事已明白。招致之谋，便可放弃。谋通其余诸国，更无理由。（二）然《张骞传》说，"天子既闻大宛及大夏、安息之属，皆大国多奇物"，而兵弱贵汉财务。"其北大月氏、康居之属，兵强"，则"可以赂遗设利朝"，"诚得而以义属之，广地万里，重九译，致殊俗，威德遍于四海"，则非复原意，而动于侈心了。（三）最后的征大宛，则又动于意气。（四）而如本篇（编者按：即《汉书·西域传》赞）所述，好致奢侈之物，亦未尝非其一原因。这都是很无谓的。所以当时的文治派，无不加以反对，踊跃赞成的，都是有野心的武士浪人一流。或谓武帝之事四夷，一时虽劳费，从久远的立场上论，则实有为国家开疆拓土之功。此亦似是而非。真正的开拓，必以民族的淳化为前提，而民族的淳化，全系社会之力，好大喜功的开拓，实在无甚助力，即使有之，亦功不补罪。[2]

武帝专用椒房之亲

秦皇、汉武，世多并称。其实始皇用兵，颇有为中国开疆土绝外

① 《自修适用白话本国史（二）》第二篇《中古史上》，第46、49页。
② 《基本国文》，《吕思勉遗文集》上册，第789页。

患之意。其用人亦能持法，所任皆宿将（章太炎说）。至汉武则徒动于侈心，欲贵其椒房之亲耳，卫青和柔自媚，天下无称；霍去病少而侍中，贵不省士。所任如此，犹能累奏克捷，则以其兵固强，投之所向，无不如志也。[1]

汉武帝的用兵，是很不得法的，他不用功臣宿将，而专用卫青、霍去病等椒房之亲。纪律既不严明，对于军需，又不爱惜，以致士卒死伤很多，物质亦极浪费。如霍去病，《史记》称其少而侍中，贵不省士。其用兵，"既还，重车余弃粱肉，而士有饥者。在塞外，卒乏粮，或不能自振，而去病尚穿域蹋鞠，事多类此"。卫青、霍去病大出塞的一役，汉马死者至十余万匹，从此以马少，就不能大举。李广利再征大宛时，兵出敦煌的六万人，私人自愿从军的，还不在其内，马三万匹，回来时，进玉门关的只有一万多人，马一千多匹。史家说这一次并不乏食，战死的也不多，所以死亡如此之多，全由将吏不爱士卒之故。可见用人不守成法之害。只因中国和匈奴，国力相去悬绝，所以终能得到胜利。然此乃国力的胜利，并非战略的胜利。至于其通西域，则更是动于侈心。他的初意，是听说月氏为匈奴所破，逃到今阿母河滨，要想报匈奴的仇，苦于无人和他合力，乃派张骞出使。张骞回来后，知道月氏已得沃土，无报仇之心，其目的已不能达到了。但武帝因此而知西域的广大，以为招致了他们来朝贡，实为自古所未有，于是动于侈心，要想招致西域各国。[2]

汉世尚武之风

西汉所行的，是民兵之制。人民都有当兵的义务。……秦朝和西汉时代，有一种特色，就是"这时候，去古未远，人民尚武的性质还在，无论什么人，发出去都是强兵"。（巴蜀等一两处地方是例外。）所

---

[1] 《历史上之民兵与募兵》，《沪大二十周年纪念〈天籁报〉特刊》，1926年，第128页。
[2] 《吕著中国通史》下册，第403页。

以秦朝的用兵，不论骊山的役徒，闾左的百姓，都发出去战守；汉朝也有所谓"七科谪"（张晏曰：吏有罪一，亡命二，赘婿三，贾人四，故有市籍五，父母有市籍六，大父母有市籍七。见《汉书·武帝纪注》）、"弛刑"、"罪人"、"恶少年"、"勇敢"、"奔命"、"伉健"……这都是未经训练的人。然而发出去，往往战胜攻取。将帅里头，也极多慷慨效命的人。（譬如后汉的班超，又如前汉的李陵，以步卒绝漠，这是历史上只有这一次的事情。）有这种民气和民力，倘使真能利用，中国的国力实在可以扩张到无限。偏遇着秦始皇、汉武帝两个人，把民力财力大半消耗在奢侈淫欲的一方面。[①]

汉世所用之兵出于民兵以外。用此等兵日多，则民兵之用日少，而人民右武好斗之习日以衰矣。当是时，贾人、赘婿、刑徒、谪吏惟所用之，无不如志。以卫青之柔懦，霍去病之骄恣，犹能绝汉以立大功，岂有他哉！其众强也，举国皆兵之流风余烈亦可见矣。李陵提步卒五千，深践戎马之地，足历王庭，垂饵虎口，横挑强胡，诇之往史，莫之能再，汉之负陵则深矣。而陇西士大夫犹以李氏为愧，路博德羞为陵后，而不闻有羞与卫、霍、贰师伍者。距封建之世近，民尊君亲上之心亦非后世所逮也。使汉武能以法任人，善用其众，国威之遒畅岂值如两汉之已事哉！[②]

调发与谪发

秦汉统一以后，全国皆兵之制，便开始破坏。……晁错说秦人谪发之制，先发吏有谪及赘婿、贾人，后以尝有市籍者，又后以大父母、父母尝有市籍者，后入闾取其左（见《汉书》本传），此即汉世所谓七科谪（见《汉书·武帝纪》）。……自武帝初年以前，用郡国兵之时多，武帝中年以后，亦多用谪发。此其原因，乃为免得扰动平民起见。……

① 《自修适用白话本国史（二）》第二篇《中古史上》，第 77、79 页。
② 《中国制度史》，上海教育出版社 1985 年版，第 772 页。

封建时代，人民习于战争，征戍并非所惧。然路途太远，旷日持久，则生业尽废。又《史记·货殖传》说：七国兵起，长安中列侯封君行从军旅，赍贷子钱，则当时从军的人，所费川资亦甚巨。列侯不免借贷，何况平民？生业尽废，再重以路途往来之费，人民在经济上，就不堪负担了。这是物质上的原因。至于在精神上，小国寡民之时，国与民的利害，较相一致，至国家扩大时，即不能尽然，何况统一之后？王恢说战国时一代国之力，即可以制匈奴（见《汉书·韩安国传》），而秦汉时骚动全国，究竟宣、元时匈奴之来朝，还是因其内乱之故，即由于此。在物质方面，人民的生计，不能不加以顾恤；在精神方面，当时的用兵，不免要招致怨恨；就不得不渐废郡国调发之制，而改用谪发、谪戍了。这在当时，亦有令农民得以专心耕种之益。然合前后而观之，则人民因此而忘却当兵的义务，而各地方的武备，也日益空虚了。所以在政治上，一时的利害，有时与永久的利害，是相反的。调剂于二者之间，就要看政治家的眼光和手腕。[1]

守边与实边

《大学》曰："有人斯有土。"此至言也。凡边地空虚者，虽得之，甚不能守，以遣兵劳费也。汉唐盛时，开疆拓土，非不广远，兵力一衰，旋后沦丧，即由于此，故守边以实边为本。然边既实，守之之策，亦不可豫筹。孔子曰："以不教民战，是谓弃之。"自来论民兵之善者，皆归结于非其人不能守其地，然苟为不教，则亦犹之无人。不徒非固圉之谋，即以地方治安论，边荒初辟，防卫必不如腹地之完，一有变故，外为邻敌所乘，内为盗贼所掠，坐视其束手而无以自卫，亦罔民之道矣。晁错移民塞下之策，所谓教养兼施，事虽有今古之异，其理固无不同。[2]

---

① 《吕著中国通史》上册，第161、162页。
② 《改良盐法刍议》，《美商青年月刊》1941年第3卷第4期。

汉对西域控制不可高估

循名责实，是一件最紧要的事情，不论什么事情，不察其实，总是要吃亏的。……东西洋的交通，自古以来，即有海陆两道，在近代新航路发现以前，中西文化的交流，由陆道者实较多。……中西文化的交流，新疆自然是最大的孔道。以政治论，中国似乎自汉以后，总控制着新疆，其实西方人在东方政治上活跃者亦不少，不过不大受人注意罢了。……中国人每自夸其同化异族能力之强，其实此语亦嫌笼统，中国人所同化的异族固多，被异族同化的，亦何尝没有？朝鲜、越南，在中国统治之下都颇久，中国何尝能将其民族同化？这亦不是说中国人没有能力。中国人同化异族之力，确是相当大的。然人总是人，其能力之大，总有一个限度。西域的政治，被中国控制逾二千年，然汉人在其地仍系少数民族，其地之文化，仍属于突厥伊斯兰之一圈，此自有其客观的原因，无足为怪。然至今日，则客观的条件，渐渐变了。所以在今日，正是中国文化向新疆推进的好机会。不过当以推进文化为主，不可再以新班超等主义，视政治之力为万能。而要推进自己的文化，并当先认识他人的文化，明白其真相，承认其价值，不可盲目的抱着一种优越感，而反陷于无知而已。①

使臣图自利

盖外交之事，其集，两国实利赖之；苟其不集，三军暴骨，是以不得不慎也。乃贪鄙之夫，不恤糜国帑，坏国事，以为私图，此则虽圣人末如之何也已。《三国·魏志·武帝纪》："安定太守毌丘兴将之官，公戒之曰：羌胡欲与中国通，自当遣人来，慎勿遣人往。善人难得，必将教羌胡妄有所请求，因欲以自利；不从，便为夫异俗意，从之则无益事。兴至，遣校尉范陵至羌中，陵果教羌，使自请为属国都尉。公

---

① 《东洋史上的西胡》，《永安月刊》1946年第84期。

曰：吾预知当尔，非圣也，但更事多耳。"《周书·突厥传》：杨忠与突厥伐齐还，言于高祖曰："突厥甲兵恶，爵赏轻，首领多而无法令，何谓难制驭，正由比者使人妄道其强盛，欲令国家厚其使者，身往重取其报。朝廷受其虚言，将士望风畏慑。今以臣观之，前后使人皆可斩也。"夫当建安之世，凉州之雕敝，可谓甚矣。周、齐之时，中国之所以事突厥者，亦云疲矣。而使人之但图自利如此，岂非所谓全无心肝者哉？

敝中国以事四夷者，汉武帝其首也。武帝之欲通西域，本为招月氏共通匈奴，其意原欲宽中国之民力，意至善也。乃月氏不来，而闻大宛、大夏、安息、大月氏之属，或兵弱，或兵虽强而可以赂遗设利朝，欲招致之，以示威德遍于四海，则动于侈心矣。卒之暴骨于大宛，忧劳于乌孙，竭中国以事四夷，曾不得其一卒以助攻匈奴，丝粟之财以实府库，宜乎夏侯胜之发愤，而班孟坚作《西域传》赞愤惋形于辞气也。然而汉之雕敝，自其征大宛始，而大宛之逆命，则汉使之椎埋固有以激之。而汉使者之所以失体如此，则武帝明知其为小人而犹听其言且欲激而用之，有以使之然也。故非更事多者，不可以为人君。若魏武者，虽曰未圣，吾必谓之圣矣。[①]

四　汉世非真崇儒

天下统一，需要与民休息；民生安定，则要改正制度，兴起教化，此非儒家莫能为。所以与其说汉武帝提倡儒学，倒不如说儒学在当时，自有兴盛之势，武帝特顺着潮流而行。武帝并不是真懂得儒家之道，如改正朔，易服色等，做些表面上的事情，真儒家董仲舒提出了限民名田的主张，他并不能行。元帝好儒家之学，但不察名实，不管眼前的景象如何，书上的学说背景如何，似懂非懂的读了，就无条件的接受了，

---

① 《使臣图自利》，《吕思勉读史札记》下册，第1125—1126页。

以为书上具体的办法，就可施于今日了。君主世袭之制，开基之主，起自草野，角群雄而臣之，险阻艰难备尝之矣，民之情伪尽知之矣。一二传后，生于深宫之中，长于阿保之手，民生利病事所知也，故书雅记非所习也，而又奉以骄奢淫逸之资，肆其言莫予违之欲，虽有中驷，亦为下材，非其人特愚，势使然也。故知历代帝王，多今所谓水平线以下之人矣。

儒学之兴时代为之

诸家之学，并起争鸣，经过一个相当时期之后，总是要归于统一的。统一的路线有两条：（一）淘汰其无用，而存留其有用的。（二）将诸家之说，融合为一。在战国时，诸家之说皆不行，只有法家之说，秦用之以并天下，已可说是切于时务的兴，而不切于时务的亡了。但时异势殊，则学问的切于实用与否，亦随之而变。天下统一，则需要与民休息；民生安定，则需要兴起教化。这二者·是大家都会感觉到的。秦始皇坑儒时说："吾前收天下书不中用者尽去之，悉召文学方术士甚众，欲以兴太平，方士欲练以求奇药。"兴太平指文学士言。可见改正制度，兴起教化，始皇非无此志，不过天下初定，民心未服，不得不从事于镇压；又始皇对外，颇想立起一个开拓和防御的规模来；所以有所未遑罢了。秦灭汉兴，此等积极的愿望，暂时无从说起。最紧要的，是与民休息。所以道家之学，一时甚盛。然道家所谓无为而治，乃为正常的社会说法。社会本来正常的，所以劝在上的人，不要领导其变化；且须镇压之，使不变化，这在事实上虽不可能，在理论上亦未必尽是，然尚能自成一说。若汉时，则其社会久已变坏，一味因循，必且迁流更甚。所以改正制度，兴起教化，在当时，是无人不以为急务的。看贾谊、董仲舒的议论，便可明白。文帝亦曾听公孙臣的话，有意兴作。后因新垣平诈觉，牵连作罢。这自是文帝脑筋的胡涂，作事的因循。不能改变当时的事势。到武帝，儒学遂终于兴起了。儒学的兴起,是有其必然之势的,并非偶然之事。因为改正制度,兴起教化,非儒家莫能为。论者多以为武帝一人之功,这就错了。武帝即位时,年仅十六,虽非昏愚之主,亦未闻其天亶夙成,成童未几,安知儒学为何事? 所以与其说汉武帝提倡儒学,倒不如说儒学在当时,自有兴盛之势,武帝特顺着潮流而行。[①]

武帝崇儒仅重表面

周秦诸子之后,魏晋玄学之前,从大略言之,可称儒学独盛时代。然细别之,亦当分为三期:秦用商鞅之法,以取天下,始皇任李斯,李斯虽荀卿弟子,然荀卿明礼,其学本近于法;李斯趋时,益弃儒任法为治。燔诗书百家语,若有欲学,以吏为师,正法家之主张也。(见《管子·法禁》《韩非子·问辩篇》)是为法家专行时代。汉初惩秦之失,易干涉为放任,斯时去战国未远,九流之学者,皆有其人,然自盖公教曹参以清静为治,孝惠高后之世,皆沿袭其政策,孝文好刑名家言,其治亦以清净为主,上有窦太后,下有史谈、汲黯等,皆尊黄老之学。(陈平,史亦谓其修黄帝老子术。)是为诸学并行,黄老独盛时代。武帝立五经博士,为置弟子员,设科射策,劝以官禄,以文学为官者,超迁亦异等伦。(见《史记·儒林传》公孙弘奏)利禄之路既开,举世之趋向乃渐出于一途矣,自此以后,遂成儒学独盛时代。[②]

汉武帝,大家称他是崇儒的人,其实他并不是真懂得儒家之道的。他所以崇儒,大约因为他的性质,是夸大的,要做些表面上的事情,如改正朔,易服色等,而此等事情,只有儒家最为擅长之故。所以当时一个真正的儒家董仲舒,提出了限民名田的主张,他并不能行。他的功绩,最大的,只是替《五经》博士置弟子,设科射策,劝以官禄,使儒家之学,得国家的提倡而地位提高。但是照儒家之学,生计问

① 《吕著中国通史》上册,第 305—306 页。
② 《西汉哲学思想》,《吕思勉论学丛稿》,上海古籍出版社 2006 年版,第 204—205 页。

题,本在教化问题之先;即以教化问题而论,地方上的庠序,亦重于京城里的太学,这只要看《汉书·礼志》上的议论,便可以知道。武帝当日,对于庠序,亦未能注意,即因其专做表面上的事情之故。①

崇儒非便于专制

儒家之学,所以独盛,近人都说因其明君臣之义,而且其立教偏于柔(《说文》训儒为柔),便于专制,所以世主扶翼它。我看这也不尽然:(一)儒家之学,利于专制,是到后世才看出来的;当时的人,未必有此先见。(二)无论什么学问,都是因其环境而变迁的。儒家之学,二千年来受专制君主的卵翼,在专制政体之下发达变迁,自然有许多便于专制的说法。西汉时代的儒学,确和后世不同;这点子便于专制之处,就别一家的学说,也是有的。假使当时别一家的学术,受了专制君主的卵翼,在专制政体之下发达变迁,也未必不生出便于专制的说法来。况且到后世,反抗君主的议论,道源于儒家之学的很多,近世讲今文学的人,就是一个好例。别一家的书,主张专制的话也还在,岂能一笔抹杀。若说法家的便于专制,显而易见,容易招人反抗;不如儒家之术,隐而难知,得"吾且柔之"之道。则全是用后世人的眼光议论古事,实在是陷于时代错误的。然则儒家之学,所以独受世主的尊崇,究竟是什么道理呢?我说这个在后世是全然出于因袭,并没有什么道理,儒家之学,在社会上势力已成,做君主的人,自然也不去动他。况且君主也是社会里的一个人,他的思想也未必能跳出社会以外。全社会的人,都把孔教当作"天经地义",他如何会独想推翻孔教呢?至于汉武帝所以尊崇儒术,则和秦始皇说"吾悉召文学……士甚众,欲以兴太平"(《史记·秦始皇本纪》),是一个道理。原来一个人治天下,无论怎样凭恃武力,总不能全不讲教化。而讲教化,只有儒家之学最长。(因为他"治具"最完备。《七略》说儒家之学,出于司

---

① 《吕著中国通史》下册,第401页。

徒之官，是不错的。）而且汉武帝，是个喜欢铺张场面的人，而巡守封禅……典礼，也只有儒家知道。秦始皇焚书坑儒，仍要留着博士之官（他出去封禅，也是教儒家议礼），也是这个道理。不必过于深求，反生误解的。①

世谓武帝之崇儒，乃所以便专制，非也。儒家虽崇君权，而发挥民权之义亦甚切，至后世，此等说皆湮没不彰，而发挥君权之说乃独盛者，则以其学发达变化于专制政体之下故耳。无论何种学术，莫不因其所遭之环境而起变化，决无绵历千祀，仍保其故态者。设使武帝而崇他家之学，至于后世其主张君权亦必与儒家等，或且过之。况九流之学，主张民权之切至，又岂有过于儒家者邪？平心论之，九流之学，实未有主张君主专制者，必为便于专制计，与其提倡学术，不如提倡宗教之为得也。即欲傅合学说，法家之学亦远较儒家为便也。汉文立太子诏曰："朕其不德……天下人民未有惬志，今纵不能博求天下贤圣有德之人，而嬗天下焉，而曰豫建太子，是重吾不德也。"盖宽饶谓五帝官天下，三王家天下，皆儒家义也，其便于专制之处安在？后世儒家之尊君抑臣，岂汉武所能逆睹哉？②

黄霸伪饰

《汉书·黄霸传》："京兆尹张敞舍鹖雀飞集丞相府，（黄）霸以为神雀，议欲以闻。敞奏霸曰：'窃见丞相请与中二千石博士杂问郡国上计长吏守丞，为民兴利除害，成大化，条其对，有耕者让畔，男女异路，道不拾遗，及举孝子弟弟贞妇者为一辈，先上殿，举而不知其人数者次之，不为条教者在后叩头谢。丞相虽口不言，而心欲其为之也。长吏守丞对时，臣敞舍有鹖雀飞止丞相府屋上，丞相以下见者数百人。边吏多知鹖雀者，问之，皆阳不知。丞相图议上奏曰：臣闻上计

① 《自修适用白话本国史（二）》第二篇《中古史上》，第84—86页。
② 《西汉哲学思想》，《吕思勉论学丛稿》，第204页。

长吏守丞以兴化条,皇天报下神雀。后知从臣酨舍来,乃止。郡国吏窃笑丞相仁厚有知略,微信神怪也。'"

黄霸本是个务小知任小数的人,论他的才具很可以做一个汉朝的文吏,只因当时的官吏竟趋于严酷,为舆论所反对,乃遂反之以立名,而适又有夏侯胜的《尚书》以供其缘饰,又迁会宣帝要求宽仁之吏,就给他投机投个正着,一帆风顺,扶摇直上了。人民可以空言化,在庙堂之上的人,或者和社会隔绝了,信以为实。然在奉行其事的人,是不会不知道实际的情形的,然而竟没有一个人把无益实际的话入告,只见诏书朝下于京城宣布,夕遍于海澨,人类的自欺欺人,实在更可叹息。有手段的人,他要人家说的话,自然会有人替他说的,他要人家不说话,自然没有人敢说。他希望有什么事,自然会有人造作出来,他希望没有什么事,自然会有人替他隐讳掉。我们只要看边吏多知鹖雀,问之皆阳不知,便可知道黄霸治郡时,所谓盗贼日少,户口岁增,是虚是实了。然则他怎会获得如此的好名誉呢?大抵人有两种:一种是远听的,一种是近看的。声名洋溢的人,往往经不起实际的考察,在千里万里之外听了,真是大圣大贤,到他近处去一看,就不成话了。但是社会是采取虚声的,一个人而苟有手段造成了他的虚名,你就再知道他是个坏人,也是开不得口。不但开不得口,而且还只能人云亦云的称颂他,不然人家不说他所得的是虚名,反说你所说的是假话。俗说若要人不知,除非己莫为。作伪的人,岂真有什么本领,使他的真相不露出来?不过社会是这样的社会,所以这种人的真相,虽然给一部分人知道了,却永远只有这一部分人知道,决不会散布扩大出去的。

然而张敞居然敢弹劾盛名之下的黄霸,我们就不得不佩服法家综核名实的精神了。他奏黄霸的话,真乃句句是金玉。让畔异路,道不拾遗,其实亡益廉贪贞淫之行;造起律令,即以劝善禁奸,尤其是至理名言。明明是现状下所不能为的事,你却要叫人去做,人家也居然会照着你的话去做,这不是作伪还是什么?其实何益呢?不过浇淳散朴罢了。法家这种综核名实的精神，自元帝以后莫之能行，以至亡国。[1]

元帝不察名实

汉宣帝是好法家之学的，其儿子元帝，却好儒家之学。据《汉书·元帝纪》说：元帝为太子时，"尝侍燕，从容言：陛下恃刑太深，宜用儒生。宣帝作色曰：汉家自有制度，本以霸王道杂之，奈何纯任德教，用周政乎！且俗儒不达时宜，好是古非今，使人眩于名实，不知所守，安足委任？乃叹曰：乱我家者太子也"。后来元帝即位，汉朝的政治，果自此而废弛。这"使人眩于名实，不知所守"十个字，可谓深中儒家之病。儒家崇尚德化，自系指小国寡民，社会无甚矛盾的时代言之。此时所谓政治，即系社会的公务。为人君者所发的命令，诚能行于其下；而其日常生活，亦为人民所共见共闻，如其持躬整饬，自能使在下的人，相当的感动兴起。有许多越轨的事情，在上者果然一本正经，在下者自然不敢做。因为一本正经的在上者，对于在下者的不正经，必经要加以惩治的，而其惩治亦必有效力。……古之所谓德化者，大约含有此等成分，而俗儒不察事实，以为所谓德化者，乃系一件神秘的事，不论环境如何，也不必有所作为，只须在深宫之中，暗然自修，就不论远迩，都可受其影响了。……此其受病的根源，即在于不察名实，不管眼前的景象如何，书上的学说背景如何，似懂非懂的读了，就无条件的接受了，以为书上具体的办法，就可施于今日了。主张复古的人，至于要恢复井田封建，其主要的原因，就在于此。即不泥于事实而务推求原理，也还是要陷于同样的谬误的。因为原理本是归纳事实而得的，不察事实，就不论怎样不合实际的原理，也会无条件加以接受了。[2]

---

[1] 《中国政治思想史十讲（四续）》（第六讲），《光华大学半月刊》1936 年第 4 卷第 9 期。

[2] 《孤岛青年何以报国》，《美商青年月刊》1940 年第 3 卷第 1 期。

成帝"愚无知"

人之昏明,视其所习,所习由其所处。历代帝王,多生于深宫之中,长于阿保之手,民之情伪,一物不知,焉得智?故凡开创之君,兴于草泽;嗣世之主,爱暨小人者;其政事必较清平,事理固然,无足怪也。

赵皇后本长安宫人。属阳阿主家,学歌舞,号曰飞燕。帝微行过阳阿主家作乐,见而说之。召入宫,大幸。有女弟,复召入。俱为婕妤。班婕妤及许皇后皆失宠,希复进见。……上欲立赵婕妤,大后嫌其所出微,难之。……立后所出卑微,自今日观之,诚无甚关系。然在当时,固举国以为不可,悍然违众而行之,可谓与习俗大背。人之能不顾习俗者,非大知勇,则愚无知,或沉溺不能自振者耳,所谓材能不及中庸也。故知历代帝王,多今所谓水平线以下之人矣。[1]

君主世袭之制,开基之主,起自草野,角群雄而臣之,险阻艰难备尝之矣,民之情伪尽知之矣,其措置自可较省。一二传后,生于深宫之中,长于阿保之手,民生利病非所知也,故书雅记非所习也,而又奉以骄奢淫逸之资,肆其言莫予违之欲,虽有中驷,亦为下材,非其人特愚,势使然也。贾生曰:"事有召祸,法有起奸。"此之谓也。此理也,仲长统昌言之,《理乱篇》言之晰矣。[2]

萧望之论匈奴朝仪

甘露二年(前52年),匈奴来朝,诏有司议其仪。丞相御史曰:"圣王之制,先诸夏后夷狄。匈奴位次,宜在诸侯王下。"太子太傅萧望之,以为单于非正朔所加,敌国来朝,让而不臣,羁縻之谊,谦亨之福,位宜在诸侯王上。予谓望之言是也。夫匈奴者,荒徼苦寒之地,

---

① 《秦汉史》上册,第160、185—186、187页。
② 《西汉官天下之义》,又改题《民主古义》,见《吕思勉全集》第9册,第575—576页。

耐饥寒，勤畜牧，倔强汉北，不为汉臣。其去不足忧，其来不足喜。而其稽首而称藩也，则足以宁边境而息数世之甲兵，因而顺之礼也。屈为侯国，果何为乎？且汉之匈奴，周之玁狁也。自周不能屈玁狁以为臣，而况汉乎！今既来朝，是千载之一遇也。设使匈奴因位在诸侯王下，怒而不朝，则奈何？又使匈奴不肯就位，则奈何？慕虚名而受实祸，是王莽之易藩国为侯印也。吾故曰：望之之言胜也。[1]

古代对外不争礼仪

中国人在汉代并不和外国争什么朝贡等礼节，其最显著的，如呼韩邪单于入朝时，公卿议其礼仪宜如诸侯王，位次在下。萧望之独以为单于非正朔所加，故称敌国，宜待以不臣之礼，位在诸侯王上。外夷稽首称藩，中国让而不臣，此则羁縻之谊，谦亨之福也。如使匈奴后嗣，卒有鸟窜鼠伏，阙于朝享，不为畔臣。元帝采其议，下诏以客礼待之。这是何等宽大务实的精神。在隋朝，日本人致书中国，自称日出处天子致书日没处天子，隋炀帝览之不悦，亦不过令鸿胪卿"勿复以闻"而已；而到近代，却斤斤和外国人争跪拜等虚文。[2]

五　社会演进误入歧途

汉人的议论与后世不同，对社会组织的缺陷，总是想彻底改革的。但以治者阶级为发力机，为被治者谋幸福，真是缘木求鱼，总是不能有成。王莽改革，实系先秦以来言改革者之集大成；王莽的失败，实是先秦以来言社会改革者公共的失败。从此以后，"治天下不如安天下，安天下不如与天下安"，遂被视为政治上的金科玉律了。这是中国历史上的一个大转变。以社会演进之道言之，自东汉后二千年，可谓误入歧

① 《幼时史札·匈奴朝仪》，《吕思勉先生年谱长编》上册，上海古籍出版社 2012 年版，第 53 页。
② 《中国民族精神发展之我见》，《学林》1940 年第 2 期。

途：对内之有停滞而无进化，对外之主保守而不进取，社会活动之风大减。治化由文返质，与君主专制有甚深微妙之关系。君主专制，视天下为一人一家所私有，利民之弱而不利民之强，利民之愚而不利民之智。行政依赖官僚，官僚是无人监督就要作弊；与其率作兴事，多给他以舞弊的机会，还不如将所办的事，减至最小限度的好。政治上务集威权于一人，但求其便于统驭，而事务因之废弛，则置诸不问。

西汉官天下之议

天下非人君所私有，义莫明于西汉，至东汉则稍以湮晦矣。眭弘因大石自立，僵柳复起，谓当有从匹夫为天子者。使友人内官长赐上书，言："汉帝宜谁差天下，求索贤人，嬗以帝位，而退自封百里。"此为专制之世，绝无仅有之事。《汉书》称弘说曰："先师董仲舒有言，虽有继体守文之君，不害圣人之受命。"……汉人好言易姓革命者，非欲徒取诸彼以与此，其意乃欲于政事大有所改革。故凡言根本改变者，未有不于革易之论，而效忠于一姓者也。通观汉人言论自明。……《说苑·至公篇》曰："秦始皇帝既吞天下，乃召群臣而议曰：古者五帝禅贤，三王世继，孰是？将为之。博士七十人未对，鲍白令之对曰：天下官，则让贤是也；天下家，则世继是也；故五帝以天下为官，三王以天下为家。秦始皇帝仰天而叹曰：吾德出于五帝，吾将官天下，谁可使代我后者？鲍白令之对曰：陛下行桀纣之道，欲为五帝之禅，非陛下所能行也。秦始皇帝大怒曰：令之前。若何以言我行桀纣之道也？趣说之。不解则死。令之对曰：臣请说之。陛下筑台干云，宫殿五里，建千石之钟，万石之虡，妇女连百，倡优累千；兴作骊山宫室，至雍相继不绝。所以自奉者，殚天下，竭民力，偏驳自私，不能以及人；陛下所谓自营仅存之主也，何暇比德五帝，欲官天下哉？始皇暗然，无以应之，面有惭色。久之曰：令之之言，乃令众丑我。遂罢谋，无禅意也。"谓秦皇欲官天下，自系寄托之辞；然官天下之义，为汉世儒者所常道,则可见矣。

学术恒随风气为转移,众所不知之义,一二人安得独知之? 即或知之,亦只可深自缄秘耳,安得昌言于众? 今观汉世,儒家之昌言革易,无所忌惮如此,知此义犹未湮晦也。诸侯将相之欲尊汉王为皇帝也,汉王曰:"吾闻帝贤者有也。空言虚语,非所守也。吾不敢当帝位。"(《史记》本纪)汉高不学之人,非知儒家之义者也。孝文元年,有司请立太子。上曰:"朕既不德,上帝神明未歆享,天下人民,未有嗛志。今纵不能博求天下贤圣有德之人而禅天下焉,而曰豫建太子,是重吾不德也,谓天下何? 其安之。"有司曰:"豫建太子,所以重宗庙社稷,不忘天下也。"上曰:"楚王,季父也,春秋高,阅天下之义理多矣,明于国家之大体。吴王于朕,兄也,惠仁以好德。淮南王,弟也,秉德以陪朕。岂为不豫哉? 诸侯王宗室昆弟,有功臣,多贤及有德义者,若举有德以陪朕之不能终,是社稷之灵,天下之福也。今不选举焉,而曰必子,人其以朕为忘贤有德者而专于子,非所以忧天下也。朕甚不取也。"(《史记》本纪)虽为虚辞,然天下非人君私有之义,固明白言之矣。[1]

汉代改革议论

汉代人的议论,我们要是肯细看,便可觉得他和后世的议论,绝不相同。后世的议论,都是把社会组织的缺陷,认为无可如何的事,至多只能去其太甚。汉代人的议论,则总是想彻底改革的。这个,只要看最著名的贾谊、董仲舒的议论,便可见得。若能细读《汉书》的《王贡两龚鲍》和《眭两夏侯京翼李传》,就更可明白了。但他们有一个通蔽,就是不知道治者和被治者,根本上是两个对立的阶级。不知领导被压迫阶级,以图革命,而专想借压迫阶级之力,以为人民谋解放。他们误以为治者阶级,便是代表全社会的正义的。而不知道这

① 《西汉官天下之议》,又改题《民主古义》,见《吕思勉全集》第9册,第573、574—575页。

只是治者阶级中的最少数。实际,政治上的治者阶级,便是经济上的压迫阶级,总是想榨取被治阶级,即经济上的被压迫阶级以牟利的。治者阶级中最上层的少数人,只是立于二者之间,使此两阶级,得以保持一个均衡,而实际上还是偏于治者一方面些。要想以他为发力机,鼓动了多数治者,为被治者谋幸福,真是缘木求鱼,在理论上决不容有这回事。理所可有,而不能实现之事多矣,理所必无,而能侥幸成功之事,未之前闻。这种错误,固然是时代为之,怪不得古人。然而不能有成之事,总是不能有成,则社会科学上的定律,和自然科学上的定律,一样坚强,决不会有例外。[①]

王莽的失败实是先秦以来谈社会改革的共同失败

王莽的改革,实非一人或一小部分人之所为,而系先秦以来言改革者之集大成。王莽等能将诸家成说,悉集合之而制成一具体的方案,实可谓体大思精。而其决心加以贯彻,魄力亦可谓极大。惜乎革命非可操刀代斫之事,于是这一场改革,不但没有得到预期的结果,反而遭到意外的失败,闯下了滔天大祸。从此以后,大家就承认社会的畸形,为天然的缺陷,人力所无可如何,再不敢作根本之图了,而我所分画的中国历史的第一期,亦于此告终。[②]

这不是王莽一个人的失败,实在是先秦以来谈社会主义和政策的人共同的失败。因为王莽所行的,都是他们所发明的理论,所主张的政策,在王莽不过是见诸实行罢了。从此以后,大家知道社会改革,不是件容易的事,无人敢作根本改革之想。如其有之,一定是很富于感情,而不甚了解现状之人,大家视为迂阔之徒,于社会丝毫不占势力。"治天下不如安天下,安天下不如与天下安",遂成为政治上的金科玉律。久而久之,就并社会本来是好的亦亦忘掉,以为本不过

---

① 《吕著中国通史》上册,第 93 页。
② 《中国通史的分期》,《吕思勉遗文集》上册,第 573 页。

如此,视病理为生理了。①

　　王莽的变法,成功的希望是不会有的,其理由已述于前。固然,王莽的行政手段很拙劣,但这只是枝节。即使手段很高强,亦不会有成功的希望。因为根本上铸定要失败的事,决不是靠手段补救得来的。但是王莽的失败,不是王莽一个人的失败,乃是先秦以来言社会改革者公共的失败。因为王莽所行,并不是王莽一个人的意见,乃是先秦以来言社会改革者公共的意见。王莽只是集此等意见的大成。经过这一次改革失败之后,人遂群认根本改革为不可能,想把乱世逆挽之而至于小康的思想,从此告终了。中国的社会改革运动,至此遂告长期的停顿。②

"治天下"与"安天下"

　　前后汉之间,是中国历史的一个转变。在前汉之世,政治家的眼光,看了天下,还是不该就这么苟安下去的。后世的政治家,奉为金科玉律的思想,所谓"治天下不如安天下,安天下不如与天安",是这时候的人所没有的。他们看了社会,还是可用人力控制的。一切不合理的事,都该用人力去改变,此即所谓"拨乱世,反之正"。出来负这个责任的,当然是贤明的君主和一班贤明的政治家。……自王莽举行这样的大改革而失败后,政治家的眼光,亦为之一变。根本之计,再也没有人敢提及。社会渐被视为不可以人力控制之物,只能听其迁流所至。"治天下不如安天下,安天下不如与天下安",遂被视为政治上的金科玉律了。所以说这是中国历史上的一个大转变。③

社会演进误入歧途

　　中国之文化,有一大转变,在乎两汉之间。自西汉以前,言治者

①　《中国社会变迁史》,《吕思勉全集》第 13 册,第 491 页。
②　《吕著中国通史》上册,第 95—96 页。
③　《吕著中国通史》下册,第 410、414 页。

多对社会政治,竭力攻击。东汉以后,此等议论,渐不复闻。汉、魏之间,玄学起,继以佛学,乃专求所以适合社会者,而不复思改革社会矣。人与动物之异,在于人能改变其所处之境,动物则但能自变以求与所处之境相合。人既能改造所处之境,故其与接为构者,实以业经改变之境为多,而人与人相处,关系尤巨。不能改变所处之境,而徒责人以善处,此必不可得之数也。东汉以后,志士仁人,欲辅翼其世,跻世运于隆平,畁斯民以乐利者甚多,其用思不可谓不深,策画不可谓不密,终于不能行,行之亦无其效者,实由于此。故以社会演进之道言之,自东汉至今二千年,可谓误入岐途,亦可谓停滞不进也。[①]

原来古代的治法,是从极小的地方做起的。所谓国家,起初都是个小部落。君主和人民,本不十分悬隔;而政治上的机关,却极完备;所以一切事务易于推行;而且也易于监察,难于有弊。到后世,就大不然了。一县的地方,甚或大于古代的一国,何况天子。而所设的机关,却极其疏阔。就有良法美意,也无从推行。而且专制国的官吏,都是对于君主一个人而负责任的;君主监察所不及,就无论什么事情,都做得出来的。固然也有好的官吏,然而政治上不能希望人家自己。那么,更有什么事情能办得好;不但办不好,而且总是有弊,倒不如一事不做,还好希望苟且偷安,"汉文式"政治的所以成功,其原因就在乎此;"反汉文式"政治的所以失败,其理由也在乎此。王莽也是其中的一个人。所以中国一切事情的停滞不进,和君主专制政体,是有很深的关系的。[②]

对内无进化,对外不进取

吾国自秦以降,治化之由文返质,可以两事征之,一曰国内之有停滞而无进化,一曰对外之主保守而不进取。……而此其为事,莫不

---

① 《秦汉史》上册,第 197 页。
② 《自修适用白话本国史(二)》第二篇《中古史上》,第 57—58 页。

与君主专制,有甚深微妙之关系。盖君主专制,常视天下为一人一家所私有,惟其视天下为一人一家所私有也,则尝利民之弱而不利民之强,利民之愚而不利民之智,惟利民之弱而不利民之强也,则不得不尽去其兵,而其势遂无由以进取。惟利民之愚,而不利民之智也,则不得不因陋就简,而治化遂无由以日隆。且君主专制,以一身而任天下之重,运用既有所难周,监察尤有所不及,大权旁落,既深尾大不掉之忧,利器假人,尤有倒戈相向之惧,则不得不一切放下,但求一日之苟安。吾国自秦以降,其治化之由文返质,政体使之然也。而此种政体之久持而不变,则亦惟由文返质政体使之然也。而此种政体之久持而不变,则亦惟由文返质之社会为能容之。盖全国之民,既皆厌弃政治,莫或愿与闻其事,则一人一家之据为私有者,自得以久假而不归也。外人譬我国人为睡狮,殆信然矣。历代四裔之祸,真所谓睡狮不如吠犬。①

吾国向者闭关独立,不与外国通,其为治也,求所以安内而已,不求攘外也。行一君专制之政,上之所求者,下能戢戢奉教令而已,不求其智。下之所求者,举国之人皆能戢戢奉上之教令,可以安处而已。夫岂不知天下非一人之私有,率天下以奉一人,为不合于理;顾民不无君而自治,而其才其智又不能举其群之最善者而立位君,则其人苟能攘夷狄锄盗贼与闾阎为一日之安,则相率而奉之,亦事之无可如何者也;此吾国所以于官天下之理,发明之最早,而家天下之制,乃行之二千年而不变也。夫既行家天下之制,则不利民之智而惟利民之愚;既闭关自守不与外国竞,则凡事不必求其精进;而疆域万里,民俗互殊,所以督责之者,惟恃君主一人,虽有利民之事,易于滋弊而难于获利也。故中国治术,常偏于保守而缓于进取。②

---

① 《国体问题学理上之研究》,《吕思勉遗文集》上册,第 304、307—308 页。
② 《论科举与学校不可偏废》,《吕思勉全集》第 11 册,第 134 页。

汉以后社会活力大减

国土之展拓，初非徒恃乎兵力。而必恃社会之活动，有以为之后劲。吾国自秦之前，社会活动之风最盛，故每征服一地，即能进而同化之。如春秋时代之于长江流域（吴楚之进化），战国时代之于南岭以南是也（庄蹻始通滇，秦略取南越地）。自汉以降，社会活动之风大减，故虽一度以兵力征服之地，不转瞬，即复为他人所有，漠南屡空，而今犹旰食于蒙匪。朝鲜越南，久列郡县，今反为他人据之，以为我患，其明征矣。此何故哉？社会之活动与停滞为之也。此其对外主保守而不思进取之铁证也。[①]

政治上的放任主义

中国因（A）地大，（B）人多，（C）交通不便，（D）各地方风气不同，（E）社会的情形也很复杂，中央政府控制的力量有限；而行政是依赖官僚，官僚是无人监督就要作弊的；与其率作兴事，多给他以舞弊的机会，还不如将所办的事，减至最小限度的好。这是事实如此，不能不承认的。所以当中国的政治，在理论上，是只能行放任主义的；而在事实上，却亦以放任主义为常，干涉主义为变。——变态就是病态，人害了病，总是觉得蹩然不安，要想回复到健康状态的，虽然其所谓健康状态的，或者实在是病态。但是彼既认为健康状态，觉得居之而安，就虽有治病之方，转将以为厉己了。从来行干涉主义的，每为社会所厌苦，务求破坏之，回复到旧状以为快，就是这个道理。事实上，中国是只能行放任主义的，但在人们的思想上，则大不其然。[②]

专制之世，不论拥如何庞大之土地，临莅如何多数之人民，所以

---

① 《国体问题学理上之研究》，《吕思勉遗文集》上册，第 305—306 页。
② 《中国政治思想史十讲（七续）》（第九讲），《光华大学半月刊》1936 年第 5 卷第
　　2 期。

防察监制一国之官吏者,皆为君主一人。自君主以外,皆欲诈欺君主,以营私舞弊者也。(此语骤聆之,似甚可骇,然自事实上言之,虽未必尽然;自理论上言之实如是。法家之立说,即全部皆以此为精神者也。善读《韩非》者自知,且即自事实上言之,亦十八九然矣。)故其时之行政,只能以清静不扰为主义;否则利必不胜其弊,汉文帝、宋仁宗,皆以此获美名于后世者也;新皇帝、王荆公,皆以此获恶名于后世者也。①

中国政治上的制度,是务集威权于一人,但求其便于统驭,而事务因之废弛,则置诸不问,这是历代政治进化一贯的趋势,所以愈到后世,治官的官愈多,治民的官愈少,这是怪不得什么一个人的。政治的进化,自有一个隐然的趋势在前领导着,在这趋势未变以前,是没有法子违逆他的。即使有一两个人要硬把他拗转来,亦不旋踵而即复其旧,甚而至于加甚其程度。②

六 后汉国力远不如前汉

后汉的运祚略与前汉相等,然其国力的充实,则远不如前汉了。这是因为后汉移都洛阳,对于西、北两面的控制,不如前汉之便。然不能还都长安而退居河南,徒和当时富力的重心山东相联络,则未免易即于晏安,而国势亦渐于陵替。光武建武六年,罢郡国都尉官,并职太守,无都试之役,民兵之制遂废,国人皆习兵事之风,自此大坏。光武帝是一个实际的政治家,以严切之法,行督责之术,颇得专制政治"严以察吏,宽以驭民"的秘诀,所以其时的政治,颇为清明。后汉的乱源,来自灵帝的宠信十常侍。原来皇帝本是最大的纨袴子弟,专喜和奴仆攀谈,且专听奴仆的话,这是因为他们的知识,只够听奴仆的话,而且只有奴仆,本无身分,亦无骨气,所以肯倾身奉承他们。宗室分封于外,中朝以外戚

---

① 《论文官考试之宜严》,《吕思勉遗文集》上册,第297页。
② 《中国近世史前编》,《吕著中国近代史》,第151—152页。

辅政，本是前汉的政治习惯。前汉为外戚王氏所篡，后汉还是任用外戚。所用的外戚，没一个有好结果，然而一个外戚去，一个外戚又来。正和辛亥革命以前，一个皇帝被打倒，又立一个皇帝一样。当一种制度的命运未至灭亡的时节，虽有弊病，人总只怪身居其位的人不好，而不怪到这制度不好。

后汉国力远不如前汉

后汉自西元二十五年光武帝即位起，至二二〇年为魏所篡止，共计一百九十二年；若算到西元一八九年董卓行废立，东方起兵讨卓，实际分裂之时为止，则共得一百七十五年；其运祚略与前汉相等，然其国力的充实，则远不如前汉了。这是因为后汉移都洛阳，对于西、北两面的控制，不如前汉之便；又承大乱之后，海内凋敝已极，休养未几，而羌乱即起，其富力亦不如前汉之盛之故。两汉四百年，同称中国的盛世，实际上，后汉已渐露中衰之机了。[1]

光武所以不都长安，大概因赤眉乱后，三辅之地，破坏得利害了，修复迁移，所费太巨之故。这未尝非爱惜民力之意，然通前后而观之，则光武的不能还都，中国在国势上，实颇受到损失。中国在前代，建国的重心，实在黄河流域。当这时期，能向西、北两方面拓展，则规模远大，而国势可以盛强，若退居河南，徒和当时富力的重心山东相联络，则未免易即于晏安，而国势亦渐于陵替。这一点，近人钱宾四君考论得最为深切著明，详见其所著之《国史大纲》。[2]

光武废民兵

秦汉而后，中国一统，外无强敌，而专制君主，又恒忌民力之强，

---

① 《吕著中国通史》下册，第 415 页。
② 《还都征古》，《启示》1946 年第 1 卷第 1 期。

遂以销兵为务。承平之时,举国几无一兵(虽有名为兵之人,其实非兵,不过取备兵之名目而已)。兵且无有,而军食与军械,更无论矣。山有猛虎,藜藿为之不采。我国自卫之力,缺乏如此,宜其日为人所侵凌也。①

兵民合一之时,即中国最强盛之时也。兵民合一之制之坏,实自后汉始。光武建武六年,罢郡国都尉官,并职太守,无都试之役。七年,遂罢轻车、骑士、材官、楼船。其后边郡及冲要之处,虽或复置尉官,然全国人民皆习兵事之风,则自此大坏矣。晋武平吴,亦袭光武之政。兵民合一之制,益荡焉无存。自此以后,藩镇跋扈于南,异族恣睢于北,皆熟视而无如何。则以举国之民皆弱,不能制异族之跳梁,不得不别有所谓兵者以防之;而所谓兵者,则握于强藩之手故也。故藩镇之跋扈,异族之恣睢,皆民兵之亡为之也。……君子读两晋南北朝之史,未尝不叹息于铜马帝,以一时厌乱之情,遽坏秦、汉以来相传之兵制也。②

秦、汉之世,为中国兵制之一大变。古代兵农合一之说虽诬,然至战国,业已成为举国皆兵之局。一统之后,疆理既恢,征戍之途弥远。夫地大人众,则不必举国皆兵,而后足以御侮;征戍远则民劳,不得不加以体恤;于是罪人、奴隶与异族之降者杂用。盖自秦已启其端,至汉武之世而大盛。更经新室之乱,光武崛起,急欲与民休息,而民兵之制遂废。国之强弱,诚不尽系乎兵;兵之强弱,亦不尽系乎制度;然使民兵之制犹存,终必略加以训练,不致盗贼攻之而不能御,戎狄略之而不能抗矣。然则典午以降,异族之凭陵,武夫之跋扈,其原虽不一端,要不得谓与民兵之废无关系也。③

君主世袭之制,恒利民之弱,而不利民之强;利民之愚,不利民之

①　《光华大学与国民自卫》,《光华周报》1927 年第 1 卷第 5/6 期。
②　《历史上之民兵与募兵》,《沪大二十周年纪念〈天籁报〉特刊》,1926 年,第 128 页。
③　《秦汉史》下册,第 675 页。

智。盖必举国皆弱,而后一人可以擅其权;亦必举国皆愚,而后一人可以享其利,故君主专制之世,最忌有强兵,亦最忌民能自治。吾国自三代以后,民兵之制,率不能行,而地方自治之制,亦日以废坏,论者徒咎后世政治之苟简,而熟知其理,实与国体政体,息息相通哉!(南海康氏有言,中国之兵,特异于齐民,别为一种人耳。与他国可驱以任战之兵,性质大异,其说最精。地方自治之制,秦汉最近古,则最详。魏晋犹存遗意,至隋废乡官,而荡焉尽矣。唐宋役法之弊,即由尽废自治,举向者民所自为之事,而悉以官督之也。)……今欲强中国之兵,使能与各国争利,以方今争战之烈,非能出兵千万不可。若此者,固不能不用民兵。而欲一切政治,亦如他国之完密,又非官吏之所能为,而不得不有待于民之自治。此二者,皆君主世袭之世所深忌也。①

严以察吏,宽以驭民

光武帝是一个实际的政治家。他知道大乱之后,急于要休养生息,所以一味的减官省事。退功臣,进文吏。位高望重的三公,亦只崇其礼貌,而自己以严切之法,行督责之术,虽然有时不免失之过严,然颇得专制政治,"严以察吏,宽以驭民"的秘诀,所以其时的政治,颇为清明。……后汉之于外国,并没有出力经营,其成功,倒亦和前汉相仿佛,只可谓之适值天幸而已。②

《元帝本纪》:"立为太子……柔仁好儒,见宣帝所用多文法吏,以刑名绳下,大臣杨恽、盖宽饶等坐刺讥辞语为罪而诛,尝侍燕从容言:陛下持刑太深,宜用儒生。宣帝作色曰:汉家自有制度,本以霸王道杂之,奈何纯任德教,用周政乎?"宣帝所谓霸,便是法家;所谓王,是

---

① 《本论·共和(下)》,《吕思勉诗文丛稿》上册,上海古籍出版社 2011 年版,第 275—276 页。
② 《吕著中国通史》下册,第 415、416 页。

儒家；以霸王道杂之，谓以督责之术对付官僚阶级，以儒家宽仁之政
对待人民。质而言之，便是"严以察吏，宽以驭民"，这实在是合理的
治法。倘使纯用霸道，则待人民太暴虐，全社会都将骚然不宁，丧其
乐生之心，这便是秦朝的所以灭亡。至于纯用王道，则元帝便是一个
榜样。我们试将《元帝纪》读一过。儒家所谓宽仁之政，几于史不绝
书，然而汉治反于此时大坏，这是什么缘故呢？因为官僚阶级的利益
是和人民相反的，要保护人民，其要义就在于约束官僚，使不能为民
害，若并官僚阶级而亦放纵之，那就是纵百万虎狼于民间了。汉朝政
治之放纵——督责之术之废弛，是起于元帝之世的，所以汉朝的政
治，也坏于元帝时。[①]

论汉之党锢

　　案，钩党之徒，品类非一。有通经之士（如刘淑），有游侠之徒（如
何颙）。有挺身徇节者（如李膺、巴肃、范滂），亦有遁逃奔走，累及他
人者（如张俭。又如成瑨委任岑晊、张牧，杀张泛及其宗族宾客二百
余人，瑨征下狱死，晊、牧顾遁逃亡匿，则殊有愧于烈士之风矣）。有
本无意于交结，邂逅遇之，不得免焉者（如夏馥，不交时宦，特以声名
为中官所惮，遂与范滂、张俭等同被诬陷）。亦有本系魁首，以处世巧
滑，转得脱然无累者。（如郭泰。传言其虽善人伦，而不为危言核论，
故宦官擅政而不能伤也。及党事起，知名之士，多被其害，惟林宗及
汝南袁闳得免焉。）并有本无关系，欲依附以为荣者（如皇甫规。传言
党事大起，天下名贤，多见染贤。规虽为名将，素誉不高。自以西州
豪桀，耻不得豫。乃上言：臣前荐故大司农张奂，是附党也。又臣昔
论输左校时，太学生张凤等上书讼臣，是臣为党人所附也。臣宜坐
之），形形色色，非可一概而论。其人激于意气，所为不免过当，任之

---

①　《中国政治思想史十讲（四续）》（第六讲），《光华大学半月刊》1936 年第 4 卷第
　　9 期。

亦未足以为治。且互相标榜，本系恶习。当时之士，所以趋之若骛者，一则务于立名，一亦以汉世选举，竞尚声华，合党连群，实为终南捷径耳。然桓、灵信任宦官，诛夷士类，延及无辜，前后历二十余年，则自为虐政，不以党人之无足取而末减也。①

后汉的宦官

讲起三国的纷争来，大家都知道其乱源起于后汉。后汉末年为什么会乱呢？大家都知道其根源是灵帝的宠信十常侍，因此而政治紊乱，引起黄巾的造反。……然则后汉的祸源，最大的便是十常侍。……在后汉时代，这一种人，威权很大，败坏政治很利害，所以写《后汉书》的人特地替这一班人做了一篇传，名为《宦者列传》。……中常侍即宦官之一。在前汉时，并不一定都用阉割过的人，到后汉光武帝之后，才专用此等人。所以《后汉书·宦者列传序》要说："中兴之初，宦官悉用阉人了。"

皇帝为什么会相信宦官呢？在历史上，有少数是因其性多疑忌，以为朝臣都要结党营私；只有宦官，是关闭在宫里，少和外人交接，结党要难些；而且宦官是没有家室的，营私之念也要淡些；所以相信他的。然而这只是极少数。须知古来的皇帝，昏愚的多，贤明的少。这也并不是历代的皇帝生来就昏愚。因为人的知识，总是从受教育得来的。这所谓教育，并非指狭义的学校中的教育，乃是指一切环境足以使我们受其影响的。如此说来，皇帝所受的教育，可谓特别坏。因为他终年关闭于深宫之中，寻常人所接触到、足以增益知识的事情，他都接触不到。所以皇帝若是一个上知，也仅能成为中人；如其本系中人，就不免成为下驷了。

皇帝是一个最大的纨袴子弟，要知道皇帝的性质，只要就纨袴子弟加以观察，就可以做推想的根基了。纨袴子弟不是有的不肯和上

---

① 《秦汉史》上册，第 326—327 页。

等人交接,而专喜和奴仆攀谈,且专听奴仆的话么? 这是因为他们的知识,只够听奴仆的话,而且只有奴仆,本无身分,亦无骨气,所以肯倾身奉承他们。历代皇帝的喜欢宦官,其原因亦不过如此。但是有等人,因其所处地位的重要,其所做的事,往往会闯出大乱子来。譬如在前清末年,慈禧太后和光绪皇帝不和,这种情况若在民间,也闯不出多大的乱子。母子不和之事,我们在社会上亦是时时看到的。然在皇室之中,就因此而酿成"戊戌政变""庚子拳乱"种种关系大局之事了。历代皇帝喜欢宦官,所以酿成大患,其原理亦不外此。①

后汉的外戚

外戚成为一种特殊势力,其根本也是从历史上来的。当分裂的时代,部落和部落,国家和国家,总是互相仇敌。能够互相联络的,本家之外,自然只有亲戚。终汉之世,外戚的为害最烈,难道汉朝的皇帝,性质和别一朝不同,总喜欢任用外家么? 也因为汉时的社会,"去古还近",人心为"风气所囿",不能自拔的缘故。至于汉高祖的丈母家,更是助他取天下的,事成之后,自然也成为一种特殊势力了。……所以当时的人说:"吕氏雅故,推毂高帝就天下。"(见《史记·荆燕世家》)这句话,实在不是瞎说的。当时的功臣,有封地的,都给高祖和吕后两个人灭掉。这个可算刘、吕两系,合力以摧残功臣系。②

宗室分封于外,而中朝以外戚辅政,本来是前汉的一个政治习惯。虽然前汉系为外戚所篡,然当一种制度未至崩溃时,即有弊窦,人总认为是人的不好,而不会归咎于制度的。如此,后汉屡有冲幼之君,自然产生不出皇族摄政的制度来,而只会由母后临朝;母后临朝,自然要任用外戚。③

---

① 《三国史话》,开明书店 1943 年版,第 4、10 页。
② 《自修适用白话本国史(二)》第二篇《中古史上》,第 19、21 页。
③ 《吕著中国通史》下册,第 416 页。

宗室与外戚

古人对于血统有关系的人,亲情特别厚……以为血缘相亲近的人,在伦理上应当特别亲厚,于是有国有家的人,也就要特别任用自己的亲戚了。……伦理上的训条只是一句空话。到实际上的利害和伦理上的训条相冲突的时候,普通人是不会遵守训条、不顾利害的。所以古人误以为宗室外戚和自己特别亲厚,而把他们封了许多国,到后来,其冲突就起于宗室和外戚之间。因为并吞人家的国,利益就大,也就顾不得什么一家不一家,亲戚不亲戚。试看东周列国,互相吞并,其间哪一国不有同姓或者婚姻的关系呢?然而直到汉朝,人心还没有觉悟。汉高祖得了天下,就把子弟及同姓分封了许多在外边,而朝内之事,则专一付托吕后。

一种不适宜的制度,人类是非经过长久的经验,不会觉悟的。把宗室封建于外,后来要互相攻击,甚而至于对天朝造反,这是从封建时代就积有很长久的经验的。所以秦始皇并吞六国之后,已不肯再封建子弟。汉高祖虽不行其法,到景帝时吴楚七国造反之后,也就觉悟其制度之不可行,把所封的王国,地方都削小,政权也都夺去了。至于外戚秉政,足以贻祸,则其经验较浅。……在汉代,前汉为外戚王氏所篡,后汉还是任用外戚。所用的外戚,没一个有好结果,然而一个外戚去,一个外戚又来。正和辛亥革命以前,一个皇帝被打倒,又立一个皇帝一样。当一种制度的命运未至灭亡的时节,虽有弊病,人总只怪身居其位的人不好,而不怪到这制度不好。[①]

七　相权移于尚书为官制一大变

秦汉官制的特色:(一)宰相是副贰天子,治理天下;九卿等官,各有独

---

① 《三国史话》,第16—17页。

立职权,而分治天下众务。(二)外官阶级少而威权重。(三)此时去古还近,地方自治的意思尚存,故民有知啬夫而不知有郡县。后来,君权愈扩张无限,所任用的,不是天子的私人,就是什么尚书、中书、侍中等,把九卿职权夺归六部。霍光秉政之时,宰相之权移于尚书,政事悉由宫中而出,遂不能有正色立朝之臣。此系汉朝政治败坏之根源。汉末选举,才不核其所长,德则务于求备,故无能者得以滥竽,真率者寡得自全,此选政之所以大坏,风俗之所以日偷也。然世事之所以纷纷,皆徒有才而不正者,背公营私,损人利己致之也。有才而不能为善,则才不中器也。法律初病简单,后伤错乱。援经义以折狱的,实是应用习惯法。此等儒家学说,较法家为宽仁。因为法家偏重伸张国家的权力,儒家则注重保存社会良好的习惯。

秦汉官制

汉朝的制度,大概是沿袭秦朝;秦朝的制度,又沿袭三代以前。这种制度,虽未必有什么精意存乎其间,然而去古还近,大概积弊是一天深一天的。制度是一层层地,不管理论堆积起来的;所以愈到后世,愈不切于事实,愈不合于理论,秦汉的制度,确有优于后世之处。秦汉官制的特色:(一)这时候的中央政府,宰相是个副贰天子,治理天下的;九卿等官,也各有独立的职权,都是分治天下众务的;不是天子的私人。到后来,纷纷任用什么尚书、中书、侍中做宰相;把九卿的职权,也夺归六部;于是所任用的,全是天子玩弄之人,君权愈扩张无限。(二)是外官阶级少而威权重,和后世大不相同。这个有好处,亦有坏处。(三)则这时候去古还近,地方自治的意思,还有存留。《汉书·高帝纪》:"二年五月癸未令……举民年五十以上,有修行,能帅众为善,置以为三老,乡一人。择乡三老一人为县三老,与县令、丞、尉,以事相教。"可见得这时候,对于三老等官视之甚重,和后世名存实亡的,大不相同。[1]

---

[1] 《自修适用白话本国史(二)》第二篇《中古史上》,第 69、71 页。

知啬夫而不知有郡县

秦汉时的县,就是古代的国。县令就是古代的国君,只能总握政治的枢机,发踪指示,监督其下。要他直接办事,是做不到的。所以真正的民政,非靠地方自治不可。后世地方自治之制,日以废坠,所以百事俱废。秦汉时则还不然。据《汉书·百官公卿表》和《续汉书·百官志》:其时的制度:系以十家为什,五家为伍,一里百家,有里魁。检察善恶,以告监官。十里一亭,亭有长。十亭一乡,乡有三老,有秩啬夫、游徼。三老管教化,体制最尊。啬夫职听讼,收赋税,其权尤重。人民竟有知啬夫而不知有郡县的(见《后汉书·爰延传》),和后世绝不相同。①

县的长官,其秩是以户数多少分高下的。民满万户以上称令,不满万户称长。这由于古代的政治,是属人主义,而非属地主义之故。侯国的等级,与县相同。皇太后、公主所食的县称为邑。县中兼有蛮夷的谓之道。这亦是封建制度和属人主义的色彩。②

霍光秉政,相权移于尚书

霍光的事情,真相如此,因为汉时史料缺乏,后人遂认为他的废立是出于公心的,把他和向来崇拜的偶像伊尹连系在一起,称为伊、霍,史家的易欺,真堪惊叹了。当时朝廷之上,虽有这种争斗,影响却未及于民间。武帝在时,内行奢侈,外事四夷,实已民不堪命。霍光秉政,颇能轻徭薄赋,与民休息。宣帝起自民间,又能留意于吏治和刑狱。所以昭、宣二帝之世,即自前八十六至前四十九凡三十八年之间,政治反较武帝时为清明,其时汉朝对于西域的声威,益形振起。前六十年,设立西域都护,兼管南北两道。匈奴内乱,五单于并立,后

---

① 《吕著中国通史》上册,第108—109页。
② 《吕著中国通史》上册,第108页。

并于呼韩邪。又有一个郅支单于,把呼韩邪打败。前五十一年,呼韩邪入朝于汉。郅支因汉拥护呼韩邪,遁走西域。前四十九年,宣帝崩,子元帝立。前三十六年,西域副都护陈汤矫诏发诸国兵袭杀郅支。汉朝国威之盛,至此亦达于极点。然有一事,系汉朝政治败坏的根源,其端实开自霍光秉政之时的,那便是宰相之权,移于尚书。汉朝的宰相,是颇有实权的。全国的政治,都以相府为总汇,皇帝的秘书御史,不过是他的助手,尚书乃皇帝手下的管卷,更其说不着了。自霍光秉政,自领尚书,宰相都用年老无气和自己的私人,政事悉由宫中而出,遂不能有正色立朝之臣。宣帝虽诛灭霍氏,于此却未能矫正。宦者弘恭、石显,当宣、元之世,相继在内用事。元帝时,士大夫如萧望之、刘向等,竭力和他们争斗,终不能胜。朝无重臣,遂至嬖幸得干相位,外戚得移朝祚,西汉的灭亡,相权的丧失,实在是一个重要的原因。而且其事不但关涉汉朝,历代的政治,实都受其影响。[1]

论刺史

刺史本非行政官,一个刺史监察几个郡,只是办事上一个分划的手续,并不是说明行政区划,所以其初并没有州的名目而称之为部。这部字,便是现在部分两个字的意思。到后来才改称为州,但是名目虽改,其实权还是一样。直到后汉灵帝时候,改刺史为州牧,其实权才有变更。改刺史为州牧,前汉时就有此举,但是不久又改回来了。当时主张改刺史为牧的人,议论是这样的,他们说:刺史的责任在监察太守,可是他们的官位比太守小,他们的资格也比太守浅。政治上的秩序,是要使大官去治小官,不该使小官去治大官的。所以要把刺史改名为牧,算做太守的上级官,用资格深的人去做。其实这话是错的。监察和行政是两个系统。监察一系的官吏,可以监察行政官,乃是职权如此,并非把其官位和所监察的官的官位,比较大小而定的。

---

[1] 《吕著中国通史》下册,第 408 页。

而在事实上，则行政官宜用资格较深的人，监察官宜用资格较浅的人。因为行政有时候要有相当的手腕，而且也要有相当技术，这是要有经验然后才能够有的，所以要用资格深的人。至于检察官，则重在破除情面。要锋锐，不要稳重。要有些初出茅庐的呆气，不要阅历深而世故熟。要他抱有高远的理想，看得世事不入眼，不要他看惯了以为无足为怪。要他到处没有认得的人，可以一意孤行，不要交际多了，处处觉得为难。把现在的事来说，学校里初毕业的人，文官考试刚录取的人，宜于做监察官。在官场上办过若干年事情的人，宜于做行政官。①

汉末选举之弊

　　《实贡篇》又曰："略举所举，岁且二百。览察其状，则德侔颜、冉；详核厥能，则鲜及中人。夫士者贵其用也，不必求备。故四友虽美，能不相兼；三仁齐致，事不一节。今使贡士必核其冥，其有小疵，勿强衣饰，出处默语，各因其方，则萧、曹、周、韩之伦，何足不致，吴、邓、梁、窦之属，企踵可待。"诸葛恪与陆逊书曰："君子不求备于一人，自孔氏门徒，大数三千，其见异者七十二人，然犹各有所短，师辟由嗟，赐不受命，岂况下此而无所阙？加以当今取士，宜宽于往古，何者？时务纵横，而善人单少，国家职司，常苦不充。苟令性不邪恶，志在陈力，便可奖就，骋其所任。若于小小宜适，私行不足，皆宜阔略，不足缕责。"（《三国·吴志·诸葛恪传》)观此，知当时选举之弊，全在才不核其所长，德则务于求备。才不核其所长，故无能者得以滥竽；德则务于求备，则真率者寡得自全，此选政之所以大坏，风俗之所以日偷也。

才不中器

　　世之论人者，率先才而后德，以为徒善无能为；苟有才，虽或不

---

① 《三国史话》，第30—31页。

善,亦可资以成事也。此见大误。世事之所以纷纷,皆徒有才而不正者,背公营私,损人利己致之也。《三国·魏志·卢毓传》言:毓于人及选举,必先性行而后言才。李丰尝以问毓,毓曰:"才所以为善也,故大才成大善,小才成小善。今称之有才而不能为善,是才不中器也。"物必成器,然后有用;不中器,则直为无用之材矣。其言可谓深切矣。[①]

秦汉的司法问题

秦汉之世,司法界有三大问题:(一)法律初病简单,后伤错乱。李悝为魏文侯相,撰次诸国法为《法经》六篇。商鞅取以相秦,此法至汉世实已不足于用,汉人乃陆续增加,更益之以"令"与"比",无条理系统,奸吏遂得上下其手。此事汉世屡图矫正未成,至魏世始从事于法律之编纂。晋初颁行之,是为《晋律》。中国之法学观念,为法性派,法文仅规定大纲,无甚根本变动。现存之律最古者为《唐律》,大体沿袭《晋律》。唐以后,定律者为金与明,皆本《唐律》。《清律》又沿《明律》。故自《晋律》定后,截至采用西洋法律以前,法律实无大变更也。(二)为刑罚之变更。秦用刑极酷。(实则各国多如此,但或不如秦国之甚)。汉文帝除肉刑,代以髡笞。髡法过轻,略无惩艾,笞法过重,每至死亡。刑罚之等级失其平。欲复肉刑者颇多。又无人敢任其咎。至隋,明定笞、杖、徒、流、死为五刑,此问题乃归消灭。此由古者但认以金属兵器伤害人之肉体者为刑,其观念不能骤变,故有此缪葛也。(三)秦时狱吏之严酷。汉代力加矫正。久之而其风气始渐变。在此过程之中,儒家主义输入法律之中,取法家之地位而代之之处不少。[②]

汉人每有援经义以折狱的。现代的人,都以为奇谈。其实这不过是广泛的应用习惯。广义的习惯法,原可包括学说的。当时儒学盛行,儒家的学说,自然要被应用到法律上去了。《汉书》注引应劭

---

① 《才不中器》,《吕思勉读史札记》下册,第 843 页。
② 《本国史复习大略》,《吕思勉遗文集》上册,第 646—647 页。

说：董仲舒老病致仕。朝廷每有政议，数遣廷尉张汤至陋巷，问其得失。于是作《春秋折狱》二百三十二事。汉文帝涂肉刑诏，所引用的，就是《书》说。汉武帝亦使吕步舒（董仲舒弟子）。治淮南狱。可见汉时的律、令、比中，搀入儒家学说处决不少。此等儒家学说，一定较法家为宽仁的。因为法家偏重伸张国家的权力，儒家则注重保存社会良好的习惯。[①]

八　汉世学风止于纸上

　　田猎畜牧，在三代时视之，即已远较农业为轻。一统而后，有人君之奉者益少，而好武之风亦渐衰，不复好驰骋驱逐。读《日知录》"马政"条，知汉代牧畜最盛，后世则日以式微，一由农业愈盛，牧地愈少，一由尚武之风日衰，故畜马之人日希也。汉世以弃苑地与民为美谈，后世则此等空地益少矣。学问本存于空间，不存于纸上。周以前之学术，皆求之空间，故实而有用；汉以后之学术，则求之纸上，故虚而无用也。学术走入此路，自然只成为有闲阶级，消耗日力精力之资，消闲遣兴，于国家民族的前途，了无关系了。此等风气，起于西汉口叶，至东汉而大盛，直至南北朝、隋唐未改。西汉之世立君所以为民，天下非一人私有之义，时时见于诏令奏议。自谶纬起，则有天下者皆受之于冥冥不可之天，其享国之短长一决之于历数，而民视民听之义渐泯矣。

汉代牧畜最盛

　　田猎畜牧，在三代时视之，即已远较农业为轻。然当列国并立之世，其君必有苑囿之奉，牧畜之官。故郑有原囿，秦有具囿。而齐宣王之囿，至于方四十里。其弃地不可谓不多。读《无羊》及《駉》之诗，

---

① 《吕著中国通史》上册，第187—188页。

天子诸侯畜牧之盛，亦可想见矣。一统而后，有人君之奉者益少，而好武之风亦渐衰，不复好驰骋驱逐。两汉之世，既以弃苑地与民为美谈，后世则此等空地益少矣。牧畜之官，惟牧马尚少留意，以为交通戎事所资也。然苑监诸职，亦多徒有其名，如唐张万岁等能克举其职者盖少。民间畜牧亦衰，有之，则大率在边地。如《史记·货殖传》称天水、陇西、北地、上郡畜牧为天下饶是也。卜式尽以田宅财物与弟，独取畜羊百余，入山牧十余年，买田宅。弟尽破其产，辄复分与，亦以河南多山，为不食之地故也。《后汉书·马援传》：亡命北地，遇赦，因留牧畜。宾客多归附者，遂役属数百家。转游陇汉间，因处田牧，至有牛马羊数千头，谷数万斛。则正以在边郡，故能就其业矣。《日知录》"马政"条曰："汉晁错言：令民有车骑马一匹者，复卒三人。文帝从之。故文景之富，众庶街巷有马，阡陌之间成群，乘牸牝者，摈而不得会聚。若乃塞之斥也，桥姚致马千匹，班壹避地，于楼烦致马牛羊数千群，则民间之马，其盛可知。武帝轮台之悔，乃修马复令。唐玄宗开元九年，诏天下之有马者，州县皆先以邮递、军旅之役，定户复缘以升之。百姓畏苦，乃多不畜马，故骑射之士减曩时。"……读此可知汉代牧畜最盛，后世则日以式微，一由农业愈盛，牧地愈少，一由尚武之风日衰，故畜马之人日希也。[1]

汉时当有券据之类用于大宗交易

古代的币价，对于物价，是很贵的。据李悝所推算，当时平民一家，终岁之用，不过一千五百个钱（其实这个还不过用钱币推算价格，未必所用的东西，一一都要用钱去买），如何用得到黄金？所以古代货币，虽说金铜并用，以我们所推想，可以晓得黄金并不在多数人手里流转。然则当时得大宗贸易，是怎样的呢？难道一一辇着现钱去做卖买么？这也不然。大宗卖买，总有抵销推画……法子。所以《周

---

① 《中国制度史》，第33—34 页。

礼》上头，就有"质剂"。《周礼》固然是伪书，也多用古书为据，不是凭空造出来的。就算他凭空造出来，也一定是按着汉代社会情形造的。那么，《周礼》上有质剂，就足以证明汉代社会，券据等类，业已通行很广。况且当时代钱用的东西多着呢。——其最普通的就是帛。[①]

汉世学风之变

一种学术，当其与名利无关时，治其学者，都系无所为而为之，只求有得于己，不欲眩耀于人，其学自无甚流弊。到成为名利之途则不然。治其学者，往往不知大体，而只斤斤计较于一枝一节之间。甚或理不可通，穿凿立说。或则广罗异说，以自炫其博。引人走入旁门，反致抛荒正义。从研究真理的立场上言，实于学术有害。但流俗的人，偏喜其新奇，以为博学。此等方法，遂成为哗世取宠之资。汉代此等风气，由来甚早。……此种风气既开，遂至专求闻见之博，不顾义理之安；甚且不知有事理。如郑玄，遍注群经，在汉朝，号称最博学的人，而其说经，支离灭裂，于理决不可通，以及自相矛盾之处，就不知凡几。此等风气既盛，治经者遂多变为无脑筋之徒。虽有耳目心思，都用诸琐屑无关大体之处。而于此种学问，所研究的，究属宇宙间何种现象？研究之究有何益？以及究应如何研究？一概无所闻见。学术走入此路，自然只成为有闲阶级，消耗日力精力之资，等于消闲遣兴，于国家民族的前途，了无关系了。此等风气，起于西汉中叶，至东汉而大盛，直至南北朝、隋唐未改。汉代所谓章句，南北朝时所谓义疏，都系如此。[②]

学术止于纸上

吾国自周以前，承学之士，劳心焦思，以考察宇宙之现象，而探索其原理者，盖亦二三千年，至于战国之际，而其术大备，使后之人能承

---

①　《自修适用白话本国史（三）》第三篇《近古史下》，第 104—105 页。
②　《吕著中国通史》上册，第 308—309 页。

其余绪,更加探讨焉。事物之经验既宏,原理之钩求愈审,吾国学术之发达,早已五光十色,不可思议矣。而无如自汉以降,遂日入于晦盲否塞之域也。

自汉而降,学术之迁变,略可分为四期。两汉之初,诸子百家之学初替,而一于儒。朝野经师,皆硁硁焉惟抱残守阙是务。此一时期也。典午之际,老学盛行,佛学承而入之。士骛清谈,家传玄学。此又一时期也。自魏之三祖,崇尚文词,社会向风,扇而成习。及隋炀帝,复以诗赋取士,于是词章之学大盛,文学一科几尽夺他科之席。此又一时期也。清谭诗赋之习既穷,思一变而为有用。于是上之取士者,易而以经义论策设科,下之讲肄者,群骛于性与天道之学。此又一时期也。综其变化,盖亦多端,然可一言以蔽之,曰:无用。

夫学术之职,非有他求。求以深察宇宙之现象,洞明其原理而已。今试问自汉以后,承学之士,所兀兀致力者,果能若是乎? 汉儒治经,曰以致用,然考其所谓致用者,不过曰《禹贡》治河,《洪范》察变,《春秋》折狱,《诗》三百篇当谏书而已。夫今古异时,斯措施异尚,执三代之成法,而欲施之于后世,已非所闻矣。况学以参稽互证而益明,不知矛之所以攻,焉知盾之所以御? 此不易之理也。综观二千年来,只有古代已发明之学术,至是而放失者(诸子百家之学至汉而亡,儒家之学,实亦不能全晓,至魏晋乃并亡之矣),绝无古代未发明之学术,至是而发明者。中间虽一采取他国之学术,终以孤行无助,偏而不全,未能见诸实用,以利烝民,岂不哀哉! 盖学问本存于空间,不存于纸上。周以前之学术,皆求之空间,故实而有用;汉以后之学术,则求之纸上,故虚而无用也。[①]

谶纬起而民视民听之义渐泯

造作豫言(谶)而杂以经说(纬)以成所谓谶纬者矣。纬说多同今

---

① 《今后学术之趋势及学生之责任》,《中华学生界》1916年第2卷第1期。

文，即其造作时，古文经说尚未尽出之证也。西汉之世立君所以为民，天下非一人私有之义，时时见于诏令奏议，皆今文家说也。自谶纬起，则有天下者皆受之于冥冥不可之天，其享国之短长一决之于历数，而民视民听之义渐泯矣。①

汉世婚姻尚重本人之意

汉世婚姻，尚颇重本人之意，非如后世专由父母主持者。《后汉书·宋弘传》：光武姊湖阳公主新寡。帝与共论朝臣，微观其意。主曰："宋公威容德器，群臣莫及。"帝曰："方且图之。"后弘被引见。帝令主坐屏风后，因谓弘曰："谚言贵易交，富易妻，人情乎？"弘曰："臣闻贫贱之知不可忘，糟糠之妻不下堂。"帝顾谓主曰："事不谐矣。"此与《左传》公孙楚、公孙黑争婚徐吾氏，而徐吾犯使其妹自择之同。（见昭公元年）可见男女本非不可相悦，特不当亲求亲许而已。此古风之未尽泯者也。婚姻所以浸由父母主持者？盖因家族权力大，其结婚姻，每借此以图利，遂置本人之愿否于不顾。大之如有国有家之结和亲，图外援（汉时嫁女于匈奴、乌孙，尚沿此习），小之则匹夫匹妇利聘币，觊嫁资皆是。

宗法昌盛之世，抑压女子必甚。斯时之女子，殆全为家族之奴隶，观班昭所作《女诫》可知。（见《后汉书·列女传》）鲍永以妻于母前叱狗，即去之。李充家贫，兄弟六人，同食递衣。妻窃谓充曰："今贫居如此，难以久安。妾有私财，愿思分异。"充伪酬之曰："如欲别居，当酝酒具会，请呼乡里内外，共议其事。"妇从充，置酒燕客。充于坐中前跪白母曰："此妇人无状，教充离间母兄，罪合遣斥。"便呵叱其妇，逐令出门。妇衔涕而去。此虽矫激之行，然当时重视家族，轻视妇女之风，则于此可见矣。②

---

① 《两汉哲学思想》，《吕思勉遗文集》上册，第 110 页。
② 《秦汉史》下册，第 477—478、477 页。

第六章 三国时代：汉魏为民族盛衰之大界

一 统一之世何以走向分裂

三国时代，可注意的是江域的渐次发达。建业为六朝建都之所，南方文化的兴盛，固由北方衣冠之族避难南奔；然三国时代的孙吴，业已人才济济。可见南方自趋于发达的机运，不尽借北方的扰乱为文化发达的外在条件。而蜀在大局上的关系也更形重要。三国时之山越，皆乱世之民，依阻山谷，与越相杂，所居者虽越地，其人固多华夏，荒徼之逐渐开辟，异族之渐即华风，皆此辈之力也。三国的分裂，系两种心理造成：在封建时代，本有各忠其君的心理，看汉士大夫仕于州郡的，都奉其长官为君，称其机关为本朝，有事为之尽忠，死则为之持服，便可知道秦汉以后，虽然统一，然此等见解，还未能全行破除。又南方风气的强悍，孙权、鲁肃、周瑜都是崛强而不甘人下，因这一种蛮悍的心理，却使战祸延长了七十二年。以民族盛衰论，汉魏之际可为一界限：自汉以前，为汉族征伐异族之世，自晋以后，则转为异族所征服。

后汉的羌乱

后汉之世，凉州丧乱久，其民风气本强悍，又习于兵，而国家控制之力，有所不及，故灵帝末年，海内云扰，他方皆旋告戡定，惟凉州则历久不能平。……遂同化外，而西征诸将，且倒戈而为中枢之患矣。[1]

---

[1] 《秦汉史》上册，第340、341页。

后汉的羌人,并不算什么大敌,他的人数,究竟也并不算多,然而乱事的蔓延,军费的浩大,至于如此。就可见得当时军力的衰弱,政治的腐败。(这件事情,和清朝川楚教匪之乱,极其相像。军费自然十之七八,都是用在不正当的方面的。)却是(一)凉州一隅,因此而兵力独厚;(二)其人民流离迁徙之后,无以为生,也都养成一个好乱的性质,就替国家种下一个乱源。政治腐败,他的影响,决不会但及于凉州一隅的。……为什么弄到如此? 这是由于汉朝时候的社会,本不及后世的平等。他的原因,是由于(一)政治上阶级的不平,(二)经济上分配的不平。这种不平等的社会,傥使政治清明,也还可以敷衍目前,为"非根本的救济";却是后汉时代,掌握政柄的不是宦官就是外戚,外戚是纨袴子弟,是些无知无识的人,宦官更不必说。他们既执掌政权,所用的自然都是他们一流人,这一班人布满天下,政治自然没有清明的希望。要晓得黑暗的政治,总是拣着地方上愚弱的人欺的,总是和地方上强有力的人,互相结托的。所以中央的政治一不清明,各处郡县都遍布了贪墨的官;各处郡县都遍布了贪墨的官,各处的土豪,就都得法起来。那么,真不啻布百万虎狼于民间了。[①]

苍天已死,黄天当立

　　"苍天已死,黄天当立。"这句话,《三国演义》上有,《后汉书》上也是有的。诸位读了,一定要觉得奇怪,怎么天会得死呢? 也不过以为草寇的说话,是不通的,不求甚解,一笑便置之罢了。其实不然。……须知古人的见解,和今人不同。今人说天子,只是一句空话。古人说天子,则真当他是天的儿子的。这和思想起源很早。到汉朝时候,其迷信还未尽破除。诸位大概都知道汉高祖斩蛇起义这句话。这件事《史记》《汉书》上是这样说的:……这话自然是假造的。然而为什么要造这段话? 就可见得当时的人有此思想,造出来

---

① 　《自修适用白话本国史(二)》第二篇《中古史中》,第4、5页。

足以摇惑人心了。什么叫做赤帝、白帝呢？这正和张角所说的苍天、黄天，是一个道理。

古人认为天上的五帝，是应该依着次序来管理人间之事的。为天下之主的，必须是天帝的儿子。所以朝代的更换，便是这一个天帝的子孙，让位给那一个天帝的子孙。这就是所谓"五德终始"。所以我们看古史，往往说某一个帝王是以某德王，如以木德王、以火德王之类。五德终始又有两种说法：一种是依相克的次序，木德之后该金德，金德之后该火德，火德之后该水德，水德之后该土德，土德之后又该木德的。一种是依相生的次序，木德之后该火德，火德之后该土德，土德之后该金德，金德之后该水德，水德之后又该木德的。在秦朝和西汉的前半期，是依着相克的次序。所以秦朝以周朝为火德，自己为水德，汉朝又自以为土德。到西汉的末年，却改用相生之说了，于是以周朝为木德，自己为火德，而把秦朝去掉不算。后来魏文帝代汉，又自以为是土德。张角说什么苍天、黄天，自然也是想做皇帝的，不过依相克的次序，应该说"黑天已死，黄天当立"；依相生的次序，应该说"赤天已死，黄天当立"；总不该说"苍天已死，黄天当立"。不知道是张角另有说法呢，还是做历史的人弄错了一个字？不过他说到这一类的话，其有取汉朝而代之之心总是显而易见的了。[①]

三国时代的新变化

三国时代，是我国南北对抗之始。这时代特可注意的是江域的渐次发达。前此江南的都会，只有一个吴。江北的广陵（如今江苏的江都县），却是很著名的。我们可以设想，产业和文化的重心还在长江的北岸。自从孙吴以建业为国都（孙吴建国，北不得淮域。濡须水一带，是兵争的要地。定都建业，既可扼江为险，又便于控制这一带地方），建业后来又做了东晋和宋、齐、梁、陈四朝建都之所。东晋以

----

① 《三国史话》，第21、22页。

后，南方文化的兴盛，固由于北方受异族之蹂躏，衣冠之族避难南奔；然而三国时代的孙吴，业已人才济济。这也可见南方自趋于发达的机运，不尽借北方的扰乱为文化发达的外在条件了。又益州这地方，从古以来，只以富饶著名，在兵争上，是无甚关系的。却是到三国时代，正因为他地方富饶，就给想"占据地盘"的人注目。（刘备初见诸葛亮的时候，诸葛亮劝他占据荆益二州。说："天下有变：则命一上将，将荆州之军，以向宛洛；将军身率益州之众，以出秦川。"前者就是关羽攻魏的一条路。关羽既败，诸葛亮屡次伐魏，就只剩得后者一条路了。论用兵形势，自然是出宛洛，容易震动中原。所以我说荆州之失，是蜀汉的致命伤。然而刘备、诸葛亮，当日必定要注重益州。则"荆土荒残，人物凋敝"两句话，就是他主要的原因。这个全然是富力上的问题。）而向来不以战斗著名的蜀人，受诸葛亮一番训练，居然成了"节制之师"。从此以后，蜀在大局上的关系也更形重要了。①

山越多避乱入山之汉人

山越为患，起于灵帝建宁中。（《后汉书》本纪：建宁二年九月，丹阳山越贼围太守陈夤，夤击破之。）至后汉之末，而其势大盛。孙吴诸将，无不尝有事于山越者。

夫越之由来亦旧矣。乃终两汉之世，寂寂无闻，至于汉魏之间，忽为州郡所患苦、割据者所倚恃如此，何哉？曰：此非越之骤盛，乃皆乱世，民依阻山谷，与越相杂耳。其所居者虽越地，其人固多华夏也。

盖山深林密之地，政教及之甚难。然各地方皆有穷困之民，能劳苦力作者，此辈往往能深入险阻，与异族杂处。初必主强客弱，久则踵至者渐多，土虽瘠薄，然所占必较广；山居既习俭朴，又交易之间，多能朘夷人以自利，则致富易而生齿日繁。又以文化程度较高，夷人

---

① 《自修适用白话本国史（二）》第二篇《中古史中》，第14—15页。

或从而师长之。久之，遂不觉主客之易位。又久之，则变夷而为华矣。此三国时山越之盛，所以徒患其阻兵，而不闻以其服左衽而言侏离为患；一徙置平地，遂无异于齐民也。使其服左衽而言侏离，则与华夏相去甚远，固不能为中国益，亦不能为中国患矣。然则三国时之山越，所以能使吴之君臣旰食者，正以其渐即于华，名为越而实非越故。前此史志所以不之及者，以此辈本皆安分良民，蛰居深山穷谷之中，与郡县及齐民，干系皆少，无事可纪也。此时所以忽为郡县患者，则以政纲颓弛，遭逃宿恶，乘间恣行故耳。亦以世乱，阻山险自保者多，故其众骤盛而势骤张也。然溯其元始，固皆勤苦能事生产之民，荒徼之逐渐开辟，异族之渐即华风，皆此辈之力也。①

三国分裂的心理因素

三国的分裂，可以说是两种心理造成的。其一是封建的余习。人心是不能骤变的。在封建时代，本有各忠其君的心理，秦汉以后，虽然统一了，然此等见解，还未能全行破除。试看汉代的士大夫，仕于州郡的，都奉其长官为君，称其机关为本朝，有事为之尽忠，死则为之持服，便可知道。又其一则为南方风气的强悍。赤壁战时，孙权实在没有联合刘备抵抗曹操的必要。所以当时文人持重而顾大局的，如张昭等，都主张迎降。只有周瑜和鲁肃，主张抵抗，和孙权的意见相合。《三国志》载周瑜的话，说曹操名为汉相，实系汉贼，这是劫持众人的门面话，甚或竟是事后附会之谈。东吴的君臣，自始至终，所作所为，何曾有一件事有汉朝在心目之中？说这话要想欺谁？在当时东吴朝廷的空气中，这话何能发生效力？孙权一生，最赏识的是周瑜，次之则是鲁肃。孙权当称帝时，说鲁子敬早有此议，鲁肃如此，周瑜可知。为什么要拥戴孙权做皇帝？这个绝无理由，不过是一种崛强之气，不甘为人下，孙权的自始便要想做皇帝，则更不过是一种不

① 《山越》，《光华大学半月刊》1934年第2卷第9期。

知分量的野心而已。赤壁之战,是天下三分的关键,其事在公元二〇八年,至二八〇年晋灭吴,天下才见统一,因这一种蛮悍的心理,使战祸延长了七十二年。[①]

汉魏之际为民族盛衰之大界

魏、晋之际,中国盛衰强弱之大界也。自三国以前,异族恒为我所服,至五胡乱起,而我转为异族所服矣。五胡之乱,起于晋惠帝永兴元年刘渊之自立。越十三年,愍帝被虏,而中国在北方之政府遂亡。自是南北分立。自元帝建武元年,至陈后主祯明三年,凡二百七十三年,而南卒并于北。隋文帝虽云汉人,然民族之异同,固非以其种姓而以其文化,此则不独隋室,即唐室之先,亦未尝非武川族类也。(《廿二史札记》云:"两间王气,流转不常,有时厚集其力于一处,则帝王出焉。如南北朝分裂,其气亦各有所聚。晋之亡,则刘裕生于京口;萧道成、萧衍,生于武进之南兰陵;陈霸先生于吴兴;其地皆在数百里内。魏之亡,则周、隋、唐三代之祖,皆出于武川。宇文泰四世祖陵,由鲜卑迁武川。陵生系,系生韬,韬生肱,肱生泰,是为周文帝。杨坚五世祖元素,家于武川。元素生惠嘏,惠嘏生烈,烈生祯,祯生忠,忠生坚,是为隋文帝。李渊,三世祖熙,家于武川。熙生天赐,天赐生虎,虎生昞,昞生渊,是为唐高祖。区区一弹丸之地,出三代帝王;周幅员尚小,隋、唐则大一统者共三百余年;岂非王气所聚,硕大繁滋也哉?"王气所聚;说大落空。宋、齐、梁、陈四代之祖,生于数百里内,亦不足论。中华人事繁复,此固无甚关系也。至于周、隋、唐三代之祖,皆生武川,则自以当时此一区中为强兵所在,故力征经营者易起于此,其附从之功臣,亦易出于此。不惟周、隋、唐,北齐兴于怀朔,固与武川同为六镇之一也。武川,今绥远武川县。怀朔,今绥远五原县。)唐室武功,超轶汉代,然实用蕃兵、蕃将为多,

---

① 《吕著中国通史》下册,第 423 页。

与汉之征匈奴,纯恃本族之师武臣力者异矣。自唐衰而沙陀入据中原,虽不久覆灭,然契丹、党项、女真、蒙古、满洲,又纷纷窃据,甚且举中国之政权而盗之。盖自五胡之乱至清之亡,凡历千六百有八年焉。[1]

中国民族之盛衰,当以汉魏之际为界限,自汉以前,为汉族征伏异族之世,自晋以后,则转为异族所征服矣。五胡、沙陀、辽、金、元、清不必说。[2]

历史三大界

自来治史学者,莫不以周、秦之间为史事之一大界,此特就政治言之耳。若就社会组织言,实当以新、汉之间为大界。

晚周以来,盖封建势力日微,而资本势力方兴之会。封建势力,如死灰之不可复燃矣,而或不知其不可然而欲然之;资本势力,如洪水之不可遽湮也,而或不知其不可湮而欲湮之;此为晚周至先汉扰攘之由,至新室亡,人咸知其局之不易变,或且以为不可变,言治者但务去泰去甚,以求苟安,不敢作根本变革之想矣。故曰:以社会组织论,实当以新、汉之间为大界也。

以民族关系论,两汉、魏、晋之间,亦当画为一大界。自汉以前,为我族征服异族之世,自晋以后,则转为异族所征矣。……春秋以前,我所遇者皆山戎,至战国始与骑寇遇。战国之世,我与骑寇争,尚不甚烈,秦以后则不然矣。秦、汉之世,盖我恃役物之力之优,以战胜异族,自晋以后,则因社会之病状日深,而转为异族所征服者也。故曰:以民族关系论,汉、晋之间,亦为史事一大界也。[3]

---

① 《两晋南北朝史》上册,开明书店 1948 年版,第 1—2 页。
② 《论民族主义之真际》,《教与学》1935 年第 1 卷第 4 期。
③ 《秦汉史》上册,第 1、2、4 页。

二　三国人物之品鉴

魏武帝的为人,只要看建安十五年十二月的己亥令。天下惟心地
光明的人,说话能够坦白。遮遮掩掩,修饰得自己一无弊病的人,他的
话就不可尽信了。封建时代有其黑暗面,也有其光明面。其光明面就
是公忠体国的文臣和舍死忘生的武士。这两种美德,魏武帝和诸葛武
侯,都是全备的。两汉之世,正是封建主义的尾声,得这两位大人物
以结束封建时代,真是封建时代的光荣。至于赤壁之战,孙权(周瑜、鲁
肃等)的决心和曹操抵抗,不过是好乱和行险侥幸,其自立的野心早就
有之。司马懿一生用尽了深刻的心计,暴虐的手段,全是为一个人的地
位起见,丝毫没有魏武帝那种匡扶汉室、平定天下的意思。封建时代的
道德,是公忠,是正直,是勇敢,是牺牲一己以利天下,司马懿却件件和
他相反。他的儿子司马师、司马昭,也都是这一路人。这种人成功,封
建时代的道德就澌灭以尽了。

为魏武帝辩诬

举世都说魏武帝是奸臣,这话不知从何而来? 固然,这是受《演
义》的影响,然而《演义》亦必有所本。《演义》的前身是说书,说书的
人是不会有什么特别的见解的,总不过迎合社会的心理;而且一种见
解,不是和大多数人的心理相合,也决不会流行到如此之广的;所以
对于魏武帝的不正当的批评,我们只能认为是社会的程度低下,不足
以认识英雄。魏武帝的为人,到底是怎样的呢? 这只要看建安十五
年十二月己亥日他所发的令,便可知道。

魏武帝的己亥令,还有可注意的两端:其(一)是他怕兵多意盛,
不敢多招兵,这正和后世的军阀,务求扩充军队,以增长自己权力的
相反。分裂时代的争斗,其祸源都是如此造成的。其(二)是他老老

实实说：我现在不能离开兵权，怕因此而受祸，不得不为子孙之计。又老老实实承认：想使三个儿子受封，以为外援。这是历来的英雄，从没有如此坦白的。天下惟心地光明的人，说话能够坦白。遮遮掩掩，修饰得自己一无弊病的人，他的话就不可尽信了。现代的大人物，做自传的多了，我们正该用这种眼光去判别他。

《三国志·郭嘉传》说：嘉死之后，魏武帝去吊丧，异常哀痛。对荀攸等说："你们诸位的年纪，都和我差不多，只有郭奉孝最小。我想天下平定之后，把事情交托给他，想不到他中年就死了。这真是命呀！"可见得他的本意，在于功成身退，后来不得抽身，实非初意，至于说他想做皇帝，或者想他的儿子做皇帝，那更是子虚乌有之谈了。人生在世，除掉极庸碌之辈，总有一个志愿。志愿而做到，就是成功，就是快乐。志愿而做不到，看似失败，然而自己的心力，业经尽了，也觉得无所愧怍，这也是快乐。志愿是各人不同的，似乎很难比较。然而其人物愈大，则其志愿愈大，其志愿愈大，则其为人的成分愈多，而自为的成分愈少，则是一定不移的。哪有盖世英雄，他的志愿只为自己为子孙的道理？说这种话的人，正见得他自己是个小人，所以燕雀不知鸿鹄之志了。封建时代，是有其黑暗面，也有其光明面的。其光明面安在呢？公忠体国的文臣，舍死忘生的武士，就是其代表。这两种美德，魏武帝和诸葛武侯，都是全备了的。他们都是文武全才。两汉之世，正是封建主义的尾声，得这两位大人物以结束封建时代，真是封建时代的光荣了。①

从古英雄，坚贞坦白，无如魏武者。予每读《三国志》注引《魏武故事》所载建安十五年十二月己亥令，未尝不怆然流涕也。他且勿论，其曰："合兵能多得耳，然常自损，不欲多之；所以然者，兵多意盛，与强敌争，倘更为祸始。"自清末至民国，军人纷纷，有一人知念此者乎？其引齐桓、晋文及乐毅、蒙恬之事，自明不背汉，可谓语语肝鬲。

---

① 《三国史话》，第 90、96—97 页。

且曰："孤非徒对诸君说此也,常以语妻妾,皆令深知此意。孤谓之言:顾我万年之后,汝曹皆当出嫁,欲令传道我心,使他人皆知之。"以众人之不知也,使豪杰独抱孤忠,难以自明如此,岂不哀哉?又曰:"然欲孤便尔委捐所典兵众,以还执事,归就武平侯国,实不可也。何者?诚恐己离兵,为人所祸也。既为子孙计,又己败则国家倾危,是以不得慕虚名而处实祸。"又曰:"前朝恩封三子为侯,固辞不受,今更欲受之,非欲复以为荣,欲以为外援,为万安计。'从古英雄,有能如是坦白言之者乎?夫惟无意于功名者,其功名乃真。公初仅欲作郡守,后又欲以泥水自蔽,绝宾客往来之望,虽至起兵讨卓之后,犹不肯多合兵是也。惟不讳为身谋者,其为公家谋乃真。使后人处公之位,必曰所恤者国家倾危,身之受祸非所计,更不为子孙计也。然其诚否可知矣。[1]

开国君主须文武兼资

凡能拨乱反正者,必为文武兼资之人。文谓在政治上能开明,武谓能统御将帅。政治上不开明,根本不足以言治,然不能统御将帅,则必威权不振,虽有愿治之意,亦一事不能行。历代之开国君主,对此两条件,在一定限度内,皆能具有。[2]

孙权等早有自立野心

赤壁之战,军事上的胜败,真相颇为明白,用不着研究。其中只有孙权的决心抵抗曹操,却是一个谜。读史的人,都给"操虽托名汉相,实为汉贼"两句话迷住了,以为曹操是当然要抵抗的,其中更无问题。殊不知这两句乃是周瑜口里的话,安能作为定论?……然则孙权决心和曹操抵抗的理由何在?周瑜、鲁肃等力劝孙权和曹操抵

---

① 《论魏武帝》,《论学集林》,第113页。
② 《自述》,《吕思勉遗文集》上册,第441页。

抗的理由又何在？这系从公一方面立论，从私一方面说，也是这样的。

赤壁之战，曹操固然犯着兵家之忌，有其致败之道，然而孙、刘方面，也未见得有何必胜的理由。自此以后，曹操幸而用兵于关西、汉中，未曾专注于南方。倘使曹操置别一方面为缓图，尽力向荆州或者扬州攻击，孙权的能否支持，究竟有无把握呢？孙权和刘备不同。刘备投降曹操，曹操是必不能相容的，所以只得拼死抵抗。孙权和曹操，本无嫌隙，当时假使投降，曹操还要格外优待，做个榜样给未降的人看的。所以当时孙权假使迎降，就能使天下及早统一，免于分裂之祸；而以孙权一家论，亦系莫大的幸福；裴松之在《三国志·张昭传》注里，早经说过了。然则孙权的决意抵抗，周瑜、鲁肃的一力撺掇孙权抵抗，不过是好乱和行险侥幸而已。

《三国志·鲁肃传》说：鲁肃初到江东时，回东城葬其祖母，鲁肃是东城人。他有个朋友，劝他北归，鲁肃意欲听他，特到江东搬取家眷，周瑜却劝他，说从前人的预言，都说"代刘氏者必兴于东南"，劝他不要回去。又把他荐给孙权。见面之后，甚为投机。众人都退了，孙权独留他喝酒。谈论之间，鲁肃便说："汉室不可复兴，曹操不可猝除，为将军计，惟有鼎足江东，以观天下之衅。"后来孙权称帝时，"临坛，顾谓公卿曰：昔鲁子敬尝道此，可谓明于事势矣"。（见《三国志·鲁肃传》）《张昭传》注引《江表传》又说：孙权称帝之后，聚会百官，归功周瑜。张昭也举起笏来，要想称颂功德。孙权却说："如张公之计，今已乞食矣。"可见自立的野心，孙权和周瑜、鲁肃等，早就有之。赤壁之役，孙权聚众议论降战时，反说"老贼欲废汉自立久矣，徒忌二袁、吕布、刘表与孤"，不知帝制自为的，毕竟是谁？事实最雄辩，就用不着我再说了。[1]

---

① 《三国史话》，第76—77页。

孙吴何以都南京

都邑的选择，我是以为人事的关系，重于地理的。南京会成为六朝和明初的旧都，这一点，怕能言其真相者颇少。读史之家，往往把史事看得太深了，以为建都之时，必有深谋远虑，作一番地理上的选择，而不知其实出于人事的推移，可谓求深而反失之。……南京为什么成为六朝的都邑？东晋和宋、齐、梁、陈，不过因袭而已。创建一个都邑，不是一件容易的事情；又当都邑创建之初，往往是天造草昧之际，人力物力，都感不足，所以总是因仍旧贯的多，凭空创造的少，这是东晋所以建都南京的原因。至于宋、齐、梁、陈四代，则其政权本是沿袭晋朝的，更无待于言了。然则在六朝之中，只有孙吴的建都南京，有加以研究的必要。

孙吴为什么要建都南京呢？长江下流的都会，是本来在苏州，而后来迁徙到扬州的。看秦朝会稽郡的治所，和汉初吴王濞的都城，就可知道。孙吴创业，本在江东，其对岸，到孙策死时，还在归心曹操的陈登手里，自无建都扬州之理。然则为什么不将根据地移向长江上流，以便进取呢？须知江东定后，他们发展的方向，原是如此的，然其兵力刚进到湖北边境时，曹操的兵，已从襄阳下江陵，直下汉口了。上流为曹操所据，江东断无以自全，所以孙权不能不连合刘备，冒险一战。赤壁战后，上流的形势稳定了，然欲图进取，则非得汉末荆州的治所襄阳不可。而此时荆州，破败已甚，庞统劝刘备进取益州，实以"荆州荒残，人物凋敝"为最大的理由。直至曹魏之世，袁淮尚欲举襄阳之地而弃之（见《三国魏志·齐王纪》正始七年注引《汉晋春秋》），其不能用为进取的根据可见。然吴若以全力进取，魏亦必以全力搏击，得之则不能守，不得则再蹈关羽的覆辙，所以吴虽得荆州，并不向这一方面发展，孙权曾建都武昌，后仍去之而还江东，大概为此。居长江下流而图发展，必先据有徐州。关于这一个问题，孙权在袭取关羽时，曾和吕蒙研究过，到底取徐州与取荆州，孰为有利？吕蒙说：

徐州,北方并无重兵驻守,取之不难,然其地为"骁骑所骋",即七八万人,亦不易守,还是全据长江的有利。如此,才决计袭取荆州。可见在下流方面,孙吴亦不易进取,而曹魏在这方面的压力却颇重,原来刘琮降后,曹操要顺流东下,不过一时因利乘便之计。若专欲剿灭孙吴,自以从淮南进兵为便,所以赤壁战后,曹操曾四次征伐孙权(建安十四年、十七年、十九年、二十一年),都是从这一方面来的,而合肥的兵力尤重。孙吴所以拒之者,实在今濡须口一带,此为江东的生死所系,都金陵,则和这一带声势相接,便于指挥。又京口和广陵相对,亦为长江津渡之处,曹丕曾自将自此伐吴,此路亦不可不防,居金陵与京口相距亦近,有左顾右盼之势,孙权所以不居吴郡而居金陵,其理由实在于此。此不过一时战事形势使然,别无深意。①

刘备心计太工

关羽这个人,是有些本领的,我们不能因他失败而看轻他。何以见得他有本领呢?一者,你留心把《三国志》看,自刘备用兵以来,不分兵则已,倘使分兵,总是自己带一支,关羽带一支的,可见他有独当一面的才略。二则刘备从樊城逃向江陵时,是使关羽另带一支水军到江陵去的,后来和刘备在夏口相会。北方人是不善水战的,赤壁之战,曹操尚以此致败,而关羽一到荆州就能带水军,亦可见其确有本领。至其在下邳投降曹操后,曹操待他甚厚,而他还是不忘故主;却又不肯辜负曹操的厚意,一定要立些军功,报答了曹操然后去,也确有封建时代武士的气概。后人崇拜他固然过分,我们也不能把他一笔抹杀了的。可是他的久围樊城,在军略上终不能无遗憾;而《三国志》说他"善待卒伍而骄于士大夫",糜芳、士仁之叛,未必不由于此,也是他的一个弱点。

关羽的败,是刘备方面的一个致命伤。因为失去荆州,就只剩得

① 《南京为什么成为六朝朱明的旧都》,1946 年 5 月 5 日《正言报》。

从益州攻关中的一路，而没有从荆州向南阳攻洛阳的一路了。从汉中向关中，道路是艰难的；魏国防守之力，亦得以专于一面；后来诸葛亮的屡出而无成，未必不由于此。所以说这是刘备方面的致命伤。这件事情，如其就事论事，关羽的刚愎而贪功，似应负其全责。如其通观前后，则刘备的急于并吞刘璋，实在是失败的远因。倘使刘备老实一些，竟替刘璋出一把力，北攻张鲁，这是易如反掌可以攻下的。张鲁既下，而马超、韩遂等还未全败，彼此联合，以扰关中，曹操倒难于对付了。刘备心计太工，不肯北攻张鲁，而要反噬刘璋，以至替曹操腾出了平定关中和凉州的时间，而且仍给以削平张鲁的机会。后来虽因曹操方面实力亦不充足，仍能进取汉中，然本可联合凉州诸将共扰关中的，却变做独当大敌。于是不得不令关羽出兵以为牵制，而荆州丧失的祸根，就潜伏于此了。

不但如此，刘备猇亭之败，其祸机实亦潜伏于此时。为什么呢？伐吴之役，《演义》上说刘备和关羽、张飞是结义兄弟，他的出兵，是要替义弟报仇，这固然是笑话，读史的人说他是忿兵，也未必是真相的。因为能做一番事业的人，意志必较坚定，理智必较细密，断不会轻易动于感情。况且感情必是动于当时的，时间稍久，感情就渐渐衰退，理智就渐渐清醒了。关羽败于建安二十四年（二一九），刘备的征吴，是在章武元年（二二一）七月，章武元年，就是建安二十六年，距离关羽的失败已经一年半了，还有轻动于感情之理么？然则刘备到底为什么要去征吴呢？我说：这个理由，是和吕蒙不主张取徐州而主张取荆州一样的。大约自揣兵力，取中原不足，而取荆州则自以为有余。当时赵云劝他，说国贼是曹丕不是孙权，伐吴之后，兵连祸结，必非一时能解，就没有余力再图北方了。这句话，刘备是不以为然的，所以不肯听他。而他的不以为然，并不是甘心兵连祸结，和吴人旷日持久，而是自以为厚集其力，可一举而夺取荆州。殊不知吴蜀的兵力，本在伯仲之间，荆州既失，断无如此容易恢复之理。旷日持久，就转招致猇亭的大败了。然其祸根，亦因急于要取益州，以致对于荆州不能兼顾之故。所以心计过工，有时也会成为失败的原因的，真个阅历多的人，倒觉得凡事还是少用机谋，依着正义而行的好了。①

评陈寿论诸葛亮

陈寿论诸葛亮，谓其"才于治戎为长，奇谋为短，理民之干，优于将略"，此非由衷之言。用兵善于出奇者，宜莫如魏武。然所与对敌者，袁绍而外，皆无大略；且皆非有深根固柢，如魏之非力战不可克也。魏延异道俱会之谋，不取似若可惜。然褒斜、子午，易出难继，咸阳以西即可定，魏举大兵以争之，而陇右诸郡犄其后，蜀果能守之欤，此亮所以不欲涉险邪？《亮传》注引张俨《默记》，论亮与司马懿优劣曰："孔明提步卒数万，长驱祁山，慨然有饮马河、洛之志。仲达据十倍之地，据牢城，拥精锐，务自保全而已。若此人不亡，终其意志，则胜负之势已决。"此非虚言。注又引《汉晋春秋》，言贾诩、魏平数请战，曰："公畏蜀如虎，奈天下笑何？"宣王病之。表固请战。使卫尉辛毗持节以制之。姜维谓亮曰："辛佐治仗节而到，贼不复出矣。"亮曰："彼本无战情，所以固请战者，以示武于其众耳。将在军，君命有所不受，苟能制吾，岂千里而请战邪？"《魏志·明帝纪》，于是年特书诏宣王但坚壁拒守，以挫其锋，丞祚固有深意也。亮论孙权，谓其志力不侔，故限江自保，而亮能蹈涉中原，抗衡上国，用兵不戢，屡耀其武，其才固未易几矣。②

魏延有将略

魏延本来是以部曲随先主入蜀的。因屡有战功，升迁到牙门将军。先主既得汉中之后，还治成都，要拔擢出一个人来镇守汉中，当时大家都以为要用张飞，张飞也以此自许，而先主竟破格擢用了魏

---

① 《三国史话》，第86—87页。
② 《秦汉史》上册，第424页。

延。关羽、张飞是先主手下资格最老的两员猛将，当时敌国的人亦都称他为万人敌的。先主从起兵以来，不分兵则已，要分兵，关羽总是独当一面的，此时关羽正在镇守荆州，再要找一个独当一面的人，以资格论，自然是张飞了。再次之则是赵云，随先主亦颇久。争汉中之时，赵云亦颇有战功，先主称他"一身都是胆"的。然而这时候要镇守汉中，先主却破格擢用了魏延……则魏延的将略，似乎还在关张之上。大概关、张的将才，是偏于战斗，而魏延则要长于谋略些罢？然则镇守荆州的，假使是魏延，或者不如关羽之以过刚而折，而半个荆州，也就不至于失陷了。这虽然是揣测之辞，似乎也有可能性。

依我推测：诸葛亮病危时，并没有能够预定退兵的计划。……《三国志》上说：诸葛亮生时就密表后主，说我若死了，便将后事交给蒋琬。这也不是实情。诸葛亮的做事，是很积极的。他在生前，似乎并没有预料到自己要死。假如他预料到自己要死，那可先行布置的事情多着呢。以他的地位声望，一切公开嘱咐了，也不怕什么人反对，而且可使身后的事情更形妥帖，何至于密表后主，只保荐了一个蒋琬呢？《三国志·蒋琬传》说：诸葛亮死后，新丧元帅，远近危悚，蒋琬处群僚之右，既无戚容，又无喜色，神色举动，和平时一样，众人因此渐服。可见得蒋琬初继诸葛亮的任时，众人还不很信服他。假使诸葛亮生前预行指定他为自己职务的后继人，就不至于此了。以诸葛亮的公忠体国，心思细密，岂有想不到这一层之理？

诸葛亮从太和二年以后，是不断的出兵伐魏的，太和二年，是入三国后的第九年。诸葛亮之死，在入三国后十五年。蜀汉的灭亡，是在入三国后四十四年。所以诸葛亮死后，蜀汉还有二十九年的命运。这二十九年之中，前十二年，总统国事的是蒋琬；中七年是费祎；后十年是姜维。蒋琬、费祎手里，都不甚出兵伐魏。姜维屡次想大举，费祎总裁制他，不肯多给他兵马。费祎死后，姜维做事才得放手些，然而亦无大功，而自己国里，反因此而有些疲敝。当时很有反对他的人。后来读史的人，亦有以蜀之亡归咎于姜维的用兵的，其实亦不尽然。当时魏蜀二国，国力相去悬殊。灭蜀的一次，据魏国人计算，蜀兵总数共只九万，分守各地方的，差不多去其一半，而魏国分兵三路，诸葛绪、邓艾每路三万，钟会所带的兵又有十余万，兵力在两倍以上。所以蜀汉的形势，是很难支持的。既无退守的余地，就只得进攻，至少要以攻为守。诸葛亮的不断出兵，也是为此。从魏齐王芳之立，至高贵乡公的被弑，其间共计二十一年，即系入三国后之第二十一年至第四十一年，正是魏国多事之秋，蜀汉若要北伐，其机会断在此间，而其机会又是愈早愈妙，因为愈早则魏国的政局愈不安定。然此中强半的时间，都在蒋琬、费祎秉政之日，到姜维掌握兵权，已经失之太晚了。所以把魏国的灭亡，归咎到姜维，实在是冤枉的。倒是蒋琬、费祎，应当负较大的责任。魏延伐魏之志，是比较坚决的。只看诸葛亮死日，他不肯全军退回，便可知道。如其诸葛亮死后，兵权在他手里，总不会像蒋琬、费祎那样因循的，虽然成败不可知。所以魏延的死，总不能不说是蜀汉的一个损失。[1]

论司马懿

这一件事情（编者按：即高平陵之变）的真相，我们现在无从知之。所可猜测的，则司马懿卧病十年，忽然而起，京城里的军队，就会听他调度，可见他平时必和军队预有勾结。曹爽在名义上是大将军，军队都应服从他的命令的；他的兄弟曹羲是中领军，曹训是武卫将军，亦都是兵权在手的人；一旦有事，军队反而都为敌人所用，他们的为人，就可想而知了。然而曹爽所用的，都是当时的名士。据《三国志》零头碎角的材料看起来，他们是颇有意于改良政事，厘定制度的，实可称之为文治派。文治派对于军队，自然不如武人接近的，要利用军队，自亦不如武人的灵活，曹爽和司马懿成败的关键，大概在此。从此以后，魏朝的文治派没落，只剩武人得势了。

---

[1] 《三国史话》，第 105、106、109、110、111 页。

《晋书·宣帝纪》说：晋朝的明帝，曾经问王导："晋朝是怎样得天下的？"王导乃历述司马懿的事情，和司马昭弑高贵乡公之事。明帝羞得把脸伏在床上道："照你的话，晋朝的基业哪得长久？"可见司马懿的深谋秘计，还有许多后来人不知道的，王导离魏末时代近，所以所知的较多了。而且他很为暴虐，他的政敌被杀的，都是夷及三族，连已经出嫁的女儿，亦不得免。所以做《晋书》的人，也说他猜忌残忍。他一生用尽了深刻的心计，暴虐的手段，全是为一个人的地位起见，丝毫没有魏武帝那种匡扶汉室、平定天下的意思了。封建时代的道德，是公忠，是正直，是勇敢，是牺牲一己以利天下，司马懿却件件和他相反。他的儿子司马师、司马昭，也都是这一路人。这一种人成功，封建时代的道德就渐灭以尽了。[①]

三　三国史事之考辨

两汉三国时史所传，惟一大纲，余皆事后傅会之辞，遽一一信为事实则慎矣。当时之史尚系传述之辞，多所谓某人某人之语，未必可即作其人之辞观。然以此为其时人之见解，固无不可也。《史》《汉》之《留侯传》，《三国志》之《荀彧传》均可作如是观。如诸葛之南征，攻心攻城，心战兵战，后世侈为美谈，其实不中情实；而所谓终亮之世，南方不敢复反，亦为虚言。诸葛亮自表曰："臣在外任，无别调度，随身衣食，悉仰于官，不别治生，以长尺寸。若臣死之日，不使内有余帛，外有赢财，以负陛下。"读史者以为美谈。其实当时能为此者，非亮一人也。君子行不贵苟难，不以公家之财自私则可矣。要之治生自治生，廉洁自廉洁，二者不相妨也。随身用度，悉仰于官，而无节度，亦不能保贪奢者之不恣取也。于私产之世而求清廉，终无正本之策也。是故督责之术之不可以少弛也，于财计尤然。

---

① 《三国史话》，第 102、103—104 页。

两汉三国时史所传惟一大纲

汉人所述,辞义古者,实亦与先秦之书,不相上下。盖古人大都不自著书,有所称述,率本前人,故书虽成于汉世,说实本于先秦;又先秦人书,率至汉世,始著竹帛,其辞亦未必非汉人所为,或有所润饰也。①

两汉三国时史所传,惟一大纲,余皆事后傅会之辞,遽一一信为事实则慎矣。《蜀志》又谓曹公北征乌丸,先主说表袭许,表不能用其说,当时又谓孙策闻公与绍相持,乃谋袭许,未发为刺客所杀(《三国志·魏书·武帝纪》),则近于子虚乌有矣(参“孙策欲袭许”条)。《荀彧传》载彧论曹公较之袁绍有四胜,又曰不先取吕布,河北亦未易图也。《郭嘉传》注引《傅子》又谓嘉料绍有十败,公有十胜,其所谓十败十胜者,实与彧之辞无大异,特敷衍之,多其节目耳。又曰:“嘉曰绍方北击公孙瓒,可因其远征,东取吕布。不先取布,若绍为寇,布为之援,此深害也。”两人之言有若是其如出一口者乎? 其为事后傅会,而非其实,审矣。然此等综括大体之辞,较之专论一事者差为近理。要之当时之史尚系传述之辞,多所谓某人某人之语,未必可即作其人之辞观。然以此为其时人之见解,固无不可也。《史》《汉》之《留侯传》,《三国志》之《荀彧传》均可作如是观。②

攻心攻城,不中情实

诸葛亮之南征,《三国志》记其事甚略。……《马谡传注》引《襄阳记》曰:亮征南中,谡送之数十里。亮曰:“虽共谋之历年,今可更惠良规。”谡对曰:“南中恃其险远,不服久矣。虽今日破之,明日复反耳。……夫用兵之道,攻心为上,攻城为下;心战为上,兵战为下;愿

---

① 《先秦史》,第 15 页。
② 《袁曹成败》,《吕思勉遗文集》下册,第 608 页。

公服其心而已。"亮纳其策,赦孟获以服南方,故终亮之世,南方不敢复反。

攻心攻城,心战兵战,后世侈为美谈,其实不中情实。……《后主传》仅云:南征四郡,四郡皆平;《亮传》亦仅云:率众南征,其秋悉平;不详述其战绩者,亮军实无多战事也。七纵七擒事同儿戏,其说信否,殊难质言。即谓有之,亦必在平原,非山林深阻之区。且以亮训练节制之师,临南夷未经大敌之众,胜算殆可预操。孟获虽得众心,实非劲敌。累战不捷,强弱皎然,岂待七擒而后服?况攻心攻城,心战兵战,乃庙算预定之策,非临机应变之方,谋之历年,当正指此,安得待出军之日,然后问之?马谡亦安得迟至相送之日,然后言之乎?

《李恢传》云:军还,南夷复叛,杀害守将。恢身往扑讨,锄尽恶类,徙其豪帅于成都,赋出叟、濮耕牛战马、金银犀革,充继军资,于时费用不乏。此所谓军还者,当指亮南征之军。所谓费用不乏,亦即《亮传》所谓军资所出,国以富饶。其事相距不远,故承其秋悉平之下终言之。则是亮军还未几,南夷即叛也。又《后主传》:延熙三年春,使越巂太守张嶷平定越巂郡。《张嶷传》云:自丞相亮讨高定之后,叟夷数反,杀太守龚禄、焦璜。是后太守不敢之郡,只住安定县,去郡八百余里,其郡徒有名而已。时论欲复旧郡,除嶷为越巂太守。嶷在官三年,乃徒还故郡。定莋、台登、卑水三县,旧出盐铁及漆,夷徼久自固。嶷乃率所领夺取,署长吏。郡有旧道,经旄牛中至成都,既平且近。自旄牛绝道,已百余年,更由安上,既险且远。嶷乃与旄牛夷盟誓,开通旧道,复古亭驿。又《霍峻传》:子弋。永昌郡夷僚,恃险不宾,数为寇害。乃以弋领永昌太守,率偏军讨之。遂斩其豪帅,破坏邑落,郡界宁静。此事在弋为太子中庶子之后,太子璿之立,事在延熙元年,则弋之守永昌,当略与嶷之守越巂同时,然则不但终亮之世,南方不敢复反为虚言;抑亮与李恢、吕凯等,虽竭力经营,南夷仍未大定,直至马忠督庲降,张嶷守越巂,霍弋守永昌,然后竟其令功也。诸人者,固未尝不竭抚育之劳,亦未闻遂释攻战之事,此又以见攻心心战之策,未足专恃矣。

要之亮之素志,自在北方;其于南土,不过求其不为后患而止。军国攸资,已非凤望,粗安粗定,自系本怀。一出未能敉平,原不足为亮病,必欲崇以虚辞,转贻致讥失实矣。①

如其不才君可自取

蜀先主谓诸葛亮曰:"若嗣子可辅,辅之;如其不才,君可自取。"(《三国志·诸葛亮传》)世皆以为豁达大度推心置腹之言,实亦不然也。孙策临亡,以弟权托张昭。《吴志·张昭传》注引《吴历》曰:"策谓昭曰:若仲谋不任事者,君便自取之。正复不克捷,缓步西归,亦无所虑。"其言与备亦何以异?董昭建议:"宜修古建封五等。"太祖曰:"建设五等者,圣人也,又非人臣所制,吾何以堪之?"昭曰:"自古以来,人臣匡世,未有今日之功;有今日之功,未有久处人臣之势者也。"(《三国志》本传)此乃明白晓畅之言,势之所迫,虽圣人将奈之何哉?菁华已竭,褰裳去之,为是言易,欲行是事,不可得也。古来圣贤豪杰有盖世之才智,卒不能自免于败亡以此。②

随身衣食悉仰于官不别治生

诸葛亮自表后主曰:"成都有桑八百株,薄田十五顷,子弟衣食,自有余饶。至于臣在外任,无别调度,随身衣食,悉仰于官,不别治生,以长尺寸。若臣死之日,不使内有余帛,外有赢财,以负陛下。"及卒,如其所言。(见《三国志》本传)读史者以为美谈。其实当时能为此者,非亮一人也。夏侯惇"性清俭,有余财,辄以分施,不足资之于官,不治产业"。徐邈"赏赐皆散与将士,无入家者"。嘉平六年,诏与田豫并褒之。(以上均见《三国志》本传)邓芝"为大将军二十余年……身

---

① 《诸葛亮南征考》,《美商青年半月刊》1940年第2卷第3期。
② 《如其不才君可自取》,《论学集林》,第739—740页。

之衣食,资仰于官,不苟素俭,然终不治私产,妻子不免饥寒。死之日,家无余财"。吕岱"在交州,历年不饷家,妻子饥乏"。其所为皆与亮同。陈表"家财尽于养士,死之日,妻子露立"。朱桓"爱养吏士,赡护六亲,俸禄产业,皆与共分。及桓疾困,举营忧戚"。(见《三国志》本传)则尤有进焉者矣。君子行不贵苟难,不以公家之财自私则可矣;禄尽于外,而妻子饥寒则过矣。要之治生自治生,廉洁自廉洁,二者不相妨也。

袁涣"前后得赐甚多,皆散尽之,家无所储,终不问产业,乏则取之于人,不为皦察之行,然时人服其清"。(见《三国志》本传)有袁涣之行则可也。无之,则有借通财之名,行贪取之实者矣。随身用度,悉仰于官,而无节度,亦不能保贪奢者之不恣取也。为之权衡斗斛,则并权衡斗斛而窃之,于私产之世而求清廉,终无正本之策也。是故督责之术之不可以少弛也,于财计尤然。

治生之道,循分为难。何谓循分?曰:耕而食,织而衣,有益于己,无害于人者是已。然在交易既兴之后则难矣。无已,其廉贾乎?然身处阛阓之中,为操奇计赢之事,而犹能不失其清者,非有道者不能,凡人未足以语此也。士大夫之家,既不能手胼足胝,躬耕耘之业,又不能持筹握算,博蝇头之利;使为农商,必将倚势陵人,滞财役贫矣。陈化敕子弟废田业,绝治产,仰官廪禄,不与百姓争利(见《三国志·孙权传》黄武四年注引《吴书》),以此也。若其财果出于廪禄,虽治产亦何伤?所以必绝之者,正以士大夫而治生,易有妨于百姓故也。诸葛亮之不别治生,其以此欤?[①]

用法最忌于正式机关外别立机关

所谓特务,并不是近代才有的,在距今一千七百余年前,就早已有了。《三国·魏志·高柔传》说:"魏国初建,为尚书郎,转拜丞相理

---

① 《诸葛亮随身衣食悉仰于官不别治生》,《《美商青年月刊》1941 年第 3 卷第 7 期。

曹掾……迁为颍川太守，复还为法曹掾。时置校事卢洪、赵达等，使察群下。柔谏曰：设官分职，各有所司。今置校事，既非居上信下之旨；又达等数以憎爱，擅作威福，宜检治之。太祖曰：卿知达等，恐不如吾也。要能刺举而辨众事，使贤人君子为之，则不能也。昔叔孙通用群盗，良有以也。达等后奸利发，太祖杀之，以谢于柔。"然校事之制，并未因之而废。

到嘉平中，才因程昱孙晓之言而废，《昱传》云："时校事放横，晓上疏曰：……昔武皇帝大业草创，众官未备，而军旅勤苦，民心不安，乃有小罪，不可不察，故置校事，取其一切耳，然检御有方，不至纵恣也。……其后渐蒙见任，复为疾病，转相因仍，莫正其本。遂令上察官庙，下摄众司，官无局业，职无分限，随意任情，惟心所适。法造于笔端，不依科诏；狱成于门下，不顾覆讯。其选官属，以谨慎为粗疏，以讻訩为贤能。其治事，以刻暴为公严，以循理为怯弱。外则托天威以为声势；内则聚群奸以为腹心。大臣耻与分势，含忍而不言；小人畏其锋芒，郁结而无告。……今外有公卿、将校，总统诸署；内有侍中、尚书，综理万机；司隶校尉督察京辇；御史中丞董摄宫殿；皆高选贤才以充其职；申明科诏以督其违。若此诸贤犹不足任，校事小吏，益不可信。若此诸贤各思尽忠，校事区区，亦复无益。……纵令校事有益于国，以礼义言之，尚伤大臣之心，况奸回暴露，而复不罢？是衮阙不补，迷而不返也。于是遂罢校事官。"

用法之所最忌者，为于正式机关之外，别立机关；且出入任情，不本成法；程晓之言，可谓极其痛切了。魏武帝是很有明察之才的，《魏志·方技传》注引东阿王《辨道论》，说："世有方士，吾王悉所招致，甘陵有甘始，庐江有左慈，阳城有郤俭……始等知上遇之有恒，奉不过于员吏，赏不加于无功，海岛难得而游，六黻难得而佩，终不敢进虚诞之言，出非常之语。"魏武帝的严明，确乎不甚容易；程晓说他检御有方，当非虚语，然仍不能不为赵达等所欺；像孙权的粗疏，就更不必说了。

程晓说任校事有伤大臣之心,而吕壹之诛,孙权使告谢诸将,则魏、吴之任校事,意实在于检察将吏的贪纵。从来丧乱之际,官方每多不饬,武臣纵恣尤甚,加以检察实为必要。然目的虽正,而手段不适,其招祸尚如此,若如近代法西斯主义者之所为,专为维持一己的威权地位起见,不恤用残酷之吏,肆暴虐于民,则是武曌之任周兴、来俊臣,明成祖之立东厂,其作风又在魏武帝、吴大帝之下了。……须知社会国家,关系重大,手段一误,流毒无穷,正未可以有为公之心,而冀人宽恕。……又况谁能代表国利民福,根本不易判定呢?[①]

　　历代用法的严峻,无有过于魏晋之间的。不但动辄族诛,就是嫁出的女儿,也不能免。他的所以如此,无非用恐怖政策,慑服异己,使其不敢有所举动罢了。……当大局动荡之时,一切事情都不上轨道,握有实权的人,很容易用严刑峻法,取快一时,这也是古今之通弊。魏晋间的严刑峻法,还不自司马氏始,当时曹操·孙权手下,都有所谓校事,就是今世所谓特务。……曹操、孙权的出此,或者还不全是私心,而是有整顿政治的思想,因为他们的校事,并不是用来对付人民,倒是用来对付官吏的。这看后来孙权的觉悟,曰于其信臣朱据的被诬,而魏文帝(曹操的儿子曹丕)时,程昱的孙儿程晓疏论此事,称其"上察宫庙,下摄众司"可知。然而还是不胜其弊。可见用法而出于正式的法律和司法机关以外,总是弊余于利的。若其用途而非以对付官吏,则更不必论了。[②]

巧制奇器与工业进化无关

　　古今巧士,莫过马钧。然裴秀难之,曹羲复与之同,何哉? 傅玄之说羲曰:马氏所作,因变而得。是则初所言者,不皆是矣。其不皆是,因不用之,是不世之巧,无由出也。曰"因变而得",曰"初所言者

①　《千五百年前的特务》,《中国建设》1946 年第 2 卷第 1 期。
②　《三国史话之余——司马氏之兴亡》,《现实:新闻周报》1947 年第 2 期。

不皆是"：则钧之所就，亦皆屡试而后成；而试之无成者，亦在所不免。度秀、羲等必以是而忽之也。此固为浅见。然自来长于巧者，多短于言。巧者之所成就，多非其所自传，而长于言者传之，其人不长于巧也。不知其事之曲折，不著其屡试屡易之艰苦；而但眩其成就之神奇，遂若凡有巧制，皆冥思而得，一蹴而成矣。此古来备物致用立成器以为天下利者，其事之真，所以多无传于后也。

前人巧制，每多不传于后，浅者每咎后人之不克负荷，此亦不然。凡物之能绵延不绝者，必其能有用于时者也。三国之世，诸葛亮作连弩，而马钧欲五倍之；钧又欲发石车；亮又作木牛流马；时蜀又有李譔，能致思于弓弩机械；而吴亦有张奋能造攻城大攻车（奋，昭弟子，见《昭传》）。盖时攻战方亟，故军械及运粮之具，相继而兴也。天下一统矣，攻战无所复事；而运粮以当时之情形，亦无须乎木牛流马，则其器安得而传哉？不观今世所谓机械者之于穷乡僻壤乎？人力既贱，资本家斥资以购机械，其赢曾不如用人力之为多也，则机械见屏矣。昔时巧制之不传，不与此同理乎？故机械之发明改革，实与群治相关。徒谓机械足以改革社会，亦言之不尽也。[①]

世人每举历史上几个特别智巧的人，几件特别奇异之器，指为工业的进化，其实是不相干的。……然如后汉的张衡、曹魏的马钧、南齐的祖冲之、元朝的郭守敬，则其事迹决不是瞎说的。他们所发明的东西安在呢？崇古的人说："失传了。这只是后人的不克负荷，并非中国人的智巧，不及他国人。"喜新的人不服，用滑稽的语调说道："我将来学问够了，要做一部中国学术失传史。"（见从前北京大学所出的《新潮杂志》）其实都不是这一回事。一种工艺的发达，是有其社会条件的。指南针，世界公认是中国人发明的。古代曾用以驾车，现在为什么没有？还有那且走且测量路线长短的记里鼓车，又到什么地方去了？诸葛亮改良连弩，马钧说：我还可以再改良，后来却不曾实

---

① 《马钧》，《吕思勉遗文集》下册，第 600—601 页。

行,连诸葛亮发明的木牛流马,不久也失传了。假使不在征战之世,诸葛亮的心思,也未必用之于连弩。假使当时,魏、蜀的争战,再剧烈些,别方面的势力,再均平些,竟要靠连弩以决胜负,魏国也未必有马钧而不用。假使魏晋以后,在商业上,有运巴蜀之粟,以给关中的必要,木牛流马,自然会大量制造,成为社会上的交通用具的。不然,谁会来保存他? 同理:一时代著名的器物,如明朝宣德、成化,清朝康熙、雍正、乾隆年间的瓷器,为什么现在没有了。这都是工业发达的社会条件。还有技术方面,也不是能单独发达的。一器之成,必有互相连带的事物。……所以,社会条件不备具;技术的发展,而不依着一定的顺序;发明是不会凭空出现的。即使出现了,也只等于昙花一现。以为只要消费自由,重赏之下,必有勇夫,工艺自然会不断的进步,只是一个浅见。①

———————

① 《吕著中国通史》上册,第 211—212 页。

第七章　晋南北朝时代：内重与外重

一　中西历史走入相异之路

　　晋南北朝之世，向来被看作黑暗时代的，其实亦不尽然。这时代，只政治上稍形黑暗，社会的文化，还是依然如故。而且因时局的动荡，而文化乃得为更大的发展。其中关系最大的，便是黄河流域文明程度最高地方的民族，分向各方面迁移。其成就有四：一曰士庶等级之平夷，二曰地方畛域之破除，三曰山间异族之同化，四曰长江流域之开辟。（晋）元帝深沉有余，雄略不足。其志仅在保全江表，而不问北方，王导之志亦如此。晋之所以能立国江东者以此，其终不能恢复北方者亦以此。自来立国南方的，无不以荆、襄为命脉。故晋室东渡后，荆、襄方面不得不屯驻重兵，以御北方。晋之立国靠此，而中央政府常受荆州方面的压迫，也是为此。言晋初之事，多以其行封建为致乱之原，其实非也。其所召乱者，实任宗室诸王大重，八王之乱，由于方任之重而不由封建矣。

中西历史走入相异之路

　　两晋南北朝之世，为中国与西洋历史走入相异之路之最要关键。西洋自蛮族侵入以后，遂非复罗马人之世界。中国则经异族之侵入，依然为中国人之世界也。此其故：（一）由中国有广大之长江流域，以资退守；而罗马无之。（二）由中国人之数远较五胡为多，与罗马人及蛮族之比例不同。（三）由此等异族渐染汉族之文化已久，亦非西

168

洋浅演之蛮族所及。慕容氏、苻坚、北魏孝文帝等不必论,即刘曜、石虎等亦不过一淫暴之主,其立法施政,仍接受中国之文化。(四)由罗马此时,官吏、军人、土豪、教士、蛮酋等,处处造成政治之中心,层累相及,持久不敝,遂成封建之局。中国虽亦有此等端倪,然地势平坦,风俗相同。中央之政权较强大,割据之局未能形成。①

晋南北朝非黑暗时代

　　两晋、南北朝之世,是向来被看作黑暗时代的,其实亦不尽然。这时代,只政治上稍形黑暗,社会的文化,还是依然如故。而且正因时局的动荡,而文化乃得为更大的发展。其中关系最大的,便是黄河流域文明程度最高的地方的民族,分向各方面迁移。《汉书·地理志》叙述楚地的生活情形,还说江南之俗,火耕水耨,果蓏蜯蛤,饮食还足,是故呰窳偷生,而无积聚,而《宋书·孔季恭传》叙述荆、扬二州的富力,却是"膏腴上地,亩直一金,鄠、杜之间不能比"(鄠,今陕西鄠县,杜,在今陕西长安县南,汉时农业盛地价高之处);又说,"鱼、盐、杞、梓之利,充牣八方,丝棉、布帛之饶,覆衣天下",成为全国富力的中心了。三国之世,南方的风气,还是很剽悍的。而自东晋以来,此种风气,亦潜移默化。谈玄学佛,成为全国文化的重心。这是最彰明较著的。其他东北至辽东,西南至交阯,莫不有中原民族的足迹,其有裨于增进当地的文化,亦决非浅鲜,不过不如长江流域的显著罢了。还有一层。陶潜的《桃花源诗》,大家当他是预言,其实这怕是实事。自东汉之末,至于南北朝之世,北方有所谓山胡,南方有所谓山越。听了胡、越之名,似乎是异族蛰居山地的,其实不然。试看他们一旦出山,便可和齐民杂居,服兵役,输赋税,绝无隔阂,便可知其实非异族,而系汉族避乱入山的。此等避乱入山的异族,为数既众,历时又久,山地的为所开辟,异族的为所同化的,不知凡几,真是拓殖史

---

① 《本国史复习大略》,《吕思勉遗文集》上册,第647页。

上的无名英雄了。以五胡论：固然有荒淫暴虐，如石虎，齐文宣、武成之流的，实亦以能服从汉族文化的居其多数。石勒在兵戈之际，已颇能引用士人，改良政治。苻坚更不必说。慕容氏兴于边徼，亦是能慕效中国的文明的。至北魏孝文帝，则已举其族而自化于汉族。北周用卢辩、苏绰，创立法制，且有为隋、唐所沿袭的。这时候的异族，除血统之外，几乎已经说不出其和汉族的异点了。一到隋唐时代，而所谓五胡，便已泯然无迹，良非偶然。①

晋南北朝四大成就

此时代中……其大成就有四焉，而皆与民族之动荡移徙有关，故民族之移徙，实此时代中最大之事也。四者惟何？一曰士庶等级之平夷。二曰地方畛域之破除。三曰山间异族之同化。四曰长江流域之开辟。②

此时代重要之现象为（A）南方之文化及产业渐次发达，尤其荆、扬二州，即今湖南、北两省间缘江之湖沼地带及浙西大湖流域为全国经济重心，完全肩负起抵御北族及保存南方文化之重任。（B）南方风气渐趋文弱，北方则渐觉犷悍。（C）由南方仅能保存文化而未能用武力将北方克服，故政治重心未能转移至南方。（D）自后汉之末，中原人成群迁徙，遂将积古以来各地方豪族之根基拔去。（E）在此大迁移之中，贫民多入山与异族杂居，是为北方之山胡，南方之山越，山越借以开拓，异族借以同化者不少。③

东晋建国之由

东晋建国之由。三言蔽之，曰：能调和南方之士，收用北来士大

---

① 《吕著中国通史》下册，第444—445页。
② 《两晋南北朝史》上册，第5页。
③ 《本国史复习大略》，《吕思勉遗文集》上册，第647—648页。

夫,不竭民力而已。史言"惠皇之际,王室多故,帝每恭俭退让,以免于祸。沉敏有度量,不显灼然之迹,故时人未之识焉"。深沉有余,雄略不足,是则元帝之为人也。帝之本志,盖仅在保全江表,而不问北方,即王导之志亦如此,故能志同道合。东晋之所以能立国江东者以此,其终不能恢复北方者亦以此。以建国之规模一定,后来者非有大才,往往不易更变也。①

东晋南朝以荆襄为命脉

(南方)究竟离五胡的势力稍远,长江一带还能自保,就成了东晋和宋、齐、梁、陈五朝汉族逃难的地方。却是南方的形势,从长江下流,要想渡江而南,是很难的。(长江下流的津要,是采石和京口两处,以当时军事上的形势论,北军很难飞渡,所以有"长江天堑"的话。)而荆、襄一方面,受北方的压迫较重;荆、襄设或不保,从上游顺流而下,下游也是不能自保的。所以自来立国南方的,没有不以荆、襄为命脉。三国吴要力争荆州,也是这个道理。因此之故,晋室东渡以后,荆、襄方面不得不屯驻重兵,以御北方。(当时荆州的形势,在事实上总较扬州为强。)晋室东渡以后,所以能立国,固然靠此;而中央政府常受荆州方面的压迫,也是为此。②

晋初之乱出自诸王出镇

言晋初之事者,多以其行封建为致乱之原,其实非也。晋初封建之制,行之未能招乱;而其制亦未尝行。(吕注,封建:晋封建之制未定,所定者亦未行。时人重救强臣擅国、匹夫崛起之祸。然力不强,不足相辅,故段灼欲替公侯而大王,晋初封建不定,诸王出镇由此。)其所召乱者,实由其任宗室诸王大重,承州郡积宣之后,而使之出专

---

① 《两晋南北朝史》上册,第 110 页。
② 《自修适用白话本国史(二)》第二篇《中古史中》,第 56—57 页。

方任耳。其任诸王大重,论者多谓其出于欲保国祚之私,此亦仅得其一端。当时论者,自有一派,谓郡县易招祸乱,封建可以维持于不敝也。

晋初陈封建之利者,当以陆机、刘颂、段灼之言为最切。观其言,可知当时所行,实未副论者之意也。……盖其时之人,鉴于秦、汉以降,匹夫崛起,强臣擅国,祸辄被于天下,以为惟树国足以救之,而不悟其力不强则不足以相辅,力苟强,则秦始皇所谓自树兵。自汉世,既有叛国而无叛郡矣。(柳宗元《封建论》语。其时中央之力强,一郡之地,其势不足以叛也。)晋初建国,不过一郡,苟有倾危,岂足相辅?树危国而乘其上,虽多,何安之有?此陆机、刘颂之蔽也。段灼盖知之矣,故欲废公、侯以下,而大诸王之封。晋初封建之制,迟迟不定;定亦不行;而诸王之出镇者相踵,盖亦有见于此。故陆机、刘颂之论,晋未之行,若段灼之言,则晋虽未行其文,既行其实矣,而八王之乱,则正由此,此又灼之蔽也。世事只有日新,而人之见解,恒限于旧,所以救方来之祸者,斟酌损益仍不越于前世之规,亦可哀矣。然此自就诸人之所言者而扬榷之,至于西晋之丧乱,则初不系于此也。[1]

二 晋南朝何以不能恢复北土

晋初散布塞内外的异族太多,郭钦等创"徙戎之论",而晋武帝因循不能用。然把戎狄置诸塞外,自以为安,实是最危险的事。五胡杂处,特晋初隐患之一端,而非谓其时所忧,遂止于此。东海(王)兵起,成都(王)因欲得五部之援而纵之,故知内乱之与五胡,其为当时隐患,正亦未易轩轻也。肥水战后,诸胡纷纷,其力无一足以占据北方者,实为晋人恢复之好机会。然自晋之东渡,置北方于度外久矣。终南北朝之世,北方非无可乘之机,而南方迄不能大捷,恢复境土者,主因实在兵力之

---

[1] 《两晋南北朝史》上册,第29、31、33—34页。

不足。当时兵力,南长于水,北长于陆,水军之力,虽犹足防御,或亦可乘机为局部的进取,然欲恢复中原,则非有优良的陆军,作一两次决定胜负的大战不可。后汉以来,用异族为兵,兵权到持在异族手里,遂为五胡扰乱的直接原因。而门阀制度形成,大权妁终为自北南迁的贵族所把持,使宋武帝一类的人物,直到晋末才得出现于政治舞台之上,这也是一笔很大的损失。

评"徙戎论"

五胡大部分是居于塞内的,间或有在塞外的,亦和边塞很为接近。其人亦多散处民间,从事耕织,然犷悍之气未消,而其部族首领,又有野心勃勃,想乘时恢复故业的。一旦啸聚起来,"掩不备之人,收散野之积"(江统《徙戎论》语),其情势,自又非从塞外侵入之比。所以郭钦、江统等要想乘天下初定,用兵力将他们迁回故地。这虽不是民族问题根本解决之方,亦不失为政治上一时措置之策,而晋武帝因循不能用。[①]

(晋初)散布塞内外的异族太多,没有好法子统驭他。……当时郭钦、江统等一班人,都创"徙戎之论",要把他徙之塞外。(参看《晋书》本传)然而把戎狄置诸塞外,自以为安,其实是最危险的事。为什么呢?因为这是中国管辖所不及,为强为弱,都不能去问他的信。这种部落里,要是出了一个英雄,"并兼","胁服",便成了一个强大的部族,要为边患了。

历代北族的起源,都是如此。(参看后文辽金元清初起的事迹,自明。)所以"徙戎之论",不过是条姑息之策。但是这些民族,杂居在内地,是要有法子抚绥他,驾驭他,慢慢和他同化。让一步说,也要政治清明,兵力强盛,叫他不至于生心。晋初既毫无抚绥制驭的政策;

---

① 《吕著中国通史》下册,第428—429页。

又有"八王之乱"授之以隙（汉族自然同化的力量虽大，一时间也不及奏效），就酿成五胡之乱了。[1]

晋时外患内乱相杂

读史者多以武帝不能徙戎，及去州郡兵备，为晋室致乱之原，其实亦不尽然。五胡杂处，特晋初隐患之一端，而非谓其时所忧，遂止于此。至于除去兵备，则正为弭乱之方。自初平以至大康，为时将近百载，人习于分崩离析者既久，资之以兵，适使其恣睢自擅耳。当吴、蜀荡平之时，为长治久安之计，所忧者自不在草野之窃发，而在牧守之专擅也。晋初急务，在得良吏以抚安海内，使久罹兵革之苦者，欣然有乐生之心；而又有信臣精卒，据要害之处，示天下以形势，以潜消其反侧之念；不在凡州郡皆有兵也。凡州郡皆有兵，必不能皆精，亦不能皆得信臣以将之，难免弭乱则不足，召乱则有余矣。诚能如是，历数十年，则海宇晏安，而五胡之乱，亦可徐图消弭。不然，纵使徙戎之计获行，能否安然卒事，不至中途生变，尚未可知；即谓能之，而内乱既兴，群思借外力以自助，既徙者安保不引之复来？自汉以降，中国所畏忌者，莫如匈奴。晋初虽遭丧乱，而刘渊见羁，卒未肯释，即其明证。然逮东海兵起，成都即卒因欲得五部之援而纵之矣。故知内乱之与五胡，其为当时隐患，正亦未易轩轾也。（北方惟刘渊崛起，颇有匈奴人思自立之意，然其所用者仍多中国人；石勒则一中国之盗贼耳；王弥等更不待论矣；故五胡之乱，虽似外患，实亦与内乱相杂也。）[2]

欧人之性质，有与吾异者。吾国当内乱之时，恒不暇措意于外侮，以致每为异族所乘。欧人则内乱愈烈之时，民气亦愈奋，愈可利

① 《自修适用白话本国史（二）》第二篇《中古史中》，第 16、17—18 页。
② 《两晋南北朝史》上册，第 96 页。

用之以御外侮。法国革命之际，一战而逐普、奥，其明证也。[①]

内乱的两种影响

内乱是招引外族侵入中国的，又是驱逐本国人流移到外国去的。这种事情，在历史上已经不知有过若干次。大抵（一）外国的文明程度低而人数少，而我们移殖的人数相当多时，可以把他们完全同化。（二）在人数上我们比较很少，而文明程度相去悬绝时，移殖的人民，就可在他们的部落中做蛮夷大长。（三）若他们亦有相当的程度，智识技术上，虽然要请教于我，政治和社会的组织，却决不容以客族侵入而握有权柄的，则我们移殖的人民，只能供他们之用，甚至造成了他们的强盛，而我们传授给他的智识技术，适成为其反噬之用。时间是进步的良友。一样的正史四裔传中的部族，名称未变，或者名称虽异而统系可寻，在后一代，总要比前一代进步些。所以在前代，中国人的移殖属于前两型的居多，到近世，就多属于后一种了，这是不可以不懔然的。[②]

晋南朝何以不能恢复北土

肥水战后，诸胡纷纷，其力，无一足以占据北方者，实为晋人恢复之好机会。然晋于是时，初不能出师经略。若不得已而出师，则谢玄、刘牢之、朱序等兵力皆嫌不足；谢安更无论矣。盖晋之君臣，本无远略；肥水之战，在秦虽有取败之道，在晋亦为幸胜；故其情势如此也。然则后燕、后秦之克分据北方，非其力足自立，乃晋实纵之耳。

自景平之初，至于元嘉之末，宋、魏战争，历三十年，宋多败衄，北强南弱之形势，由此遂成，此实关系南北朝百六十年之大局，非徒一时之得失也。综其失策，凡有数端：夫以大势言之，则拓跋氏实当五胡之末运。然占地既广，为力自雄；又代北距中原远，欲一举而覆其

---

① 《日俄战争》，商务印书馆 1928 年版，第 140 页。
② 《吕著中国通史》下册，第 467—468 页。

巢穴,殊非易事;故宋欲锄魏,实未可以轻心掉之。夫欲攻代北者,非徒自江、淮出兵,远不相及也,即河南犹虞其声势之不接,故欲攻代北,非以河北及关中为根据不可。当元嘉五年之时,谢灵运尝上书劝伐河北。其言有曰:"北境自染逆虏,穷苦备罹。征调赋敛,靡有止已。所求不获,辄致诛殄。身祸家破,阖门比屋。""或惩关西之败,而谓河北难守,二境形势,表里不同。关西杂居,种类不一,河北悉是旧户,差无杂人。"灵运固非经略之才,斯言则不能谓为无理。盖吴举义,元景西征,胡、蜀、氐、羌,莫不响应,关中如此,岂况河北?故谓河北、关中不可复者非也。然河北、关中虽可取,亦必我有以取之。欲取河北,必先固河南,欲固河南,必先实淮土;而欲取关中,则必经营宛、洛与蜀、汉。自晋之东渡,置北方于度外久矣。

终南北朝之世,北方非无可乘之机,而南方迄不能大捷,恢复境土者,无骑兵与之决胜于中原,实为一大原因。[1]

东晋和宋、齐、梁、陈四朝,始终未能恢复北方,论者或谓金陵的形势,欲图进取,尚嫌不足。后来宋高宗建都临安,或又嫌其过于退婴,谓其形势尚不如金陵,此等议论,皆太偏重地理。其实南朝之不能恢复,主因实在兵力之不足,当时兵力,南长于水,北长于陆,水军之力,虽犹足防御,或亦可乘机为局部的进取,然欲恢复中原,则非有优良的陆军,作一两次决定胜负的大战不可。[2]

异族为兵之后果

自秦汉统一之后,国内的兵争既息,用不到人人当兵。若说外征,则因路途弯远,费时失业,人民在经济上的损失太大,于是多用谪发及谪戍。至后汉光武时,省郡国都尉,而民兵之制遂废。国家的强弱,固不尽系乎兵,然而多数人民,都受过相当的军事的训练,到缓急

---

[1] 《两晋南北朝史》上册,第 242—243、390—391、393 页。
[2] 《南京为什么成为六朝朱明的旧都》,1946 年 5 月 5 日《正言报》。

之际，所表见出来的抵抗力，是不可轻侮的。后汉以来，此条件业经丧失，反因贪一时便利之故，多用降伏的异族为兵，兵权倒持在异族手里，遂成为五胡扰乱的直接原因。①

晋南迁贵族蟠据政治之害

魏晋以降，门阀制度渐次形成，影响及于选举，高位多为贵族所蟠据，起自中下阶层中较有活气的人，参与政治的机会较少，政治自然不免腐败。……三国时代，南方士大夫的风气，还是颇为剽悍的。自东晋之初，追溯后汉之末，不过百余年，周瑜、鲁肃、吕蒙、陆逊等人物，未必无有。晋初的周处，即系南人，还很有武烈之风。倘使元帝东渡以后，晋朝能多引用这一班人，则除为国家戡乱以外，更加以民族的敌忾心，必有功效可见。然而大权始终为自北南迁的贵族所把持，使宋武帝一类的人物，直到晋末，才得出现于政治舞台之上，这也是一笔很大的损失。②

南北兵争至宋末而形势一变

南北之兵争，至宋末而形势一变。宋初，中国尚全有河南，魏大武之南伐，中国虽创巨痛深，然虏亦仅事剽掠，得地而不能守也。及明帝篡立，四境叛乱，淮北沦陷，魏人始有占据河南之心，至孝文南迁，而虏立国之性质亦一变；于是所争者西在宛、邓，中在义阳，东在淮上矣。③

三　陈武帝是君王中的真英雄

旧时的英雄，大抵未尝学问，个人权势意气之争，重于为国为民之

---

①　《吕著中国通史》下册，第427—428页。
②　《吕著中国通史》下册，第426页。
③　《两晋南北朝史》上册，第522页。

念，以致同时并起，资望相等的人物，往往不能兼容，而要互相翦灭，这实在使人才受到一个很大的损失。陈武帝与宋武帝，并有外攘之功，论其功绩，则陈武实在宋武之上。且宋武自私之意多，陈武则公忠体国。宋武乃一介武夫，陈武则能幸庄严寺讲经，可见其于学问非无所知；而又非如梁武帝之仅长于学问，而不宜于政事。宋武于并时侪辈，无不诛夷，陈武则多能收用降将，其度量之宽广，盖又有大过人者。前者只会诛锄异己，以求得苟安；后者是能安内，亦能攘外的。所以，度量是评量英雄的试金石。后魏孝文帝，仰慕中国的文化，一意要改革旧俗，也是一个杰出人物。晋惠帝"何不食肉糜"，或疑其不实，实亦不然。人君所处之境，与恒人绝殊，故其人之见解亦不可以恒理测度。

释"何不食肉糜"

《晋书·惠帝纪》："及天下荒乱，百姓饿死，帝曰：'何不食肉糜？'其蒙蔽皆此类也。"此语或疑其不实，然惠帝之蒙蔽则必不诬矣。《金史·世宗纪》："辽主闻民间乏食，谓何不食干腊？"（大定二十六年，第八卷，第六页上）此语与晋惠帝之"何不食肉糜"可谓无独有偶。金人之于天祚未必造此语以诬之，则惠帝此语亦未必无也。人君所处之境，与恒人绝殊，故其人之见解亦不可以恒理测度，有衡以寻常……而见为不近情者以论君主，则反为近于情实也。[①]

评孝文帝

孝文帝是后魏一个杰出人物。他仰慕中国的文化，一意要改革旧俗。但在平城，终觉得环境不甚适宜。乃于四九三年，迁都洛阳，断北语，改姓氏，禁胡服，奖励鲜卑人和汉人通婚，自此以后，鲜卑人就渐和汉人同化了。然其根本上的毛病，即"以征服民族自居，视榨

---

① 《何不食肉糜》，《吕思勉全集》第26册，第149—150页。

取被征服民族以供享用为当然之事,因而日入于骄奢淫佚",是不能因文明程度的增进而改变的,而且因为环境的不同,其流于骄奢淫佚更易。论者因见历来的游牧民族,同化于汉族之后,即要流于骄奢淫佚,以至失其战斗之力,以为这是中国的文明害了他,摹仿了中国的文明,同时亦传染了中国的文明病。其实他们骄奢淫佚的物质条件,是中国人供给他的,骄奢淫佚的意志,却是他们所自有;而这种意志,又是与其侵略事业,同时并存的,因为他们的侵略,就是他们的生产事业。如此,所以像金世宗等,要禁止他的本族人华化,根本是不可能的。因为不华化,就是要一切生活都照旧,那等于只生产而不消费,经济学上最后的目的安在呢? 所以以骄奢淫佚而灭亡,殆为野蛮的侵略民族必然的命运。[①]

论刘裕

至四一七年,(刘裕)复大举以灭后秦。此时后魏正值中衰;凉州一隅,自前秦亡后,复四分五裂,然其中并无强大之国;夏虽有剽悍之气,究系偏隅小国;倘使刘裕能在关中驻扎几年,扩清扫荡之效,是可以预期的,则当南北朝分立之初,海内即可有统一之望,以后一百七十年的分裂之祸,可以免除了。旧时的英雄,大抵未尝学问,个人权势意气之争,重于为国为民之念,以致同时并起,资望相等的人物,往往不能兼容,而要互相翦灭,这个实在使人才受到一个很大的损失。刘裕亦是如此,到灭秦时,同起义兵诸人,都已被翦除尽了。手下虽有几个勇将,资格都是相等的,谁亦不能统率谁。而刘裕后方的机要事务,全是交给一个心腹刘穆之的,这时候,刘穆之忽然死了,刘裕放心不下,只得弃关中而归,留一个小儿子义真,以镇守长安。诸将心力不齐,长安遂为夏所陷。刘裕登城北望,流涕而已。内部的矛盾,

---

① 《吕著中国通史》下册,第 441—442 页。

影响到对外，真可谓深刻极了。①

陈武帝与宋武帝

陈武帝与宋武帝（刘裕），并有外攘之功，陈武之所成就，似不如宋武之大，然此乃时势为之，论其功绩，则陈武实在宋武之上。且宋武自私之意多，陈武则公忠体国。宋武乃一介武夫，陈武则能幸庄严寺讲经，可见其于学问非无所知；而又非如梁武帝之仅长于学问，而不宜于政事。宋武于并时侪辈，无不诛夷，陈武则多能收用降将，其度量之宽广，盖又有大过人者。陈武诚文武兼资，不世出之伟人哉！②

普通言语中所谓度量，非以指物而指人，且非指人的身体，而系指人的心境。一个人，和其胸襟宽大，能够容纳异己，不和人分派角立，而总把人家看作自己人，这个人，在我们语言中，就称之为度量大。反之则称为度量小。……章太炎先生曾经有过一句感慨的话。他说："中国的人才，愈到后世愈衰落了。所以当异族凭陵之际，出而主持国事的，只会做赵匡胤、做秦桧，却不会做魏武帝、做宋武帝。"后者是能安内，亦能攘外的，前者却只会诛锄异己，以求得苟安了。这话可谓很有道理。这种成就的大小，就是决之于其度量的大小的。

魏武帝的度量，是相当大的。历史上说他因图篡汉而逼死荀彧等，全是不正确的话。我在《三国史话》中，业经替他辩白过了。若宋武帝，则实在并不是什么度量大的人。他于事业，虽亦有相当的成就，只是时会为之。倘使他的度量再大一些，则其所成就，必尚不止于此。……淝水之战后，前秦瓦解……北方累经丧乱之后，元气大伤，国势都已衰微不振了。……这时候，南方如能振作，恢复北方，实在并不甚难。……其所以不能恢复，非因时势艰难，实由内部矛盾深刻之故。……宋武帝是南方一个新兴的优胜的派系的首领，而兴起

---

① 《吕著中国通史》下册，第 437 页。
② 《两晋南北朝史》上册，第 673 页。

于北方诸国衰微不振之时的。倘使他度量大，能用人，合群策群力以向北方，恢复中原，决非难事。惜乎宋武帝度量太小，和他并肩而起的人，一个个都被他谋害或排挤掉；所信任的，只是自己手下名位较低的战将。虽亦有相当的能力，资格声望，都不免差一些，不足以独当一面。所以恢复之业，卒不能成。

南北朝之世，却有一个度量很大的人。其事业，虽因所遭遇的时势，十分艰难，从表面上看来，所成就的，还不如宋武帝之大，然此乃时势为之；论其人格及能力，实在远出宋武帝之上。若非此人，汉族的全为异族所压服，真不待胡元之世了。这个人是谁？那就是陈武帝。……陈武帝亦起自偏隅，他的兵力，亦很有限，何以能建立不世之勋呢？那就是由于他抗敌意志的坚强，和其待人的豁达大度。……把广州先安定下来，俘获了杜僧明、周文育，不但不加迫害，而且都引用他们，做不重要的兵官。他的事业的基础，就建立在这个眼光远大、豁达大度上了。……他所以能成此大功，与其说是他战略、战术的卓绝，还不如说是由于他有过人的度量。因此之故，在他手下，就决无所谓派系。只有本来和他敌对，而后来归附他的人，决没有本合他在一起，而分裂出去的人。……周文育、韦载，不过是他所用敌将的两个，他手下这种人多着呢！赵瓯北先生的《廿二史札记》，曾经把他们的名氏一一列举出来。读者如不厌其详，尽可以按其所举，把《陈书》的列传翻阅。然而现在，我们已可得到评量英雄的试金石。"一个人能够成功与否？就要看他的度量如何。"

"南国是吾家旧物"，不要看轻了前代的偏安，当时并无外援可得，南方较之北方，在种种方面，都居于劣势的地位，而能靠自力站定，也是不容易的。最早据南方自立的吴大帝，度量便不在小，谓予不信，有诗为证：

野旷吕蒙营，江深刘备城。
寒天催日短，风浪与云平。

洒落君臣契，飞腾战伐名。

维舟倚前浦，长啸一含情。

这是我国第一大诗人杜子美，生当唐玄宗的时候，遭逢了安史之乱，流离到川楚地方，看见了吕蒙破荆州，陆逊败刘备的遗迹，而感慨起来的。确实，在吴大帝当日，能推心置腹，信任周瑜、鲁肃、吕蒙、陆逊一班人，也是不容易的，他固然不是什么理想人物，然而较之唐玄宗，确是值得纪念得多了。他亦能使南方粗安，唐玄宗却怎样呢？这更有诗为证：

天宝季年时欲变，臣妾人人学圆转。

中有太真外禄山，二人最道能胡旋。

禄山胡旋迷君眼，兵过黄河疑未反。

太真胡旋惑君心，死弃马嵬念更深。

从兹地轴天维转，五十年来制不禁！

这是唐朝最以通俗著名的诗人白乐天，看见一种西域来的舞技，唤作"胡旋舞"的而感赋的。的确，外有骄将，内有嬖妇人，他们是穷奢极欲，盛极一时了，老百姓却因此铸定了苦命五十年，而还没有什么转机，天下可交给这等人吗？[①]

论梁武帝

孟子曰："国家闲暇，及是时，明其政刑，虽大国，必畏之矣；及是时，般乐怠敖，是自求祸也。"斯言也，观于梁世而益信。南北朝时，南北兵争，论者皆谓北强南弱，其实不然。当时兵事，南方惟宋元嘉二

---

① 《论度量（一、二）——论宋武帝与陈武帝》，《现实：新闻周报》1947 年第 3、4 期，《论度量（五）——论宋武帝与陈武帝》，《现实：新闻双周报》1947 年第 9 期。

十七年一役,受创最巨,然魏亦无所得。此后宋明帝之失淮北,齐东昏之失寿春,皆内乱为之,非魏力征经营也。梁武得国,魏政日衰,继以内乱。自此至东西分裂,凡三十三年;至高欢死,侯景叛魏,则四十六年。此数十年,实为南方极好之机会。生聚教训,整军经武;恢复国土,攘除奸凶;在此时矣。乃不徒不能发愤为雄,并政刑亦甚废弛,致有可乘之机会而不能乘,而反以招祸,此则可为痛哭流涕者也。

梁武帝之为人也,性甚恭俭,亦能勤政恤民。然实非政事之才,故绝不能整饬纲纪。……帝之诒讥后世者,为信佛法。其实信佛法而无害于政事,初未足以召乱,帝之所以召乱者,亦以其纲纪之废弛耳。郭祖深言:"都下佛寺,五百余所,穷极侈丽。僧尼十余万,资产丰沃。所在郡县,不可胜言。道人又有白徒,尼则皆畜养女,皆不贯人籍。天下户口,几亡其半。而僧尼多非法。养女皆服罗纨。蠹俗伤法,抑由于此。请精加检括。若无道行,四十已下,皆使还俗附农。罢白徒养女,听畜奴婢。婢惟着青布衣。僧尼皆令蔬食。如此,则法兴俗盛,国富人殷。不然,恐方来处处成寺,家家剃落,尺土一人,非复国有。"僧尼之害治如此,崇信之者,复何以为国哉?帝之学问,在历代帝王中,自当首屈一指。当其在位时,修饰国学,增广生员;立五经馆,置五经博士;又撰吉、凶、军、宾、嘉五礼一千余卷。史称"自江左以来,年逾二百,文物之盛,独美于兹"(《南史》本纪赞),良亦有由,然粉饰升平之为,终非所以语于郅治之实也。①

朝代革易之外入者与内出者

历代之革命,有自外而入者,有即行之于内者。行之于内者,又可分为二:(一)本系内之权臣,如王莽是。(二)则在外之强臣或军人,入据中央政府,如曹操、刘裕是。大抵内重之世,革易多在中朝。外重或内外俱轻之世,则或起于外而倾覆旧政府;或先入据旧政府,

---

① 《两晋南北朝史》上册,第 577—578、587 页。

造成内重之局,而后行革易之事焉。以王步虽改,朝市不惊论,则起于内者为优。然以除旧布新论,则起于外者,为力大较也。秦以后之革命,大率如此。①

凡朝代之革易,其力有自外至者,亦有自内出者。自外至者,非敌国则乱民,往往杀人盈城,僵尸蔽野。然操政权者既悉易其人,政事之改观自易。自内出者,恒为前代之权臣。望实既归,托诸禅让。市朝无改,宗社已移。兵燹之灾,于兹可免。然人犹是人,政犹是政,欲望其除旧布新则难矣。故以社会之安宁论,革易自内者较优,以政治之改革论,革易自外者较善也。萧齐一代之事迹,几与刘宋孝建以后无殊,则足以证吾说矣。②

内重与外重

封建之世,所谓朝代的兴亡,都是以诸侯革天子之命。此即以一强国,夺一强国的地位,或竟灭之而已。至统一之世,则朝代的革易,其形式有四:(一)为旧政权的递嬗。又分为(甲)中央权臣的篡窃,(乙)地方政权的入据。前者如王莽之于汉,后者如朱温之于唐。(二)为新政权的崛起,如汉之于秦。(三)为异族的入据,如前赵之于晋,金之于北宋,元之于南宋,清之于明。(四)为本族的恢复,如明之于元。而从全局观之,则(一)有仍为统一的,(二)有暂行分裂的。后者如三国、南北朝、五代都是。然这只是政权的分裂,社会文化,久经统一,所以政权的分立,总是不能持久的。从前读史的人,每分政情为(一)内重,(二)外重,(三)内外俱轻三种。内重之世,每有权臣篡窃之变。外重之世,易招强藩割据之忧。内外俱轻之世,则草泽英雄,乘机崛起;或外夷乘机入犯。惟秦以过刚而折,为一个例外。③

---

① 《中国政体制度小史》,第 31—32 页。
② 《两晋南北朝史》上册,第 460 页。
③ 《吕著中国通史》上册,第 60 页。

四　魏晋后的学术转向

魏晋以后,文化乃渐转向,不向整体而向分子方面求解决。他们所讨论的,不是社会的组织如何? 而是人性究竟如何? 传统的儒家仅从事于笺疏,较有思想的人都走入玄学和佛学一路。工夫用在内心上多,用在外务上自然少了。世称晋南北朝为佛、老盛行,儒学衰微之世,其实不然。是时三家之学,实已渐趋混同。中国向来,宗教、哲学与人伦日用之轨范并不分张,儒、释、道称为三教,并行不悖,其名虽异,其实则无大不同耳。国人是最讲现实的,所以宗教上最重要的信条就是"行了好心有好报"。而其所谓好报,都在现世。"行了好心有好报",这本是拿不出证据来的。而就经验所及,却屡有相反的证据。大约社会愈坏,则正面的证据愈少,而反面的证据愈多。

论九品中正

九品中正,是一种制度,比较的总觉流于硬忼。于是就生出种种弊病来。扼要些说,便是:(一)中正的权力太大,而又并无赏罚之防。就不免有(1)徇私,(2)趋势,(3)畏祸,(4)私报恩仇等事情。(二)一地方的人,中正本不能尽识;就使尽识,也未必能知他的好坏。就使能知他的好坏,也不应当以一个人的话为标准。况且中正至多能晓得这个人的品行德望,至于当官的才能历练,是全然不知道的。然而这还不是最大的弊病。最大的弊病就是中正都是本地方人,谁没有亲戚朋友? 一个人在社会上,本没有真正完全的自由。一个阶级里的人,受这阶级的制裁,当然最为严重,谁能够真正破除情面呢? 于是所选举的,总不外乎这一阶级里的人。就成了"上品无寒门,下品无世族"的积习。历代选举的制度,纵或小有改革。然大体总是相同。[1]

---

[1]　《自修适用白话本国史(二)》第二篇《中古史下》,第44—45页。

晋立国子学

古代平民，学于其所居之里之校，秀者升入其乡之庠序，自庠序升于司徒，入于太学。贵族则学于其家门侧之塾。师氏、保氏门闱之学，公宫南之左之小学，与家塾皆一物也，贵族出于此，亦入于太学。故平民登进，较之贵族，多一节级。然既入太学，即与王太子、王子、群后之太子，卿大夫、元士之适子等夷矣。汉世博士弟子，太常择民年十八以上仪状端正者补；在郡、国、县、道、邑者，令、相、长、丞上二千石，二千石察可者，得与计偕；尤绝无限制。后汉虽有大将军至六百石遣子入学之令，亦未闻其较平民多占便宜，可谓荡荡平平矣。自国子学立，而此局乃一变。

《宋书·礼志》云："魏文帝黄初五年，立太学于洛阳。齐王正始中，刘馥上书曰：黄初以来，崇立太学，二十余年，而成者盖寡。由博士选轻，诸生避役，高门子弟，耻非其伦，故无学者。虽有其名而无其实，虽设其教而无其功。宜高选博士，取行为人表，经任人师者，掌教国子。依遵古法，使二千石以上子孙，年从十五，皆入太学。明制黜陟，陈荣辱之路。不从。晋武帝泰始八年，有司奏：太学生七千余人，才任四品，听留。诏：已试经者留之，其余遣还郡国。大臣子弟堪受教者，令入学。（案，此可见学生虽多，大臣子弟实少。）咸宁二年，起国子学。盖《周礼》国之贵游子弟所谓国子，受教于师氏者也。"此为国子学设立始末。盖欲迫令贵游子弟入学而不能，乃为之别立一学耳。观其拟诸师氏，则固以小学视之。《宋书·百官志》言晋初置国子学，隶属太学，其等级固分明也。至南朝而其制一变。南朝皆无太学。（陈宣帝太建三年、后主至德三年，皇太子皆释奠太学。然此等皆徒有其名而已。）《齐书·礼志》载曹思文之表曰："今之国学，即古之太学。晋初太学生三千人（案，较之上引《宋书·礼志》所述泰始八年之数，已裁减过半矣），既多猥杂，惠帝时欲辨其泾渭，故元康三年，始立国子学。官品第五以上，得入国学。（案，'立国子学'，《晋书》本纪在咸宁二年。《宋书·礼志》作'起国子学'。《晋书·职官志》云:'咸宁四年,武帝初立国子学,定置国子祭酒、博士各一人,助教十五人,以教生徒。'盖屋宇起于二年,官制定于四年,生徒迁补之法,实至元康三年而后定,故思文又云立于是年也。)天子去太学入国学,以行礼也。太子去太学入国学,以齿让也。太学之与国学,斯是晋世殊其士庶,异其贵贱耳。"然则国学存而太学废矣。太学凡民可入,而国学限于贵游,是则去荡平之途而求私龙斳也。[①]

魏晋后学术转向

先秦时代的学术,是注重于矫正社会的病态的,所谓"拨乱世,反之正",实不仅儒家,而为各家通有的思想。王莽变法失败以后,大家认为此路不通,而此等议论,渐趋消沉。魏晋以后,文化乃渐转向,不向整体而向分子方面求解决。他们所讨论的,不是社会的组织如何,使人生于其间,能够获得乐利,可以做个好人,而是人性究竟如何?是好的?是坏的?用何法,把坏人改做好人,使许多好人聚集,而好的社会得以实现?这种动机,确和佛教相契。在这一千年中,传统的儒家,仅仅从事于笺疏,较有思想的人,都走入玄学和佛学一路,就是其明证。但其结果却是怎样呢?显然的,从个人方面着想,所能改良的,只有极小一部分,合全体而观之,依然无济于事。而其改善个人之法,推求到深刻之处,就不能不偏重于内心。工夫用在内心上的多,用在外务上的,自然少了。他们既把社会看做各个分子所构成;社会的好坏,原因在于个人的好坏,而个人的好坏,则源于其内心的好坏;如此,社会上一切问题,自然都不是根本。而他们的所谓好,则实和此世界上的生活不相容,所以他们最彻底的思想,是要消灭这一个世界。明知此路不通,则又一转变而认为现在的世界就是佛国;只要心上觉悟,一切行为虽和俗人一样,也就是圣人。这么一来,社会

[①] 《国子太学》,《燕石续札》,上海人民出版社 1958 年版,第 132—133 页。

已经是好的了,根本用不着改良。这两种见解,都是和常识不相容的,都是和生活不相合的。凡是和生活不相合的,凭你说得如何天花乱坠,总只是他们所谓"戏论",总要给大多数在常识中生活的人所反对的,而事情一到和大多数人的生活相矛盾,就是它的致命伤。①

儒、释、道三教混同

中国向以儒、释、道三教并称。三教并立之原理:(一)孔教专行于政治社会方面,放弃灵魂界之地盘,以让释、道;(二)释、道皆专于灵魂界,而放弃政治社会方面,故不与俗界生冲突;(三)此为中国之宗教与欧洲大异之处,故中国无教争之祸。至释、道二教,在教旨上,实无根本之区别,所以能并立者,则因旧日迷信之对象,不易铲除。佛教虽并不排斥中国之旧迷信,且企图将中国之旧信仰编入彼教之中。然究为来自国外之宗教,不能悉数网罗。道教则在教理上远非佛教之敌。故二者亦不得不并立。此为政治所承认者,其流行于民间者,仍时与政治革命、社会革命为缘,而为其鼓动之工具。异族入据之时,则又含有民族主义,如元、清时白莲教及太平天国是也。②

世皆称晋、南北朝,为佛、老盛行,儒学衰微之世,其实不然。是时之言玄学者,率以《易》《老》并称(梁时,《庄》《老》《周易》,总谓三玄,见《颜氏家训·勉学篇》),即可知其兼通于儒,匪专于道。少后,佛家之说浸盛,儒、道二家,多兼治之,佛家亦多兼通儒、道之学。三家之学,实已渐趋混同。中国向来,宗教、哲学,与人伦日用之轨范,并不分张,儒、释、道称为三教,并行不悖,正以其名虽异,其实则无大不同耳。然斯时史籍所载,仍有所谓儒家之学者,与释道鼎足而立,其故何欤?曰:此由儒家之中,自分两派:一派好讲原理,浸与释、道同流,又一派则仍守其汉末以来,支离破碎之旧习耳。先秦诸子,本

---

① 《吕著中国通史》下册,第474—475页。
② 《本国史复习大略》,《吕思勉遗文集》上册,第651页。

皆志在于经世。汉武以后，儒家独盛，思自效于世者，自无不兼通其说。即儒家，亦或兼采异家以自益。汉昭帝时，贤良文学与御史大夫论议，犹各执所见不相中，逮新莽变法，王田而外，兼行五均、六筦，则儒、法二家，浸合为一，即其明证。然学士大夫之吾欲云云者，无不与社会组织不相容，说虽不同，其为不可行则一，故新莽变法，卒至败绩。自斯以后，学士大夫，乃觉皇惑无主，不敢复言经世；有言之者，则皆昧于情实，泥于古人之迹，谓践之即足以为治。加以积古相传之迷信，至汉末而大张。新莽既以之图篡，光武亦借以惑民，图谶之说，遂为一世所宗尚。明哲之士，自将褰裳去之。此玄学之所由兴。然人心不同，各如其面，自有守旧而不变者，此则当时之所谓儒学也。故核其实，当时之所谓儒学，实只前此儒学中之一派，而不足以揽其全也。①

佛教一统

今之论者，多怵于西人争教之祸，基督之徒，与摩轲末之徒争。同时基督之徒也，新教与旧教又争，至于伏尸百万，流血千里，窃幸吾国之无之。向使道教之在我国，一如张角之于汉，孙恩之于晋，而南方诸杂教，亦一如汉光武时，则吾民争教之祸，岂得一日安哉？然而终不尔者，何也？则佛教之为之也。盖佛之为道也广大，其于他教，不必显与之立异，而常有以兼容而并包之。故一入中国，而他种宗教，遂悉为所化，听其言，则驳杂不可究诘也。而语其实，则无一非佛。今中国人民之所敬礼者亦众矣，语其实，果有以确然异于佛者乎？果有敬礼他神，谓其严威尚在佛之上，或足与佛抗者乎？唐时论者，常嫉道教之徒，歆于僧尼之获利，乃举其所谓追荐忏悔等事，一切放效之，至仪文之末无弗肖，则唐时道教之化于佛而亡其实也久矣。夫以汉晋时道教之盛，而不三百年，即已化于佛而亡其实，而况于他诸小宗教乎？然则中国

---

① 《两晋南北朝史》下册，第 1371、1372 页。

今日之宗教，名为驳杂，实惟一佛，名为各教并行，实则佛教一统也。①

国人最讲现实

中国人是最讲现实的。所以宗教上最重要的信条，就是"行了好心有好报"。而其所谓好报，都在现世。所谓"福善祸淫"；所谓"积善之家，必有余庆；积不善之家，必有余殃"，都不外这种思想。使此说而果有权威，固亦足以维持世道人心。然而天下人，究竟是不可欺的。除掉至愚之人，你总得给他一点证据看，他才相信。行了好心有好报，这本是拿不出证据来的。而就经验所及，却屡有相反的证据。社会愈坏，则正面的证据愈少，而反面的证据愈多。因为福善祸淫，基于赏善罚恶，这本是人事而不是天道。所以宗教也并不足以麻醉人。在中国，几曾见迷信之士，肯忘身舍命，以卫护一种宗教来？②

南北农业水平之差异

盖南方气和土沃，受惠于天然者多，北方气寒土燥，有待于人功者大。人事既已不修，北方之农业自不能如南方也。人事之旷废亦由其由。我国开化本自北而南，故历代政治之重心，恒在于北。其地形平衍，每直兵争，受祸必烈。又自永嘉之乱以来，阅数百年，即为各游牧人所践蹂，不徒财物遭其劫掠，室庐为所摧毁，即人民粗犷之性质，亦有潜滋暗长于不自觉者焉。（古代人民之性质，南剽悍而北重厚，今则南柔懦而北粗犷矣。其强弱适相反也。）此北方之农业所以衰退之大原因也。而历代帝都多在于北，率漕他处之粟以自给，畿辅之农业转致就荒，亦为一原因。（历代帝都所在，不徒恒漕他处之粟以自给，而不知重本地之农业也，又往往导其民于巧伪奢侈。）③

---

① 《本论·宗教》，《吕思勉诗文丛稿》上册，第 302 页。
② 《中国社会变迁史》，《吕思勉全集》第 13 册，第 474 页。
③ 《中国制度史》，第 21 页。

第八章　隋唐五代：风俗侈靡之世

一　论隋唐制度

隋文帝勤于政事，又能躬行节俭，在位时，把北朝的苛捐杂税都除掉，而府库充实，国计宽余，为历代所未有。于四夷，志在攘斥以安民，而不欲致其朝贡以自夸功德。隋始定鞭笞之数，较前代为文明，刑法也较旧时为进步。然精神上，因兼采拓跋魏法系，也有不如旧律之处。隋科举初兴，不过沿前代之法而渐变，并非有什么隆重意思、深厚期望存乎其间。帖经墨义，大约是治经的成法；试诗赋，盖炀帝好浮华为之。然其初意，亦非谓工时赋者可以经国理民，而后遂以辨官才使庸民社，此制度变迁而失其初意。科举长处，在于"不待教而民自励于学"。然选举之法，无论如何严密，总不过慎之于任用之初。所以考课之法，实较选举更为重要。然其事亦倍难。虽有种种成法，皆不过奉行故事而已。

论隋文帝

北朝的君主，有荒淫暴虐的，也有能励精图治的，前一种代表了胡风，后一种代表了汉化。隋文帝是十足的后一种的典型。他勤于政事，又能躬行节俭，在位时，把北朝的苛捐杂税都除掉，而府库充实，仓储到处丰盈，国计的宽余，实为历代所未有。突厥狃于南北朝末年的积习，求索无厌。中国不能满其欲，则拥护高齐的遗族，和中国为难。文帝决然定计征伐，大破其兵。又离间其西方的达头可汗和其大可汗沙钵略构衅,突厥由是分为东西。文帝又以宗女妻其东方的突利可汗。其大可汗都蓝怒,攻突利。突利逃奔中国,中国处之夏、胜二州之间(夏州,在今陕西横山县北。胜州,在今绥远鄂尔多斯左翼后旗黄河西岸),赐号为启民可汗。都蓝死,启民因隋援,尽有其众,臣服于隋。从南北朝末期以来畏服北狄的心理,至此一变。隋文帝时代,中国政局,确是好转了。①

隋文帝何如主也?曰:贤主也。综帝生平,惟用刑失之严酷;其勤政爱民,则实出天性,俭德尤古今所无,故其时国计之富亦冠绝古今焉。其于四夷,则志在攘斥之以安民,而不欲致其朝贡以自夸功德。既非如汉文、景之苟安诒患,亦非如汉武帝、唐太宗之劳民逞欲。虽无赫赫之功,求其志,实交邻待敌之正道也。②

隋文帝这个人,在中国历史上并不负什么好名誉,然而他却实在有过人之处。……隋文帝这个人,固然也有他的短处(猜忌、严酷),然而他的长处,却实在不可没的。他的长处,第一在躬行节俭,第二在留心政治,勤于民事。当文帝时候,一切政治,都定有规模,唐以后沿袭他的很多。③

隋律也有退步处

从秦汉到魏晋,可以算做中国法律的"发达""长成"时代。案,自秦以前,我国的法律究竟是个甚么样子,实在无从考见其详细。自秦以后,其"承袭""变迁"的途径,才确有可考。……汉宣帝留心刑狱……未及措置,到元帝、成帝手里,才下诏议行。班固说"有司……不能……建立明制,为一代之法;而徒钩摭微细,毛举数事,以塞诏而已"。所以到后汉时,还是错乱得那么样。直到魏文帝手里,命陈群、刘劭等

---

① 《吕著中国通史》下册,第 451 页。
② 《隋唐五代史》,《吕思勉全集》第 7 册,第 4 页。
③ 《自修适用白话本国史(二)》第二篇《中古史下》,第 1、2 页。

删定,才定为新律十八篇。晋武帝还嫌他"科网太密",再命贾充等修定,共为二十篇,于前一六四四年颁行。是为《晋律》。我国的法律,从李悝手里具有雏形,直到这时候,才算发达完备。隋初,令高颎等重定新律。这其中最可注意的,是刑罚的变迁。……隋以前"死刑有五:曰磬、绞、斩、枭、裂。流徒之刑,鞭笞兼用,数皆逾百"。隋始定鞭笞之数,死刑只用斩、绞两种。这都是较前代为文明处。

还有一层可注意的,便是隋朝的刑法,是兼采魏晋和拓跋魏两种法系。(这个大概是周、齐如此,而隋朝因之。)其斟酌轻重之间,固然较旧时的法律为进步。然而精神上,也有不如旧时的法律之处。即如晋律,部民杀长官,和父母杀子的,都同"凡"论。这是两汉以后,把经学应用于法律,文明之处。(父杀其子当诛,见《白虎通》。)隋律却就不然。这是拓跋魏的社会,进化较浅,"官权""父权"太重之故。中国反改其旧律而从之,真是下乔入幽了。余杭章氏《文集》里,有一篇文字,专论这件事,可以参看。[①]

科举初兴并无深意

进士科是始于隋的,其起源,历史记载,不甚清楚。据杨绾说:其初尚系试策,不知什么时候,改试了诗赋。到唐朝,此科的声光大好。这是社会上崇尚文辞的风气所造成的。唐时,进士科虽亦兼试经义及策,然所重的是诗赋。明经所重的是帖经、墨义。诗赋固然与政治无涉,经学在政治上,有用与否,自今日观之,亦成疑问。这话对从前的人,自然是无从说起,但像帖经墨义,所考的只是记诵。(帖经、墨义之式,略见《文献通考》。其意,帖经是责人默写经文,墨义则责人默写传注,和今学校中专责背诵教科书的考试法一般。)其无用,即在当日,亦是显而易见的。为什么会有这种奇异的考试法呢?这

---

① 《自修适用白话本国史(二)》第二篇《中古史上》,第80、83、84页;第二篇《中古史下》,第52、55页。

是因为：把科举看做抡才大典，换言之，即在官吏登庸法上，看做惟一拔取人才之途，怕还是宋以后的事，在唐以前，至多只是取才的一途罢了。所以当时的进士，虽受俗人看重，然在政治上，则所取的人并不多，而其用之亦不重。（唐时所取进士，不过二三十人，仍须应吏部释褐试，或被人荐举，方得入官；授官亦不过丞尉；见《日知录》"中式额数""出身授官"两条。）可见科举初兴，不过沿前代之法而渐变，并非有什么隆重的意思、深厚的期望，存乎其间了。所以所试的不过是试赋和帖经墨义。帖经墨义所试，大约是当时治经的成法，诗赋疑沿自隋朝。隋炀帝本好辞华，所设的进士科，或者不过是后汉灵帝的鸿都门学之类。（聚集一班会做辞赋和写字的人，其中并有流品极杂的，见《后汉书》本纪及《蔡邕传》。）进士的进化而为抡才之路，正和翰林的始居杂流，后来变成清要一样。这是制度本身的变化，不能执后事以论其初制的。[①]

制度变迁浸失初意

昔日之教育，皆所以教治人之人者。而学校之所肄，科举之所试，皆非当官之所务，何邪？此其故，一当求之法制之沿革，一则由于事实之迁流也。汉世博士弟子，其所学者，原不如法吏之切于用；然汉世去古近，儒家之学，可迳措之于事者，尚不乏焉，经义折狱，即其一端也。（是时法次甚简，折狱根据习惯若条理者颇多，经义亦习惯若条理之一端，非违法也。）降逮后世，社会情形，去古愈远，通经渐不能致用，而考试之法，则犹沿汉代诸生试家法之旧焉（后汉左雄所创），是为唐时之明经。当时高才博学，足以经国理民者，本有秀才科可应，以其大难，能应者寡，后不复举，而俗尚舞章，进士遂为举世所重焉。其科始创于隋，试诗赋，盖炀帝好浮华为之。然度炀帝初意，亦非谓工时赋者可以经国理民，非如汉灵帝之鸿都，集玩弄之臣，则

---

① 《吕著中国通史》上册，第126—127页。

194

如唐玄宗之翰林,求书记之选耳;而后遂以辨官才使膺民社,则法制之流失也。历代法制,变迁而失初意者,固多如此。又儒术盛行之世,尊之者,信为包罗事理,囊括古今,通于是者,即可以应付一切;而欲应付一切者,亦皆不可不通于是,此则学校科举之偏重经义,始于宋,盛于元,而大成于明者之所由来也。一时代必有一时代所特尊之学,原不足追咎古人,惟通于其理者,亦必习于事而后可以应用。而向者学校、科举之所求,于能通其理外,事遂一无所习;而其所谓理者,亦实非其理,浸至自此出身之人,成为一物不知之士,此又法制之流失,浸失其初意者也。①

不待教而民自励于学

梁任公先生在清末曾说:"科举制度的优点,在不待教而民自励于学。"康南海先生在民国初年亦曾说:"在科举时代,任何偏僻小县,都有一两个懂得学问文章的人,才知道科举之有其无用之用。"其实这话并不要等到康梁在清末民初才说,在一千多年以前,葛洪就说"若试经法立,则天下可以不立学官,而人自勤学"了(见《抱朴子外篇·审举》)。这一种功效,自唐朝实行科举之法以来,的确是收到了。苦于向来的科举,只是一种文官考试,所以其效只能及于社会的上层。今用考试之法以证明学识,则可以推广及于社会的各阶层,其收效必然更大了。②

考试之法,妙用无穷。我们向来,只用之于政治上,以为登庸官吏之一法,实为未尽其用。然无意之间,亦已经收获到扩充教育的副作用了,而且副作用之所收获,实远较本意之所期求为大。《抱朴子》外篇的《审举》,作于距今千六百年之前,其所言,对于后来唐宋明清科举之法,真若烛照而数计,可以谓之奇文了。这篇所言,虽亦以革

---

① 《宦学篇》,《中国青年》1938 第 1 卷第 6 期。
② 《学校与考试》,1941 年 2 月 7 日《中美日报》。

除当时夤缘奔竞之弊为主,所注意的在于政治问题,然亦未尝不计及扩充教育的利益。他说:别的且不必说,但"令天下诸当在贡举之流者,莫敢不勤学,其为长益风教,亦不细矣"。又说:考试之法一立,则"转其礼赂之费以买记籍者,必不俟终日"。考试之法的优点,在于所操者约,而所及者广,贡举是有定额的,然能使可望贡举者流,都自力于学,则所取者一,而受此劝诱而向学者,不止千百了。从前的贡举,为一种官吏登庸之法,官缺有定,贡举所取的人,自亦不能无限制,而其能劝诱人以向学尚如此。[1]

科举之弊之由来

科举在从前,实在是一种文官考试。所试的科目,理应切于做官之用。然而历代所试,都不是如此的。这真是一件极奇怪的事。要明白此弊之由来,则非略知历史上此制度的发展不可。古代的用人,本来是只有做官的智识技能(此智识二字,指循例办公的智识言,等于后世的幕友、胥吏,不该括广泛的智识),别无所谓学问的。后来社会进化了,知道政治上的措置,必须通知原理,并非循例办理而已足。于是学问开始影响于政治,讲学问的人,亦即搀入政治界中。秦朝的禁"以古非今",只许学习"当代法令","欲学法令,以吏为师",是和此趋势相反的。汉朝的任用儒生,则顺此趋势而行。这自然是一种进步。但既知此,则宜令做官的人,兼通学问,不应将做官的人,与学问之士,分为两途,同时并用。然汉朝却始终如此。只要看当时的议论,总是以儒生文吏并举,便可知道。《续汉书·百官志》注引应劭《汉官仪》,载后汉光武帝的诏书,说:"丞相故事,四科取士:(一)曰德行高妙,志节清白。(二)曰学通行修,经中博士。(三)曰明达法令,足以决疑,能案章覆问,文中御史。(四)曰刚毅多略,遭事不惑,明足以决,才任三辅令。"第一种是德行,第四种是才能,都是无从以

---

[1]　《学制刍议》,《改造杂志》1946 年创刊号。

文字考试的。第二种即系儒生,第三种即系文吏。左雄考试之法,所试的亦系这两科。以后学者的议论,如《抱朴子》的《审举篇》,极力主张考试制度,亦说律令可用试经之法试之。国家的制度,则唐时明法仍与明经并行,所沿袭的还系汉制。历千年而不知改变,已足惊奇。其后因流俗轻视诸科,把诸科概行废去,明法一科,亦随之而废,当官所需用的智识技能,在文官考试中,遂至全然不占地位。(一)政治上的制度,既难于改变;(二)而迁儒又有一种见解,以为只要经学通了,便一切事情,都可对付,法令等实用不着肄习;遂益使此制度固定了。历史上有许多制度,凭空揣度,是无从明白其所以然的。非考其事实,观其变迁不可。科举制度,只是其一端罢了。①

唐时求官者众

选举之弊之真根源,果安在乎?杜君卿之言曰:"秦氏惟农与战,始得入官。汉有孝悌力田、贤良方正之科,乃时令征辟,而常岁郡国率二十万口贡止一人,约当时推荐,天下才过百数,则考精择审,必获器能。自兹厥后,转益烦广。只开元、天宝之中,一岁贡举,凡有数千,而门资、武功、艺术、胥吏,众名杂目,百户千途,入为仕者,又不可胜纪。比于汉代,且增数十百倍。安得不重设冗职,多置等级,递立选限以抑之乎?"唐代仕途冗滥,始于高宗时。……玄宗时,每年赴选常万人。(见《旧书·苗晋卿、裴遵庆传》)任诸州郡则如彼,摄诸吏部则如此,然则求官者众,选举之弊,殆终不可免乎?求官者何以众?沈既济言之辨矣。其言曰:"《礼》曰:天子之元子,士也。天下无生而贵者,则虽储贰之尊,与士伍同。故汉王良以大司徒位免归兰陵,后光武巡幸,始复其子孙邑中徭役。丞相之子,不得蠲户课。而近代以来,九品之家皆不征;其高荫子弟,重承恩奖,皆端居役物,坐食百姓,其何以堪之?先王制士,所以理物也,置禄,所以代耕也。农、工、

---

① 《吕著中国通史》上册,第132—133页。

商有经营作役之劳,而士有勤人致理之忧。虽风猷道义,士伍为贵,其苦乐利害,与农、工、商不甚相远也。后代之士,乃撞钟鼓、树台榭以极其欢,而农工鞭臀背、役筋力以奉其养。得仕者如升仙,不仕者若沉泉。欢娱忧苦,若天地之相远也。故非类之人,或没死以趋上,构奸以入官。非惟求利,亦以避害也。……自隋变选法,则虽甚愚之人,第能乘一劳,结一课,获入选叙,则循资授职,族行之官,随列拜揖,藏俸积禄,四周而罢,因缘侵渔,抑复有焉。其罢之日,必妻孥华楚,仆马肥腯,而偃仰乎士林之间。及限又选,终而复始。非为巨害,至死不黜。故里语谓人之为官若死然,未有不了而倒还者。为官如此易,享禄如此厚,上法如此宽,下敛如此重,则人孰不违其害以就其利者乎?"……(沈氏)言士人所以求仕之故,则可谓深切着明矣。[1]

唐时议科举改革

科举之敝,乍观之似由于尚文,深求之则殊不止此。赵匡《举选议》曰:"举人大率二十人中方收一人,故没齿而不登科者甚众。收人既少,则争第急切。交驰公卿,以求汲引。毁訾同类,用以争先。故业因儒雅,行成险薄。非受性如此,势使然也。"此皆所谓患得患失者。贾至云:"近代趋仕,靡然乡风。致使禄山一呼,而四海震荡,思明再乱,而十年不复。乡使礼让之道弘,仁义之道著,则忠臣孝子,比屋可封,逆节不得而萌,人心不得而摇也。"(《旧书·杨绾传》)此则所谓苟患失之,无所不至者矣。诸科以进士为重,而进士之浮薄尤甚,似乎尚文之风气使然。然明、清两朝,专以四书义取士,可谓黯然无华矣,其敦厚者安在?然则"敦厚浮薄,色色有之",信不诬也。《新志》云:文宗好学嗜古,郑覃以经术位宰相,深嫉进士浮薄,屡请罢之。文宗曰:"敦厚浮薄,色色有之,进士取人,二百年矣,不可遽废。"因得不罢。法敝诚不可不变,然法制似刚而实柔,风俗似柔而实刚,

---

① 《隋唐五代史》,《吕思勉全集》第 8 册,第 752—753、753、754 页。

不揣其本,贸然变法,往往徒有其名,阅历深者类能知之,故多不肯轻举也。

科目之弊如此,自有欲革之者。其事当以杨绾为最著。绾以宝应二年,上疏条奏贡举之弊。欲制:"县令察孝廉,荐之于州。刺史试其所通之学,通者送之于省。自县至省,不得令举人辄自陈牒,到状、保辩、识牒等一切并停。所习经,每经问义十条,对策三道。其策皆问古今理体及当时要务,取堪行用者。明经、进士、道举并停。其国子监举人,亦请准此。"诏左右丞、诸司、侍郎、御史大夫、中丞、给、舍同议。给事中李栖筠、尚书左丞贾至、京兆尹兼御史大夫严武与绾同。至议曰:"自典午覆败,衣冠迁徙,南北分裂,人多侨处。圣朝一平区宇,尚复因循,版图则张,闾井未设,士居乡土,百无一二。欲依古制乡举里选,犹恐取士之未尽。请广学校,以弘训诱、保桑梓者,乡里举焉,在流寓者,庠序推焉。"议者更附至议。宰臣等奏以举人旧业已成,难于速改。其今岁举人,望且许应旧举,来岁奉诏。仍敕礼部具条例奏闻。代宗以废进士科问翰林学士。对曰:"进士行来已久,遽废之,恐失人业。"乃诏孝廉与旧举并行。此与清季议改科举时,议者谔谔于士子之失职同,即北宋亦如是。盖士之视贡举,徒以为出身之路久矣。文宗太和七年,李德裕请依杨绾议,进士试论议,不试诗赋。八月,下制,进士停试诗赋。八年十月,贡院奏进士复试诗赋,从之。盖德裕罢相故也。开成初,郑覃奏宜罢进士科。文宗曰:"敦厚浮薄,色色有之,未必独在进士。此科置已二百年,不可遽改。"乃得不罢。此唐时议变科举之事也。

唐世议革贡举者,所言不外两端:一冀稍近于乡举里选,一则欲去明经之固陋,进士之浮华,而代之以较有用之学而已。《通典》:太宗谓吏部尚书杜如晦曰:"今吏部取人,独举其言辞、刀笔,而不详才行。或授职数年,然后罪彰。虽刑戮继及,而人已弊矣。如之何?"对曰:"昔两汉取人,必本于乡闾选之。今每岁选集,动逾数千,厚貌饰辞,何可知也?选曹但校其阶品而已,若抡才辨行,未见其术。"上由是将依汉法，令本州岛辟召。会功臣议行封建，事乃寝。使封建之事而成，太宗必且令诸邦君，各择其国之士矣，可见时人于乡举里选乡往之深。人之才德，吏部诚无由知之，而不知吏部之专，本由乡举里选之敝。帖经墨义，诗赋杂文，诚无用矣，然能钞略备策对者，相去又几何？此在今日，人人知之，在当时，固难责人以共谕也。①

衡鉴与考课

　　用人由用之者察度其才不才，谓之衡鉴。鉴是取譬于镜子，所以照见其好坏；衡则取喻于度量衡，所以定其程度的。用人若在某范围之中，用之者得以自由决定其取舍，不受何等法律的限制，则谓之有衡鉴之权。若事事须依成法办理，丝毫不能自由，即谓之依据资格。二者是正相反对的。资格用人，起于后魏崔亮的停年格，专以停解先后为断，是因胡灵后秉政，许武人入选，仕途拥挤，用此为手段，以资对付的。崔亮自己亦不以为然。北齐文襄帝做尚书，就把他废掉。唐开元时，裴光庭又创循资格。然自中叶以后，检校、试、摄、判、知之法大行，皆以资格不相当之人任事，遂开宋朝以差遣治事之端。明孙丕扬创掣签法。资格相同者，纳签于筒，在吏部堂上，由候选者亲掣。不到者由吏部堂官代掣。当时亦系用以对付中人请托的。（见于慎行《笔麈》）然其后卒不能废。大抵官吏可分为政务官和事务官。政务官以才识为重，自不能专论资格。事务官不过承上官之命，依据法律，执行政务。其事较少变化。用法能得法外意，虽是极好的事，然其事太无凭据，若都借口学识，破弃资格，一定得才的希望少，徇私的弊窦多。所以破格用人，只可视为偶然之事，在常时必不能行，历来诋諆资格之论，都是凭臆为说，不察实际情形的。

　　选举之法，无论如何严密，总不过慎之于任用之初。（一）人之究有德行才识与否，有时非试之以事不能知；（二）亦且不能保其终

①　《隋唐五代史》，《吕思勉全集》第8册，第739—741、745、739、740—741、746页。

不变节。（三）又监督严密，小人亦可为善，监督松弛，中人不免为非；所以考课之法，实较选举更为重要。然其事亦倍难。因为（一）考试之法，可将考者与被考者隔离；（二）且因其时间短，可用种种方法防弊；（三）不幸有弊，所试以文字为凭，亦易于覆试磨勘；在考课则办不到。……考课之法，在古代亦系专门之业，而至后来乃渐失其传者了。后世无能讲究此学的。其权，则初属于相府，后移于尚书，而专属于吏部。虽有种种成法，皆不过奉行故事而已。[①]

二　汉唐不可相提并论

封建之制，秦汉后理不可行，亦势不能行。然晋初之议复封建，犹有为天下之意也，至唐则纯乎视天下为一家之私产而欲保之矣。论史者多以汉唐并称。论唐朝的武功，其成就，自较汉朝为尤大。然此乃世运为之。若论军事上的实力，则唐朝何能和汉朝比？汉朝对外的征讨，十之八九是发本国兵出去打的，唐朝则多是以夷制夷。唐代武功为今人所艳称，然昔人多惜其黩武而自敝。其事外之劳费无谓，盖莫西域若，而自太宗已来，皆明知其然而不能自克。高宗、武后之世，国威之陵替，实缘其兵力之式微，观魏元忠、陈子昂之论可知。唐本无迫切之外患，而开边不已，高宗已后，国力日衰，而终不肯有所弃。《易》曰，"履霜，坚冰至"，"其所由来者渐矣，非一朝一夕之故也"。君子观于此，而知诒谋之不可不慎，又知奋然能革前人之弊者之难也。

晋唐封建之异

封建之制，秦、汉而后，久已理不可行，而亦势不能行，而昧者犹时欲复之。其说亦可分二等：晋初之议复封建，犹有为天下之意也，

---

① 《吕著中国通史》上册，第136—137、138页。

至唐则纯乎视天下为一家之私产而欲保之矣。

封建之所以不可复行也，以其势不能，固也。当列国未一之时，国各有其自立之道，欲替之而不可得，故其势足以相雠，而亦足以相辅。秦、汉而后，则异是矣。秦、汉之所以获统一，本因其力在列国中为独强，统一之后，更欲树国使为己藩辅，则必使其力足与己相抗而后可。何也？树国于外，本所以防窃据于中也。然如是，安能保其不与己相抗？吴、楚不灭，新莽或不易代汉，然吴、楚不灭，能保其当哀、平之世，无裂冠毁冕之志乎？晋初议封建者，莫如刘颂之得其实。颂谓建国欲以为藩辅，则其国必不可替，然其势可替也，安能保执中央之权者不之替乎？抑其势可替者，虽强存之亦奚益？故郡县之世，更言封建，其道终穷也。然晋初之言封建者，实非徒欲为一家保其私产。盖自当时之阅历言之，替旧朝者，其道有二：一为权臣之移国，王莽、曹操是也。一为匹夫之崛起，张楚、黄巾是也。欲绝此二者，时人所见，自谓非封建莫由。司马氏之欲复封建，固不敢谓其无欲私天下之心，然如陆机、刘颂之徒，则必非为一姓计者也。至唐而其意迥异矣。[1]

汉唐武功之异

秦以后，兵力之盛，莫如汉唐，然汉唐之威服四夷也同，而其所以威服四夷也则异。汉世强敌，无逾匈奴，匈奴之衰乱，盖自神爵、五凤之间。方武帝时，匈奴未有乱也，其人众虽不汉若，然语其长技，固足与中国相当。（读晁错论事疏可见。）朔方既失，益北走绝漠，思徼汉兵疲极而取之，于策亦未为失。然汉以卫、霍椒房之亲，不恤士卒之将，犹能封狼居胥，禅姑衍，登临翰海，建旷古未有之盛烈焉。唐世所亡大敌，独一突厥。犹承其自乱，兵不越阴山之口。此外所摧破者，多天山南北诸小国。一遇吐蕃、回纥，遂无以为计

---

① 《隋唐五代史》，《吕思勉全集》第 8 册，第 697—698 页。

矣。此何故哉？汉去战国之世近，斯民之余烈蓄怒未衰，以言乎拓地，则有唐蒙、张骞等高掌远跖之才；以言乎奉使，则有傅介子、冯奉世等出疆利国之士；以言乎将帅，则有李陵、班超等智勇兼济之臣（李陵以步卒绝漠，班超以三十六人定西域，皆前所未有，后亦未闻）；以言乎士卒，则贾人赘婿，弛刑间左，不待训练，咸可从军，举国皆武健侠烈之风，故能用之所向有功也。唐则去封建之世远，民习于宽政既久，不复乐为国死。故塞外诸役，率多用募兵，天宝稍事征讨，而杜陵兵车之行作矣。[1]

论兵力唐远不及汉

论史者多以汉唐并称。论唐朝的武功，其成就，自较汉朝为尤大。然此乃世运为之。主要的是中外交通的进步。若论军事上的实力，则唐朝何能和汉朝比？汉朝对外的征讨，十之八九是发本国兵出去打的，唐朝则多是以夷制夷。这以一时论，亦可使中国的人民，减轻负担，然通全局而观之，则亦足以养成异族强悍，汉族衰颓之势。安禄山之所以蓄意反叛，沙陀突厥之所以横行中原，都由于此。就是宋朝的始终不振，也和这有间接的关系。因为久已柔靡的风气，不易于短时期中训练之使其变为强悍。[2]

唐开边不已，国力日衰

唐室之兵威，至高宗时而极盛，亦至高宗时而就衰。盖其时之兵力，本不足恃，灭突厥，平高丽，皆因人之衅，故一与新兴之强敌吐蕃遇，遂致败绩失据矣。……高宗虽因高丽、百济之衅翦灭之，然兵力不充，故得其地而不能守。……唐自平丽、济后，盖未尝能一日安辑之。其地乃入于新罗。然新罗北疆，亦仅及浿水，其北乃为女真所荐

---

① 《本论·共和(下)》，《吕思勉诗文丛稿》上册，第274—275页。
② 《吕著中国通史》上册，第165页。

203

居,稍以坐大矣。《新书·地志》载高丽诸羁縻州,有拂涅、越喜,此皆靺鞨部落,不独白山、粟末,初皆为之臣属也。故能控制靺鞨,牖启靺鞨者,高丽也。隋、唐两代,倾全力以覆高丽,而其终局,乃为女真驱除难。此事关系之大,亦岂下于夫余之颠覆哉?

高宗、武后之世,国威之陵替,实缘其兵力之式微,观魏元忠、陈子昂之论可知。(皆见两《书》本传)武后本不知兵,又尽力于防遏异己,无暇更及他事,其措置之乖方,自更不可问矣。时有欲开蜀山,自雅州道入讨生羌,以袭吐蕃者,此何异为吐蕃开道?而后亦欲从之,以陈子昂谏乃止。(亦见《子昂传》)甚者,契丹之叛,夏官郎中侯味讨之,不利,乃奏言"贼徒炽盛,常有虵虎导其军"(《旧书·薛季昶传》),此尚成何言语?然后乃至以薛怀义、武懿宗为大将,亦何怪此等语之日至于耳哉?狄仁杰之请罢四镇,安东之戍也,曰:"近者国家,频岁出师,所费滋广。调发日加,百姓虚弊。转输靡绝,杼轴殆空。越碛逾海,分兵防守,行役既久,怨旷亦多。方今关东饥馑,蜀汉逃亡,江、淮已南,征求不息,人不复业,则相率为盗。本根一摇,忧患不浅。"盖其势之岌岌如此。然唐自太宗时,本无迫切之外患,而开边不已,高宗已后,国力日衰,而终不肯有所弃。于是玄宗继起,不得不重边兵,边兵重而安、史之乱作,节镇遍于内地,大局遂不可收拾矣。《易》曰,"履霜坚冰至","其所由来者渐矣,非一朝一夕之故也"。君子观于此,而知诒谋之不可不慎,又知奋然能革前人之弊者之难也。[1]

唐因黩武而自敝

唐代天宝之乱,原因孔多,边兵之重,要为其大者。唐初武功,看似卓越,实皆乘敌国之敝,非由兵力之强。故在高宗时,东西两面,业已遭受挫折;武、韦之世,敌势弥张。仍欲维持开国时之规模,则边兵

---

[1] 《隋唐五代史》,《吕思勉全集》第 7 册,第 102、107、108 页。

不得不重。边兵重而内地空虚,朝纲弛紊,乱事遂一发而不可收拾矣。唐代武功,为今人所艳称,然昔人多惜其黩武而自敝,信有由也。……(如)唐初西域,本羁制于西突厥。西突厥亡,突骑施等莫能继起;默啜、吐蕃,虽皆意存觊觎,而力有不及;大食方兴,亦未能遽行兼并;故开天之际,中国之声望犹存。葱岭东西,西暨拂菻,南抵天竺,仍通朝贡,受册命。并有赐姓、尚主,遣子宿卫者。唐或于其国置军州,或更其国号。……虽安史乱后,余风遗烈,犹未尽绝也。然开天之际,要为极盛之时。当是时,西方强国,实惟吐蕃、大食,陵轹诸国,诸国多有来乞援者。……唐与吐蕃,所争在于四镇。开元中尝破平喝盘陀,于其地置葱岭守捉,为安西极边戍,亦所以固四镇也。吐蕃出西域之道,实惟于阗,既不获逞,乃思假道于勃律,亦为唐所阻遏。大食席方兴之势,去葱岭已西诸国近,实非唐所能与争。故唐于来乞师者,皆谢绝焉。度德量力,宜也。而边将贪功,安西节度高仙芝,以天宝九载,出师以讨石国。其王车鼻施约降,仙芝仍俘之,献于阙下,斩之。其子走大食乞兵。明年七月,仙芝遂大败于怛逻斯城。经此挫折,设更欲兴忿兵以报怨者,后事必更不堪设想,而安史之乱旋作,唐于西域,遂不复能过问,此转所以保全威望,为要功生事之臣藏拙也。《新书·西域传》赞曰:"西方之戎,古未尝通中国,至汉始载乌孙诸国,后以名字见者寖多。唐兴,以次修贡,盖百余,皆冒万里而至,亦已勤矣。然中国有报赠、册吊、程粮、传驿之费,东至高丽,南至真腊,西至波斯、吐蕃、坚昆,北至突厥、契丹、靺鞨,谓之八蕃;其外谓之绝域;视地远近而给费。开元盛时,税西域商胡,以供四镇,出北道者,纳赋轮台。(事在开元七年,见《焉耆传》。轮台,今新疆轮台县。)地广则费倍,此盛王之鉴也。"夫报赠、册吊、程粮、传驿,为费几何?征戍之劳,盖有什百于此者矣。唐北平突厥,西御吐蕃,东抚治奚、契丹,皆所谓"守在四夷",虽知其劳,势不容已。若西域则异于是,不徒大食不能越葱岭而叩玉门,即吐蕃欲为患甘、凉,亦必道南山而不由四镇也。唐事外之劳费无谓,盖莫西域若,而自太宗已来,皆明知其然而不能

205

自克,然后知后汉世祖闭关却使之不易几也。①

东西民族动息之交替在唐世

中国之史,非徒中国一国之史也,东方诸国之盛衰兴替,盖靡不
苞焉,即世界大局之变动,亦皆息息相关,真知史事之因果者,必不以
斯言为河汉也。此其故何哉?世界各民族,因其所处之境不同,而其
开化遂有迟早之异,后起诸族,必资先进之族之牖启,故先进之国之
动息,恒为世界大波浪之源泉焉。先进之国,在东方为中国,在西方
则在地中海四围。东西民族之动息,亦各有其时,月氏、匈奴,皆自东
徂西者也;铁勒、突厥、回纥、沙陀、黠戛斯,则自西徂东者也。黠戛斯
虽灭回纥,而未能移居其地,西方东略之力,至斯而顿,而东方之辽、
金、元、清继起焉。辽之起,由其久居塞上,渐染中国之文明,金、元、
清则中国之文明,先东北行而启发句骊,更折西北行以启发渤海,然
后下启金源,伏流再发为满洲,余波又衍及蒙古者也。其波澜亦可谓
壮阔矣。五胡乱华之后,隋、唐旋即盛强,而沙陀入据之后,则中国一
厄于契丹,再厄于女真,三厄于蒙古,四厄于满洲,为北族所弱者几千
年,则以铁勒、突厥等,皆自西来,至东方而其力已衰,而辽、金、元、清
则故东方之族类也。东西民族动息之交替,实在唐世,读隋、唐、五代
史者,于此义亦不可不知。②

三　唐朝诸帝均不过中材

隋末,突厥势又强,当时割据北边的人,都称臣于突厥。唐高祖初
起,也卑辞厚礼,想得他的助力。然而却没得到他多少助力。天下已
定之后,待突厥还是很优厚的。然而突厥反格外骄恣,入寇北边几千

---

① 《隋唐五代史》,《吕思勉全集》第 7 册,第 126、133—134 页。
② 《隋唐五代史》,《吕思勉全集》第 7 册,第 3 页。

里，没一处不被其患。贞观、永徽之治，论者以比汉之文、景，武功尤远过之；然非其时之君臣，实有过人之才智也。唐太宗不过中材。论其恭俭之德，及忧深思远之资，实尚不如宋文帝，更无论梁武帝、宋武帝或陈武帝矣。高祖、高宗尤不足道，其能致三十余年之治平强盛，皆时会为之，非尽由于人力也。武后虽有才能，可是宅心不正。她是只计维持自己的权势地位，而不顾大局的政治家。中宗盖极昏愚之主，虽饱经忧患，仍志昏近习，心无远图，惟取当年之乐。睿宗未能少拯其敝。玄宗立，乃思矫之。然宫廷夸毗之习深，玄宗非拔俗之流，安能久自振饬？用姚崇、宋璟，获致一时之治也，然其治绩之衰，盖自相张说时始。

唐高祖曾称臣突厥

历代为中国患的，莫甚于北狄；而所谓北狄，尤以起于蒙古地方的，最为切近。隋唐时代，在这方面的，为突厥、可纥。当隋时，曾乘突厥内部的分离，运用外交手腕，一度使之臣伏。然及隋末，突厥之势又强。当时起于北方的群雄，都称臣于他；即唐高祖亦所不免。（此事唐时的史官，已隐讳掉。所以在历史上，没有正式的记载。只在《突厥传》里，太宗既灭突厥之后，口里露出一句，说：从前太上皇为生灵之故，所以"奉突厥，诡而臣之"。）不过此时高祖并非中国的共主，不能代表中国国家，算不得中国的耻辱罢了。[①]

唐朝的对外，最重要的还是和北族的关系。突厥启民可汗死后，子始毕可汗立。部众渐强。这时候，又值中国丧乱，边民避乱的，都逃奔突厥。于是突厥大盛，控弦之士数十万。割据北边的人，都称臣于突厥。唐高祖初起，也卑辞厚礼，想得他的助力。然而却没得到他多少助力。天下已定之后，待突厥还是很优厚的。然而突厥反格外

---

① 《中国民族演进史》，第 118、119 页。

骄恣。大抵游牧民族，总是"浅虑"而"贪得无厌"的。而且这种人所处的境遇，足以养成他"勇敢""残忍"的性质。所以一种"好战斗"的"冲动"，极其剧烈。并不是一味卑辞厚礼，就可以和他"辑睦邦交"的。而且一时代人的思想，总给这个时代限住，这也是无可如何的事。"前朝的遗孽，想倚赖北族，北族也把他居为奇货。"这种事情，"齐周""周隋"之间，已经行过两次了，已经行之而无效的了。然而隋唐之际，还是如此。……（突厥）没一年不入寇，甚至一年要入寇好几次，北边几千里，没一处不被其患。高祖几乎要迁都避他。而唐朝对待他的法子，也还是钞用隋朝的老文章，这个真可谓极天下之奇观了。处罗可汗的儿子，主治东方，仍称为突利可汗。太宗和他，本来是认得的，于是设法离间他。而颉利这时候，又失掉铁勒的心。北方的铁勒，一时叛他。推薛延陀回纥为主。而国内又遇着天灾，于是国势大衰。前一二八三年（六二九），颉利拥众漠南，想要入寇。太宗遣李靖等分道伐他。李靖袭破颉利于铁山，在阴山之北。颉利遁走。为唐行军总管张宝相所擒。于是突厥之众，一时奔溃。也有北降薛延陀的，也有西走西域的，而来降的还有十几万。太宗初时，想把他处之塞内，化做中国人。当时魏徵主张把他迁之塞外，温彦博主张把他置诸中国，化做齐民。辩论的话，具见《唐书·突厥传》。太宗是听温彦博的话的。著《唐书》的人，意思颇有点偏袒魏徵。然而温彦博的话，实在不错。唐朝到后来，突厥次第遣出塞外，而且不甚能管理他，仍不啻实行魏徵的政策。然而突厥接连反叛了好几次，到默啜，几乎恢复旧时的势力，边患又很紧急，这都是"放任政策"的弊病。[①]

唐太宗不过中材

汉、唐并称中国盛世。贞观、永徽之治，论者以比汉之文、景，武

① 《自修适用白话本国史（二）》第二篇《中古史下》，第 22—23 页。

功尤远过之；然非其时之君臣，实有过人之才智也。唐太宗不过中材。论其恭俭之德，及忧深思远之资，实尚不如宋文帝，更无论梁武帝；其武略亦不如梁武帝，更无论宋武帝、陈武帝矣。若高祖与高宗，则尤不足道。其能致三十余年之治平强盛；承季汉、魏、晋、南北朝久乱之后，宇内乍归统一，生民幸获休息；塞外亦无强部；皆时会为之，非尽由于人力也。

两晋、南北朝政治之坏，一由贵人之淫侈，一则胡俗之粗犷。唐高祖之怠荒，何异于晋武帝？使元吉而得志，亦何异于齐文宣哉？故知五代之敝风，至唐初而犹未殄也。幸其末年风气稍变，右文者渐多，而太宗即其人，故获致一时之治焉。太宗之为太子，断决庶务，即纵禁苑鹰犬，停诸官所进珍异；即位后，放掖庭宫女三千余人；贞观二年，又简出隋末宫人；颇能干父之蛊。御宇之初，亦能勤于听政，容受直言。王珪、魏徵，同事建成，帝并用为谏议。朝臣如虞世南、姚思廉、褚遂良、刘洎、马周、张玄素等，咸有才猷，亦颇著风节。虽外戚如高俭、长孙无忌亦然。马周之见用，乃由其初客常何，何时为中郎将，太宗令百寮言得失（《旧书·传》云：贞观五年。《通鉴考异》曰：《实录》诏在三年，《旧书》盖误），周为何陈便宜二十余事。太宗怪其能。何曰："此非臣所能，家客马周具草也。"太宗即日召之。未至间，遣使催促者数四。及见，与语，甚悦，令直门下省。明年，授监察御史。奉使称旨。以何举得其人，赐帛三千匹。张玄素为景州参军。太宗闻其能。即位，召见，访以政道，善其对，擢为侍御史。其渴于求贤，破格任用，亦诚有不可及者。房玄龄、杜如晦并称贤相。如晦贞观三年，始与玄龄共掌朝政，四年即卒。玄龄则元年为中书令，至二十三年乃卒，其相业实与帝相终始。史称其"明达吏事，饰以文学，审定法令，意在宽平"，此正足救五代来之失；而其重视用兵，亦足救太宗之好大喜功；固无怪其能辅帝以致一时之治也。

唐太宗之定四夷，多不甚烦兵力，惟于高丽，则仍蹈隋炀帝之覆辙。可见时势所限，虽英杰无如之何。然亦可见太宗之武功多徼天

幸,非其材武之过人也。^①

史书书贞观颇过其实

《旧书》本纪于贞观四年书云:是岁断死刑二十九人,几致刑措。东至于海,南至于岭,皆外户不闭,行旅不赍粮焉。《新书·食货志》曰:贞观初,户不及三百万,绢一匹,易米一斗。至四年,米斗四五钱;外户不闭者数月,马牛被野,人行数千里不赍粮;民物蕃息,四夷降附者百二十万人;是岁天下断狱,死罪者二十九人;号称太平。又《魏徵传》云:帝即位四年,岁断死二十九,几至刑措。米斗三钱。东薄海,南逾岭,户阖不闭,行旅不赍粮,取给于道。又《旧书》本纪于贞观三年书云:是岁,户部奏言中国人自塞外来归,及突厥前后内附,开四夷为州县者,男女一百二十余万口。《新书》略同。《通鉴》贞观四年云:元年关中饥,米斗直绢一匹,二年天下蝗,三年大水。上勤而抚之,民虽东西就食,未尝嗟怨。是岁,天下大稔。流散者咸归乡里,米斗不过三四钱。终岁断死刑才二十九人。东至于海,南极五岭,皆外户不闭,行旅不赍粮,取给于道路焉。此其所本皆同,特辞有详略耳。此论史者所由称贞观之治,足以媲美汉文,而为三代下所希有者也。

然戴胄之谏营洛阳宫也,曰:"比见关中、河外,尽置军团,富室强丁,并从戎旅。重以九成作役(九成宫,即隋仁寿宫。唐于是年九月修之,改名),余丁向尽。乱离甫尔,户口单弱,一人就役,举家便废。入军者督其戎仗,从役者责其糇粮,尽室经营,多不能济。"此四年之翼岁耳,与史所言四年之情形,相去何其远也? 合《秦汉史》第四章第五节论汉文帝之语观之(编者按:见本书"汉人称颂文景颇过其实"条),书其可尽信乎?^②

---

① 《隋唐五代史》,《吕思勉全集》第 7 册,第 52、56—57、71—72 页。
② 《隋唐五代史》,《吕思勉全集》第 7 册,第 58 页。

评武后

　　武后虽有才能，可是宅心不正。她是一种只计维持自己的权势地位，而不顾大局的政治家。当其握有政权之时，滥用禄位，以收买人心；又任用酷吏，严刑峻法，以威吓异己的人，而防其反动；骄奢淫佚的事情，更不知凡几；以致政治大乱。①

　　武后以一女主，而易姓革命，开旷古未有之局，论者多以为奇，其实无足异也。专制之世，政权谁属，人民本不过问；天泽之分既严，称兵废置，往往有反叛之嫌，苟非握大权，拥强兵，自度全国莫能与抗者，亦多不敢为是；此历代篡夺之主，所以获安其位也。母后临朝，有帝王之实者，本自不乏，特未尝居其名耳。武后在高宗时，盗窃政柄，已余二十年，其形势，又非他临朝摄政者比，实既至矣，易其名何难？特视其欲不欲耳。武后为纵恣而无忌惮之人，有以旷古未有之局歆之者，自将试为之，而革命之局成矣。若谓皇帝之名，本无足歆，居之，徒足招人讥议，且授人以攻击之柄而自蹈危机，何必为是？则试问至二十世纪，皇帝之名，更何足歆？袁世凯何以犹冒不韪而为之，以致身败名裂乎？从来居权势之地者，多无学识，亦罕能深思远虑，不能以谀史者之见衡之，求之深而反失之也。②

中宗昏愚古今罕见

　　中宗盖极昏愚之主，故虽饱经忧患，而仍志昏近习，心无远图，惟取当年之乐。(《旧书》本纪赞语)朝政既敝，宫闱尤无轨范。太平、长宁、安乐、宜城、新都、定安、金城七公主，皆开府置官属。(《新书·太平公主传》。长宁以下五公主，皆中宗女。《廿二史考异》云：神龙

---

① 《吕著中国通史》下册，第 455 页。
② 《隋唐五代史》，《吕思勉全集》第 7 册，第 96—97 页。

朝，公主别无封金城者。惟高宗女高安公主，始封宣城，神龙初进册长公主，实封千户，开府置官属。此金城或宣城之误。）安乐尤骄。卖官粥狱，势倾朝廷。尝自草制敕，掩其文，请帝书焉，帝亦笑而从之，竟不省视。左右内职，皆许时出禁中。于是上官昭容及宫人贵幸者，皆立外宅。朝官邪佞者候之，恣为狎游，祈其赏秩，以至要官。上官与其母郑氏，尚宫柴氏、贺娄氏，树用亲党，广纳货赂，别降墨敕授官。臧获屠贩，累居荣秩。（《旧书》本纪：神龙二年三月，是月，大置员外官，自京诸司及诸州佐，凡二千余人。超授阉官七品已上及员外者千余人。）广营佛寺，所费无艺。封家岁给绢至百二十万匹已上，而每年庸、调，多不过百万匹，少则七八十万而已。（《旧书·韦嗣立传》）帝方幸玄武门，与近臣观宫女大酺。又遣宫女为市肆，粥卖众物，令宰臣及公卿为商贾，与之交易，因为忿争。又于上元夜与皇后微行观灯。放宫女数千人看灯。因此多有亡逸者。令群臣集梨园球场，分朋拔河，与皇后、公主亲往观之。屡幸安乐公主及群臣第宅山庄。游骊山。临渭修禊饮。其在宫中，则武三思至与韦后共御床博戏，而帝从旁典筹。国子祭酒叶静能善禁架，常侍马秦客善医，光禄少卿杨均善烹调，皆引入后庭。史言均、秦客烝于后，虽未必实，然其黩乱，则可谓古今所罕矣。[①]

论玄宗朝

开元、天宝，世皆以为有唐盛衰治乱之界，其实非也。传曰：拨乱世，反之正。欲言拨乱，则必举致乱之原而尽去之，玄宗则安能？彼其放纵淫乱之习，一切无异于前人，特即位之初，承极乱之后，不得不稍事整顿耳。积习既深，终难自拔，则阅时不久，复蹈前人之覆辙矣。

国于天地，必有与立。专制之世，所恃为桢干者，士大夫之气节

---

① 《隋唐五代史》，《吕思勉全集》第 7 册，第 114—115 页。

也，而唐世则最阙于是。长孙无忌、褚遂良等，号称正人，校其所为，亦何莫非植党死权？而武、韦之朝，更不必论矣。玄宗之起，扶翼之者，亦多倾险之士。（《旧书·崔日用传》：日用尝语人曰："吾一生行事，皆临时制变，不专守始谋，每一念之，不觉芒刺之在背也。"当时如此者，岂独一日用而已？）帝于此辈，能速去之（如刘幽求、钟绍京、王琚等，皆暂用即斥。郭元振旧有勋劳，且有讨萧、岑之功，帝于骊山讲武，顾以军容不振，坐诸纛下，欲斩之，盖亦所以挫折之也。姜皎藩邸之旧，即位拜殿中少监，与诛韦氏之谋，迁太常卿，出入卧内，亲宠无比；弟晦，亦历御史中丞、吏部侍郎，宋璟请抑损之，亦即放归田园），而用姚崇、宋璟（崇以开元元年相，璟以四年相），史称崇善应变，承权戚干政之后，罢冗职，修制度，择百官；璟善持正，务清政刑，使官人皆任职；此其所以获致一时之治也，然为时初不久。开元九年，张说相，导帝以行封禅，而骄盈之志萌矣。……武韦之世，奢侈之风，可谓荡焉无复纲纪。睿宗正位，初亦能少拯其敝。玄宗立，乃思矫之。……然唐之宫廷，夸毗之习深矣，帝（玄宗）初非拔俗之流，其安能久自振饬？

所以能如是其侈者，则计臣之聚敛实为之。《新书·食货志》云：玄宗时，海内富实。米斗之价钱十三，青、齐间斗才三钱。绢一匹钱二百。道路列肆，具酒食以待行人，店有驿驴，行千里不持尺兵。天下岁入之物：租钱二百余万缗，粟千九百八十余万斛，庸、调绢七百四十万匹，绵百八十余万屯，布千三十五万余端。天子骄于佚乐而用不知节，大抵用物之数，常过其所入，于是钱谷之臣，始事朘刻。……夫谷帛降贱，适益耕夫织妇生计之艰。货物流衍，更开驵侩豪民并兼之路。若此者，往往外观繁盛，实则贫富愈不均。富者恣其骄奢，贫者耻不逮焉而追随于后，则俗益坏而民益嚣然愁苦，不聊其生。事势如斯，最宜警惕，而唐人转以是称开元为全盛，只见其昧于治体也。国家取民虽薄，利亦或不在民，而归于中饱，搜剔征责，谁曰不宜？然亦视其用之之如何。若竭天下之资财，以供一人之侈欲，则其贤于中饱者几何？而中饱者究犹有所惮也。且搜剔征责者，岂能域于吏而不及于民乎？欲剥民者，不益得所藉手乎？故曰：与其有聚敛之臣，宁有盗臣。玄宗治绩之衰，盖自其相张说时始。[①]

四　唐之痼疾在宦官

　　统一之道，在于防邦畿千里之国之再起。魏晋南北朝之州郡，唐五代之藩镇，则此等国之再起者也。对待被征服的异族，汉朝多使之入居塞内，唐朝则仍留之于塞外，而设立都护府或都督府去管理它。所以唐朝所征服的异族虽多，未曾引起像五胡乱华一般的杂居内地的异族之患。然环伺塞外的异族既多，当其种类昌炽，而中国政治力量减退时，就不免有被其侵入的危险了。唐代藩镇之弊，是"地擅于将，将擅于兵"，此乃所谓骄兵。凡兵骄，则对外必不能作战，而内部则被其把持，一事不可为，且纲纪全无，变乱时作。军队骄则必不听命令，不能对外，而要内讧；内讧，势必引外力以为助；这是千古一辙的。唐时征讨，多用蕃兵，府兵得其用者甚少，恐亦未足大用。安史的亡，只是安史的自亡，不然，安史的一班降将，何以毫不能处置，而只好养痈遗患呢？所以《唐书》上所载郭子仪，李光弼的战绩全不可靠的。宦官之祸，历代多有，拥兵为患，却只有唐朝。所以，唐朝中叶后的痼疾，不是藩镇，实在是宦官。

统一之道，在防邦畿千里之国再起

　　今文家五等之封，为百里、七十里、五十里，古文家则为五百里、四百里、三百里、二百里、百里，盖皆按切时势以立言。今文家所言，盖周初之制，古文家所言，则东周后事矣。百里之国，滕、薛、邾、莒之伦。此等国为大国所灭，则以之置县。秦、汉时县大率方百里是也。

---

① 《隋唐五代史》，《吕思勉全集》第 7 册，第 119、120、123、124 页。

历代县之疆域，虽时有赢缩，然其本则未变。此等国，在春秋时已无足重轻矣。五百里之国，鲁、卫、宋、郑是也。在春秋时尚足自立，入战国乃日益削弱，以至于亡。此其区域，在秦、汉时则为郡。汉有叛国而无叛郡，明大小若此者，亦无能为。其在春秋时则争霸，在战国时则并称王，争为帝，而终之以并吞者，则齐、晋、秦、楚是也。此等国之封域，即古书所言邦畿千里之制。封国无能若是其大者，亦无若是其大，而犹受封于人者。故言封建之制者，皆不之及。此等国不徒在春秋、战国之世，为兵争之源，即汉初之地，更倍于此等国，亦未足以戢吴、楚七国之心也。然则欲求一统，其道无他，只是防邦畿千里之国之再起而已矣。而魏、晋、南北朝之州郡，唐、五代之藩镇，则此等国之再起者也。此中国统一与分裂之键也。[①]

安史之乱之根源

唐朝的盛衰，以安史之乱为关键。安史之乱，皇室的腐败只是一个诱因，其根源是别有所在的。（一）唐朝的武功从表面看，虽和汉朝相等，其声威所至，或且超过汉朝，但此乃世运进步使然，以经营域外的实力论，唐朝实非汉朝之比。汉武帝时，攻击匈奴，前后凡数十次；以至征伐大宛，救护乌孙，都是仗自己的实力去摧破强敌。唐朝的征服突厥、薛延陀等，则多因利乘便，且对外多用蕃兵。玄宗时，府兵制度业已废坏，而吐蕃、突厥都强，契丹势亦渐盛。欲图控制、守御，都不得不加重边兵，所谓藩镇，遂兴起于此时，天下势成偏重。（二）……西域人的文明程度，远较北族为高。……从来北族的盛衰，往往和西胡有关涉。……他们的进于盛强，如物质文明的进步，政治、军事组织的改良等，亦必有受教于西胡的了。唐朝对待被征服的异族，亦和汉朝不同。汉朝多使之入居塞内，唐朝则仍留之于塞外，而设立都护府或都督府去管理它。所以唐朝所征服的异族虽多，未曾引起像五胡

---

① 《隋唐五代史》，《吕思勉全集》第 8 册，第 721 页。

乱华一般的杂居内地的异族之患。然环伺塞外的异族既多,当其种类昌炽,而中国政治力量减退时,就不免有被其侵入的危险了。唐末的沙陀,五代时的契丹,其侵入中国,实在都是这一种性质,而安史之乱,就是一个先期的警告。……安禄山的主要任务,为镇压奚、契丹,他就收用其壮士,名之曰曳落河。其军队在当时藩镇之中,大约最为剽悍。目睹玄宗晚年政治腐败,内地守备空虚,遂起觊觎之念。①

唐代藩镇之弊

唐代藩镇之弊,总括起来,是"地擅于将,将擅于兵"八个字。一地方的兵甲、财赋,固为节度使所专,中央不能过问。节度使更代之际,也至少无全权过问,或竟全不能过问。然节度使对于其境内之事,亦未必能全权措置,至少是要顾到其将校的意见,或遵循其军中的习惯的。尤其当更代之际,无论是亲子弟,或是资格相当的人,也必须要得到军中的拥戴,否则就有被杀或被逐的危险。节度使如失众心,亦会为其下所杀。又有野心的人,煽动军队,饵以重赏,推翻节度使而代之的。此等军队,真乃所谓骄兵。凡兵骄,则对外必不能作战,而内部则被其把持,一事不可为,甚且纲纪全无,变乱时作。唐中叶以后的藩镇,所以坐视寇盗的纵横而不能出击;明知强邻的见逼,也只得束手坐待其吞并;一遇强敌,其军队即土崩瓦解;其最大的原因,实在于此。这是非加以彻底的整顿,不足以有为的。②

释"守在四夷"

从前对外之策,重在防患未然。必须如汉之设度辽将军、西域都护,唐之设诸都护府,对于降伏的部落,(一)监视其行动,(二)通达其情意,(三)并处理各部族间相互的关系。总而言之,不使其(一)互相

---

① 《吕著中国通史》下册,第456—457页。
② 《吕著中国通史》下册,第470—471页。

并吞，(二)坐致强大。是为防患未然。其设置，是全然在夷狄境内，而不在中国境内的，此之谓"守在四夷"。是为上策。经营自己的边境，已落第二义了。然果其士马精强，塞完固，中央的军令森严，边将亦奉令维谨，尚不失为中策。若如唐朝的藩镇擅土，则必自下策而入于无策的。因为军队最怕的是骄，骄则必不听命令，不能对外，而要内讧；内讧，势必引外力以为助；这是千古一辙的。[①]

唐府兵恐不足大用

唐朝府兵制度存在之时，得其用者甚少。此固由于唐时征讨，多用蕃兵，然府兵恐亦未足大用。其故，乃当时的风气使之，而亦可谓时势及国家之政策使之。兵之精强，在于训练。主兵者之能勤于训练，则在豫期其军队之有用。若时值承平，上下都不以军事为意，则精神不能不懈弛；精神一懈弛，训练自然随之而废了。所以唐代府兵制度的废坏，和唐初时局的承平，及唐代外攘，不甚调发大兵，都有关系。[②]

史载郭、李战绩皆不可靠

郭子仪，李光弼，是历史上负头等声誉的人物。我说他的兵，实在没有什么用场。这个很容易见的。进取西京的时候，官军的总数，共有十五万；回纥兵不过四千。然而为什么一定要有了回纥兵，才能收复两京？当时官军的兵力，并不薄弱、贼兵则久已腐败了；而且安禄山死了，失了统御的人；何以十几万的官军，竟不能力战取胜，一定要借助于回纥兵呢？围相州一役，没有外族兵，就以六十万的大兵，而杀得大败亏输。这时史思明的兵，只有三万。相持几年，毕竟又靠回纥的力，才把史朝义打平。这种军队，也就可想而知了。所以我说

① 《吕著中国通史》上册，第 168—169 页。
② 《吕著中国通史》上册，第 166 页。

《唐书》上所载郭李的战绩,是全不可靠的。安史的亡,只是安史的自亡。不然,安史的一班降将,何以毫不能处置,而只好养痈遗患呢?①

唐中叶后痼疾在宦官

　　唐朝亡于藩镇,是人人知道的。其实藩镇之祸,还不如宦官之深。为什么呢?藩镇之中,始终抗命的,其实只有河北三镇。其余诸镇,虽也时时有抗命的事情,然而从黄巢作乱以前,显然拒命,始终不能削平的,其实没有。不过外权太重,中央政府,陷于威权不振的状态罢了。要是有有为之主,赫然发愤,原未尝不可收拾。然而从中叶之后,也未尝无有为之主,而始终不能振作,则实由于宦官把持朝局之故。宦官所以能把持朝局,又由于他握有兵权之故。所以唐朝宦官之祸,是起于玄宗,而成于德宗的。唐初的宦官,本没有什么权柄。玄宗才叫宦官杨思勖出平蛮乱。又信任高力士,和他议论政治。于是力士"势倾朝野"。权相如李林甫、杨国忠,尚且交结他。至于太子亦"事之以兄"。……到德宗从奉天回来,鉴于泾原兵变时候,禁军仓卒不能召集;不愿意兵权专归武将;于是就神策、天威等军,置护军中尉、中护军等官,以宦官窦文昜、霍仙鸣等为之。又置枢密使,令宦官宣传命令。宦官的势力,从此就深根柢固了。……总而言之:中央的兵权和机务,都操在宦官手里;六七代的皇帝,都是由宦官拥立;这是历代所没有的。然而其初,不过起于君主一念之差;专制政体的危险,就在这等地方。②

　　宦官之祸,是历代多有的,拥兵为患的,却只有唐朝。(后汉末,蹇硕欲图握兵,旋为何进所杀。)总之,政权根本之地,不可有拥兵自重的人,宦官亦不过其中之一罢了。③ 唐朝中叶后的痼疾,不是藩镇,

① 《自修适用白话本国史(三)》第三篇《近古史上》,第 5 页。
② 《自修适用白话本国史(三)》第三篇《近古史上》,第 13、14、15 页。
③ 《吕著中国通史》上册,第 167—168 页。

实在是宦官。因为唐朝的藩镇，并没有敢公然背叛，或者互相攻击，不过据土自专，更代之际，不听命令而已。而且始终如此的，还不过河北三镇。傥使朝廷能够振作，实在未尝不可削平。而唐朝中叶后的君主，如顺宗、文宗、武宗、宣宗、昭宗等，又都未尝不可与有为。其始终不能有为，则全是因被宦官把持之故。事势至此，已非用兵力铲除，不能有别的路走了。一个阶级，当其恶贯满盈，走向灭亡之路时，在他自己，亦是无法拔出泥淖的。①

　　司马君实论之云：宦官为国家患久矣！东汉最名骄横，然皆假人主之权，未有能劫胁天子，如制婴儿，如唐世者也。所以然者，汉不握兵，唐握兵故也。君实此论，一语道破。而叔文之忠，为何如哉？奈何昌黎《永贞行》云："北军百万虎与貔，天子自将非他师。一朝夺印付私党，凛凛朝士何能为？"以宦官典兵为天子自将，抑何刺缪甚乎？(《十七史商榷》)②

五　隋唐制度之变迁

　　隋罢州郡之辟，废乡里之举，是为举官之制的一大变。唐代以三省长官为相职，而中书、门下，尤为机要。中书、门下等官，其初是天子的私人，至此权力渐大，地位渐尊。政治上正式机关其权日削，皇帝秘书和清客其权日张；内官权限日趋于轻，外官权力却日趋于重。马周于太宗时上言："今朝廷独重内官，县令、刺史，颇轻其选。刺史多是武夫勋人，或京官不称职，方始外出。"可见用人上太宗未能革隋世武人司牧之弊。高宗以后，迁流弥甚。唐代仕途冗滥，始于高宗时，玄宗时，每年赴选常万人。为官易，享禄厚，上法宽，下敛重，此所以士人求官者众。晋之户调式、北魏之均田令与唐之租庸调法，都是不夺其私有之田，无田者则由官给，以渐平均地权；立法之意诚甚善，然其实行至何程度，则殊

<hr>

① 《吕著中国通史》下册，第464页。
② 《隋唐五代史》，《吕思勉全集》第7册，第229页。

可疑。德宗时,杨炎为相,废租庸调法而行两税,但就其所有者而税之,而人民田地之有无多少,官遂不复过问。此为唐中叶后税法一大变,而温和之平均地权政策至此告终。

相权之变迁

秦汉时的宰相,是有相当的权力,而地位亦颇尊严的。然自武帝以后,其权已渐移于尚书。曹魏以后,又移于中书,刘宋以后,又参以门下。至唐代,遂以此三省长官为相职,而中书、门下,尤为机要。后来两省长官,不复除人,但就他官加一同平章事等名目,即为宰相。其事务,则合议于政事堂。政事堂初在门下省,后移于中书省。宋元之世,遂以中书省为相职。中书、门下等官,其初起,虽是天子的私人,至此其权力又渐大,地位又渐尊了。明世,乃又废之而代以殿阁学士,清代,内阁之权,又渐移于军机处。总而言之,政治上正式的机关,其权恒日削,而皇帝的秘书和清客一类的人,其权恒日张。①

内官日轻,外官日重

外官的变迁,则和内官正相反。内官的权限,日趋于轻;宰相九卿等,有独立职司的官,职权多见侵夺。外官的权力,却有日趋于重之势。秦汉时代的两级制(郡县),到汉末改设州牧,就变成三级制。隋朝统一以后,当时的所谓州,已经和前此的郡,区域大小,并无分别了。于是把州、郡并做一级。唐朝也沿其制,而于其上再设一个道的区域。以后,把天下分做四十余道,各置观察使。这种使官,都称为监司之官。他的责任,只是驻于所察诸郡中的大郡,访察善恶,举其大纲,并不直接理事,颇和汉朝刺史的制度相像。然而到后来,往往侵夺州郡的实权,州郡不敢与抗。而且这时候,已经是军人的世界

---

① 《中国近世史前编》,《吕著中国近代史》,第149—150页。

了。有军马的地方,就都设了节度使。凡有节度使的地方,任凭有多少使的名目,都是他一个人兼的。……于是中央政府,毫无实权……又成了尾大不掉的情形了。①

用人之重内轻外

重内轻外之风,隋、唐时颇甚。贞观、开元之世,亟欲挽之,然皆未能奏效。肃、代以后,乃幡然一变,力求重内而不得矣。此可见制度与事势乖违,终必有名无实也。《新书·循吏传》曰:"太宗尝曰:朕思天下事,丙夜不安枕。永维治人之本,莫重刺史,故录姓名于屏风,卧兴对之,得才否状,辄疏之下方,以拟废置。又诏内外官五品以上举任县令者。都督、刺史,职察州县。间遣使者,循行天下,劾举不职。始都督、刺史,皆天子临轩册授,后不复册,然犹受命日对便殿赐衣物乃遣。玄宗开元时,已辞,仍诣侧门候进止。又锢废酷吏。诏三省侍郎缺,择尝任刺史者;郎官缺,择尝任县令者。宰相、名臣,莫不孜孜言长人不可轻授、亟易。是以授受之间,虽不能皆当,而所得十五。故协气嘉生,熏为太平,垂祀三百,与汉相埒。"此言虚美无实。

《隋书·循吏·柳俭传》:高祖初有天下,妙简贤能,出为牧宰,以俭仁明著称,擢拜蓬州刺史。蜀王秀得罪,坐与交通免。炀帝嗣位,征之。于时以功臣任职,牧州领郡者,并带戎资,惟俭自良吏。帝嘉其绩用,特授朝散大夫,拜弘化太守,赐物一百段而遣之。然则隋高虽留心政事,至炀帝世,武人之司牧者犹多。《旧书·马周传》:周于太宗时上言:"今朝廷独重内官,县令、刺史,颇轻其选。刺史多是武夫勋人,或京官不称职,方始外出。而折冲、果毅之内,身材强者,先入为中郎将,其次始补州任。边远之处,用人更轻。其材堪宰位,以德行见称擢者,十不得一。百姓未安,殆由于此?"是太宗亦未能革隋世之弊也。高宗以后,迁流弥甚。《旧书·韦嗣立传》:长安中,则

---

① 《自修适用白话本国史(二)》第二篇《中古史下》,第 42—43 页。

天与宰臣议及州县官吏。纳言李峤，夏官尚书唐休璟等奏："窃见朝廷物议，莫不重内官，轻外职。每除授牧伯，皆再三披诉。比来所遣外任，多是贬累之人。风俗不澄，实由于此。"中宗时，嗣立上疏，言："刺史县令，理人之首。近年已来，不存简择。京官有犯及声望下者，方遣牧州。吏部选人，暮年无手笔者，方拟县令。"《萧至忠传》：中宗时上疏云："伏见永徽故事，宰相子弟，多居外职者。愿降明敕，令宰相已下及诸司长官子弟，并改授外官。"《卢怀慎传》：景龙中上疏云："比来州牧、上佐及两畿县令，下车布政，罕终四考。在任多者一二年，少者三五月，遽即迁除，不论课最。或有历时未改，便倾耳而听，跂踵而望。争求冒进，不顾廉耻。"又云："内外官人，有不率宪章，公犯赃污，侵牟万姓，剥割蒸人，鞫按非虚，刑宪已及者，或俄复旧资，虽负残削之名，还膺牧宰之任。或江淮岭碛，微示惩贬，而徇财黩货，罕能悛革。小州远郡，蛮陬夷落，何负圣化，独受其弊乎？"皆可见其每况愈下之状。……安、史乱后，内外官轻重遽变。[1]

举官之制隋唐一大变

外官所用僚属，自南北朝以前，均由郡县长官，自行选用，其权属于功曹。所用多系本地人。隋文帝始废之，佐官皆由吏部选授。此与选法之重资格而轻衡鉴，同为一大变迁，而其原理是相同的，即不求有功，但求防弊。士大夫蔽于阶级意识，多以此等防弊之法为不然。然事实上，所谓官僚阶级，总是以自利为先，国事为后的。无以防之，势必至于泛滥不可收拾。所以防弊之法，论者虽不以为然，然事实上卒不能废，且只有日益严密。[2]

举官之制，隋、唐时亦为一大变。其事维何？辟举之废是已。《隋书·百官志》曰："旧周、齐州郡县职，自州都郡县正已下，皆州郡

---

① 《隋唐五代史》,《吕思勉全集》第 8 册, 第 762—763、764 页。
② 《吕著中国通史》上册, 第 136 页。

将、县令至而调用，理时事。至是不知时事，直谓之乡官。别置品官，皆吏部除授。每岁考殿最。刺史、县令，三年一迁，佐官四年一迁。开皇十五年，罢州、县乡官。"……周、齐已前，地方用人之权，迄未属于中央也。州郡之用人，必就其地，自隋变法，而州郡用人之权失，士子仕于当地之途亦窒矣。（《陔余丛考》"郡国守相得自置吏"条云："郡守置掾属，皆用本郡人。《通典》谓汉时惟三辅评兼用他郡人。案，《汉书·循吏传》：黄霸，淮阳人，补左冯翊卒史。如淳曰：三辅郡得用他郡人，其余则否。京房为魏郡太守，自请得除用他郡人。以欲用他郡人而特奏请，尤可见掾属无不用本郡人也。"）故云为一大变也。

此专制政治演进必至之势。何者？专制政治之演进，必日摄地方之权而归诸中央也。《隋书·儒林·刘炫传》：牛弘尝从容问炫曰："《周礼》士多而府史少，今令史百倍于前，减则不济，其故何也？"对曰："古人委任责成，岁终考其殿最。案不重校，文不繁悉，府史之任，掌要目而已。今之文书，恒虑覆治，锻炼不密，万里追证，百年旧案。故谚云：老吏抱案死。古今不同，若此之相悬也。事繁政弊，职此之由。"弘又问："魏、齐之时，令史从容而已，今则不遑宁舍，其事何由？"对曰："齐氏立州，不过数十，三府、行台，递相统领，文书行下，不过十条，今州三百，其繁一也。往者州惟置纲纪（《通鉴》注云：此纲纪谓长史、司马。见大业三年），郡置守、丞，县惟令而已。其所具寮，则长官自辟，受诏赴任，每州不过数十。今则不然，大小之官，悉由吏部，纤介之迹，皆属考功，其繁二也。省官不如省事，省事不如清心。官事不省，而望从容，其可得乎？"刘炫此对，古今以为名言，然以释隋氏事繁政弊之由则可矣，以其说为当行，而惜胥之不能用则不可。《通典·选举典评》曰："隋文帝素非学术，盗有天下，不欲权分。罢州郡之辟，废乡里之举，内外一命，悉归吏曹，才厕班列，皆由执政。执政参吏部之职，吏部总州郡之权，罔徵体国推诚，代天理物之本意。"夫其为此，非出无意可知。此得谓其纯出私意乎？曰：否。治民者之欲朘民以自肥也久矣。其中岂无贤人，然千百之一二而已。贤士大夫可任,其党类不可任也。故州郡用人之权,及士子仕于本地方之权,皆不可以不替。以如是,则其朘民之势微耳。夫岂不知如是则其欲有所作为益难?然专制之治,固能为民除害,不能为民兴利者也。"治天下不如安天下,安天下不如与天下安",处鞭长莫及之势,斯言固不可易矣。隋文之为此,诚不敢谓其无私意,然即无私意,此法亦不可不行也。故曰:隋、唐举官之法之变,实专制政治演进必至之势也。[①]

地方自治之废

赢秦而降,政体既更,专制之主,但求保其大位,传之子孙,于是不求所以安天下,而但蕲与天下为安;不计所以治天下,而但冀天下之不乱。古者乡遂设治之密,汉世三老、啬夫、游徼之职,犹存遗意。而自魏晋以后,则废坠于无形矣。汉世郡县之佐,皆用本地方人,犹能熟悉情弊,有所兴革,而自隋以后,则尽易以他郡人矣。县官高居于上,闾阎情状,本难周知,加以必用远方之人,又不使久于其任,遂至形同瞽瞆,一任吏胥衙役之播弄。其位,乃古国君之位,其所处之境,所操以为治之具,则虽使冉有、季路复生,无以善其后也。孔子曰:"孟公绰为赵魏老则优,不可以为滕薛大夫。"孟子言"滕绝长补短,方五十里,"其大夫所治,不及今之一乡矣。而孔子重之如此,知牧民之事,非可易言也。后世自县官以下,三老、啬夫等职,一切无有,则是百里之国,有君而无卿大夫士也,其何以为治?

今之县令,位甚卑,权甚小,财甚窘,而事极繁,责极重,佐之者又无其人,固不足以善事。然即高其位,大其权,宽其财,多其佐之之人,而责之以凡一县之事,其势亦不克举。何者?地太广,人太多,事太繁,本非一令及十数佐理之人所能治也。且如农业,必浚其沟渠,修其堤堰,相其种播之种,计其耕垦之具;方播种,则贷以资本,劝其工力;及收获,则谨其畜藏,便其输运;然后可以兴盛,此岂一手一足

---

① 《隋唐五代史》,《吕思勉全集》第 8 册,第 748—749 页。

之功乎？故古者三十里则有一田畯主之，国君则春省耕而补不起，秋省敛而助不给而已。此则今之县令所能为也。然徒省耕省敛，遂足以兴农业乎？必不然矣。故今者，必使乡自治而县只监督之，纤悉之务，尽归于乡，必其涉及数乡者，乃由县为之规划，分其事而总其成，而后可以为治。[1]

隋唐税法一大变

税法至隋、唐，又为一大变，庸调变为两税是也。汉世税法，以田租、口赋为大宗。田租虽豪强侵陵，官家弗能三，然其取之仅三十之一，要不可谓之不轻，而口赋则取之颇重。案，孟子以布缕之征，与粟米之征、力役之征并举，则农家所遍有者惟布缕，自战国已然。汉世亦应如是，顾其取之人人者，不以布缕而以钱，又不计其人之贫富而一例责之，则恶矣。魏武定河北，田租而外，户收绢二匹，绵二斤，而口率出钱之制遂废，善矣。然户不必皆有产，有产者亦不必均，而所取者乃一例责之，犹丧乱时之权制也。晋户调式，始比户而授之以田，魏、齐、周皆因之，尤善之善者矣。然官能按户授之以田（其实能否尚难言之），而不能保既授之后，其田遂无换易。并兼既起，田不给授，则有田者依然无田，而户调顾与田租合而为一，则无田者不徒当出绵布等调，并须出粟米之征，其受累反更深矣。斯时也，不能制民之产，举并兼者而悉出之，凡无田者皆授之田，则又宜分田租户调为二，田税随田收取，户税则视其訾产之有无多寡而分别取之，此则庸调之所以变为两税也。然论者皆莫喻斯理，直至迫于事势，乃不得已而行之焉。[2]

唐中叶以后的税法，和唐中叶以前，也起了一个大变迁。便是：唐中叶以前的税法，都是以丁税和田税为正宗；虽或注重杂税，不过是暂时之事。如汉武帝时代是。平时国家固然也有杂税的收入，不

① 《乡政改良刍议》，《政治学刊》1929 年第 1 期。
② 《隋唐五代史》，《吕思勉全集》第 8 册，767 页。

过看作财源上的补助；国家正当的经费，并不靠此。——汉人说县官只当衣食租税，便是这种思想的代表。——所以隋文帝能把一切杂税，全行免除。到唐中叶以后，其趋势却大异乎是；至北宋而新形势遂成。这个由于：（一）唐中叶以后，赋役之法大坏；又藩镇擅土，国家收入不足，不得不新辟租税之途。（二）因藩镇擅土，竞事搜括；其结果，就添出许多新税来。税目太简单，本是不合理的；专注意于贫富同一负担的丁税，和偏重农人的田税，更为不合理。能注重于此外的税目，诚然是进步的事。所可惜的，是当时所取的税目，未必尽良；征收的方法，又不甚完善罢了。[①]

温和之平均地权政策至唐告终

自新莽变法失败后，言社会政策者，遂趋于缓和，又以儒学专行，法学消歇，遂不言节制资本，而单重平均地权。以温和之手段平均地权，是为晋之户调式、北魏之均田令、唐之租庸调法。此三法：（一）皆以无主之地授民。（二）而于其固有者，则不夺之，但于其所有之数，立一最大之限度。（三）至于所有之数仅是最小限度，则亦不准典卖。但（A）无强迫迁移之法，因终必不给于授。（B）又人民缓急无可融通，终不能禁其典卖，遂至有名无实。史称唐开元时，法已大坏，至德宗时，杨炎为相，卒废租庸调法而行两税。但就其所有者而税之，而人民田地之有无多少，官遂不复过问。温和之平均地权政策，至此告终。[②]

统观三法，立法之意，是不夺其私有之田，无田者则由官给，希冀减少反抗，以渐平均地权，其立法之意诚甚善。然其实行至何程度，则殊可疑。即使实行了，而人总是有缓急的，缓急的时候，不能不希望通融，在私产制度之下，谁肯白借给你来？救济的事业，无论如何，是不能普遍的。于是不得不有抵卖之品。而贫民是除田地之外，无

---

① 《自修适用白话本国史（三）》第三篇《近古史下》，第89—90页。
② 《本国史复习大略》，《吕思勉遗文集》上册，第649页。

物可以抵卖的。如此，地权即使一度平均，亦很难维持永久。何况并一度之平均而不可得呢？所以此等平均地权的方法，不论事实，在理论上已是很难收效的了。[①]

禁析籍非为风教计

《隋书·地理志》谓梁州小人，薄于情礼，父子率多异居；又谓扬州俗父子或异居；必不能逾于五口八口矣。当时法令，于累世同居者，率以为义而表章之。然南北朝之世，户高丁多者，或出于互相荫庇，故隋高祖令州县大索貌阅，大功已下，兼令析籍，各为户头。至唐世，则丁多者户等随之而高，赋役亦随之而重，民又析籍以避之，法令则又禁其分析。《旧唐书·食货志》：天宝元年敕文云：如闻百姓之内，有户高丁多，苟为规避，父母见在，乃别籍异居。宜令州县勘会，其一家之中，有十丁已上者，放两丁征行赋役，五丁已上放一丁，即令同籍共居，以敦风教。《旧五代史·唐庄宗纪》：同光元年敕文，民有三世已上不分居者，与免杂徭。《晋高祖纪》云：所历方镇，以孝治为急，见民间父母在昆弟分索者，必绳而杀之。或诱之以名利，或威之以刑罚，其意则一而已矣，岂真为风教计哉！[②]

六 唐末之乱皆全社会所造之恶业

隋唐五代，为风俗侈靡之世。唐初虽失之侈，尚非不可挽救，流荡忘返，实始高宗，至武后而大纵。国人侈靡之事甚多，而尤以饮食为甚。康南海谓"国民之风气，侈居为上，侈衣次之，侈食最下"。贵贱贫富，其当平均，为人心之所同，然所目击身受者，其不平均乃特甚，则怨恨之心生，怨恨深而残杀随之矣。黄巢之乱，皆全社会所造之恶业。唐、五代

---

① 《吕著中国通史》上册，第 96、97 页。
② 《隋唐五代史》，《吕思勉全集》第 8 册，第 505 页。

227

之际，大局阽危。政治家要尽他为国为民的责任，不能守小信而忘大义。梁太祖能保护国家、抗御外族、拯救人民的，就是有功的政治家。然五代诸帝所求惟止于身登九五，及其可取而代，遂乃志得意满，而于后事不暇深虑矣。当时南方诸国，吴为大，自后唐至晋三十年，沙陀、契丹，交争互夺，无一日之安，而江南颇平静。使其君臣能发愤自强，问鼎北方，初非难事，然而终不能然者，以其君臣皆溺于晏安，不能自振。历代南北分立之时，北多犷悍而南常较文明。仁，固可以胜暴，而骄奢淫佚则非仁也。岂非百世之殷鉴哉？

隋唐五代为风俗侈靡之世

隋唐五代，为风俗侈靡之世，盖承南北朝之后，南方既习于纵恣，北方又渐染胡俗也。……史家极称隋文帝之恭俭，谓其令行禁止，上下化之，举开皇、仁寿之间，丈夫不衣绫绮，而无金玉之饰为证。（《隋书》本纪赞）此亦庶僚为然耳，居高明者，奢纵曷尝少减？如杨素即其一也。贺若弼，史称其家珍玩不可胜计，婢妾曳罗绮者数百，功名之士如此，下焉者可知。……太宗虽享美名，实亦奢侈，高宗以后愈甚。……唐初虽失之侈，尚非不可挽救，流荡忘返，实始高宗，至武后而大纵。玄宗初，颇有志惩革，后乃变本加厉。……如王琚，史言其著勋中朝，又食实封，典十五州，常受馈遗，下檐帐设，皆数千贯。……作造不遵法式。每移一州，车马填路，数里不绝。携妓从禽，恣为欢赏，垂四十年焉。此等人而亦漫无裁制，能无速天下之乱乎？……至于武人，则尤不可说。郭子仪，元勋也，史称其侈穷人欲而君子不之罪。（《旧书》本传。案，此语出于裴垍，见《新书》传赞。）……白居易，士大夫之贤者也。而其自叙所居……竭几农夫、几绩女之力，而后能供之乎？……五代风气，更加横流溃决，不可收拾。①

---

① 《隋唐五代史》，《吕思勉全集》第 8 册，第 566、567、568、569 页。

侈居侈衣,侈食最下

中国人侈靡之事甚多,而尤以饮食为甚。秉南海著《物质救国论》,谓"国民之风气,侈居为上,侈衣次之,侈食最下"。何者?侈居侈衣,可以提高生活程度,且其物可以久存,侈食者则俄顷消耗无余,消耗太甚,必至节他途之用以足之,转致降下其生活程度也。

公元三一二、三一六年,洛阳、长安相继沦陷。自此中国政府,偏安于南方者二百七十三年,其间北方非无可乘之机,然至不克奏恢复之烈者,士大夫阶级之腐败,其大原因也。士大夫阶级之腐败,事有多端,奢侈其大焉者也。奢侈之事,亦有多端,饮食其大焉者也。贺琛之告梁武帝也,曰:"今天下宰守,所以皆尚贪残,罕有廉白者?风俗侈靡,使之然也。淫奢之弊,其事多端,粗举二条,言其尤者。今之燕喜,相竞夸豪,积果如山岳,列肴同绮绣,露台之产,不周一燕之资,而宾主之间,裁取满腹,未及下堂,已同臭腐。又歌姬舞女,本有品制,今虽庶贱,皆盛姬美,务在贪污,争饰罗绮。牧为吏牧民者,竞为剥削,虽致赀巨亿,罢归之日,不支数年。乃更追恨向所取之少,如复傅翼,增其搏噬,一何悖哉?"案,前世士夫,多畜声伎,燕客则使之奏伎以娱宾;而欲延客赏其伎乐者,亦必盛为饮食以饷之。贺琛所言,二事实一事也。五侯之鲭,著称洛下,何曾之语,流衍江东,五胡之祸,盖与饮食若流终始?岂不哀哉?[①]

懿宗荒淫

懿宗为荒淫之主。好音乐、燕游。殿前供奉乐工,常近五百人。每月宴设,不减十余,水陆皆备。听乐、观优,不知厌倦。赐与动及千缗。曲江、昆明、灞、浐、南宫、北苑、昭应、咸阳,所欲游幸即行,不待供置。有司常具音乐、饮食、幄帟,诸王立马,以备陪从。每行幸,内

---

① 《新生活鉴古》,1945 年 12 月 11 日《正言报》。

外诸司扈从十余万人，所费不可胜纪。又佞佛。于禁中设讲席，自唱经，手录梵夹。于咸泰殿筑坛，为内寺尼受戒。……宠郭淑妃。生同昌公主，下嫁韦保衡，倾宫中珍玩，以为资送。……主薨。帝杀翰林医官二十余人。悉收捕其亲族三百余人系京兆狱。……纵恣残虐如此，岂似奉佛者？……不知纵恣残虐之大悖于佛道邪？然国脉之为所斫丧者则多矣。

《旧书·帝纪》赞，谓唐之亡决于懿宗，以其时云南侵寇不息，调兵运饷，骚动甚巨，加以庞勋之乱，"徐寇虽殄，河南几空"。(《旧书·懿宗纪》)又引起黄巢之乱也。然以唐中叶后藩镇之跋扈，不能戢其士卒，而恣意暴虐人民，终必至怯于公战，勇于私斗而后已。云南之寇，徐方之变，安得不作？而中枢政令，悉为宦寺所把持，又断不能大振纪纲，削平藩镇也。故唐自德宗、宪宗，志平藩镇而未成，顺宗、文宗，欲除宦寺而不克，而其势已不可为，败坏决裂，特待时焉而已。懿宗之骄洗，僖宗之童昏，夫固不能为讳，亦如木焉，本实先拨，疾风甚雨，特促其倾仆而已，谓其倾仆之即由于是，固不然也。[1]

黄巢之乱皆全社会所造之恶业

黄巢之用兵，可谓极飘忽之致，此固自古已来所谓流寇者皆然，然未有若巢之尤甚者也。或者谓流寇之兵力，实不足畏，特以其到处裹胁，如水之流，使官军无从措手，终至不可收拾耳。其实不然。有见裹胁者，必有裹胁之者。使裹胁人者而亦散亡，乱即遄已矣。然则流寇初起时，看似所至皆遭击散，实则其众初未尝坏(此即向来史籍所谓真贼者也)，此其乱之所以终不能弭也(于此，可见向来史籍所传官军克捷之说皆不实。何则？不能溃敌之中坚，即击散其胁从，亦不可云克捷，况所谓击散其胁从者，亦什九为夸张之辞也)。

财富萃于城市，其原实在乡村。苟无乡村，城市安能自立？故用

---

[1] 《隋唐五代史》《吕思勉全集》第 7 册，第 304、301 页。

230

兵者恒以困守孤城为非计。据乡村以困城市，确为革命军之良策。《新书·巢传》言：巢之起，关以东大抵畏贼婴城守，而贼得放兵四略，此唐败绩失据之由也。革命军之起也，既无政柄可以号令，又无资粮械器，其徒党亦寡少，非借裹胁何以自强？（王仙芝之起，"无少壮虏之"，黄巢渡淮，不剽财货，犹驱丁壮以为兵，由此。）欲裹胁，则非劫之以威，且破坏其闾井，以绝其顾望不可，故恒不免于残酷。黄巢之攻潼关，至于驱民填堑者以此。

然非特此也，贵贱、贫富，其当平均，为人心之所同然。故世所谓空想社会主义者，其由来实甚旧。人人知其当平均，而所目击身受者，其不平均乃特甚，则怨恨之心生，怨恨深而残杀随之矣。王仙芝之起也，其檄文自称天补平均大将军（《通鉴考异》引《续宝运录》），黄巢渡江时，犹以天补大将军为号（广明元年十一月齐克让奏，亦见《通鉴》），其怀挟空想社会主义可知。史言巢众尤憎官吏，得者皆杀之。其在长安，有书尚书省门为诗以嘲贼者。尚让怒。应在省官员及门卒，悉抉目倒悬之。大索城中，能为诗者尽杀，识字者给贱役，凡杀三千余人。即藏怒蓄怨之已久，有以致之也。夫欲革命，必借众力，今若此，宁非驱民以资敌？为之魁者，宁不知之？故初起时虽恣残杀迫胁以自强，以取悦于其徒党，至其声势已盛，则亦必思立纪律。黄巢渡淮，即整众而行，不剽财货，入东都，坊市晏然（《旧纪》），即由于此。夫欲立纪律，循空想必不如修旧法之易行也。为之魁者，亦宁不知之？故其徒党虽疾官吏与士人，而其魁又恒思抚用之。黄巢之入闽。俘民绐称儒者皆释；入福州，焚室庐，杀人如薙，过崇文馆校书郎黄璞家，令曰"此儒者，灭炬弗焚"，又求处士周朴（得之。朴不肯从，巢怒，斩之。此为巢之不能自克，然不害其本意之欲求士人也）；其事也。

不特此也，《旧书·巢传》言：其起也，士人从而附之。其驰檄四方，章奏论列，皆指目朝政之弊，盖士不逞者之辞？则巢之用士人旧矣。夫欲修旧法，固莫如用官吏与士人，然其法卒不能立者，何也？曰：其所由来者远矣。言中国人之分职者，曰士、农、工、商。士不能执兵，抑士、工、商人数皆少，又非受暴政最酷者。暴政恒施诸为数最多之农民，故非至农民皆思乱，乱必不作，作亦不烈。故农民者，革命军之本也。然农民之所知者，身受之苦耳。其所愤恨欲斩刈之者，被此苦于其身之官吏豪强耳。官吏豪强，非能毒我也，必有阴相之者。故欲革命，非颠覆王室不可。此非农民所知也。且其足迹不出里闬，邻境之事，即非所知。故虽思乱者众，亦不能相结合。故农民者，大乱之资，而身不能为大乱者也。合从讨伐，轶于三代，必非辍耕陇畔者之所能为也。然则为之者谁也？曰：士、农、工、商，国之石民耳。世之不士、不农、不工、不商者则多矣，其有以武断用为食，其徒必相结合，且其声气所通颇广者，则世所谓江湖上人（言其不土著也，此等人古称之曰亡命、曰恶少年，今称之曰无赖、棍徒等，上海人称之曰流氓，其结合则曰帮、曰会、曰党），其魁则古所谓豪杰也。刘邦不事家人生产作业，刘秀藏匿死亡，吏不敢到门，郭解七国乱时，隐然若一敌国，以至窦建德、刘黑闼之徒皆是也。黄巢世粥盐，富于赀，喜养亡命，亦其伦也。大乱之起也，为之徒众者必农民，为之率将者多豪杰。

　　江湖上人，亦喜言平均。（此等人或无家室，或虽有而不之顾；身亦不如恒人倚家室以为生，而多借朋辈周给；故其好言平均，较各色人为甚。农民则正相反。）然本以武断耽侠，乐习纵恣，故其所谓纪律者，特存于其徒党之间，而不能推诸全社会。（此理易明。彼以其纪律结合其徒党，劫夺人以为食，则必有为其劫夺者而后其纪律存焉。若推诸全社会，则无可以劫夺之人，其徒无以自存，其党亦将离散矣。故此等人可以为盗，不可以为兵，以军纪必禁劫夺也，为政立法更无论矣。帝王亦起于群雄，其能否成功，正视其能否自制御其徒党，废弃其党中旧有之纪律，而改用全社会共认之法耳。）巢众入长安，遇穷民于路，争行施遗，甫数日，即大掠缚箠居人索财，号淘物，贼酋有阅甲第以处，争取人妻女乱之者。巢既称号，下令军中禁妄杀，悉输兵于官，史言其下皆盗贼，不能从也。即巢亦不能自守法。召王官无至者，即大索里间。张直方者，素豪杰，士多依之，或告贼："直方谋反，纳亡命者。"巢攻之，夷其家，大臣死者百余人。自是遂酷虐族灭居人。其再入长安也，怒坊市百姓迎唐师，乃下令洗城，丈夫丁壮，杀戮殆尽，流血成渠。（《旧书·黄巢传》：其《王处存传》云：召集两市丁壮七八万并杀之，血流成渠。《新书·巢传》云：纵击杀八万人，血流于路可涉也，语亦本于《旧书》，然纵击二字已失实，血流成渠，人人知为形容之语，不责其实，改为叙述之辞，则不成语矣。岂以血流成渠为信然邪？）此何为者邪？社会之演进必有其定律，陈义虽高，非至其时则不能行。故空想终为空想，不如复旧之易循。（历代革命，只能倾覆旧朝，不能革易帝制者以此。此社会演进定律使然，不能以自私无识等责之也。）黄巢、王仙芝，屡欲受抚。或曰：此非其本心，特蓄力以俟时耳。然仙芝之降，至于遣尚君长，谓非真欲降唐得乎？（即君长亦必有降意，不然，仙芝不能遣之也。）巢入长安，遽称尊号，且陈符命。（《旧书·巢传》：巢僭位，御楼宣敕，且陈符命，曰：唐帝知朕起义，改元广明，以文字言之，唐已无天分矣。唐去丑口而着黄，天意令黄在唐下，乃黄家日月也。土德生金。予以金王，宜改年为金统。）其为本怀，尤显而易见。此固不足，然空想既不能行，则复旧不能亟，而欲复旧，亦其难如此，然则群雄之中，获成功而为帝王者，亦自有其由，而非尽由于徼幸也。

谓豪杰之起，徒徇私欲者非也，彼固未尝无拯民于水火之心，此陈龙川之论不诬也。然始焉非借残杀迫胁，不足以自立，既足以自立矣，又不能建立纪律；至于官军，则本与盗贼无异·非旧朝官吏将卒皆与盗贼无异，天下原不至于大乱也。而民之生其间者苦矣。黄巢之据长安也，京畿百姓，皆砦于山谷，累年废耕耘。贼坐空城，赋输无入。谷食腾踊，米斗三十千。贼食树皮，以金玉买人于行营之师。官军皆执山砦百姓粥于贼，人获数十万。其走关东也，地仍岁无耕稼，人饿倚墙壁间。贼俘人而食，日杀数千，有舂磨砦，为巨碓数百，生纳人于臼，碎之，合骨而食，周余黎民，靡有孑遗，岂虚语哉？此皆全社会所造之恶业，待时而发，亦不能专为一二人咎也。[①]

论梁太祖

梁太祖的私德，是有些缺点的，所以从前的史家，对他的批评，多不大好。然而私德只是私德，社会的情形复杂了，论人的标准，自亦随之而复杂，政治和道德、伦理，岂能并为一谈？就篡弑，也是历代英雄的公罪，岂能偏责一人？老实说：当大局阽危之际，只要能保护国家、抗御外族、拯救人民的，就是有功的政治家。当一个政治家要尽他为国为民的责任，而前代的皇室成为其障碍物时，岂能守小信而忘大义？在唐、五代之际，梁太祖确是能定乱和恤民的，而历来论者，多视为罪大恶极，甚有反偏祖后唐的，那就未免不知民族的大义了。[②]

五代诸帝所求唯身登九五

梁、晋之成败，实缘存勖年少敢行险，而其部下起自北方，群思南下，颇有剽锐之气。而梁则末帝柔弱，将帅又多偃蹇不用命，上下乖迕，遂至日蹙百里，坐待危亡耳，综观兵事始末可知。然其原，亦未尝不自梁祖开之。盖梁祖之篡唐也太速。使其大诛宦官之后，身入长安，挟天子以令诸侯，则邠、岐旦夕可平，专力河东，不虞牵制，蒲津、上党，两路会师，沙陀真将无穴矣。……不此之图，而急于谋篡，遂至两面牵制，不得大举扫荡，抑且备多力分，盛衰转烛之机，伏于此矣。尝谓梁祖之入关而不能留，与宋武帝之平姚秦而急于南归绝相似，皆所谓一日纵敌，数世之患者也。孟子论浩然之气曰："是集义所生者，非义袭而取之也。"岂特圣贤之学？虽豪杰之建树，亦何独不然？人之功业，必如其所豫期，所期者远，而格于事势，志不克就者，则有之

---

① 《隋唐五代史》，《吕思勉全集》第 7 册，第 327—329 页。
② 《吕著中国通史》下册，第 468 页。

矣。所求者小，而所就者大，未之前闻。宋、梁二祖之所求，惟止于身登九五，故及其可取而代。遂乃志得意满，而于言事不暇深虑矣。岂独其身然？其后先奔走之士，盖亦莫不然？故其帷幄之臣，止于刘穆之、敬翔辈，真自任以天下之重者无有也。其将率亦然。愿止于攀龙鳞、附凤翼，所愿既遂，则不可复用矣。当其盛时，兵力可谓横绝一世，逮于胡马饮江，夹河而战，南朝诸将，遂五合六聚而不能救，职此之由。即以政事论，其纪纲之废弛，或亦不如"夷狄之有君"。凡一新朝或一军阀之兴，其初纲纪必颇整饬，而后或纵恣淫泆，则必至于败亡，因果相寻，从无幸免。典午即其殷鉴。虽近世之北洋军、国民党亦莫不然也。[1]

论后唐庄宗

后唐庄宗（李存勖）为人，颇似唐太宗，其用兵之剽悍，或且过之。（初立时之救潞州胡柳之战，战败而复振，以及后来之决策袭汴，不必皆合于兵法，而不能谓其无勇气。太宗之用兵，亦不过剽悍善乘机而已，其所遇皆非大敌，尚不如梁兵之坚凝也。攻辽一役竟蹈隋炀帝之覆辙，尤可见其不知兵法。）然政事之材则远落其后，此天之降材尔殊，盖民族之文化为之。唐先世虽出夷狄，至隋末渐渍于中国者已久，若李存勖则仍是北狄中人物也。

后唐庄宗同光元年，即梁末帝龙德三年也。十二月，迁于洛阳。存勖之僭位，以魏州为东京，太原为西京，镇州为北都。灭梁后，以太原为北都，永平为西都，废梁东京，仍称汴州。三年三月，复以洛阳为东都，改魏州曰邺都。……唐是时虽灭梁，然梁故藩镇，皆未移易，中原情势，实未有变，不过以空名加于其上而已。而遽骄奢淫佚不知尚文治，而又失其剽悍之气。所谓离乎夷狄而未即乎中国者也。[2]

---

① 《隋唐五代史》，《吕思勉全集》第 7 册，第 383—284 页。
② 《隋唐五代史》，《吕思勉全集》第 7 册，第 385 页。

南国君臣皆溺于晏安

自后唐至石晋，为时约三十年，据中原之地者，无暇过问偏方之事（梁尚有意于经略吴、楚，特力不足耳。后唐庄宗，则初无意于此。其灭前蜀，特由好贿，不久亦复失之矣），而偏方诸国，亦未有能蹈涉中原，抗衡上国者，海内遂成豆剖瓜分之局。其时割据一隅者，非有深根固柢，足以自立之道也，特其地丑德齐，莫能相尚，益以沙陀、契丹，交争互夺，遂至无暇及此耳。

当时南方诸国，吴为大，自后唐至晋三十年中，沙陀、契丹，交争互夺，无一日之安，而江南颇平静。使其君臣能发愤自强，问鼎北方，初非难事，然而终不能然者？藩镇之邦，本无天泽之分，君臣上下，积相猜忌，使自任以天下之重者，末由自进，所用者皆小知之士……此等人而可与之安天下乎？又其君臣皆溺于晏安，不能自振。……孙晟，志节之士也。然史言其事（李）昇父子二十余年，官至司空，家益富骄，每食，不设几案，使众妓各执一器。环立而侍，号肉台盘。韩熙载，（李）煜时为中书侍郎、勤政殿学士。史言煜以其尽忠能直言，欲用为相，而熙载后房妓妾数十人，多出外舍，私侍宾客，以此难之。乃左授右庶子，分司南都。熙载尽斥诸妓，单车上道。煜喜，留之，复其位。已而诸妓稍稍复还。煜曰："吾无如之何矣。"此等人而可与之安天下乎？历代南北分立之时，北多犷悍而南常较文明。东晋之于十六国，宋、齐、梁之于魏、齐、周，南宋之于金元，南明之于清，皆然。而南终并于北者：仁，固可以胜暴，而骄奢淫佚则非仁也。岂非百世之殷鉴哉？[①]

---

① 《隋唐五代史》，《吕思勉全集》第 7 册，第 446、468—469 页。

第九章　宋辽金元时代：文明民族何以见陵于野蛮民族

一　论宋之改革

　　周宋之间，辽国中衰，但宋太祖之策，先平定中国，而对辽专取守势，待中国平定，辽势复张，失此机会，殊为可惜。宋政治防弊太甚。中书治民，三司理财，枢密主兵，各不相知。君主想防制权臣，又借台谏以重权。然宰相既无大权，而举动又多掣肘。又聚天下强悍不轨之人以为兵，聚天下之财于中央以养之。到后来，养兵未得其用，而财政因之而竭蹶，成积弱之势。王安石变法，所行不能说全无功效，然引起的弊端极大，免役法是利余于弊，青苗法就未必能然，方田均税徒有其名，学校、贡举的改革也未能收作育人才之效。读王安石《度支副使厅壁题名记》，可见他看得天下之物，是天下人所公有；当由一个代表正义的人，为之公平分配，而不当由自私自利的人，擅其利而私其取予，以役使众人。然以此重任责之于所谓天子，如何能不失败呢？

宋太祖与周世宗对外之异

　　宋太祖治内之策，大抵沿袭周世宗，其对外与之异。世宗之意，似欲先恢复燕、云，故于南唐、后蜀，皆仅加以膺惩，使不能为患而止。太祖之意，则主先平定中国，故不仅对辽专取守势；即于北汉之恃辽为援者，亦姑置之。此固不易言其得失。惟周宋闲适直辽穆宗在位，国势中衰之际；至中国平定，而辽势亦已复张矣。从事后观之，失此机会，殊为可惜也。①

宋政治防弊太甚

宋朝的政治，还有一种毛病，便是防弊太甚。不但削弱外官的权柄便对于中央的官，也是如此。唐中叶以后，因为宦官掌握兵权，枢密使一职，就渐渐尊重，却到五代时，还相沿设立此官，改用士人，宋朝也是如此。又唐朝中叶以后，因财政紊乱，特设度支使一官，以整理财政，又因这时候，盐铁两项，都是入款的大宗，又特设盐铁使一官。宋朝都没有裁掉；于是合户部度支盐铁，为一个机关，谓之三司。就成一个"中书主民，枢密主兵，三司理财"的局面。宰相的权柄太小。当时的人说：财已匮而枢密还是添兵；民已困而三司还是敛财；中书看着民困，而不能叫三司宽财，枢密减兵。这就是行政不统一的毛病。而谏官的气焰却极盛。这个（一）者因宋初的君主，要想防制权臣，特借台谏以重权。苏轼说："历观秦汉，以及五代，谏诤而死，盖数百人；而自建隆以来，未尝罪一言者；纵有薄责，旋即超升。许以风闻，而无官长。风采所系，不问尊卑。言及乘舆，则天子改容；事关廊庙，则宰相待罪。故仁宗之世，议者讥宰相但奉行台谏风旨而已。"（二）者，也因为五代时候，风俗大坏，气节扫地，发生了一种反动力。宋朝的士夫，就多有"务为名高""好持苛论"的习气。喜欢求名，就遇事都要起哄，到后来就弄成一种群众心理的样子。好持苛论，便彼此不能兼容，就弄得互相嫉忌，不免要用不正当的"竞争""报复"手段。——所以喜欢结党，喜欢排挤，喜欢标榜，喜欢攻击，差不多是宋朝士大夫，人人同具的气习。恭维自己的同党，便说得比天还要高；毁骂异党的人，就说得连禽兽也不如。叫后世读史的人疑惑，这时候，何以君子这样多，小人也这样多，其实谁也算不得君子，谁也不定

---

① 《高中复习丛书　本国史》，第93页。

是小人，不过是风气已成，人人为群众心理所左右。①

宋初政策的利弊

中央的大权旁落，总是由于兵权和财权的旁落。宋太祖有鉴于此，所以特设转运使于各路，以收财赋之权。诸州的兵，强的都升为禁军，直隶三衙（殿前司及侍卫马步军司）。弱的才留在本州，谓之厢军，不甚教阅，名为兵，其实不过给役而已。如此一来，前此兵骄和外重之患，就都除掉了。然而天下事有利必有弊。宋朝的政策，是聚天下强悍不轨之人以为兵，而聚天下之财于中央以养之。到后来，养兵未得其用，而财政却因之而竭蹶，就成为积弱之势了。又历代的宰相，于事都无所不统。宋朝则中书治民，三司理财，枢密主兵，各不相知，而言路之权又特重。这原是因大权都集于中央，以此防内重之弊的。立法之初，亦可谓具有深意。然而宰相既无大权，而举动又多掣肘，欲图改革，其事就甚难了。这就是后来王安石等所以不能有所成就，而反致酿成党争的原因。②

论王安石变法

王安石的变法，旧史痛加诋毁，近来的史家，又有曲为辩护的，其实都未免有偏。王安石所行的政事，都是不错的。但行政有一要义，即所行之事，必须要达到目的，因此所引起的弊窦，必须减至极少。若弊窦在所不免，而目的仍不能达，就不免徒滋纷扰了。安石所行的政事，不能说他全无功效，然因此而引起的弊端极大，则亦不容为讳。他所行的政事，免役最是利余于弊的，青苗就未必能然。方田均税，在他手里推行得有限，后人踵而行之，则全是徒有其名。学校、贡举则并未能收作育人才之效。宋朝当日，相须最急的，是富国强兵。王

---

① 《自修适用白话本国史（三）》第三篇《近古史上》，第 45 页。
② 《复兴高级中学教科书　本国史》上册，第 217 页。

安石改革的规模颇大,旧日史家的议论,则说他是专注意于富强的。尤其说王安石偏于理财。此因关于改革社会的行政,不为从前的政治家所了解之故。他改革的规模,固不止此,于此确亦有相当的注意。其结果:裁汰冗兵,确是收到很大的效果的,所置的将兵,则未必精强,保甲尤有名无实,而且所引起的骚扰极大。[①]

政治家最要的任务是:自量其监督之力所能及。在此范围之内,则积极进行,出此范围以外,则束手不办。王安石之徒所以失败,就由于不知此义。我曾说:王安石的失败,是由于规模太大,倘使他专以富国强兵为目的,而将一切关涉社会的政策,搁置不办;或虽办而缩至相当的限度,则(一)所办之事,实效易见;(二)流弊难生;(三)不致引起他人的反对,而阻力可以减少;必可有相当的成功。如此,对于辽夏,或可以一振国威,而靖康之祸,且可以不作。所以我们目光不可不远,志愿不可不大,而脚步不可不着实,手段不可不谨慎,凡政治家,都该知此义。[②]

青苗法行之一处有效,行之他处未必也有效

青苗立法之意颇善。然实人民自相扶助之事,一经官手,则因设治之疏阔,而监督有所难周,法令之拘牵,于事情不能适合,有不免弊余于利者。此安石所以行之一县而效,行之全国而不能尽善也。[③]

本欲变学究为秀才,不料变秀才为学究

中国的科举制度,有摧破贵族阶级之功。但是这种制度,也有个显而易见的毛病,便是"学非所用,用非所学"。简而言之,便是所治的,都是"无用之学"。唐朝的科举,得人最多的,是明经进士两

---

① 《吕著中国通史》下册,第 479—480 页。
② 《中国政治思想史十讲(六续)》(第八讲),《光华大学半月刊》1936 年第 5 卷第 1 期。
③ 《中国文化史六讲》,《吕思勉遗文集》下册,第 119 页。

科。所以所谓无用之学，就是"诗赋"和"帖经墨义"。"经"是从前的人，不承认他是无用的。以为治经而无用，只是治经的法子不好罢了。至于诗赋的无用，却是无人能替他辩护。所以当时改革的法子，便是废掉诗赋，对于经，则改变其治法。这种主义，实行的便是王荆公。

王荆公是不赞成用"科举取士"，而赞成用"学校养士"的。（他的理论，可看他仁宗时《上皇帝书》。）所以当他执政的时候，便从事于整顿学校，增广太学校舍，设立三舍之法。初入学的为外舍生，渐次升入内舍上舍。上舍生得免礼部试，特授以官。这便是渐次以学校代科举的办法。……但是学问和功名，本是两事，既然以利禄诱人，来的人当然都是志在利禄的，那里有真希望"学以致用"的人。……科举的特色，便是（一）以利禄诱人，（二）以言取人。为利禄所诱的人，当然只志在利禄；你又以"言"取他，他当然只要会"言"就够了。有学问才能的人，固然未必不会"言"；无学问才能的人，也未必就不会"言"。总而言之，要靠了"言"以判定人的有才能学问没有，本是极难的事。况且利禄之途所在，自然有人专力去研究，到后来，这"应考试的言"，就离开才能学问，而独立成功一件事了。研究这种"言"的人，当然不必再发达才能，研究学问。到这时候，而要靠着"言"以判定人的才能学问，就简直是不可能的事。

当王荆公时候，科举制度，已经行了好几百年，这种趋势，早就成功了。荆公虽能改变所试的东西，却不能禁止人家，不把这一种"言"，离开了才能学问独立研究。所以到后来，来应科举的人，仍旧都只会发"应科举的言"（王荆公是注重经义的，又颁了一部自己所著的《三经新义》，应科举的，就都只会说《三经新义》的话），荆公也叹息道："本欲变学究为秀才，不料变秀才为学究。"（秀才是隋唐时最高的科目。应这一科的人，非极有学问不可。因为实际上无人能应，其科目遂成虚设。学究就是只会做帖经墨义的。）——这是科举制度根本上的毛病。历代要想"改革科举制度，以求真人才"的人很多，所以终于失败,其原因都在于此。[①]

改革不能寄希望于帝王

宋学兴起,在中国思想界,是最有特色的。宋儒亦很留心于政治和社会问题。而纯粹的宋学家,亦只重视复井田为致太平之策,那又是其一证。然此犹其小者。至其大者,则未审国家的性质。不知国家是阶级时代的产物,治者阶级,总是要剥削被治者以牟利的。其中虽有少数大公无我的人,然而总只是少数。其力量,较诸大多数的通常人,远觉绵薄。即使这少数人而得位乘时,使其监督大多数人,不敢放手虐民,即所谓去其泰甚,已觉得异常吃力。至于根本上改变其性质,则其事必不可能。如此,所以历代所谓治世的政治,往往是趋于放任的;而一行干涉的政策,则往往召乱。然则但靠国家之力,如何能均平贫富呢? 新莽以此失败了,而后世的人,还是这种思想。我们试看王安石的《度支副使厅壁题名记》,他说:"合天下之众者财,理天下之财者法,守天下之法者吏也。吏不良,则有法而莫守;法不善,则有财而莫理;有财而莫理,则阡陌闾巷之贱人,皆能私取予之势,擅万物之利,以与人主争黔首,而放其无穷之欲;非必贵强桀大而后能如是;而天子犹为不失其民者,盖特号而已耳。虽欲食蔬衣敝,憔悴其身,愁思其心,以幸天下之给足而安吾政,吾知其犹不得也。然则善吾法而择吏以守之,以理天下之财,虽上古尧舜,犹不能毋以此为急务,而况于后世之纷纷乎?"他看得天下之物,是天下人所公有;当由一个代表正义的人,为之公平分配,而不当由自私自利的人,擅其利而私其取予,以役使众人;其意昭然若揭。然欲以此重任,责之于后世的所谓天子,云胡可得呢? 中国读书人所以有这思想,是因为其受传统思想的影响大深,在传统思想上,说这本是君之责任故。然在极古的时代,君权大而其所治之小;而且大同时代的规则,尚未尽废;

[①] 《自修适用白话本国史(三)》第三篇《近古史下》,第74、75、76 页。

或者可以做到几分。在后世，则虽甚神圣，亦苦无下手之处了。而中国讲改革的人，都希望着他，如何能不失败呢？[1]

改人心与改制度

从前人的议论，太偏于唯心的，总以为一切制度，都是人心所造成；而人心是一个自由的东西，可以凭空改良。人心一改良，则恶制度之根已拔，掊而去之，自然不费吹灰之力了，于是总想在恶制度之下，改良人心。其实人心并不是绝对自由之物，而且是很不自由的。除极少数人外，大多数人，在一定环境之下，总只能做出一定的事情来，环境不改良，大多数人的行为，总是无从改良的。此其所以屡图改革，而终无所成。

现在则知道此中的关键了。所以所谓革命，就是要向恶制度进攻。这固然是真理。然而天下只有抽象的理论，而无抽象的事实。在理论上可以画分开的事，在事实上，总是画不开的。要把人心先改良了，大功完毕，然后去改良制度，固然没有这一回事。要把制度先改良了，使人心在良制度之下，不待矫而自正，也是没有这回事的。制度不改，人心就无从改良；人心不改，制度又无从改良；岂不陷于循环论的穷境么？不，天下只有抽象的理论，而无离立的事实。

从理论上言，似乎可把事情分为若干件，先改良了甲、然后去措置乙。其实甲乙只是一事。甲改良得一分，则乙亦改良得一分；乙改良得一分，则甲亦改良得一分。因为甲乙实在是一物而二面，而并非二物。所以有时注意于甲而遗乙，则甲之效不可得而见；及其注意于乙而遗甲也亦然。因为两方面本该同时进行的。然则专注重于人心，固然不对；专注重于制度，亦属不合。在革命进行的程途中，我们对两方面，实有分途进攻——亦即协力进攻的必要。[2]

---

① 《吕著中国通史》上册，第 101—102 页。
② 《禁奢议》，《文化建设》1935 年第 1 卷第 7 期。

社会是时时需要改革的,然其改革却极不易。所希望的目的,未曾达到,因改革而来的苦痛,倒不知凡几了,人们当此之际,就要嚣然不宁。此时之所当务,乃在考察这件事情,究竟需要改革与否?如其必需改革,则这种痛苦,只是改革方法不善所引起,我们该竭力改革其方法,而改革之事,决不可因之中止,如其不然,则此改革本属多事,我们竟把它停止就是了。这本是显而易见之理,我们在日常行动之中,亦总是如是的。苦于社会的体段太大了,其利害复杂而难明。还有一班私利害和公利害相违反的人,不惜创为歪曲之论。于是手段和目的,牵混为一。目的本来好的,因其手段的不好,而连带被攻击;替目的辩护的人,明知其手段的不好,亦必一并加以辩护;遂至是非淆乱,越说越不清楚了。①

二　论宋之官制与兵制

宋朝的官制,发生了许多临时特设的机关,所谓"官"者,不过用之以"定禄秩",实际任事全看"差遣"而定。这种官制看似错杂不齐,却也有切于事实的好处。宋之募兵之制,立法自有深意,只是所行不能副其所期,遂至利未形而害已见。多养兵亦伏危机,何况并不能战,又顾虑召变而不敢裁。王安石创保甲法,用意是使人民能够警备盗贼以自卫,且教以武艺,使之成为民兵。然实行后流弊最多,原因全在治者阶级可藉手以虐民。其时,河北民间自立弓箭社,有严密的规则,而效率甚高,甚为敌人所畏。由此可知:凡人民所办的事,必能切于实际,确合需要,且有成效,与官办之有名无实正相反。宋南渡之初,并无一支完整可靠的兵力,将骄卒惰,诚如叶适《论四屯驻大兵》所云"廪稍惟其所赋,功勋惟其所奏","使其浸成疽赘,则非特北方未易取,而南方亦未易定"。而《宋史》记诸将之战绩,实在多夸大不实。

---

① 　《从章太炎说到康长素、梁任公》,《月刊》1946 年第 1 卷第 3 期。

宋代的官制

从秦汉的官制,变成隋唐的官制,是六部专权,九卿失职。从唐朝的官制,变迁成宋朝的官制,则是发生了许多临时特设的机关,而六部亦失其职。譬如户、兵二部的职权,都在三司和密院。礼部的职权,则在太常礼仪院。工部的职权,则分属军器监,文思院等。所以宋朝的官制,有一特点,便是所谓"官"者,不过用之以"定禄秩"。至于实际任事,则全看"差遣"而定。——做这个官,便治这件事,也要另外"用敕差遣"的。用差遣治事,起于唐武后时候。其初先有"试官",后来又有"员外",这是因武后要以禄位收拾人心,所取的人太多,没有这许多官缺,可给他做的原故。但是到后来,此风便相沿下去。于是有所谓检校(近乎加衔)、摄(代理)、判(以大官兼小官)、知(兼任)等,到宋朝,便专用差遣治事。这种官制,看似错杂不整齐,却也有切于事实的好处。[①]

论元丰新制

宋朝的制度,是一切因唐之旧;至于事实不适,则随时改变;但是新的虽然添出来,旧的在名义上仍没有废掉。始终没统观全局,定出一种条理系统的法子来。官制是如此。……神宗(时),才参照唐六典,改正官制。命"省、台、寺、监,各还所职"。是为元丰的新官制。元丰新官制,大抵以唐为法。然而唐朝的官制,本有两件不可行之处:其(一)相职分属三省,各不相涉,是事实上办不到的。(所以唐朝从设政事堂以后,也不啻合三省为一。)其(二)则六部九卿等官,本来互相重复,其中就总有闲曹。所以元丰改正官制之后,仍不能不随事变迁。宰相不但不能三省分立,南渡以后,反多兼了一个枢密院。(宋初宰相,本称同平章事。另有参知政事,做他的副官。元丰新官

———————————

① 《自修适用白话本国史(三)》第三篇《近古史下》,第69页。

制,仍以中书令,侍中,尚书令为相职。但因官高,实际不除人。以尚书右仆射兼中书侍郎,左仆射兼门下侍郎之职[这时候,三司的事情,都已归户部。枢密所管杂事,亦都还给兵部,专以本兵为务。枢密和兵部的关系,倒像现在参谋部和海陆军部的关系。]南渡以后,以左右仆射为丞相,改两省侍郎为参知政事。旋又径改左右仆射之名为丞相,而删去三省长官虚称。则仍回复到宋初的样子,和唐朝的制度,绝不相同了。而南渡以后,又时时发生所谓御营使、国用使等名目,往往以宰相兼之。则又和唐中叶以后,发生什么三司枢密等等机关的情形相像。枢密院,南渡以后,每逢用兵,就用宰相兼。从开禧以后,遂为永制。总而言之,唐朝的官制,沿袭于隋。隋朝的官制,只是把南北朝的官制来整齐一整齐。从唐中叶以后,久已不切于事实了。所以虽有人要墨守他,而在事实上,到底不能成功。)六部属官,除户、工二部外,南渡以后,尚有并省;九卿就更不必说了。①

论宋之募兵

宋朝的兵,是全出于招募的,和府兵之制相反,论者亦恒右唐而左宋,这亦是耳食之谈。募兵之制,虽有其劣点,然在经济上及政治上,亦自有其相当的价值。

天下奸悍无赖之徒,必须有以销纳之,最好是能惩治之,感化之,使改变其性质,此辈在经济上,既是所谓"无赖",又其性质,不能勤事生产,欲惩治之,感化之极难。只有营伍之中,规律最为森严,或可约束之,使之改变。此辈性行虽然不良,然苟能束之以纪律,其战斗力,不会较有身家的良民为差,或且较胜。利用养兵之费,销纳其一部分,既可救济此辈生活上的无赖,而饷项亦不为虚糜。假若一个募兵,在伍的年限,是十年到二十年,则其人已经过长期的训练;裁遣之日,年力就衰,大多数的性质,必已改变,可以从事于生产,变做一个

---

① 《自修适用白话本国史(三)》第三篇《近古史下》,第85—86、69—70页。

良民了。以经济原理论，本来宜于分业，平民出饷以养兵，而于战阵之事，全不过问，从经济的立场论，是有益无损的。若谓行募兵之制，则民不知兵，则举国皆兵，实至今日乃有此需要。在昔日，兵苟真能御敌，平民原不须全体当兵。所以说募兵之制，在经济上和政治上，自有其相当的价值。宋代立法之时，亦自有深意。不过所行不能副其所期，遂至利未形而害已见罢了。

宋朝兵制之弊：在于（一）兵力的逐渐腐败。（二）番戍之制：（甲）兵不知将，将不知兵，既不便于指挥统驭。（乙）而兵士居其地不久，既不熟习地形；又和当地的人民，没有联络。（丙）三年番代一次，道途之费，却等于三年一次出征。（三）而其尤大的，则在带兵的人，利于兵多，（子）既可缺额刻饷以自肥，（丑）又可役使之以图利。乞免者既不易得许；每逢水旱偏灾，又多以招兵为救荒之策；于是兵数递增。……养兵之多如此，即使能战，亦伏危机，何况并不能战，对辽对夏，都是隐忍受侮；而西夏入寇时，仍驱乡兵以御敌呢？当时兵多之害，人人知之，然皆顾虑召变而不敢裁。直至王安石出，才大加淘汰。[①]

保甲法与弓箭社

王安石保甲之法，行于宋神宗熙宁三年。元丰八年，神宗崩，知陈州司马光、监察御史王岩叟上疏论之，其疏皆见《宋史·兵志》。安石所行之法，以免役成效为最多，流弊为最少，而保甲适反之。其所由然，则以封建时代，治者阶级，即剥削阶级，有可藉手之机会，无不借以虐民也。此篇所写（即王岩叟《论保甲》），可谓穷形极相。然则法皆不可变乎？是亦不然。特必人民自有觉悟，能自立法而自行之耳。故欲行新法者，在能教育人民，切戒强迫命令。此篇"缘情以推法，则愈久而愈行，倚威以行令，则愈严而愈悖"之说，可称不刊之论。

---

① 《吕著中国通史》上册，第169—170页。

试以宋河北弓箭社与保甲法比观而可知也。①

宋代保甲虐民,而河北弓箭社,则成效卓著,且无流弊,王岩叟及苏轼之辞,可谓成一鲜明之对照。但河北弓箭社等组织,非至外患逼近时不能有,则不能希望以此练成民兵,因民兵不能至外患逼近时始练也,然则欲练民兵,当用何策?《旧唐书·李抱真传》说他做泽潞节度使(泽州,今山西晋城县。潞州,今山西长治县,古之上党也),"密揣山东当有变,上党且当兵冲",而"承战余……无以养军士",乃"籍户丁男,三选其一。……免其租徭,给弓矢,令之曰:农之隙则分曹角射,岁终,吾当会试。及期,按户而征之,都试以示赏罚。(汉时试民兵,谓之都试)……比三年,皆善射得……卒二万"。此法但用奖励,而不派人教练,故无如宋保甲之弊,是否可行?②

保甲创始于宋朝的王安石,他的创立此法,用意有二:(一)使人民能够警备盗贼以自卫,(二)渐进而教以武艺,使之成为民兵。他的主意,实在后者,而前者不过是达到目的的手段。论起民兵来,较之募兵,自然有种种优点,何况当宋朝募兵极弊的时候?而且第二个目的的达到,第一个目的,自然不成问题了,他这个主张,原是很好,然其实行的结果,却是如何呢?恐怕是他所行新法中最坏的一事了。试看《宋史·兵志》所载反对党诸奏疏,其弊几于不可胜穷,如政府所派检阅之官,对于地方上的诛求;教练之官,对于所教保丁的作威作福;真使人民透不过气来。在如此情形之下,所练成的民兵,即使武艺精娴,亦岂可恃以为用?何况武艺也有名无实呢?无怪据《宋史》所载,民兵之着籍者,其数初不为少,然始终并无成绩可见了。然而我们试读苏轼《请存恤河北弓箭社》的奏议,追述该社的起源,乃由燕云十六州割给契丹之后,河北之地,成为缘边,时虞寇盗,官兵不能保护,乃由他们自立组织,以资自卫。他们的组织,纯出自动,如派丁抽费等,

---

① 《史籍选文评述》,《吕著史学与史籍》,第 176 页。
② 《史籍选文评述》,《吕著史学与史籍》,第 197 页。

一切都有严密的规则，毫无弊窦，而效率甚高，甚为敌人所畏。我们看此两事，便知道：（一）对于人民有益，而其利益又为人民所能了解的事，人民自能起而筹办；（二）凡是人民所办的事，必能切于实际，确合需要，而并非装饰门面；（三）且皆有成效可见，而非有名无实；（四）凡人民所乐意办理之事，人民必自能妥立章程，宽筹经费，慎举人员；且自能对于办事者，加以严密的监督。政府所办的事情多了，恐非借此力量无以善其后。然则今日之急务，在于领导人民，使其知道自己所需要的事而自己来办；扶助人民，为其除去阻力，而使其自己能办，操刀代斫，固然不是路；借口于斫刀代斫，而意实在于与民争利，那更迟早是死路一条了。①

南宋四大将不减唐之藩镇

宋南渡之初，岳飞、韩世忠、刘光世之兵，分驻江淮，不可号令，不减唐之藩镇。顾何以所谓战功，仅能剿除内寇，一遇女真，非败即遁。（马端临语。见《兵考》，此当时实录也。《宋史》诸帅传，铺张战功，均不足信。）而西川一路，军马赋税，朝廷始终未尝遥制，迨元兵一至，东西两川，不匝月而陷，曾不能据土以自完乎？②

宋朝南渡之初，情形是很危险的，其原因：（一）这时并无一支可靠的兵。当徽宗时候，蔡京等利用诸军阙额，"封桩其饷，以备上供"。北宋的兵力，本靠不住；这一来，便连靠不住的兵力，也没有了。靖康时入援，以陕西兵多之地，竭力搜括，只得万五千人。南北宋之际，大将如宗泽及韩、岳、张、刘等，都是招群盗而用之；既未训练，又无纪律，全靠不住；而中央政府既无权力，诸将就自然骄横起来；其结果，反弄成将骄卒惰的样子。③

---

①　《如何根治贪污》，《学风半月刊》1947 年第 1 卷第 1 期。
②　《本论·议兵》，《吕思勉诗文丛稿》上册，第 294 页。
③　《自修适用白话本国史（三）》第三篇《近古史下》，第 2 页。

宋朝当南渡时,并没有什么完整的军队,而且群盗如毛,境内的治安,且岌岌不可保,似乎一时间决谈不到恢复之计。然以中国的广大,金朝人能有多大的兵力去占据? 为宋朝计:是时理宜退守一个可守的据点,练兵筹饷,抚恤人民。被敌兵蹂躏之区,则奖励、指导其人民,使之团结自守,而用相当的正式军队,为之声援。如此相持,历时稍久,金人的气焰必渐折,恢复之谋,就可从此开展了。苦于当时并没有这种眼光远大的战略家。而且当此情势,做首领的,必须是一个文武兼资之才,既有作战的策略,又能统驭诸将,使其不敢骄横,遇敌不敢退缩,对内不敢干政,才能够悉力对外。而这时候,又没有这样一个长于统率的人物。……宋朝的将帅,颇为骄横。"廪稍惟其所赋,功勋惟其所奏。""朝廷以转运使主馈饷,随意诛求,无复顾惜。""使其浸成痼赘,则非特北方未易取,而南方亦未易定。"(叶适《论四屯驻大兵》语,详见《文献通考·兵考》。)①

《宋史》记战绩多有夸大

韩世忠江中之捷,是乘金人不善用水兵,而且利用大船的优势,幸而获胜;然亦终以此致败。大仪之战,只是小胜;当时金人以太宗之死,自欲引归,和世忠无涉;参看《金史》便知。岳飞只郾城打一个胜战。据他《本集》的捷状,金兵共只一万五千人;岳飞的兵,合前后的公文算起来,总在二万人左右,苦战半日,然后获胜,并不算什么希奇。《宋史》本传,巧于造句,说"兀术有劲兵号拐子马,是役以万五千骑来",倒像单拐子马就有一万五千,此外还有无数大兵,岳飞真能以寡击众了。以下又铺张扬厉,说什么"磁相、开德、泽潞、汾隰、晋绛,皆期日与官军会";"自燕以南,金人号令不行";真是说得好听,其实只要把宋、金二《史》略一对看,就晓得全是瞎说的。十二金字牌之召,《本传》可惜他"十年之功,废于一旦",然而据《本纪》所载,则还军

----

① 《吕著中国通史》下册,第 485、486 页。

未几，就"诸军皆溃"了。进兵到朱仙镇，离汴京只四十多里，更是必无之事。郾城以外的战绩，就全是莫须有的。最可笑的，宗弼渡江的时候，岳飞始终躲在江苏，眼看着高宗受金人追逐；《宋史》本传，还说他清水亭一战，金兵横尸十五里；那么，金兵倒尽杀尽了。——韩、岳二人，是最受人崇拜的，然而其战绩如此。至于刘光世，则《宋史》本传说他的话，就已经够了。依我看，倒还是张俊，高宗逃入海的时候，在明州，到底还背城一战。这种兵，好靠着他谋恢复否？[①]

论宋金和议

（秦）桧之相也，直宋北都既陷，杭越革创之际，虏骑迫于江南，乘舆越于海峤，永嘉奔亡，其不为徽钦之续者亦幸耳。当时韩、岳、张、刘，皆号称名将。然光世之骄蹇不用命，《宋史》本传，已具言之。浚终始任专阃，然一败于富平，而关陕以亡，再败于符离，而恢复之业遂无可望。四川之全，吴玠兄弟及刘子羽之功，非浚力也。最不可解者，当宗弼渡江，使阿里蒲庐浑追高宗时，韩世忠、岳飞之军，皆近在江南，是时宗弼之众，不过数万，且皆久战疲惫，合而踵之，不难也。顾世忠则退驻江阴，飞则逗留广德、溧阳，不敢越独松关一步，转不如世所诋为大奸之张俊，尚能背城少抗，俾高宗得乘间入海也。（建炎四年，给事中汪藻奏：刘光世、韩世忠、张俊、王躞之徒，身为大将，论其官，则兼两镇之重，视执政之班，有韩琦、文彦博所不敢当者；论其家，则金帛充盈，锦衣肉食，舆台厮养，皆以功赏补官。至一军之中，使臣反多，卒伍反少；平时飞扬跋扈，不循朝廷法度；所至驱虏，甚于夷狄，陛下不得而问。正以防秋之时，责其死力乎。张俊明州仅能少抗。奈何敌未退数里间，而引兵先遁，是杀明州一城生灵，而陛下再有馆头之行者，张俊使之也。臣痛念自去秋以来，陛下为宗社大计，以建康、京口、九江，皆要害之地，故杜充守建康，韩世忠守京口，刘光

---

① 《自修适用白话本国史（三）》第三篇《近古史下》，第9页。

世守九江，而以王燮隶杜充，其措置非不善也。而世忠八九月间，已扫镇江所储之资，尽装海船，焚其城郭，为逃遁之计，洎杜充力战于前，世忠、王燮卒不为用，光世亦晏然坐视，不出一兵，方与韩枢朝夕饮宴，贼至数十里间而不知，则朝廷失建康，虏犯两浙，乘舆震惊者，韩世忠、王燮使之也。失豫章而太母播越，六宫流离者，刘光世使之也。呜呼！诸将之负国家，罪恶如此，而俊自明引兵至温，道路一空，民皆逃奔山谷，世忠逗留秀州，放军四掠，至执缚县宰，以取钱粮，虽陛下亲御宸翰，召之三四而不来，元夕取民间子女，张灯高会，君父在难而不恤也。自信入闽，所遇邀索千计，公然移文曰："无使枉害生灵。"其意果何在哉？臣观今日诸将，律以古法皆当诛云云。于南渡诸将之骄横跋扈，暨高宗播迁，确由群帅之不能尽力，可谓抉摘无遗。）

世忠与金遇以来，可称战捷者，惟黄天荡、大仪二役，黄天荡之役，扼人归师，且乘北人不善使船，犹终于败衄。（世忠之败，由大舟无风不能动。盖其所用，即隔岁以装载镇江所储之资，为逃遁计者也。自八九月至明年四月，为时已越半载，果使豫定江中邀击之谋，何至并小舟亦不能造。）大仪之役，则太宗凶问适至，金师自欲解归耳。飞与金人遇以来，可称克捷者，惟郾城一役，他皆无可征验。（飞本传所载战功，多诞妄不中情实，且即如所言，亦十之九在平内寇耳。其尤诞者，谓以兵八百破孔彦舟等五十万众，而清水亭之战，至于横尸十五里。当时群盗啸聚，正以兵燹之后，无所得食耳。屯聚多兵，必须口实，而谓其能合五十万众以攻汴乎？宗弼渡江，众本不过数万，分掠常镇者，至多不过数千人，一战而横尸十五里，则金军尽矣。诸此类者，皆不待深求，而知其不可信者也。）然是役也，实以二万余人攻万五千人，力战半日，仅乃克之。与史所称善以寡击众者适得相反。（《飞传》兀术有劲军号拐子马，是役以万五千骑，一若万五千骑外尚别有大军者，然据本集所载捷状，则金兵是役共不过万五千人耳。）十二金字牌之召，本传称磁、相、开、德、泽、潞、汾、隰、晋、绛，皆

252

期日与官军会。自燕以南，金人号令不行，惜其以十年之功，废于一旦。然据高宗本纪所言，则返旆未几，诸军皆溃矣。此等兵，而可恃之以谋恢复乎？况是时诸军之食，皆由将帅自制，无复承统。"廪稍惟其所赋，功勋惟其所奏，将版之禄，多于兵卒之数。朝廷以转运使主馈饷，随意诛求，无复顾惜。"（叶适语）兵骄于外，财匮于内，何以为国。马端临谓宋用屈己讲和之下策，由韩、岳、张、刘之徒，一遇女真，非败即遁，纵有小胜，不能补过。叶适谓诸将之兵不收，不特北方不可取，南方亦未易定，及其或杀或废，惕息俟命，而后江左得以少安，岂虚语哉！而论者则曰：南宋之不振，桧实为之。颉子曰：舆论之不可恃也久矣。（编者按：颉子为先生之笔名）舆论之不可恃，自有朋党始，有朋党，则有意气而无是非，此党之所是者，彼党必力诋，虽明知其是，弗恤也。彼党之所非者，此党必力赞之，虽明知其非，弗顾也。始以为可行者，及异党之人赞之，则忽以为不可行。始以为宜废者，闻异党之人诋之，则更以为不宜废。此不必征诸远也，就吾曹所身历之事观之可知矣。……嗟乎，舆论之不可恃也久矣。自今日观之，北宋之为新为旧，南宋之主战主和，其是非得失，皆若无难定也。庸讵其在当日，彼亦一是非，此亦一是非，一如吾曹之亲历者乎？今使三四年前之史，而修诸此党之手，则此党之人，有不为北宋之王安石，修诸彼党人之手，则此党之人，有不为南宋之秦桧者哉？晋王羲之有言：后之视今，亦犹今之视昔。唐杜牧亦有言：秦人不暇自哀，而后人哀之；后人哀之而不鉴之，亦使后人复哀后人。呜呼，何其言之痛也。[①]

宋以后外交失败之由

外交者，列国并立之世，然后有之者也，故必国人先自视为列国之一，然后有外交之可言。秦汉以降，吾人久以天朝自居，而鄙列国为小

① 《本论·砭宋》，《吕思勉诗文丛稿》上册，第 282—284、284—285 页。

蛮夷,其自视重,则其所以责人者,常过于其分,而有失国际上平衡之义。(如五口通商以前,英人屡遣使求通好于吾,吾人概以朝贡目之,赐之敕谕,却其所求。此等事无益实际,徒招恶感,最为无谓。)其视人轻,则平时常有藐视他邦之意,而虑患不免于甚疏,一旦与接为构,实力弗如,乃张皇而莫知所措。(甲午之役,吾国朝士多执旧图,谓日本小于朝鲜,且先存成见,谓惟西洋诸国为可畏,东洋之国何能为?轻率开衅,以致于败。)吾国自宋以后,外交之失败,皆坐此也。[①]

三　宋儒不宜做政治事业

宋儒治心的方法,有很大的价值,而其治世的方法,则根本不可用。宋儒是讲究躬行实践,其立身行己,都有可观。他们知道治化的根本在于社会,故能制定乡约,或冠昏礼节等,以求化民善俗。他们虽不适宜于做政治事业,却相宜在社会上做些自治事业。在中国,思想界的权威是儒家。儒家对于社会经济的发达,认识本不如法家的深刻,所以只主张平均地权,而忽略了资本的作用。此也时代为之,怪不得古人。然在今日,却不可不知昔人所走的是一条不通的路,而再奉其思想为金科玉律。宋的新旧两党,倘使能互认敌党的主张,使有发表政见的余地,加以相当的采纳,以节制自己举动,宪政的规模也就确立了。教育本系社会事业,学校也纯为研究学问,惜乎后来变为国家养人才之所。国家所代表的理论总较陈旧,新学或不能在学校中提倡,私立学校则无此弊。社会当有新旧二说并行。官办学校代表较旧的、传统的学术,私立学校代表较新的、方兴的学术,并行而相辅相成,实是最好的办法。所以,宋的书院有相当的价值。

宋朝的士风

宋朝人的学问是要讲究躬行实践的,所以其立身行己,都有可

---

① 《苏秦张仪》,中华书局1915年版,第7—8页。

观。他们大多数,知道治化的根本,在于社会。还能制定乡约,或冠、昏、丧、祭的礼节等,行之于地方,以求化民善俗,这确是他们的长处。但是他们不知道社会的变迁,所执意要推行的,往往是不合时宜的古礼,亦且古代社会等级之制甚严,在后世已经平等些了,他们因泥古之故,并此也要回复,就未免冷酷而不近人情,这又是他们的短处。他们论事,大抵要合乎理想,而不甚肯迁就事实;论人,大抵要辨别其心术,而不甚肯拘泥于形迹。这固然有彻底的好处,然亦有时,因此而流于迂阔;又或苛责君子,使无容身之地,而小人反得逍遥事外。他们大概好争意气,因此容易结成党派。所以宋朝士风,概论起来:初宋则喜党争;中宋多习苟安;晚宋则力崇名节。如陆秀夫、张世杰、文天祥、谢枋得等,均为宋之季世,作掉尾之一大活动,这就是宋代士风的特征了。[①]

宋儒不宜做政治事业

宋学从第十一世纪的中叶起,到第十七世纪的中叶止,支配中国的思想界,约六百年。他们仍把社会看做是各分子所构成的;仍以改良个人为改良社会之本;要改良个人,还是注重在内心上;这些和佛学并无异。所不同的,则佛家认世界的现状,根本是坏的,若其所谓好的世界而获实现,则现社会的组织,必彻底被破坏,宋学则认现社会的组织,根本是合理的,只因为人不能在此组织中,各处于其所当处的地位,各尽其所应尽的责任,以致不好。而其所认为合理的组织,则是一套封建社会和农业社会中的道德、伦理和政治制度。在商业兴起,广大的分工合作,日日在扩充,每一个地方自给自足的规模,业已破坏净尽,含有自给自足的性质的大家族,亦不复存在之时,早已不复适宜了。宋儒还要根据这一个时代的道德、伦理和政治制度,略加修改,制成一种方案,而强人以实行,岂非削足适履?岂非等人

① 《更新初级中学教科书　本国史》(三),商务印书馆1937年版,第56—57页。

性于杞柳,而欲以为杯棬? 所以宋儒治心的方法,是有很大的价值的,而其治世的方法,则根本不可用。不过在当时,中国的思想界,只能在先秦诸子和玄学、佛学两种思想中抉择去取、融化改造,是只能有这个结果的,而文化进化的趋向,亦就不得不受其指导。[1]

　　经宋儒提倡之后,士大夫的气节,确实是远胜于前代。但宋儒(一)因其修养的工夫,偏于内心,而处事多疏。(二)其持躬过于严整,而即欲以是律人,因此,其取人过于严格,而有才能之士,皆为其所排斥。(三)又其持论过高,往往不切于实际。(四)意气过甚,则易陷于党争。党争最易使人动于感情,失却理性,就使宅心公正,也不免有流弊,何况党争既启,哪有个个人都宅心公正之理? 自然有一班好名好利、多方掩饰的伪君子,不恤决裂的真小人混进去。到争端扩大而无可收拾,是非淆乱而无从辨别时,就真有宅心公正、顾全大局的人,也苦于无从措手了。所以宋儒根本是不适宜于做政治事业的。若说在社会上做些自治事业,宋儒似乎很为相宜。宋儒有一个优点,他们是知道社会上要百废俱举,尽其相生相养之道,才能够养生送死无憾,使人人各得其所的。他们否认"治天下不如安天下,安天下不如与天下安"的苟简心理,这一点,的确是他们的长处。但他们所以能如此,乃是读了经书而然。而经书所述的,乃是古代自给自足,有互助而无矛盾的社会所留遗,到封建势力逐渐发展时,此等组织,就逐渐破坏了。宋儒不知其所主张的道德、伦理、政治制度,正和这一种规制相反,却要借其所主张的道德、伦理和政治制度之力,以达到这一个目的。其极端的,遂至要恢复井田封建。平易一些的,亦视智愚贤不肖为自然不可泯的阶级,一切繁密的社会制度,还是要以士大夫去指导着实行,而其所谓组织,亦仍脱不了阶级的对立。所以其结果,还是打不倒土豪劣绅,而宋学家,特如其中关学一派,所草拟的极详密的计划,以极大的热心去推行,终于实现的寥若晨星,而且还是

----

[1]　《吕著中国通史》下册,第475—476页。

昙花一现。这时候,外有强敌的压迫,最主要的事务,就是富国强兵,而宋儒却不能以全力贯注于此。最需要的,是严肃的官僚政治,而宋学家好作诛心之论,而忽略形迹;又因党争而淆乱是非,则适与之相反。宋学是不适宜于竞争的,而从第十一世纪以来,中国的文化,却受其指导,那无怪其要迭招外侮了。[1]

思想家太重均贫富

吾国虽久行私产之制,然贫富之相去,实不可谓之悬殊。(一)因封建久废,有广土者甚少。(二)则财产久由各子均分。大家族在后世既已罕见,即有巨富之家,一再传后,财产亦以分而日薄。(三)则恤贫抑富,久为政治家所信奉。人民亦能互相救恤。(四)则地处大陆,人事之变迁甚剧。每一二百年,辄有大战乱。贫富之变易较易。此吾国民所以久有均贫富之思想,而数千年来,卒能相安无事者也。[2]

中国历代,社会上的思想,都是主张均贫富的,这是其在近代所以易于接受社会主义的一个原因。然其宗旨虽善,而其所主张的方法,则有未善。这因历代学者,受传统思想的影响太深,而对于现实的观察太浅之故。在中国,思想界的权威,无疑是儒家。儒家对于社会经济的发达,认识本不如法家的深刻,所以只主张平均地权,而忽略了资本的作用。这在当时,还无怪其然。古代学问的发达,不能不为地域所限。儒学盛于鲁。法家之学,托诸管子,疑其初盛于齐。《史记·货殖列传》说:太公封于齐,地泻卤,人民寡,太公劝女工,极技巧,通鱼盐,人物归之,襁至而辐凑,齐冠带衣履天下。这或者出于附会。然齐鱼盐工商之业皆盛,则是不诬的。齐国在当时,资本必较发达,所以节制资本的思想,就起于其地了。然至后世,学者的眼光,仍限于这一个圈子里,就可怪了。

---

[1] 《吕著中国通史》下册,第 476—477 页。
[2] 《中国近世文化史补编》,《吕著中国近代史》,第 273 页。

龚自珍是近代最有思想的人。他的文集里,有一篇文章,标题为《平均篇》,畅发一切乱原,根本都在经济上分配的不平。最高的治法,是能使之平均。就其现象,与之相安,则不足道。其观察,亦可谓极深刻。然问其方法,则仍是希望握政权者,审察各方面的情形,而有以措置之,则仍是一条不通的路而已。龚氏是距离现在不过百年的人,而其思想如此,可见旧日的学者,其思想,全然局限于这一个范围之中。这是时代为之,自然怪不得古人。然在今日,却亦不可不知道昔人所走的路,是一条不通的路,而再奉其思想为金科玉律。[①]

宋有真党争

从来论党的人,每将汉朝的甘陵,唐朝的牛李,和宋朝的新旧党,并为一谈,这是大错。汉朝的甘陵,只是一班轻侠自喜、依草附木之徒,再加以奔走运动,营求出身,以及有财有势,标榜声华之士,以致闹成党锢之祸;唐朝的牛、李,只是官僚相排挤,哪里说得上政见?宋朝的新旧党,却是堂堂正正,各有其政见的。固然新旧党中,各有坏人;新旧党互相排挤报复,也各有不正当的手段;然而不害其为有政见。他们对于多种政治问题,都有不同的见解;而其见解,都是新党代表我所谓进化派,旧党代表我所谓保守派的。旧时的议论,都左袒旧党;现在的议论,则又左袒新党;其实二者是各有长短的。新党的所长,在于看透社会之有病而当改革,而且有改革的方案;而其所短,则在于徒见改革之利,而不措意于因改革所生之弊。旧党攻击因改革所生之弊,是矣,然而只是对人攻击,而自己绝无正面的主张。[②]

要形成政党,宋朝是最好不过的时代。因为新旧两党,一个是代

---

① 《吕著中国通史》上册,第 101、102—103 页。
② 《中国政治思想史十讲(六续)》(第八讲),《光华大学半月刊》1936 年第 5 卷第 1 期。

表国家所要求于人民的,一个是代表人民所要求于国家的。倘使当时的新旧党,能互认敌党的主张使有发表政见的余地,加以相当的采纳,以节制自己举动的过度,宪政的规模,早已确立起来了。①

党争之弊

结党之始,虽以利合,及其争而求胜,则并其所争之利而亦忘之。私利且犹忘之,而况于公事乎? 此数千年来,所以一有党人,政治即败坏不可收拾,论者虽或指一党为君子,亦卒于国事无裨也。语曰:狐埋之而狐搰之,是以无成功。西人亦有言,恶政虽不如善政,犹愈于无政。今使国无党祸,而执政者不得其人,其所行诚不能善,然犹不失为恶政也。独至有党,则门户相持,更起迭仆,此党得政,则彼党之所行者悉废,彼党得政,则此党之所行者亦如之。如行路然,今日西行百里,明日复东行百里。如绘图然,左手画圆,同时右手又欲画方。自党人言之,固皆持之有故,言之成理也。自国家言之,则亦已所行者,悉自废之。已所废者,旋复行之耳,是无政也。即强谓之有政,则亦举棋不定之政耳。举棋不定之政,则政之最不善者也。②

书院的价值

凡国家办的事,往往只能以社会上已通行的,即大众所公认的理论为根据。而这种理论,往往是已经过时的,至少是比较陈旧的。因为不如此,不会为大众所承认。其较新鲜的、方兴的,则其事必在逐渐萌芽,理论必未甚完全,事实亦不会有什么轰轰烈烈的,提给大众看,国家当然无从依据之以办事。所以政治所办理的事情,往往较社会上自然发生的事情为落后。教育事业,亦是如此。学问是不宜于

---

① 《中国政治思想史十讲(八续)》(第十讲),《光华大学半月刊》1936 年第 5 卷第 3/4 期。

② 《本论·砭宋》,《吕思勉诗文丛稿》上册,第 286 页。

孤独研究的。因为(一)在物质方面,供给不易完全;(二)在精神方面,亦不免孤陋寡闻之诮。所以研究学问的人,自然会结成一种团体。这个团体,就是学校。学校的起源,本是纯洁的,专为研究学问的;惜乎后来变为国家养成人才之所。国家养成人才,原是很好的事;但因(一)事实上,国家所代表的,总是业经通行、已占势力的理论。所以公家所立的学校,其内容,总要比较陈旧些。社会上新兴的,即在前途有真正需要,而并非在过去占有势力的学科,往往不能尽力提倡。(二)而且其本身,总不免因利禄关系而腐化。于是民间有一种研究学问的组织兴起来,这便是所谓书院。书院是起于唐、五代之间的。宋初,有所谓四大书院者,朝廷咸赐之额。……此外赐额、赐田、赐书的还很多。但书院并不靠朝廷的奖励和补助。书院之设,大概由(一)有道德学问者所提倡,(二)或为好学者的集合。(三)或则有力者所兴办。他是无所为而为之的,所以能够真正研究学问。而且真能跟着风气走。在理学盛行时代,则为讲学的中心;在考据之学盛行的时代,亦有许多从事于此的书院;即其确证。新旧两势力,最好是能互相调和。以官办的学校,代表较旧的、传统的学术;以私立的学校,代表较新的、方兴的学术;实在是最好的办法。①

社会当过渡时代,往往有新旧二说并行。这二者是有听其并行的必要的。在此情形之下,私立学校,宜代表较新的学说,以与官立的学校相辅相成。这话理论的根据,事实的左证太多了,一时不能详说。然其理自易明,亦不待详说也。②

公立与私立

现在的学校,虽有私立,究以官公立为多,不能不说是政治。……教育本系社会事业。官办的事情,总不免流于形式,即所谓官样文章,

---

① 《吕著中国通史》上册,第 278—279 页。
② 《光华大学十五周年纪念感想》,1940 年《光华大学十五周年纪念特刊》。

不能和社会的进化相应。中国政治上的习惯,虽说是很民主,然既云政治,总不免有几分不自由。(如前清末年,断不能在学校中提倡革命,而私立学校,则事实上是有的,如爱国学社即是。)最新的学说,或不能在学校中提倡,私立学校则无此弊。教育不徒贵有形式,而尤贵有精神。教育的精神,是存乎其人的。先秦诸子、佛学大师、宋元诸儒,皆其好例。此等教育巨子,在官立学校中,格于功令,或不能发挥其所长,在私立学校中则不然。……我的意见,都是要提倡私塾和自修的。(私塾和私立学校,在理论上,实不能说有何种区别。)……以学校与私塾言之,实不能不说是两个相等的阶级。民主政治的精义,就在于能持各阶级之平,使其无畸重畸轻,而各得遂其自然的发达。助学校以抑私塾,就是偏袒这一阶级,去压制那一阶级了。从理论言之,殊不合理,而亦是中国历史上向来不曾有过的事情。[①]

　　我们的宗旨,是向来不大愿意进医院的。明知道医院的设备,较私人诊所为完备,医生也多些,然而总觉得医院里的医生太忙,因而诊视太潦草。而且我觉得人和人的相与,总该有一个人和人相与的道理的,这便是古人所谓"相人偶"。诊所医生,只要他有些商业道德,对于病家,多少总能够保持一点这种意思的,超过于此的,更不必说了。医院里的医生,这种意思就少了。我常说:医院和诊所,正和学校和私塾一样。学校的设备,岂不较私塾为完备?教师也岂不较多?师生的关系,却比私塾淡薄得多了。[②]

宋之学潮

　　学校风潮,乃一种群众运动。可以大声疾呼,申明一事之是非曲直,而不能深谋远虑,定措置之方。并不能洞烛隐微,知症结所在。论者或以是为学生运动病,此乃未知学生运动之性质者也。历代之

①　《学校与考试》,1941年2月7日《中美日报》。
②　《连丘病案》,《黎明:文艺春秋丛刊之五》,上海永祥印书宙1945年版,第101页。

学校风潮,虽亦不尽纯正,然其所蕲求指斥,合于义者究多。此可见群众之可欺以其实,而不可欺以其名也。进一步,使大多数人,皆知综核名实之道,以群众运动,申明事之是非曲直,而更有切实而持久之办法以继之,则政治可以改观矣。

以唐世之党争与宋世之党争较,则唐世徒为私利,而宋世实有政见之不同,二者未可同日语也。学潮亦然。神宗时,太学盛而学风实坏。然张商英罢而蔡京复用,太学诸生尝讼其冤。何执中代京相,太学诸生陈朝老亦诣阙上书言之。邓肃入太学,时东南贡花石纲,肃作诗十一章,言守令搜求扰民;用事者见之,屏出学。则虽用威胁利诱,并不能遂弭人言。陈公辅为平江府教授,朱勔方嬖幸,当官者奴事之,公辅绝不与交;勔有兄丧,诸生欲往吊,公辅不与告。则郡县教官,亦有毅然不可犯者矣。及金兵至,而陈东等代表民意,力主澄清政局,抗御强敌,正气大伸。[1]

四　民生穷苦古今一辙

宋代最可痛心的是民穷财尽。自两税法行后,连名存实亡的平均地权的法令都没有了,唐中叶后新增的苛税如盐、茶、酒及商业上的过税、住税等,宋多未删除,所以当时的人民,实在非常之困苦。但一方面,社会反而显出繁荣的状况。其时,临安的各种卖买,几于都有夜市。不但应用之品,就供享乐消耗的也很多。海外贸易也更形发达。杭州、嘉兴、宁波、泉州、广州等处都曾设过市舶司,除抽税外,香药、犀、象等由官专卖,利息丰厚。总之,农民困苦,而商业资本活跃,历代本是一律的,然在宋朝更加突出了。而吾国农民操业至勤,而获报至觳,有史迄今,如出一辙。故有弃南亩而事他业者,未见有既事他业,而复返于农者。至于困顿失所,土田犹在,然卒莫肯归耕,以此知返本之难也。

---

① 《学校风潮》,《吕思勉读史札记》下册,第 1406、1408 页。

宋代的民穷财尽

（宋代）最可痛心的，就是民穷财尽。原来从藩镇擅土以后，就多用武人做地方官，管收税机关；又创设了无数麻烦的杂税。这种苛税，无有不是拣着地方上贫弱的人欺的。——因为豪强的人，都是有势力，能和官府相结托的。——于是贫弱的人，就只得献其所有，以托庇于豪强；有产的人，就逐渐变为无产者。这么一来，豪强的力量更大了，就更可以兼并贫弱的人。而且干戈之际，田地总有荒废的，还有那贫弱之人流亡的，田地也都入于豪强之手。于是贫富就大为不均。宋朝的收税，是很宽的。每破一国，必把他所有的苛税废除，或是大加蠲减。（累朝相承，又递有蠲减。）而且“一遇水旱徭役，则‘蠲除’‘倚阁’，殆无虚岁。倚阁者后或凶歉，亦辄蠲之”。“畎亩转易，丁口隐漏，并兼伪冒”，也“未尝考按”。然而历代开国之初，都有一种改良分配的政治。譬如晋之户调，魏之均田，唐之租庸调制。宋朝却丝毫未有。所以取民虽宽，只是优待了一种豪强兼并的人，贫民丝毫得不到好处。而且受豪强的压迫更甚。民间借贷的利率，春天借米一石，秋天就还他两石，还算是普通的（见《宋史·陈舜俞传》），司马光说当时穷民的情形，“稼一不登，则富者操奇赢之资，取倍称之息；偶或小稔，责偿愈急；税调未毕，资储罄然；谷未离场，帛未下机，已非己有。所食者糠粃而不足，所衣者绨褐而不完。直以世服田亩，不知舍此尚有可生之路耳”（见《宋史·食货志》）。这种状况，真是言者伤心，闻者酸鼻了。还有一件，宋朝的税额虽轻，而税目和征收的方法，都很不佳良；所以国家收入虽少，人民的负担，并不见轻。[①]

“支移”和“折变”

唐朝的所谓两税，已经把“租庸调三者所取之额”，包括在里头

[①] 《自修适用白话本国史（三）》第三篇《近古史上》，第47—48页。

了。却是从唐中叶以后到宋,都另有所谓"力役",这便是于"庸"之外再取"庸"。而又有所谓"杂变之赋",则又是出于"包括租庸调三者之额的两税"之外的。所以这时候的税,实在远较唐初为重。然而苦累百姓的,倒还不在税额的重轻上,而在其征收的方法上。征收的方法,第一足以累民的,便是"支移"和"折变"。"支移"是"百姓的输纳租税,本来有一定的地方的,却因他输纳的地方,官家未必要这样东西用;所不输纳的地方,却要用这样东西;于是叫百姓移此输彼"。折变是"百姓的纳税,应当纳什么物品,也有一定的。却是所输纳的物品,官家未必需用;所不输纳的,却反要用;于是临时改变他所输纳的东西"。"支移"看"户等"的高下,以定道里之远近。不愿支移的,便要另缴"道里脚价钱"。这简直是于纳税之外,又另课之以"运送的义务"。"折变"却说所取的物品,虽然改变,其"价格",要和原取之物相当的。其算法,是用征收的一个月中的"中价"计算。然而"支移"往往不能按"户等"的高下,叫富的人输送到远处,穷的人输送在近处;而且"脚钱"就是道里脚价钱。本是所以代支移的,到后来往往支移之外,还要出脚钱。"折变"则计算价格,未必能公平。又往往只顾公家;阙乏了什么东西,便叫百姓改输,却不管百姓有这东西没有。又往往折了又折,几个转身以后,价格便大相悬殊。譬如西川起初,绢一匹=钱三百,草一围=钱二,于是输绢一匹的,叫他折输草一百五十围。到后来,却把草一围,估作钱一百五十文,再叫他改输钱。于是三百文的税,倒纳到二万二千五百文了。[①]

民生穷苦古今一辙

吾国农民操业至勤,而获报至觳,有史迄今,如出一辙,而每逢叔季,则其困苦尤甚。盖暴政繁兴,日事朘削,一也。一代开国之初,每当大乱之后,兵燹诛夷,死亡过半,民穷则反本,皆弃末作而务本业,

---

① 《自修适用白话本国史(三)》第三篇《近古史下》,第 90—91 页。

故室家殷富,比户可封。一再传后,习于淫侈,稍桀黠者,咸欲享阡陌之奉,而莫不惮耕获之劳,故多舍南亩而趋末业,其黠者则日事分利之业,其强者则攫人之所有以自肥,懦者亦日习于游惰而不自振。生齿日盛,而一国之中,胼手胝足以从事于生业者,仍惟此少数之农民,则生计渐困,生计困而服食居处,一切之所以给其求而养其欲者,已非复前日之可比也,则愈困,愈困而黠者愈思腴人之所有以自润,强者愈降攫人之所有以自肥,懦者睹事生产之民之勤劳而无所获也,则弥习于游惰,而此一二愿恪勤苦之民,乃适当举国上下敲剥腹削之中坚,虽甚自苦,亦假至不能自立而后已。则举天下无一事本业之民,而大乱作矣。呜呼!此吾国历史上所以生齿繁殖,常为大乱之原,而每阅数十百年,必经一次之大乱,无能幸免也。此其二也。①

国家的根本是人民,人民第一个重要的问题便是生活,生活都不能保持,自然一切无从说起了。假使生活而能保持了,那就要解决"饱食暖衣,逸居而无教,则近于禽兽"的问题了,这也是传统的思想上看得极为严重的问题。这是中国自古以来就是如此的。

自汉以后,儒家之学盛行,儒家是偏重于平均地权的,所以大多数人的思想也侧重在这一方面。儒家所怀抱的思想又分为两派,激烈的是恢复井田,缓和的是限民名田。激烈派的思想经新莽实行而失败了,没有人敢再提起,东汉以后多数认为切实易行的,是限民名田。晋朝的户调式、北魏的均田令、唐朝的租庸调法,都是实行此项理想的。后汉末的大乱,人民死亡的很多,自此经两晋南北朝,北方经过与蛮族的斗争,死亡也很剧烈。此时的土地是比较有余的,又得授田的制度以调剂其间,所以地权不平均的问题,比较不觉得严重。

唐朝自贞观至于开元,时局是比较安静的。安静之时,资本易于蓄积,并兼之祸即随之而烈。天宝以后,藩镇割据,战祸除(一)安史

---

① 《禁止遏籴以抒农困议》,《东方杂志》1911 年第 8 卷第 4 号。

之乱时;(二)黄巢乱时;(三)梁唐战争;(四)唐晋与契丹的战争,直接受祸的区域外,其实并不甚烈。人民死亡不能甚多。而(A)苛政亟行,(B)奢侈无度,封建势力和商业资本乘机大肆剥削,人民被逼得几于无路可走,我们试一翻《宋史》,便知道(一)当时的田无税的很多,(二)当时的丁不役的很多。这都是有特殊势力的人所得的好处,而其负担则皆并于贫弱之家。(三)民间借贷自春及秋便本利相侔,设或不能归偿,则什么东西债权人都可以取去抵债(见《宋史·陈舜俞传》)。所以当时司马光上疏说:农民的情景是"谷未离场,帛未下机,已非己有。所食者糠籺而不足,所衣者绨褐而不完,直以世服田亩,不知舍此更有何可生之路耳"。乌呼痛哉!在政治上,(甲)自两税法行后,连名存实亡的平均地权的法令都没有了,(乙)而役法又极酷,(丙)而唐中叶后新增的苛税如盐、茶、酒及商业上的过税、住税等,宋朝又多未能删除,这些直接间接也都是人民的负担。租税的大体,自宋迄明未之有改,而元朝以异族入主中原又加重了封建势力的剥削。明朝自中叶以后,朝政的紊乱,又为历代所未有,藩王、勋戚、宦官等的剥削平民以及所谓乡绅的跋扈,亦是历代所罕有,所以民生问题,可以说自宋至明,大致都在严重的情形中。[1]

历来都是农民困苦而商业活跃

宋代的社会状况,始终是很黯淡的。但也未尝没有畸形的发达。地权的不平均,农民受高利贷的剥削,始终未能救正。南渡以后,贵戚势家,聚于江、浙一隅,更其变本加厉。近代江、浙田赋的独重,就是导源于这时候私家收租的苛刻的。(南宋末年,宰相贾似道,把私家的田,租额重的,硬收买做公田,即以私租为官租。元时,江、浙的田亩,收租还是重的。明太祖平张士诚后,又把私家的租额,就算做

---

①　《中国政治思想史十讲(五续)》(第七讲),《光华大学半月刊》1936 年第 4 卷第
　　10 期。

266

国家的税额，从此以后，虽屡经减少，浙西的租税，较之别处还独重。）其时国土既蹙，又承丧乱之后，用兵则有兵费，讲和又有岁币，国用浩大，苛税繁兴。如"和籴"和"预买"（中国从前，国家立于私人的地位，和人民做交易，谓之"和"。买米的谓之"和籴"，买其余一切东西，谓之"和市"或"和买"，雇人做工，或租用人家的东西[如舟、车之类]，谓之"和雇"，宋朝变为赋税的"和买"是布帛，其中先付价后取物的，谓之"预买"），本来都是卖买，后来都变成租税了。还有经总制钱，"板帐钱""月桩钱"等，都是把许多无名苛敛，聚集起来的。所以当时的人民，实在非常之困苦。但是困苦的仍旧困苦，奢侈的还是奢侈。所以在一方面，社会反而显出繁荣的状况。譬如历代的都市，都是禁止夜市的，唐朝还是如此。（唐朝两京诸市，日中击鼓三百以会众，日入前七刻，击钲三百而散，见《唐书·百官志》两京诸市署令。）宋朝却不然了。其时临安各种卖买，几于都有夜市。不但应用之品，就供享乐消耗的也很多。（宋朝商市情形，见宋人所撰《东京梦华录》《武林旧事》等书。）海外贸易，宋朝较之唐朝，也更形发达。杭州、嘉兴、宁波、泉州、广州、青岛等处，都曾设过市舶司。除抽税外，香药、犀、象等品，由官专卖，利息也很丰。总而言之：农民困苦，而商业资本活跃，历代本是一律的，然在宋朝，则此等现象，似乎更甚了。[①]

由末返本之难

吾生三十年，见有弃南亩而事他业者矣，未见有既事他业，而复返于农者也。生计学家言，任物自竞，必趋于平，故求过于供，则民自趋之，供过于求，则民自弃其业。此以言商业则可，今人或并欲以论农业，则大谬。数见弃农业而事他业者，至于困顿失所，土田犹在，然卒莫肯归耕，以此知道返本之难也。[②]

---

① 《更新初级中学教科书　本国史》（三），第57—58页。
② 《本论·生计》，《吕思勉诗文丛稿》上册，第290页。

论入中入边之法

历代官卖之法,莫善于宋之入中入边,盖如是则官可省漕运之烦也。抑供入中入边之物,皆有独占之性质者,非如是,则不卖,则并可以奖励某种产业矣。明代行中盐之制,而商屯因之以兴,是也。汉通西南夷道,作者数万人,千里负儋馈粮,率十余钟致一石,散币于邛、僰以集之。数岁,道不通,蛮夷因以数攻,吏发兵诛之。悉巴蜀租赋,不足以更之,乃募豪民田南夷,入粟县官,而内受钱于都内。此已开宋代入边之先声,而其效亦与明代商屯等矣。尝谓欲殖边必需资本,国家不易有此大力,商人不肯投资于边,此一难也。人民真愿移徙者,不得官力之辅助;官招募所得,或为浮浪之人,并不能勤事生产,或且逃归,此二难也。此二者,若能假手于商人,俱较官办为佳。盖商人重利,自能招致勤事生产之民,且有以部勒之,不至虚费本钱也。所难者,使商人肯投资从事于此耳。今以其必欲得之物交换之,则资本及人力不期而集于边远之处矣;国家更能设官管理,使商人不能虐其所顾用之民,则善之善者也。[1]

宋时的恶币

中国历代的币制,是紊乱时多,整理时少。从汉到宋,只有汉朝的五铢钱,唐朝的开元钱,是受人欢迎的。此外就都是迫于无法,只得拿来使用。这两种钱,在社会上通行的时代,实在很短。就是这两种钱通行的时候,也还有别种恶钱,夹杂在里头。……所以我们可以推想从汉到宋,社会上用钱的人,实在困苦万状。到五代,就更倒行逆施,有一两国,竟用起铁钱来。(这是同重商主义的经济学家一样的见解,想借此防止钱币流出于国外之故。)宋朝不能厘革,于一定的区域中,仍旧听铁钱行使。其中四川,交通既不方便。初平的时候,

---

[1] 《入中入边之原》,《论学集林》,第 700 页。

除江南、四川外，又都不准行用铁钱。所有的铁钱，就都一拥而入（江南后来却不行了）。而四川，以交通最不便的地方，使用这种最笨重的货币，于是数百年来扰乱中国经济界的钞法，就以此为发源地了。[①]

五 征服与被征服

从汉到唐，是中国征服异族；从宋到清，是中国给异族征服。前此，是从塞外入居中国的蛮族乘着中国政治的腐败起来扰乱；此后，则以一个国家的形式侵入中国，而中国与别一个国家相接触而失败。国力的强弱，不是以其所有的人力物力的多少而定，而是看其能利用于竞争的共有多少而定。文明民族之所以见陵于野蛮民族，全在于文明民族的社会积弊已深，其所恃以和异族抵抗的一部分，或者正是腐化分子的一个集团，或是为首脑的一群人，其行动先自误谬。然读史者，不可只注重于个人之行为，只崇拜英雄。知事之成败，复杂万端，成者不必有功，败者不必有罪，谋胜者不必智，战败者不必怯也。群之盛衰，非判之于其有材无才，乃判之于有材者能否居于有所作为之地位，庸劣者能否退处不能为害之地位耳。故望君子道长，小人道消。君子道消，小人道长，言消长而不言有无，其意可深长思也。

地理条件与民族关系

北族在历史上，是个侵略民族。这是地理条件所决定的。在地理上，（一）瘠土的民族，常向沃土的民族侵略。（二）但又必具有地形平坦，利于集合的条件。所以像天山南路，沙漠绵延，人所居住的，都是星罗棋布的泉地，像海中的岛屿一般；又或仰雪水灌溉，依天山之麓而建国；以至青海、西藏，山岭崎岖，交通太觉不便；则土虽瘠，亦不能成为侵略民族。历史上侵掠的事实，以蒙古高原为最多，而辽、吉

---

① 《自修适用白话本国史（三）》第三篇《近古史下》，第105页。

二省间的女真，在近代，亦曾两度成为侵略民族。这是因为蒙古高原，地瘠而平，于侵掠的条件，最为完具。而辽、吉二省，地形亦是比较平坦的；且与繁荣的地方相接近，亦有以引起其侵略之欲望。北族如匈奴、突厥等，虽然强悍，初未尝侵入中国。五胡虽占据中国的一部分，然久居塞内，等于中国的乱民，而其制度亦无足观。只有辽、金、元、清四朝，是以一个异民族的资格，侵入中国的；而其制度，亦和中国较有关系。①

蒙古高原的部族较西域诸国为强

在历史上，蒙古高原的部族，本来较西域诸国为强。（这是因为一居沃土，一居瘠土之故。）所以匈奴、突厥等，虽然失败于东，还能雄张于西。但是匈奴、突厥的西略，都在既失败于东方之后，不过做个桑榆之补。至于合东方的部族，并力西向，则自西辽大石开其端，蒙古却更进一步；而当时的西方，又没有一个真正的强部；所以成功大而且快。突厥族雄张西域已久，蒙古西征，得到他的助力，也是成功的一个大原因。——蒙古的用兵，对于后印度半岛，要算最为不利。（对于日本的用兵，失败的原因，不在陆上，又当别论。）这全是天时地利上的关系。大抵蒙古人的用兵，利于平原，而不利于山险；而南方的暑湿，尤非北人所堪；所以屡次失败。②

历史上的三批北族

在历史上，最威胁中国的是北族。他们和中国人的接触，始于公元前四世纪秦、赵、燕诸国与北方的骑寇相遇，至六世纪之末五胡全被中国同化而告终结，历时约一千年。其第二批和中国的交涉，起于四世纪后半铁勒侵入漠南北，至十世纪前半沙陀失却在中国的政权

---

① 《吕著中国通史》上册，第 172 页。
② 《自修适用白话本国史（三）》第三篇《近古史下》，第 48、53 页。

270

为止,历时约六百年。从此以后,塞外开发的气运,暂向东北,辽、金、元、清相继而兴。其事起于十世纪初契丹的盛强,终于一九一一年中国的革命。将来的史家,亦许要把他算到现在的东北问题实际解决时为止,然为期亦必不远了。这一期总算起来,为时亦历千余年。这三大批北族,其逐渐移入中国,而为中国人所同化,前后相同。惟第一、二期,是以被征服的形式移入的,至第三期,则系以征服的形式侵入。①

征服与被征服

从汉到唐,和从宋到清,其间的历史,有一个不大相同之点,便是"从汉到唐,中国是征服异族的;从宋到清,中国是给异族征服的"。五胡虽然是异族,然而入居内地久了,其实只算得中国的编氓。他们除据有中国的土地外,都是别无根据地的。所以和中国割据的群雄无异。到辽金元却不然。辽是自己有土地的,燕云十六州,不过构成辽国的一部分。金朝虽然据有中国之半,然而当世宗、章宗手里,都很惓惓于女真旧俗,很注重于上京旧地的。元朝更不必说了。所以前此扰乱中国的,不过是"从塞外入居中国的蛮族"乘着中国政治的腐败,起来扰乱。这时候,却是以一个国家侵入的。就是"中国前此,不曾以一个国家的形式,和别一个国家相接触而失败,这时代却不然了"。②

文明民族何以见陵于野蛮民族

游牧民族,以掠夺为生产,而其生活又极适宜于战斗,所以其势甚强,文明民族,往往为其所乘,罗马的见轭于蛮族·和中国的见轭于五胡和辽、金、元、清,正是一个道理。两国国力的强弱,不是以其所有的

---

① 《吕著中国通史》下册,第 473 页。
② 《自修适用白话本国史(三)》第三篇《近古史上》,第 1 页。

人力物力的多少而定，而是看其能利用于竞争的共有多少而定。旧时的政治组织，是不适宜于动员全民众的。其所恃以和异族抵抗的一部分，或者正是腐化分子的一个集团。试看宋朝南渡以后，军政的腐败，人民的困苦，而一部分士大夫反溺于晏安酖毒、歌舞湖山可知。[①]

在东西历史上，文明民族，都受野蛮民族的蹂躏。如中国之于辽、金、元、清，希腊之于马其顿，罗马之于日耳曼。说者多以为野蛮民族性质强悍，勇于战斗之故。其实不然，单靠勇于战斗，是不能征服人家的。文明国民，虽然全体的风气，比较野蛮民族怯弱些，岂无一部分勇于战斗之士？以中国国土之大，人民之众，要抵御辽、金、元、清等族的侵略，本只要一部分人民就够了，原不消劳动全体。而这一部分人民，在中国亦并非没有。试看外族侵入之际，我国虽然受其蹂躏，也总有若干次的剧战；就这若干次战役论，中国军队的战斗力，实在并不弱于蛮人；有时还要优强些。因为在训练、组织及器械方面，我们都较优胜之故。所以说文明人之不敌野蛮人，在于民族的气质（尚武好斗的性质），全是隔壁的话。然则其原因在哪里呢？我说这在社会组织上。因为我们的社会，是在病态中进化的。一方面，文明程度，固然逐渐加高；一方面，组织病态，亦在逐渐加深。所以以文明程度论，固然文明人优于野蛮人；以社会组织论，实在野蛮人胜于文明人。我们说具体一些的话：在政治上，我们有阳奉阴违之弊；又有法出而奸生，令下而诈起的弊。假使在两军相当之际，我们的将帅，就可以找一句推托的话，逗挠不前；我们的军需官，甚而可以借图私利。这许多事情，在野蛮社会里，大抵是很少的。关于这一点，古来的人，也早就见到。譬如在《史记·秦本纪》里所载由余对秦穆公的话，《匈奴列传》里所载中行说（当时的一个汉奸）诘难汉使的话，都是这一个道理。这还在公元以前。直到公元第十七世纪中，顾亭林先生著《日知录》，他痛心于堂堂的中国，竟为满族所征服；研究文

---

① 《吕著中国通史》下册，第490—491页。

明民族所以为野蛮民族所征服的原因;回答出采的,还不过这个道理(见第二十九卷"外国风俗"一条)。这个道理,是颠扑不破的。不过前人的眼光,偏重于政治方面;尚未能普遍的就社会的种种方面,加以观察罢了。如其普遍观察,这种深刻的病理现象,也是随处可见的。为什么历代文明民族,和野蛮民族相争之时,文明民族里所谓内奸,总是很多;甚至有倒戈以攻其祖国的;而野蛮民族中,此等现象,却极少。就可见得文明社会病状的深刻。因为病状深刻,所以其社会中的分子,利害和社会全体相反的多了。……其病根,还(一)由民族武德的衰颓,(二)由国家政治的败坏。①

　　旷观世界的历史,文明民族往往受野蛮的民族的武力蹂躏,辽、金、元、清的侵入中国是如此,马其顿的征服希腊,日耳曼人的破坏罗马,西亚民族的侵掠印度,又何尝不是如此? 这是什么道理呢? 那自古至今,有一个共同的回答。……总括言之,以风俗论,则野蛮人朴实,而文明人虚伪;以政治论,则野蛮人简捷,而文明人迟滞。两者相遇,自然朴实简捷者胜,虚伪迟滞者败了。然政治的简捷,实源于风俗之朴实。……风俗的浇薄……实由于人与人间利害之矛盾。一国之内,人与人之间利害虽有矛盾,然当外力来临之际,由于文化的相异,总还能团结一致以御侮的;但其团结紧密的程度,以及其赴机的迟速,就要看其有无矛盾,以及矛盾的深浅,以分优劣了。这是民族相争,或胜或败的大原因。文明愈进步之国,则其社会的矛盾愈深,这就是文明民族所以常为野蛮民族所败的理由。②

君子道长,小人道消

　　希腊人说:君主须以最大哲学家为之。正如中国人"天降下民,作之君,作之师"一样。所以如此,则因人类的行动,不容盲目。而在

---

① 《中国民族演进史》,第 126—129、138 页。
② 《中国民族精神发展之我见》,《学林》1940 年第 2 期。

一群之中，总有较为聪明的人，大家的行动，都受这种人的指道，是合宜的，其结果必然有益。在古代小国寡民的社会中，此等需要，易于察知；而其功绩亦易于见得；所以才智出众的人，易于受人的推戴。古代的民主政治，所以能着成效者以此。到后世，就不是这么一回事了。国大民众，利害关系复杂，断非一人或少数人所能尽知。而我们还只会用老法子，希望有一个人或少数人，出而当指导之任，而我们大家都跟着他走。所以凡百事情，利弊都很难明了，兴利除弊，更不必说了。古人称君为元首，就是头脑的意思。一身的指导者是头脑，一群亦不可以无头脑，这意思是对的。惜乎局面广大，情势复杂，更无人能当此重任了。……现在人类的举动，所以不能合理，而往往闯下大祸，就是由于或无足称为首脑部的一群人，或则虽有之，而其行动先自误谬，导其众以入于盲人瞎马、夜半深池之境。[①]

昔时读史者，多注重于个人之行为，故多崇拜英雄，今日之眼光，则异于是。何者？知事之成败，复杂万端，成者不必有功，败者不必有罪，谋胜者不必智，战败者不必怯也。生物界之情形，大抵中材多，极强极弱者少，惟人亦然，无时无地无英雄，亦无时无地无庸劣之士。群之盛衰，非判之于其有材无才，乃判之于有材者能否居于有所作为之地位，庸劣者能否退处不能为害之地位耳。故望君子道长，小人道消。君子道消，小人道长，言消长而不言有无，其意可深长思也，此义言故与学者，皆不可不知也。[②]

六 入侵民族治法各有不同

异族侵入的原因，第一条便是中原王朝兵备的废弛。东汉以后，对外兵多利用归附的异族，故武力是始终在异族手里。用兵于塞外，天时

---

① 《塞翁与管仲》，1940 年 5 月 24 日《中美日报》。
② 《文明民族何以反被野蛮民族所征服》，《中华文史论丛》2006 年第 1 期。

地利,都以用异族人为适宜,而且劳费也较少。但分裂之世,只会招致异族以共攻本国人,断不会联合本国人以共御外侮的。至于侵入中国之民族,对待汉人之态度也各有不同。以大体言之,仰慕汉人之文化,视汉族为高贵而欲攀附之者,五胡及沙陀也;明知汉族文化之优,与之接触,则必为所同化,因而欲竭力保存本族之文化,金与清也;介乎二者之间者,辽也;不了解汉人文化,惟恃其征服之势,肆力压制与暴虐者,元也。元立行省制,专以防制汉人为务的,行省长官控制地方之权大,而中央政府仅需统此十三行政长官,一举二得。然清末之所以尾大不掉,行政粗疏,其症结实在于省制。

兵备废弛与外族入侵

在周以前,我们对于异族实在是一个侵略者,而不是一个被侵略者。两汉时代,情形还是如此。五胡乱华,是中原受异族的侵略之始。但是这时候侵略的异族,民族意识都不甚晶莹,这个只要看当时的异族没一个不自附于汉族古帝皇之后可知。这(一)因他们的文化程度较低,(二)因归附中原、杂居塞内已久,当其乱华之时,业已有几分同化。到辽、金时代便不然了。辽人的民族意识业已较五胡为强,至金人则其和汉族的对立更为尖锐。只要看金世宗的所为,便可知道。而且五胡是以附塞或塞内的部落作乱的,已有一半可以说是叛民的性质,至于辽、金则是在塞外建立了强大的国家然后侵入的,所以其性质更为严重。

异族侵入的原因是甚么呢?其中第一件,便是中原王朝兵备的废弛,以两汉时代的兵力,异族本没有侵入的可能,三国时代中原虽然分裂,兵力并没有衰弱,为什么前此归附的异族一到两晋时代居然能在中原大肆咆哮,而汉族竟无如之何呢?原来兵权的落入异族之手并非一朝一夕之故。中国在古代本不是全国皆兵的,各国正式的军队,只是当初的征服者,至于被征服者虽非不能当兵,然事实上只令他们守卫本地,和后世的乡兵一样。直到战国之世,战争的规模大了,旧有的兵不给于用,才把向来仅令其守卫本地的兵,悉数用作正式军队。从此以后我们就造成一个全国皆兵的制度了。但是这种制度,到秦汉之世却又逐渐破坏,这又是为什么呢? 因为古代国小,人民从事于征戍,离家不甚远,所以因此而旷废时日以及川资运粮等等的耗费,亦比较不大,到统一以后,就不是这么一回事了。所以当用兵较少的时候,还可以调发民兵,较多的时候便要代之以谪发或谪戍。汉朝自文景以前,用兵大都调自郡国,而前乎此的秦朝以及后乎此的武宣都要用谪发和谪戍,就是这个道理。

汉朝的兵制,是沿袭秦朝的。民年二十三则服兵役,至五十六乃免,郡国各有都尉,以司其讲肄和都试。戍边之责,也是均摊之于全国人的,人人有戍边三日的义务——虽然不能够人人自行,然而制度则是如此——自武宣多用谪发之后,实际上人民从征之事已较少,至后汉光武欲图减官省事,把郡国都尉废掉,从此以后,民兵制度就简直不存在了。当兵本来是人情容易怕的,统一之后,腹地的人民距边寇较远,就有民兵制度,也易流于有名无实,何况竟把他废掉呢? 从此以后,普通的人民,就和当兵绝缘。当兵的总是特种的人民,——用得多的时候,固然也调发普通人民,然而只是特殊的事。——而尤其多被利用的,则是归附的异族。这种趋势,当东汉时代业已开始了,至西晋而尤甚。五胡乱华之后,自然多用其本族之人为主力的军队,所以这时候,武力是始终在异族手里的。这是汉人难于恢复的一个大原因。

隋唐之世,汉族业已恢复了,局面似乎该一变,但是用异族当兵,业已用惯了,既有异族可以当兵,乐得使本国人及于宽典,况且用兵于塞外,天时地利,都以即用该方面的人为适宜,而且劳费也较少。所以论起武功来,读史者总是以汉唐并称,其实汉唐不是一样的。汉代的征服四夷,十次中有七八次是发自己的兵,实实在在的去打——尤其对于最强的匈奴是如此。汉朝打西域,是用本国兵最少的,而西域却是最势分力弱的小敌——唐朝却多用蕃兵,到后来,并且守御边境亦用蕃兵为主力,因此酿成安史之乱。安史乱后,军队之数是大增加了,然而不是没有战斗力,就是不听命令,遇事总不肯向前,以致庞勋、黄巢之乱,都非靠沙陀兵不能打平。从此以后,沙陀就横行中原,而契丹也继之侵入了。分裂是最可痛心的事。当分裂之世,无论你兵力如何强大,是只会招致异族以共攻本国人,断不会联合本国人以共御外侮的——这是由于人情莫不欲争利,而利惟近者为可争,人情莫不欲避害,而害惟近者为尤切,所以非到本国统一之后,不能对外,什么借对外以图团结本国等等,都只是梦话——然而到中原既已统一之后,又因反侧之心未全消弭,非图集中兵权或更消灭或削弱某一部分的兵力不可,北宋便是这个时代。所以经前后汉之末两次大乱之后,中原王朝的兵力实在是始终不振的,而在塞外的异族却因岁月的推移逐渐强大,遂有辽、金、元等部落,在塞外先立了一个大国,而后以整个的势力侵入中原,使中原王朝始而被割掉一部分领土,继而丧失全国之半,终乃整个的被人征服了。所以当这时代,中原王朝的武力该怎样恢复,实在是一个大问题。①

入侵民族对汉人态度各有不同

侵入中国之民族,对待汉人之态度,各有不同。以大体言之,仰慕汉人之文化,视汉族为高贵而欲攀附之者,五胡(献文帝以前之拓跋氏除外)及沙陀也。明知汉族文化之优,与之接触,则必为所同化,因而欲竭力保存本族之文化,与汉族立于对待之地位者,金与清也。介乎二者之间者,辽也。不了解汉人文化,惟恃其征服之势,肆力压制与暴虐者,元也。此盖由其(一)侵入之先,或居塞内及附塞之地,或则距中国较远,故其渐染汉族之文化,本有深浅。(二)其侵入中国

---

① 《中国政治思想史十讲(五续)》(第七讲),《光华大学半月刊》1936 年第 4 卷第 10 期。

后，其本据地或已不存（如五胡与沙陀），或虽存而断不能再行退回（如金、清），或仍勉足自立（如辽及未迁洛前之拓跋氏），或则领土甚广，视中国不过其一部分（如元）。元人不了解中国之文化，不通中国之语文，实为其根本之点。[①]

稍读中国历史，便可见得：辽以前的异族，和金以后的异族对待中国民族，情形各不相同。自辽以前的异族，虽然凭借武力，侵入中国，然无不以汉族为高贵而思攀附之。试观五胡，除羯族之外，无不自托为汉族古帝王之后可知。金以后就无此事了。辽以前的异族，率视汉族的文化为优越，而自视为野蛮，极力想摹效汉族的文化。如北魏孝文帝的热心，固然是一种极端的例，此外不能多见，然亦从未有想拒绝中国文化的，有之则自金世宗始，他竭力遏止女真人的汉化，而思保存其旧风。到清朝，就未曾入关，已经知道译读《金世宗本纪》，告谕其下，不可摹效汉人了。这实由辽以前的异族，附塞较久，濡染汉人的文化较深，金以后则适相反之故。[②]

金世宗惓惓于女真旧俗

《金史·世宗本纪》（大定十三年三月）乙卯，上谓宰臣曰："会宁乃国家兴王之地，自海陵迁都永安，女直人寖忘旧风。朕时尝见女直风俗，迄今不忘。今之燕饮音乐，皆习汉风，盖以备礼也，非朕心所好。东宫不知女直风俗，第以朕故，犹尚存之。恐异时一变此风，非长久之计。甚欲一至会宁，使子孙得见旧俗，庶几习效之。"（十六年正月）丙寅，上与亲王、宰执、从官从容论古今兴废事，曰："经籍之兴，其来久矣，垂教后世，无不尽善。今之学者，既能诵之，必须行之。然知而不能行者多矣。苟不能行，诵之何益。女直旧风最为纯直，虽不知书，然其祭天地，敬亲戚，尊耆老，接宾客，信朋友，礼意款曲，皆出

① 《史籍选文评述》，《吕著史学与史籍》，第 186 页。
② 《中国现阶段文化的特征》，1940 年 4 月 5 日《中美日报》。

自然,其善与古书所载无异。汝辈当习学之,旧风不可忘也。"

金旧都上京会宁府,在今松江省阿城县之南。海陵图南侵,迁于燕,又迁于汴。世宗继起,虽罢南侵之役,然所得中国北方之地,不肯放弃,则势不能回复旧都,而只能定居燕京矣。既居汉地,何法不同化于汉?然落后民族之风俗,确有较先进民族为优者,其所以能战胜先进民族,亦正以此。《日知录》卷二十九《外国风俗》一条,颇能言之。盖自氏族崩溃以后,风俗即日益下降。……金世宗惓惓于女真旧俗之美,而欲保存之,自不足怪。但既欲享先进民族之生活,则必改从其社会组织,生活决定意识,复何法保存其旧俗哉?此亦见物质为上层建筑之基也。①

稍读中国历史,便可见得:辽以前的异族,和金以后的异族对待中国民族,情形方不相同。自辽以前的异族,虽然凭借武力,侵入中国,然无不以汉族为高贵而思攀附之。试观五胡,除羯族之外,无不自托为汉族古帝王之后可知。金以后就无此享了。辽以前的异族,率视汉族的文化为优越,而自视为野蛮,极力想摹效汉族的文化。如北魏孝文帝的热心,固然是一种极端的例,此外不能多见,然亦从未有想拒绝中国文化的,有之则自金世宗始,他竭力遏止女真人的汉化,而思保存其旧风。到清朝(清太宗),就未曾入关,已经知道译读《金世宗本纪》,告谕其下,不可摹效汉人了。这实由辽以前的异族,附塞较久,濡染汉人的文化较深,金以后则适相反之故。②

金世宗很觉得旧风俗要保存的。我们只要看《金史》本纪上载,他重游上京时,如何恋恋不舍;再三称美旧风俗,谆谆诰诫他本族人,不可同化于汉人;便可知道他民族意识的强烈。然而环境改变了,人的意识,如何能以空言维持?劣等的文化,要迸而自同于优等的文化,这是自然而然,无可避免的。到金朝末年,女真人迁入中原的,强

---

① 《史籍选文评述》,《吕著史学与史籍》,第182页。
② 《中国现阶段文化的特征》,1940年4月5日《中美日报》。

悍善战的性质,已全失掉了。元兵一至,遂如鼓洪炉以燎毛发。猛安谋克户的形势,像山一般的崩颓下来。此时的女真人,在实质上,本已同汉族无甚异同了,实在业已同化于汉族了,只因其为特权阶级之故,界限一时不得泯灭。到金朝灭亡后,从前特别的地位,再也不能维持,就全然并入汉人之中。看蒙古灭金之后,所得人民,通称为汉人,更无所谓女真人可知。[①]

金速亡之由

女真初兴的时候,他的势力真是如火如荼,却到元朝一兴,就"其亡也忽焉",这是什么原故?……我说,金朝人开化本晚,所居的地方又瘠薄,又累代用兵不息,这也无怪其然。然而金朝人却因此养成一种坚苦尚武的性质。……金朝兵强的证据,散见于各处的还很多。……这就是女真崛起的主要原因。然而从进了中原以后,他这种优点,就都失掉了。……南迁以后,又想用本族人来制驭汉人。于是把猛安谋克所统属的人户,搬到内地;括民田给他耕种。这种"猛安谋克户"所占的田,面积很广,纳税极轻;而且都是好田。(《金世宗本纪》大定十七年,世宗对省臣说:"女真人户自乡土三四千里移来,尽得薄地,若不拘刷良田给之,久必贫。其遣官察之。"又对参政张汝弼说:"先尝遣问女真土地,皆云良田,及朕出猎,因问之,则谓自起移至此,不能种莳;斫芦为席,或斩刍以自给。卿等其议之。"其实以战胜民族,圈占战败种族的地方,那里有不得良田之理?请问中原那里来"不能种莳",只好"斫芦""斩刍"的地方呢?这许多话,正是当时拘刷良田,以给猛安谋克户的反证。)然而他们的经济能力,很是薄弱的。得了这种好的家产,并不能勤垦治生。大抵是不自耕垦,尽行租给汉人。有"一家百口,陇无一苗"的,"有伐桑为薪"的。"富室尽服纨绮,酒食游宴;贫者多慕效之。"于是汉族长于殖产的好处,并没学到;本族耐苦

---

① 《中国民族演进史》,第142—143页。

善战的特质,倒先已失掉了。^①

元统治者始终不懂中国政治

蒙古人是始终并没懂得中国政治的。——而且可以算始终并没懂得政治。他看了中国,只是他的殖民地。只想剥削中国之人以自利。他始终并没脱离"部族思想";其初是朘削他部族,以自利其部族;到后来,做了中国的皇帝,他的政策,就变做剥削百姓,以奉皇室和特殊阶级了。(罗马人的治国,就是如此。始终是朘削殖民地,以庄严他的罗马,像中国历代一视同仁的思想,亏以宣传文化为己任,要想教夷狄都"进于中国",是根本上没有的。可见中国人这种"超国家"的精神,养成也非容易。可参看南海康氏《欧洲十一国游记》。)^②

辽、金、元三朝,立国的情形,各有不同。契丹虽然占据了中国的一部分,然其立国之本,始终寄于部族,和汉人并未发生深切的关系。金朝所侵占的,重要之地,惟有中国。他的故土和他固有的部族、文化尚未发展,虽可借其贫瘠而好掠夺的欲望,及因其进化之浅,社会组织简单,内部矛盾较少,因而有诚朴之气、勇敢之风,能够崛起于一时,然究不能据女真之地,用女真之人,以建立一个大国。所以从海陵迁都以后,他国家的生命,已经寄托在他所侵占的中国的土地上了。所以他压迫汉人较甚,而其了解汉人,却亦较深。至蒙古,则所征服之地极广,中国不过是其一部分。虽然从元世祖以后,大帝国业已瓦解,所谓元朝者,其生命亦已寄托于中国,然自以为是一个极大的帝国,看了中国,不过是其所占据的地方的一部分的观念,始终未能改变。所以对于中国,并不能十分了解,试看元朝诸帝,多不通汉文及汉语可知。^③

---

① 《自修适用白话本国史(三)》第三篇《近古史下》,第 30、3□—32 页。
② 《自修适用白话本国史(三)》第三篇《近古史下》,第 61—62 页。
③ 《吕著中国通史》下册,第 500 页。

论行省制度

　　元世祖所创立的治法,是专以防制汉人为务的。试看其设立行省及行御史台;将边徼襟喉之地,分封诸王;遣蒙古军及探马赤军分守河、洛、山东;分派世袭的万户府,屯驻各处;及因重用蒙古、色目人而轻视汉人可知。这是从立法方面说。从行政方面说:则厚敛人民,以奉宗王、妃、主;纵容诸将,使其掠人为奴婢;选法混乱,贪黩公行;而且迷信喇嘛教,佛事所费,既已不赀,还要听其在民间骚扰。可谓无一善政。所以仍能占据中国数十年,则因中国社会,自有其深根宁极之理,并非政治现象,所能彻底扰乱,所以他以异族入据中原,虽为人心所不服,亦不得不隐忍以待时。到顺帝时,政治既乱,而又时有水旱偏灾,草泽的英雄,就要乘机而起了。①

　　中国古代之省,为中央行政机关,设宫禁中,省,察也,言出入此中,必检察也。唐官制有六省,而其最尊者为尚书省、中书省。行者,言不在本处而在别地,故省之政治机关,外设者称行省,历代亦有之,惟为临时者。如金伐宋,设行台尚书省等,然事毕即撤。至元即于路、府、州、县之上,别设行省(即行中书省),分中国本部及蒙古之地为十三区,置行中书省十一,行御史台二(江南、陕西),以省统路府,以路府统州县,而府亦有隶于路下者;州有在路府下而统县者;又有与路、府并列者,皆置达鲁花赤,以为正官。其目的则在控制便利起见。盖中国旧以县属郡,后改为州,其尊者称府,唐以道、宋以路以统州,道、路约当今日小省二分之一,大省三分之一,控制地方之权既小,而中央统此多数之道、路亦不易,既立行省制,则行省长官控制地方之权大,而中央政府亦仅需统此十三行政长官而已,一举二得。②

　　元代制度,关系最大的是行省。前代的尚书行台等,都是暂设

---

① 《吕著中国通史》下册,第 501 页。
② 《本国史(元至民国)》,《吕思勉文史四讲》,第 66 页。

的，以应付临时之事，事定即撤。元朝却于中原之地，设行中书省十，行御史台二，以统辖路、府、州、县。明朝虽废之而设布政、按察两司，区域则仍元之旧。清朝又仍明之旧。虽然略有分析，还是庞大无伦，遂开施政粗疏，尾大不掉之渐了。……中西交通以来，（官制）自然不能没有变动。其首先设立的，是总理各国事务衙门。……庚子以后，又因条约，改总理衙门为外务部，班列六部之前。其时举办新政，随事设立了许多部处。……此等制度，行之为日甚浅，初无功过可言。若从理论上评论：内官增设新官，将旧官删除归并，在行政系统上，自然较为分明，于事实亦较适切。若论外官，则清末之所以尾大不掉，行政粗疏，其症结实在于省制。当时论者，亦多加以攻击。然竟未能改革，相沿以迄于今，这一点不改革，就全部官制，都没有更新的精神了。[1]

蒙人入中国者之腐化

自古民族，不接触则已，苟有接触，则必至互相同化而后已。蒙古人入中国，不久即受中国同化。由积极方面观之，《元史》诏禁蒙古人与汉人交关通婚，或强移其居地。消极方面，则元亡时蒙古兵毫无能为。皆为被中国同化之证也。盖受同化之原则，一为人数寡于他民族，一为文明程度低于他民族。前者因以少数人入居他民族中，势必改其语言、生活以适应多数人之新环境，而为其同化。后者则悦文明较高民族之纷华靡丽，上下靡然从风，率一国之人，悉改其故有生活、风俗，而习文明民族之生活，而为其同化。夫蒙古之人民既寡于汉人，而其入主中国，又惟以武力，经济为剥削，以求获得物质增高其生活程度，莫不乐华风而习之，即上者禁之亦不可也，故卒为中国所同化。兵制废坏，尚武之风沦亡，而败亡遂之矣。[2]

---

① 《吕著中国通史》上册，第112、115、116页。
② 《本国史（元至民国）》，《吕思勉文史四讲》，第67页。

第十章　明清时代：治天下不可以有私心

一　明政治坏于废宰相

　　明太祖起于草泽，其才不可谓不雄。只可惜他私心太重。废宰相，天下大政，都分隶六部，而天子以一人总其成，这须天子英明，方办得到。后嗣的君主，都是庸懦无能的，或者怠荒不管事，其势就不可行了。明朝一代，弄得有权臣而无大臣，君主的无所畏惮，宦官的能够专权，未始不由于此。明初，北方要塞，本在开平(今多伦)，边防规模颇为弘远。成祖篡位，移都北京，对于北方的控制，本可更形便利。然成祖以兀良哈(今乌梁海)兵从征有功，以大宁地赠兀良哈而开平卫势孤，宣宗乃移之于独石，自此宣、大遂成极边，北方的边防线，成为现在的长城线了。故治天下不可以有私心。有私心，要把一群人团结为一党，互相护卫，以把持天下的权利，其结果，总是要自受其害的。明代政治的败坏，始于成祖；中叶以后，又出了三个昏君；内忧外患，迭起交乘，明事已成不可收拾之局。

明太祖私心太重

　　明太祖起于草泽，而能铲除胡元，戡定群雄，其才不可谓不雄。他虽然起于草泽，亦颇能了解政治，所定的学校、科举、赋役之法，皆为清代所沿袭，行之凡六百年。卫所之制，后来虽不能无弊，然推原其立法之始，亦确是一种很完整的制度，能不烦民力而造成多而且强的军队。所以明朝开国的规模,并不能算不弘远。只可惜他私心太重。废宰相,使朝无重臣,至后世,权遂入于阉宦之手。重任公侯伯的子孙,开军政腐败之端。他用刑本来严酷,又立锦衣卫,使司侦缉事务,至后世,东厂、西厂、内厂,遂纷纷而起。东厂为成祖所设,西厂设于宪宗时,内厂设于武宗时,皆以内监领其事。这都不能不归咎于诒谋之不臧。其封建诸子于各地,则直接引起了靖难之变。[①]

明政治坏于废宰相

明清两代的官制,也是沿袭前朝的。其中最特别的是:(一)内官的无相职,(二)外官的区域扩大,级别增多。明太祖初年,本来仍元制,设立中书省,以为相职的。十三年,因宰相胡惟庸谋反废去中书省。二十八年,敕谕群臣:"……以后嗣君……毋得议置丞相。臣下有奏请设立者,论以极刑。"这时候,天下大政,都分隶六部,而天子以一人总其成。——倒像共和时代,废掉内阁制而行总统制似的。但是这种办法,须天子英明,方办得到。后嗣的君主,都是庸懦无能的,或者怠荒不管事,其势就不可行了。……明朝一代,弄得有权臣而无大臣。——神宗时代,张居正颇以宰相自居,时人已大不谓然了。君主的无所畏惮,宦官的能够专权,未始不由于此。所以黄梨洲发愤说:有明一代,政治之坏,自高皇帝废宰相始。(见《明夷待访录》)[②]

治天下不可以有私心

治天下不可以有私心。有私心,要把一群人团结为一党,互相护卫,以把持天下的权利,其结果,总是要自受其害的。军官世袭之制,后来腐败到无可挽救,即其一端。金朝和元朝,都是异族,他们社会进化的程度本浅,离封建之世未远,猛安谋克和万户、千户、百户,要

---

① 《吕著中国通史》下册,第 506 页。
② 《自修适用白话本国史(四)》第四篇《近世史下》,第 78—79 页。

行世袭之制,还无怪其然。明朝则明是本族人,却亦重视开国功臣的子孙,把他看做特别阶级,其私心就不可恕了。抱封建思想的人,总以为某一阶级的人,特权和权利,全靠我做皇帝才能维持,他一定会拥护我,所以把这一阶级人,看得特别亲密。殊不知这种特权阶级,到后来荒淫无度,知识志气,都没有了,何谓权利? 怕他都不大明白。明白了,明白什么是自己的权利了,明白自己的权利,如何才得维持了,因其懦弱无用,眼看着他人抢夺他的权利,他亦无如之何。所谓贵戚世臣,理应与国同休戚的,却从来没有这回事,即由于此。[①]

明太祖何以建都南京

明太祖为什么要建都南京呢? 那是由于其起兵之初,还没有攘斥胡元的力量,而只是要在南方觅一根据地,那么自濠州分离别为一军而渡江,自莫便于集庆(今首都,元集庆路)。太祖的取天下,其兵力,用于攘斥胡元者实少,用于勘定下流之张士诚、上流之陈友谅者转多。胡元遁走以后,南方之基础已固,又何烦于迁都? 论者或谓明之国威,以永乐时为最盛,实由成祖迁都北平使然,此亦不考史实之谈,论其实,则永乐时之边防,实较洪武时为促。明初,北方要塞,本在开平(今多伦),自成祖以大宁畀兀良哈而开平卫势孤,宣宗乃移之于独石,自此宣、大遂成极边,北方的边防线,成为现在的长城线了。明初胡元虽退出北平,然仍占据漠南北,为中国计,欲图一劳永逸,必如汉世发兵绝漠,深入穷追,然度漠之事,太祖时有之,成祖时则未之闻。[②]

明边防坏于成祖

明太祖虽居南京,而北方边防规模颇远,即元之上都置开平卫。又因元之大宁路之降(大宁路,属辽阳行省,其北境来降),设泰宁、朵

---

① 《吕著中国通史》上册,第 175—176 页。
② 《南京为什么成为六朝朱明的旧都》,1946 年 5 月 5 日《正言报》。

颜、福余三卫（今热河地，朵颜地险而兵强，当时边外诸卫，都隶北平行都司），而宁王权居大宁以节制之（大宁，在今热河隆化县境），地跨辽、热、吉三省间。成祖起兵，虑宁王袭其后，诱而执之。以兀良哈（今乌梁海）兵从征有功，即位后，即改北平行都司为大宁都司，徙治保定。以大宁地方，赠兀良哈。后遂徙大宁都司于保定。于是，开平势孤。宣宗时，徙治独石口。北边所守者，遂成今长城之线。而宣（宣化）、大（大同）为极边矣。若能始终保持太祖时之形势，则对蒙古可取攻势，而至满洲，可有自热河趋吉林之快捷方式，不单凭出山海关趋辽阳之一道也。今既为成祖所坏，故对蒙古始终取守势，而趋满洲之快捷方式，亦遂断矣。[①]

明初的边防，规模亦是颇为弘远的。俯瞰蒙古的开平卫，即设于元之上都。其后大宁路来降，又就其地设泰宁、朵颜、福余三卫。（泰宁在今热河东部，朵颜在吉林之北，福余则在农安附近。）所以明初对东北，威棱远慑。其极盛时的奴儿干都司，设于黑龙江口，现在的库页岛，亦受管辖。（《明会典》卷一〇九：永乐七年，设奴儿干都司于黑龙江口。清曹廷杰《西伯利亚东偏纪要》说：庙尔以上二百五十余里，混同江东岸特林地方，有两座碑：一刻《敕建永宁寺记》，一刻《宣德六年重建永宁寺记》，均系太监亦失哈述征服奴儿干和海中苦夷之事。苦夷即库页。宣德为宣宗年号，宣德六年，为西元一四三一年。）但太祖建都南京，对于北边的控制，是不甚便利的。成祖既篡建文帝，即移都北京。对于北方的控制，本可更形便利。确实，他亦曾屡次出征，打破鞑靼和瓦剌。但当他初起兵时，怕节制三卫的宁王权要袭其后，把他诱执，而把大宁都司自今平泉县境迁徙到保定。于是三卫之地，入于兀良哈，开平卫势孤。成祖死后，子仁宗立，仅一年而死。子宣宗继之。遂徙开平卫于独石口。从此以后，宣大就成为极

① 《本国史（元至民国）》，《吕思勉文史四讲》，第71—72页。

边了。距离明初的攻克开平，逐去元顺帝，不过六十年。①

武宗系纨绔子弟

武宗宠任太监刘瑾，于东西厂之外，别立内厂。派刘瑾主其事。武宗坐朝时，不知什么人，投了一封匿名书于路旁，数瑾罪恶。瑾就矫诏召百官三百多人，都跪在午门外，加以诘责，至于半日之久，然后把他们都送到监里，其专横如此。前四〇二年（一五一〇），安化王寘鐇，反于宁夏。遣都御史杨一清讨之。太监张永为监军。一清游说张永，回见武宗时，极言刘瑾的罪恶。武宗方才省悟，把刘瑾杀掉。又有个大同游击江彬，交结了内监钱能的家奴，以蹴踘侍帝。极言宣府、大同景物之美。于是武宗自称镇国公朱寿，出游宣府、大同，又从大同渡河，幸延绥，南至西安，由西安到太原。于是人心惶惶，谣言蜂起。宁王宸濠，乘机反于南昌。前三九三年（一五一九）。陷南康、九江，东攻安庆。幸而王守仁起兵赣南攻其后，仅三十五日而平。总算是徼幸万分了。武宗却丝毫不知反省，反借亲征为名，到南京去游玩了一趟。平心论之，武宗不过是一个纨绔子弟，倘使不做皇帝，也不过是个败家子，无甚大害及于社会。要是处境困厄，或者还能养成一个很有才干的人。却是做了个皇帝，就把天下弄得如此其糟。（从古以来的皇帝，像这样的很多。）这也可见得君主世袭制度的弊害了。②

明帝多荒淫昏愦

明代政治的败坏，实始于成祖时。其（一）为用刑的残酷，其（二）为宦官的专权，而二事亦互相依倚。太祖定制，内侍本不许读书。成祖反叛时，得内监为内应，始选官入内教习；又使在京营为监军，随诸将出镇；又设立东厂，使司侦缉之事。宦官之势骤盛。宣宗崩，英宗

① 《吕著中国通史》下册，第506—507页。
② 《自修适用白话本国史（三）》第四篇《近世史上》，第17页。

立,年幼,宠太监王振。……复辟后,亦无善政,传子宪宗,宠太监汪直。宪宗传孝宗,政治较称清明。孝宗传武宗,又宠太监刘瑾,这不能不说是成祖恶政的流毒了。明自中叶以后,又出了三个昏君。其(一)是武宗的荒淫。其(二)是世宗的昏愦。其(三)是神宗的怠荒。明事遂陷于不可收拾之局。……神宗立,年幼·张居正为相。此为明朝中兴的一个好机会。……惜乎居正为相,不过十年,死后神宗亲政,又复昏乱。他不视朝至于二十余年。……信任中官,使其到各省去开矿,名为开矿,实则借此索诈,又在穷乡僻壤,设立税使,骚扰无所不至。……神宗死后,熹宗继之,信任宦官魏忠贤,其专横又为前此所未有。统计明朝之事,自武宗以后,即已大坏,而其中世宗、神宗,均在位甚久。武宗即位,在一五〇六年。熹宗之死,在一六二七年。此一百二十二年之中,内忧外患,迭起交乘,明事已成不可收拾之局。思宗立,虽有志于振作,而已无能为力了。[①]

思宗煤山殉国或为失计

当外敌凭陵之际,都城有宜于迁徙的,有不宜于迁徙的。敌人的力量,本属有限,我一摇动,所损失者甚大。且在专制之世,国民向不问国事,抗敌的意志,纵或坚强,因没有组织,无路以自效于国家,反攻的整备,即非旦夕所可完成。因一个动摇,势如崩山,沦陷之区,势必加广,倘使能够坚持一下,这种损失,都是可以免掉的。在此情形之下,自以坚守为是,这是宋朝澶渊之役,明朝土木之役,寇莱公、于忠肃公之功所以不可没。若都城实不能守,而政府必坚守之以与之俱亡,则一朝沦陷,国政反失其中枢,退守反攻,更加无人策画,糜烂之局,遂益无从收拾,则自以在适当时期,脱出为是,此明思宗之煤山殉国,所以虽然壮烈,而论者仍讥为失计。当明末,满人虽席方兴之势,其实力实极有限。试看他乘南都之荒淫,诸将之不和,流寇之不

---

① 《吕著中国通史》下册,第 507、508、509、510 页。

成气候,宜若可以席卷中原,然仍只能打到江南及陕西为止,此后的进展,全然是一班汉奸替他效力,便可知明思宗当日,如其迁都南京,其局面,必不至如后来弘光帝之糟了。[①]

二 盛世与国民自助力

　　喇嘛教输入后,西藏、蒙古人的性质趋向平和,这是近数百年来塞外情形的一大转变,故清之武功也是时会之适然。中国的国民,自助的力量,本来是很大的。只要国内承平,没甚事去扰累他,不过三四十年,总可复臻于富庶。清康熙年间,又算是这时候了。清代至高宗时,遂臻于极盛。高宗内多欲而外施仁义,生民愁怨,内乱实酝酿于此时也。咸丰时,文庆创重用汉人之议,肃顺力守斯旨,于清之中兴,实有功也。历代役法,向来是按人户的等第,定轻重免否。人户的等第,则据丁口资产的多寡推定,实难公平。明行一条鞭法,将向来有丁的负担,转移于有粮之家,比较合理,这是税法上自然进化。役法自晚唐大坏,不能以理智指导改革,而听其自然迁流约八百年。清世宗、高宗屡蠲天下田租,或轮免天下田租,论者多称仁政,然后世惠民之政,皆西京所已行者也。

论清之武功

　　武功是时会之适然。中国的国情,是不适宜于向外侵略的。所以自统一以后,除秦、汉两朝,袭战国之余风,君主有好大喜功的性质,社会上亦有一部分人,喜欢立功绝域外,其余都是守御之师。不过因为国力的充裕,所以只要(一)在我的政治相当清明,(二)在外又无方张的强敌,即足以因利乘便,威行万里。历代的武功,多是此种性质,而清朝亦又逢着这种幸运了。自唐中叶后,喇嘛教输入吐蕃,

---

① 《还都征故》,《启示》1946年第1卷第1期。

而西藏人的性质遂渐变。明末,青海地方的喇嘛教所征服,喇嘛教因此推行于蒙古,连蒙古人的性质,也渐趋向平和,这可说是近数百年来塞外情形的一个大转变。在清代,塞外的侵略民族,只剩得一个卫拉特了。而其部落较小,侵略的力量不足,卒为清人所摧破。这是清朝人的武功,所以能够煊赫一时的大原因。①

康乾盛世与国民自助力

从秦汉以后,中国历史上,有一公例:"承平了数十百年,生齿渐渐的繁起来;一部分人的生活,渐渐的奢侈起来;那贫富也就渐渐的不均起来;这种现象,一天甚似一天就要酿成大乱为止。大乱过后,可以平定数十百年,往后又是如此了。"(这是由于生产方法和生产社会的组织,始终没有变更的缘故。)清朝从乾隆以后,也好到这时代了。②

大凡北族的灭亡,总是由于内溃。而其内溃,则总是由于宗室之中,相争不决的。这是从匈奴以后,都是如此。……读者请把匈奴、突厥、薛延陀等等的事情,一加考校,自然见得。其互相争而能够终定于一的,就可以暂时支持。辽金两朝的初叶,就是其适例。清朝从太宗到世宗,累代相承,总算把骄横的宗室压服。其部族,就可以保得不至于内溃了。……所以当三藩平后,国内已无战事,政治亦颇清明,百姓就得以休养生息。——原来中国的人民,勤苦治生的力量,是很大的。只要没有天灾人祸去扰累他,他的富力,自然一天一天会增加起来。③

中国的国民,自助的力量,本来是很大的。只要国内承平,没甚事去扰累他,那就虽承丧乱之余,不过三四十年,总可复臻于富庶。

① 《吕著中国通史》下册,第519—520页。
② 《自修适用白话本国史(四)》第四篇《近世史下》,第24页。
③ 《自修适用白话本国史(三)》第四篇《近世史上》,第47、52页。

清朝康熙年间，又算是这时候了。而清初的政治，也确较明中叶以后为清明。当其入关之时，即罢免明末的三饷。又厘订《赋役全书》，征收都以明万历以前为标准。圣祖时，曾叠次减免天下的钱粮。后来又定"滋生人丁，不再加赋"之例，把丁赋的数目限定了。这在农民，却颇可减轻负担。而当时的用度也比较地节俭。所以圣祖末年，库中余蓄之数，已及六千万。世宗时，屡次用兵，到高宗初年，仍有二千四百万。自此继长增高，至一七八二年，就达到七千八百万的巨数了。以国富论，除汉、隋、唐盛时，却也少可比拟的。[1]

论清朝诸帝

清代盛衰，约可分为五期：（一）自世祖入关，至三藩平定，为开创之期。（二）圣祖聪明，又在位岁久，内政外交，经其整顿，成绩皆有可观；而世宗继之以严肃；至高宗时，遂臻于极盛。（三）然高宗内多欲而外施仁义。六次南巡，所费无艺。对外用兵，成功亦多夸饰。吏治本已不饬，中岁以后，益之以和珅之贪黩。生民愁怨。嘉、道之内乱，实酝酿于此时也。（四）穆宗削平内乱，号称中兴。然外患渐深，卒非蹈常习故、枝节改革者所能应付。（五）至光绪甲午战后，而情见势绌，国体政体，均生动摇矣。[2]

肃顺于清中兴有功

清自道光以前，猜忌汉人之心，实未尝泯，各省总督多用满人，而大征伐之将兵者无论已。咸丰时大难当前，满人实不可用，军机大臣文庆首创重用汉人之议。肃顺等虽专恣，亦能力守斯旨。胡林翼之督两湖，曾国藩之督两江，皆肃顺所荐举，左宗棠在湘抚骆秉章幕任用颇专，为人所劾，几至不测，亦肃顺保全之。故肃顺等虽败，于清室

---

① 《复兴高级中学教科书　本国史》下册，第19页。
② 《高中复习丛书　本国史》，第137页。

之中兴,实未尝无功也。孝钦、奕䜣虽倾肃顺等,于此旨亦守之不变。奕䜣当国,于汉人之为枢臣者,如沈桂芬、李棠阶等,皆能推心委任。故湘淮诸将,用克奋其全力于外也。[①]

明之赋役

明初的赋役,就立法言之,颇为整饬。其制度的根本,是黄册和鱼鳞册两种册籍。黄册以户为主,记各户所有的丁、粮(粮指所有的田),根据之以定赋役。鱼鳞册以田为主,记其地形、地味及所在,而注明其属于何人。黄册由里长管理,照例应有两本。一本存县官处,一本存里长处,半年一换。各户丁粮增减,里长应随时记入册内,半年交官,将存在官处的一本,收回改正。其立法是很精明的。但此等责任,是否里长所能尽? 先是一个问题。况且赋役是弊窦很多的。一切恶势力,是否里长所能抗拒? 里长是否即系此等黑幕中的一个人? 亦是很难说的。所以后来,两册都失实了。明代的役法,分为力差和银差。力差还是征收其劳力的,银差则取其实物及货币。田税是有定额的,役法则向系量出为入。后来凡有需要,即取之于民,谓之加派。无定时,无定额,人民大困。役法向来是按人户的等第,以定其轻重、免否的。人户的等第,则根据丁口资产的多寡推定,是谓"人户物力"。其推定,是很难公平的。因为有些财产,不能隐匿,而所值转微(如牛及农具、桑树等);有些财产,易于隐匿,而所值转巨(如金帛等)。况且人户的规避,吏胥的任意出入,以及索诈、受贿等,都在所不免。历代讫无善策,以除其弊。于是发生专论丁粮,和兼论一切资产的问题。论道理,自以兼论一切资产为公平。论手续,却以专论丁粮为简便。到底因为调查的手续太繁了,弊窦太多了,斟酌于二者之间,还是以牺牲理论的公平,而求手续的简便为有利,于是渐趋于专论丁粮之途。加派之弊,不但在其所取之多,尤在于其无定

---

① 《中国近代史讲义》,《吕著中国近代史》,第60—61页。

额,无定时,使百姓无从豫计。于是有一条鞭之法。总算一州县每一年所需用之数,按阖境的丁粮均摊。自此以外,不得再有征收。而其所谓丁者,并非实际的丁口,乃系通计一州县所有的丁额,摊派之于有田之家,谓之"丁随粮行"。明朝五年一均役,清朝三年一编审,后亦改为五年,所做的都系此项工作。质而言之,乃因每隔几年,贫富的情形变换了,于是将丁额改派一次,和调查丁口,全不相干。役法变迁至此,可谓已行免役之法,亦可谓实已加重田赋而免其役了。加赋偏于田亩,是不合理的。因为没有专令农民负担的理由。然加农民之田赋而免其役,较之唐宋后之役法,犹为此善于彼。因为役事无法分割,负担难得公平,改为征其钱而免其役,就不然了。况且有丁负担赋税的能力小,有产负担赋税的能力大,将向来有丁的负担,转移于有粮之家,也是比较合理的。这是税法上自然的进化。一条鞭之法,起源于江西,后渐遍行于全国,其事在明神宗之世。从晚唐役法大坏至此,约历八百年左右,亦可谓之长久了。这是人类不能以理智支配事实,而听其自然迁流之弊。……不论在政治上、社会上,制度的改变,总是由事实逼迫出来的多,在理论指导之下发明的少。这亦是政治家的一种耻辱。①

"永不加赋"之真相

从前每州县的丁额,略有定数,不会增加。因为增丁就是增赋,当时推行,已觉困难;后来征收,更觉麻烦;做州县官的人,何苦无事讨事做?清圣祖明知其然,所以落得慷慨,下诏说;康熙五十年以后新生的人丁,永不加赋。到雍正时,就将丁银摊入地粮了。这是事势的自然,不论什么人,生在这时候,都会做的,并算不得什么仁政。从前的人,却一味歌功颂德。不但在清朝时候如此,民国时代,有些以

---

① 《吕著中国通史》上册,第 153—154、148—149 页。

遗老自居的人,也还是这样,这不是没有历史知识,就是别有用心了。①

责任心是明白了事情的真相后有的,不论其为出钱或出力。在征服之族和被征服之族为严峻的对立时,被征服之族所出的赋税,所服的劳役,都是借寇兵,赍盗粮的,固无怪出赋税、服劳役者之痛心疾首。然到后来,征服者和被征服者,既已融合而成为一个社会,则已无复此疆彼界之殊,所出的赋税,所服的劳役,亦不啻为着自己了。然当此时,征服之族和被征服之族的界限,虽已泯灭,而征服之族之中,执政权者与非执政者之间的界限,倒又深刻起来。当这时代,征收赋税和劳役者,大抵视其所征收为自己阶级的利益,既如此,何怪出赋税服劳役者,其心理一如前此被征服之族呢?数千年来执政者以少取于民为宽仁,而人民亦即歌功颂德而浑忘国用之何出,此心理即由此而来。②

后世惠民之政汉时多已有

清汤文正斌尝言:岁祲免租,特少苏民困而已,必屡举于丰年,富乃可藏于民。又凡免当年田租,皆中饱于官吏,故每遇国有大庆,或水旱形见,不肖者转急征以待赐除。必豫免次年田租,然后民不可欺,吏难巧法。圣祖深然之,遂定为经法,凡免地丁编折银,必于前一年颁谕。康熙三十年,特谕户部:自今以往,海内农田正赋编折,通三年轮免一年,周而复始,直省均以编,不问岁之丰凶。其后虽以西边事起中辍,然世宗、高宗屡蠲天下田租,皆先一年降旨,以次轮免,犹循行其意也。

此事论者亟称文正之贤。然余读《宋史·食货志》:"嘉熙二年臣僚言:陛下自登大宝以来,蠲赋之诏,无岁无之,而百姓未沾实惠,盖

---

① 《吕著中国通史》上册,第 154—155 页。
② 《老百姓对于国事的态度溯源》,《世界文化》1946 年第 4 卷第 2 期。

民输率先期归于吏胥、揽户，及遇诏下，则所放者吏胥之物，所倚阁者揽户之钱，是以宽恤之诏虽颁，愁叹之声如故。尝观汉史恤民之诏，多减明年田租。今宜仿汉故事，如遇朝廷行大惠，则以今年下诏，明年减租，示民先知减数，则吏难为欺，民拜实赐矣。从之。"免租之先一年降旨，特宋代已行之法，而宋又沿之于汉者也。至轮免天下田租，论者多称为有清仁政；然汉文帝时，除民之田租至于十有三年，则又非三年轮免一次之比矣。则信乎后世惠民之政，皆西京所已行者也。[①]

三　君主不代表人民的利益

中国君主的力量，实际上是很小的，他所能整顿的范围，极其有限。希望专制君主，以雷霆万钧之力来改革，根本上是错误的，开明专制的路，所以始终走不通。为革命之领导者，或提出限制君权，或废除君主世袭，然行之必致大糟，而政体大致仍归君主专制，仍走回老路，此为中国政治陈陈相因的原因。在清末，主张改革的都赞成废科举、裁胥吏，只此两端，便见他们对政治败坏的根源，并没有正确的认识。论者多混科举与考试为一事。科举之弊在于所试之非物，而不由于考试。考试之弊，即应试者所学，但求其足以应试而止，他皆不问。然使所试者为有用之事，则应试者终必略有所知。苟去其所试之物，而保留考试之制，行之必有利者也。从前的胥吏、幕友，固然只会例行公事，也要作弊，然没有监督制度，世界上哪一种人能保其不作弊？此弊在于官之无能，还不能监督使之不作弊；和胥吏、幕友毫不相干。

开明专制行不通

中国的政治，是一个能静而不能动的政治。——就是只能维持

---

① 《后世惠民之政多西京所已有》，1920 年《武进商报》，又见《吕思勉读史札记》下册，第 1294—1295 页。

现状,而不能够更求进步。其所以然,是由于:(A)治者阶级的利益,在于多发财,少做事;(B)才智之士,多升入治者阶级中,或则与之相依附;其少数则伏匿不出,退出于政治之外,所以没有做事的人。君主所处的地位,是迫使他的利益和国家一致的,但亦只能做到监督治者阶级,使其虐民不能超过一定的限度。因此之故,中国政治,乃成为治官之官日多,治民之官日少;作官的人,并不求其有什么本领;试看学校科举,所养所取之士,都是学非所用可知。因此,中国的官吏,都只能奉行故事;要他积极办事,兴利除弊,是办不到的。要救此项弊窦,非将政治机构大加改革不可。用旧话说起来,就是将官制和选举两件事,加以根本改革。若其不然,则无论有怎样英明的君主,励精图治,其所得的效果,总是很小的。因为你在朝廷上,无论议论得如何精详;对于奉行的官吏,无论催促得如何紧密;一出国门,就没有这回事了——或者有名无实,或者竟不奉行。所以中国君主的力量,在实际上是很小的。即他所能整顿的范围,极其有限。所以希望专制君主,以雷霆万钧之力来改革,根本上是错误的。因为他并无此力,开明专制的路,所以始终走不通,其大原因——也可说是其真原因,实在于此。[①]

君主并不代表人民的利益

(官僚阶级)他们专剥削被治者,以自谋其利益。要制裁他们,只有两种方法:一系上级的监督,是为法律制裁;一为人民的反抗,是为实力制裁。官官总是相护的,这是因为阶级利益相同之故,从前官场中,往往有人说:"某官把弊窦除尽了,叫后任怎么做呢?"最足代表此等意识。所以上级官的监督,不甚可靠。最上级的监督,就是君主,他是以国为家的,国亡则其本身及其亲族中人亦都失其地位,论

---

① 《中国政治思想史十讲(八续)》(第十讲),《光华大学半月刊》1936 年第 5 卷第 3/4 期。

理,该竭力保护人民,使其不受官僚阶级的剥削,因为国家的盛衰、强弱,总是和人民的苦乐相一致的。然而一个人的为力有限,而且君主亦是压迫阶级中人,不过因其地位的特殊,而其性质和凡官僚有点不同罢了。他并不能纯粹代表人民的,君主的性质,世系立于官僚和人民之间,而保持其平衡的,而究竟还略偏于官僚一方面,所以其监督之力,终不能彻底。至于人民,则有(一)抵抗,(二)自己亦加入压迫阶级的两条路可走。人的趋向,总是望着抵抗力较小的一方面去的,把上述两条路比较起来,显然前一条路的抵抗力大,而后一条路的抵抗力小。希望做官和与官相依附结托的人的所以多,就是为此。较有能力的人,都升入官僚阶级之中,平民社会中抵抗的力量,就更薄弱了。除掉天灾,人祸,迫得大多数的平民,不得不起而破坏秩序外,在平时,就只得靠法律的制裁。所谓法律者:(一)以上级之人,动于秉彝之良,不忍坐视自己所监督的人,横行不法;(二)则上级者又有其上级,至于最上级,则其利害有一部分与人民相一致,不得不尽其力之所及,为必不得已的监督;为其力量的限度。凡实力制裁,总是特殊现象,在通常状况之下,不得不筹于上级的监督而力事防御,防御之法,最重要的,就是"不求有功,但求无过"。于是尽力修饰官方文书,使从事于法律制裁者无懈可击,乃成为官僚惟一的要务,而其余皆在其次。于是一切政治只是纸面上有而实际则无之弊以成。俗话说:"只有千日做贼,没有千日防贼。"官僚阶级大利之所在,而要专靠上级的监督去防止他,老实说,这是等于以只手障狂澜。[1]

虽有革命政体仍归君主专制

向来主持清议者,固不乏真代表人民利益之人,然其徒党之大多数,则皆随声附和,阴图私利之人也。假使满洲人不侵入,欧美人不东来,而中国长因仍明代昏愚暴虐之局,则为革命之领导者,必提出

---

[1] 《生活的轨范》下,1941 年 6 月 10 日《正言报》。

其限制君权,或竟废除君主世袭之主张;革命之领袖,必也欣欣然而从之,以彼辈多有公心,欲实行其空想社会主义也。于斯时也,知识分子必将定出一种制度而实行之,然行之必致大糟,以其行之,必借其徒党,而其徒党实多自图私利之徒也。于斯时也,革命之领袖较为现实,必将此等怀抱理想之士打倒,而政体大致仍归于君主专制。然实行此等理想之人,可以被打倒,而此理想则不能消灭,必也屡仆而屡起。此为予推测中国近代,不与欧洲接触所当自起之变化。……又历代怀抱理想之知识分子,多不能掌握兵权,罡为革命行动之首领者,则知识太差,实为革命事业不能进展之原因。……近来论史者,多谓历代之农民革命无不失败,实非也。彼辈在当时,并未想及君主专制之外,更有何种政体,其所欲推翻者,则昏愚暴虐之君主及其政府耳。空想社会主义,江湖豪杰多怀抱之,农民为小有产者,本非所欲。故至于朝代改易,政治较为清明,则其目的已达矣。……至于更大之成就,则社会发展,自有程序,本不能见弹而求雀炙,见卵而求时夜也。①

历代政治陈陈相因

中国人的职业,大别为士农工商,四者之中,农人实居多数;而且士与工商,对于虐政,抵抗逃避的方法都较多,惟农民则一无躲闪;所以当暴政亟行之际,起而反抗者,必系农民。惟农民之所求者,安居乐业而已,其所认为加以迫害者,则地方上之恶政而已。(恶政实系来自中央,并非农民所知。)农民久已脱离政治(谓一地方的政治),更未尝参与过全国性的大政权,所以其所想推翻者至于地方政权而止,亦且只知道破坏,而不知道建设,更无论全国的总政权了。虽当丧乱之际,各地方的农民,可以同时并起,然仍不能汇流为一。至于动乱的范围,超过了一地方的界限,则必已有别种因素加入,非复纯粹的

---

① 《史籍选文评述》,《吕著史学与史籍》,第 212、213 页。

农民起义了。此等因素惟何？其最要者，即古代所谓豪杰，近代所谓江湖上人。此等人本有结合，且其活动的范围较广，所以能建设较大的政权。然此种人的本身，实无纪律（江湖上的纪律，不足以语于政治上之纪律）；且其志愿，止于"大碗吃酒，大块吃肉，论秤分金银，换套穿衣服"；所以得志之后，往往耽于逸乐，不注意于组织；即或有所组织，亦必幼稚不堪，背乎社会之趋势而不可行。太平天国之已事，即其一例，故其事终无所成，而徒为真主驱除。所谓真主，则系此等人中，志愿较大，能力较强，知识较高，而能建立一种较适宜的秩序的人。当其建设之际，大抵与士人合作，士人系守旧的，所定出来的方案，多系根据书本，所以破坏之后，更求建设，仍必走回老路，此为中国政治陈陈相因的原因。[1]

论明清科举制

明清的科举制度，有可评论者两端。其（一）学校科目，历代都是两件事。明朝令应科目的必由学校，原是看重学校的意思。然其结果，反弄得入学校的，都以应科举为目的，学校变成科举的附属品。——入学校的目的，既然专在应科举，而应科举的本事，又不必定要在学校里学；则学校当然可以不入。到后来，学校遂成虚设。生员并不真正入学，教官也无事可做。其（二）唐宋时代的科举，设科很多。应这时代的科举，一人懂得一件事就行了。这是可能的事情。从王荆公变法之后，罢"诸科"而独存"进士"，强天下的人而出于一途，已经不合理了。然而这时候，进士所试的只是经义、论、策。经义所试的，是本经、兼经。一人不过要通得一两经，比较上还是可能的事情。到明清两朝，则应科举的人：（一）于经之中，既须兼通《四书》《五经》。（二）明朝要试论、判、诏、诰、表，清朝要试试帖诗，这是唐宋时"制科"和"诗赋进士科"所试的事情，一人又要兼通。（三）三场的

---

[1] 《中国文化诊断一说》，《中国建设》1946 年第 6 卷第 6 期。

策，前代也有个范围的。——大抵时务策居多。——明清两朝，则又加之以经子，更其要无所不通。这种科举，就不是人所能应的了。法律是不能违反自然的。强人家做不能做的事情，其结果，就连能做的，人家也索性不做。所以明清两朝的科举，其结果，变成只看几篇《四书》文，其余的都一概不管；就《四书》文也变成另外一种东西，会做《四书》文的人，连《四书》也不必懂得的。于是应科举的人，就都变做一物不知的。人才败坏，达于极点了。[①]

科举与考试不可混为一谈

当清末，主张改革的人，大多数赞成（一）废科举，或改革科举；（二）裁胥吏，代之以士人。只此两端，便见到他们对于政治败坏的根源，并没有正确的认识。

从前的科举，只是士人进身的一条路。大多数应科举的人，都是希望做官的。你取之以言，他便以此为专业，而从事学习。所以不论你用什么东西——诗赋、经义、策论——取士，总有人会做的。而且总有做得很好的人。大多数人，也总还做得能够合格。至于说到实际应用，无论会做哪一种文字的人，都是一样的无用——诗赋八股，固然无用，就策论也是一样——所以从前的人，如苏轼，对于王安石的改革学校贡举，他简直以为是不相干的事。[②]

世之论者，率多混科举与考试为一事。因科举之有弊，遂并考试而不敢言。殊不知科举之弊，在于所试之非物，而不由于考试。……考试之法，惟有一弊，必不可免者，即应试者所学，但求其足以应试而止，他皆不问。王安石变法之后，所以叹"本欲变学究为秀才，不图变秀才为学究"也。然使所试者为有用之事，则应试者终必略有

---

① 《自修适用白话本国史（四）》第四篇《近世史下》，第 85—86 页。
② 《中国政治思想史十讲（八续）》（第十讲），《光华大学半月刊》1936 年第 5 卷第 3/4 期。

所知。……苟去其所试之物，而保留考试之制，夫固未尝不可行，且行之而必有利者也。①

考试不可偏废

我在前清末年学校初兴时，就主张考试不可偏废，我的理由是：（一）凡政治之道，必不能废督责。现在的学校，虽有私立，究以官公立为多，不能不说是政治。政治既不能废督责，而督责之道，实以考试学生的成绩为最简单而确实。（如视学即手续繁而无实效，虽甚腐败者，岂不能矫饰于一日之间耶？）（二）又凡政治之道，莫要于执简以驭繁。以中国之大，待教育之人之众，行政之软弱无力，而要一一由国家代谋，其势必不可得。惟有用一种奖励的方法，使人民自动，而奖励的方法，实以考试为最有效。②

废科举与裁胥吏

至于胥吏，从来论治的人，几于无不加以攻击。我却要替胥吏呼冤。攻击胥吏的人，无非以为（一）他们的办事，只会照例，只求无过；所以件件事在法律上无可指摘，而皆不切于实际；而万事遂堕坏于冥漠之中。（二）而且他们还要作弊。殊不知切于事实与否，乃法律本身的问题，非奉行法律的人的问题，天下事至于人不能以善意自动为善，而要靠法律去督责，自然是只求形式。既然只求形式，自不能切合于实际，就使定法时力顾实际，而实际的情形，是到处不同的，法律势不能为一事立一条，其势只能总括的说一个大概，于是更欲求其切于实际而不可得。然而既有法律，是不能不奉行的。倘使对于件件事情，都要求其泛应曲当，势非释法而不用不可。释法而不用，天下就要大乱了。为什么呢？我们对于某事，所以知其可为，对于某事，所以知其

①　《考试论》，《光华期刊》1928 年第 2 期。
②　《学校与考试》，1941 年 2 月 7 日《中美日报》。

不可为,既已知之,就可以放胆去做,而不至陷于刑辟,就是因为法律全国统一,而且比较的有永久性,不朝更夕改之故。倘使在这地方合法的,换一处地方,就变为不合法;在这一个官手里,许为合法的,换了一个官,就可指为不合法;那就真无所措手足了。然则法律怎好不保持统一呢?保持法律统一者谁乎?那胥吏确有大力。从前有个老官僚,曾对我说:“官不是人做的,是衙门做的。”他这话的意思,是说:一个官,该按照法律办的事情多着呢,哪里懂得这许多?——姑无论从前的官,并没有专门的智识技能,就算做官的人都受过相当的教育,然而一个官所管的事情,总是很多的,件件事都该有缜密的手续,一个人哪里能懂得许多?所以做官的人,总只懂得一个大概;至于件件事情,都按照法律手续,缜密的去办,总是另有人负其责的。这是中外之所同。在中国从前,负其责者谁呢?那就是幕友和胥吏。

　　幕友,大概是师徒相传的。师徒之间,自成一系统。胥吏则大致是世袭的。他们对于所办的事情,都经过一定期间的学习和长时间的练习。所以办起事来,循规蹈矩,丝毫不得差错。一切例行公事,有他们,就都办理得妥妥帖帖了。——无他们,却是决不妥帖的。须知天下事,非例行的,固然要紧,例行的实在更要紧。凡例行的事,大概是日常生活所不可或缺的,万不能一日停顿。然则中国从前的胥吏、幕友,实在是良好的公务员。他们固然只会办例行公事,然而非例行公事,本非公务员之职。他们有时诚然也要作弊,然而没有良好的监督制度,世界上有哪一种人,能保其不作弊的呢?所以中国从前政治上的弊病,在于官之无能,除例行公事之外,并不会办;而且还不能监督办例行公事的人,使之不作弊;和办例行公事的公务员——幕友、胥吏,是毫不相干的。至于幕友、胥吏的制度,也不能说他毫无弊病。那便是学习的秘密而不公开,以致他们结成徒党,官吏无法撤换他。然而这是没有良好的公务员制度所致,和当公务员的人,也是毫不相干的。①

---

① 《中国政治思想史十讲(八续)》(第十讲),《光华大学半月刊》1936年第5卷第3/4期。

四 西力东侵引发文化大变

郑和下南洋,前后凡七次。其后,中国对南方的航行更为熟悉,华人移殖海外的渐多。近代的南洋,华人成为其地的主要民族,其发端实在此时。然此亦是社会自然的发展,得政治的助力很小。以民族拓殖的成绩论,通先后而观之,则南进之力,似优于北进。然拓殖事业之成败,乃其成功之大小迟速,全系其本身所有之力,及其所对抗之力相消而孰有余之问题。中国虽然不断和外界接触,而所受的外来的影响甚微。至近代欧西的文明,乃使我们的生活方式,不得不彻底起一个变化。中国政治疏阔,武备废弛,只可处闭关独立之时,而不宜于列国竞争之世。惟西力东来,适值清代中衰,此亦我国民之不幸也。中西文化的隔阂:(一)为国际法上见解的悬殊,(二)则人民褊狭的排外心理,(三)向守厚往薄来之戒,对于利益,不甚注意。此为旷古所未有局面,一切旧见解、旧手段都不适用、不可行。所以交涉的失败,只是文化尚未能转变的结果,不能归咎于任何一个人。

论郑和下南洋

郑和下南洋,前后凡七次。其事在一四〇五至一四三三年之间,早于欧人的东航,有好几十年。据近人的考究:郑和当日的航路,实自南海入印度洋,达波斯湾及红海,且拂非洲的东北岸,其所至亦可谓远了。史家或说:成祖此举,是疑心建文帝亡匿海外,所以派人去寻求的。这话臆度而不中情实。建文帝即使亡匿海外,在当日的情势下,又何能为?试读《明史》的外国传,则见当太祖时,对于西域,使节所至即颇远。可见明初的外交,是有意沿袭元代的规模的。但是明朝立国的规模,和元朝不同。所以元亡明兴,西域人来者即渐少。又好勤远略,是和从前政治上的情势不相容的,所以虽有好大喜功之主,其事亦不能持久。从仁宗以后,就没有这种举动了。南方距中国远,该地方的货物,到中原即成为异物,价值很贵;又距离既远,为政府管束所不及,所以宦其地者率多贪污,这是历代如此的。明朝取安南后,还是如此。其时中官奉使的多,横暴太甚,其人屡次背叛。宣宗立,即弃之。此事在一四二七年,安南重隶中国的版图,不过二十二年而已。自郑和下南洋之后,中国对于南方的航行,更为熟悉,华人移殖海外的渐多。近代的南洋,华人实成为其地的主要民族,其发端实在此时。然此亦是社会自然的发展,得政治的助力很小。①

民族拓殖南进优于北进

以民族拓殖的成绩而论,通先后而观之,则我族南进之力,似优于北进。中国的文明,本植根于黄河流域,其北进者,当战国之世,即已拓展至今之热、察、绥及辽宁。其后遂无甚进展,甚至并此诸地,而有时亦不能保。南进者则长江、珠江、闽江诸流域,次第凝合为一体。中南半岛及南洋群岛,虽未能如此,然吾族在其地之势力,仍极巩固,已如前述。此其成绩,相去可谓甚远,盖一由地利之殊,一亦由近代物质文明高度发达以前,耕稼及工商之国,皆不能抵御游牧民族的侵略,而蒙古地方,又适为东洋史上的侵略地带之故,此固无足为异。②

汉族的对外拓殖

凡一民族文化的高度发展,必在其进入农耕之后,因为必如此,其生活乃较富裕,人口乃可以有大量的增加;且和土地关系密切,其文化乃有固定性。中国为东方文明之国,实以其进于农耕之早,而其移殖于外之能否成功,亦以其所移殖之地,农业能否确立为断,其向南移殖,最早最大的成功,实为长江中下流之湖水区域,而西南的山

---

① 《吕著中国通史》下册,第 507 页。
② 《论外蒙古问题(下)》,《平论半月刊》1946 年第 8 期。

岳地带,则其成功较晚而亦较小,其和南洋交通,怕亦已有二千余年。(因为《吕览》《淮南王书》业经说及海外的情形了。)而移殖的成功,则只可说自十五世纪以后,亦因前去者多是估客,此后乃渐有从事于农、渔、林、矿等业者之故。北方移殖的成绩,亦可以此推之。辽河流域,在农业上自最适宜,故其成功最早而最大,漠南地方次之,天山南北路又次之。以区域的接近论,漠南自尤在辽河流域之上,然其水利较逊,又与好侵略之游牧人密迩,其建设的速度,不能和游牧人受打击后复盛的速度相竞争,建设未至于大成,实力尚未充足,游牧人的侵略,倒又来了,此为漠南郡县,屡兴屡废的原因。天山南路,居国为多,北路虽系牧地,居其地的牧人,并不如在蒙古地方的强大,故其受侵略之患较少。然以交通论,则不徒非漠南之比,并非辽河流域之伦。自皋兰越黄河,出玉门关,到达新疆省中,借沟渠、雪水以资灌溉而可以耕作之地,实远非昔时农民之力所能胜。所以其地虽多居国,而汉人从事于此者,不过如汉唐盛时之田卒,或者遭乱播迁的少数人民,不久即泯殁无闻了。松花江流域,并不较辽河流域为瘠薄,然其农业的开发,却延了二千余年,亦因其间的分水界,非昔时农民所能逾越之故。然其土地之肥沃,水利之饶足,则远非漠南及天山南北路所及,一旦此种限制打破,其进步倒又一日千里了。然则拓殖事业之成败,乃其成功之大小迟速,全系其本身所有之力,及其所对抗之力相消而孰有余之问题,笼统夸奖及自负,或则讥评与自馁,根本全不是这回事。[1]

西力东侵引发文化大变

中国自有信史以来,环境可说未曾大变。北方的游牧民族,凭恃武力,侵入我国的疆域之内是有的,但因其文化较落后,并不能改变我们的生活方式,而且他还不得不弃其生活方式而从我,所以经过若

---

[1]　《从民族拓殖上看东北》,1946 年 3 月 26 日《文汇报》。

干年之后，即为我们所同化。当其未被同化之时，因其人数甚少，其暴横和掠夺，也是有一个限度的，而且为时不能甚久。所以我们未曾认为极大的问题，而根本改变我们的生活方式以应之。至于外国的文明，输入中国的，亦非无有。其中最亲切的，自然是印度的宗教。次之则是希腊文明，播布于东方的，从中国陆路和西域交通，海路和西南洋交通以后，即有输入。其后大食的文明，输入中国的亦不少。但宗教究竟是上层建筑，生活的基础不变，说一种宗教，对于全社会真会有什么大影响，是不确的。所以佛教输入中国之后，并未能使中国人的生活印度化，反而佛教的本身，倒起了变化，以适应我们的生活了。其余的文明，无论其为物质的、精神的，对社会上所生的影响，更其"其细已甚"。所以中国虽然不断和外界接触，而其所受的外来的影响甚微。至近代欧西的文明，乃能改变生活的基础，而使我们的生活方式，不得不彻底起一个变化，我们应付的困难，就从此开始了。但前途放大光明、得大幸福的希望，亦即寄托在这个大变化上。①

西力东渐正值清之中衰

西力东渐，开数千年未有之局，此即以中国所谓盛世者当之，亦终不克于败绩失据者，何者？中国政治疏阔，武备废弛，但求与天下安，实只可处闭关独立之时，而不宜于列国竞争之世也。惟是西力东来，若值朝政清明之日，则所以应付之者必较得宜，不至如清末丧败之甚耳。外力深入，盖自道、咸以来，适值清代中衰之候，客强主弱，郑昭宋聋，丧败之端，遂至层见叠出，此亦我国民之不幸也。②

中外交涉失败之根源

中国人和外国人交涉，是自尊自大惯了的，——也是暗昧惯了

---

① 《吕著中国通史》下册，第 523—524 页。
② 《中国近代史讲义》，《吕著中国近代史》，第 12 页。

的。——打破他这种迷梦的第一声，便是五口通商之役。这一次的交涉，弄得情见势绌；种种可笑，种种可恨，种种可恼；从此以后，中国在外交界上，就完全另换了一番新局面了。这种事情，其原因，自然不在短时间内。若要推本穷原论起来，怕真个"更仆难尽"。且慢，我且把西人东渐以后，五口通商以前，清朝对西洋人的交涉，大略叙述出来。这虽是短时间的事情，却是积聚了数千年的思想而成的。真不啻把几千年来对外的举动，缩小了演个倒影出来。读者诸君看了，只要善于会心，也就可以知道中国外交失败的根源在什么地方了。

（一）收税官吏的黑暗。浮收的税，要比正额加几倍。这还是税则上有名目的东西，其无名目的东西，就更横征暴敛，没个遮拦。（二）卖买的不自由。当时的外国商人，不但不准和人民直接做卖买，并不准和普通商人直接做卖买。一切货物，都要卖给"公行"——一种由商人所组织而为国家所承认的中买机关——里头。再由公行卖给普通商人。（三）管束外商章程的无谓。这种章程，是前一五三年（一七五九），因总督李侍尧之奏而定的。说起来更可发一笑。当时的外国商人，除掉做卖买的时候，不准到广东。而做卖买的期限，一年只有四十天。又定要住在公行所代备的商馆里。——嘉庆时候，定了通融办理的章程，每月初八、十八、二十八三天，准带着翻译，到花园里去走走。——以前则简直硬关在商馆里的。而到商馆里来的外商，又不准携带家眷。出外不准乘坐轿子。要进禀帖，也得托公行代递，不得和官府直接。万一公行阻抑下情呢？也只得具了禀帖，走到城门口，托守城的人代递，不准入城。这许多章程，不知道为的是什么？[①]

中国初与外国交涉，恒不愿其直达政府，一则沿袭旧见，以示体制之严，一亦以交涉每多棘手，多其层次，可为延宕转圜之计，并可掩耳盗铃，以全体面也。[②]

---

① 《自修适用白话本国史（四）》第四篇《近世史下》，第 11—13 页。
② 《中国近代史讲义》，《吕著中国近代史》，第 79 页。

中国这时候的政府,有一个观念,便是什么事情都不愿意中央同外人直接,都要推给疆吏去办。——这个虽有别种原因,还是掩耳盗铃,遮盖面子的意思,居其多数。因为这时候,实力不足,同外国人交涉,明知没有什么便宜,推诿给疆吏,面子上觉得好看些。——于是说俄国的事情,要和黑龙江将军商办,英、法、美三国的事情,交给广东总督办理。[①]

岭南官吏贪黩者多

此役(编者按:即鸦片战争)之败绩,尚有一远因,历代与外国通商,多在南海,其地距中央远,为政府监察所不及。南方开辟晚,或以处左迁贬谪之人,或则用孤立无援之士,志气颓唐,能奋发有为者少,甚或不矜名节。而多见异物,足以起人贪欲之心,故岭南官吏贪黩者多,因此激变之事,历代有之,特其诒患皆不甚巨耳。[②]

五口通商后的对外交涉

从五口通商以后,外交上的形势,可以分做几个时期。五口通商以后,可以称为强迫通商时期。从这一役以前,中国人从未在条约上确认外国人的通商;即或有时许之,而随时撤销之权,仍操之于我。如恰克图的中俄通商,屡次停闭是。乾隆五十七年的《互市条约》,开口便说:"恰克图互市,于中国初无利益。大皇帝普爱众生,不忍尔国小民困窘;又因尔萨那特衙门吁请,是以允行。若复失和,罔再希冀开市。"仿佛允许通商,出于中国特惠的意思。——到这一次,才以对等的资格,和外国订结条约,许其通商。从此以后,便负有条约上的义务,通不通不由我片面作主了。所以从大势上说,自此以前,可以说是外国人极要和中国通商,而中国人很不愿意的时代。酝酿复酝酿,毕竟出于用兵力强迫。这一役,可以算是外国人强迫中国通商,达到目

① 《自修适用白话本国史(四)》第四篇《近世史下》,第20页。
② 《中国近代史讲义》,《吕著中国近代史》,第36页。

的的时代。第二期,可以称为攘夺权利开始时代。便是咸丰八年、十年两次的条约。这两次条约,轻轻的把"领事裁判""关税协定""内河航行",都许与了外国了。——教士到内地传教,吾人原不敢以小人之心度人,说这是外国借此来侵掠中国的;然而在事实上,却开出后来无穷纷争之端。——而且定下最惠国的条款,使后来丧失一种权利给一国,便是丧失一种权利给一切国;纷纷的要求,无不有所借口。所以说中国一切丧权失地的交涉,都是于这一次开其端。第三期,可以说是藩属及边境侵削时代。从俄国割黑龙江以北,乌苏里江以东之地起,而法国灭越南,而英国灭缅甸,而俄国并吞葱岭以西诸回部,而英国灭哲孟雄,而日本并吞流球;而从日本起,各国相继认朝鲜为独立;而英法且进一步,而觊觎及于云南广西;都是一线相承的运动。——如此,"剥床及肤",到甲午之战,日本割台湾,强迫偿款二万万两而极。[①]

　　中西文化的隔阂,关系最大的:(一)为国际法上见解的悬殊。(二)则人民骤与异文化接触,而又激于累败之辱,不免发生褊狭的排外心理。(三)中国和外国交涉,向守厚往薄来之戒,对于利益,不甚注意,于此时的局势,亦不相宜。此时的要务:在于(一)消除妄自尊大之念。(二)及盲目排外的感情。(三)而对外则不丧失权利。此非深知此时的局面,为旷古所未有,一切旧见解、旧手段都不适用不可行,在当时如何可能呢? 所以交涉的失败,只是文化要转变而尚未能转变当然的结果,并不能归咎于任何一个人。[②]

五　唯豫兵于民可救兵制之弊

　　武力是不能持久的。持久了,非腐败不可。从历史上看来,从没有一支真正强盛到几十年的军队。府兵到后来,全不能维持其兵额;明卫所的

①　《自修适用白话本国史(四)》第五篇《现代史》,第33—34页。
②　《中国近世史前编》,《吕著中国近代史》,第192—193页。

兵额,对北边只能维持守势。兵不可不豫也,然不当豫之于兵,而当豫之于民。即造成能战之民,至临事,乃编之为兵。又当奖励人民多藏军械。世谓民间军械愈多,则乱势愈炽,其实乱与不乱,与民间有械无械,了不相干。欧洲以司法独立为恤刑之法,中国则以缩小下级官吏定罪的权限和增加审级为恤刑之法。然审级太多,则事不易决;又路途遥远,加以旷日持久,审判仍未必公平,而人民反因狱事拖延受累。故此等恤刑之法亦有利有弊。司法不独立,除特设的司法官吏而外,干涉审判之官,亦应以治民之官为限。司法事务,最忌令军政机关参预,然历代既非司法之官,又非治民之官,而参与审判之事者,亦在所不免。乃惟有劝民息讼。国家设官本以听讼为职,而劝民息讼,虽堪失笑,然在事实上,却亦不得不然。

明卫所武力不持久

武力是不能持久的。持久了,非腐败不可。这其原因,由于战争是社会的变态而非其常态。变态是有其原因的,原因消失了,变态亦即随之而消失。所以从历史上看来,从没有一支真正强盛到几十年的军队。"兵可百年不用,不可一日无备",这种思想,亦是以常识论则是,而经不起科学评判的。因为到有事时,预备着的军队,往往无用,而仍要临时更造。府兵和卫所,是很相类的制度。府兵到后来,全不能维持其兵额。明朝对于卫所的兵额,是努力维持的,所以其缺额不至如唐朝之甚。然以多数的兵力,对北边,始终只能维持守势(现在北边的长城,十分之九,都是明朝所造);末年满洲兵进来,竟尔一败涂地;则其兵力亦有等于无。此皆特殊的武力不能持久之证。[1]

兵当豫之于民

"兵可百年不用,不可一日无备",故必豫之于平时。然人心每随

---

[1] 《吕著中国通史》上册,第176页。

事势为转移，当承平无事之时，孰肯视征战为急务？文恬武嬉，势不免流于废弛，而知勇之士，顾不出于其间，遂至于有名而无实，或并其名而不存。……夫事不豫于平时，则临事无由取给，而非造之于临事，则又陈旧而无以应当时之变。故兵不可不豫也，然不当豫之于兵，而当豫之于民。何谓豫之于民？曰：造成能战之民，至临事，乃编之为兵而已。战事定，则散之；需用，则又召而编之。此制似与府兵、卫所同，其实大异。彼为兵者有定籍，将校亦多世其家，明制如此，唐亦多任勋戚子弟。虽非募兵，其不能不随风气为转移，实与募兵无异。今合全国之人，临时简选，则可择其有朝气者而用之，而军营之习气亦无由生。时时罢遣，不常屯驻，则军营之积弊无由成。将校兵弁，多来自田间，忠勇朴实，身家可念，孰敢扰民？名誉是重，孰肯奔北？军纪既饬，士气复张，得智勇之帅以统率之，亦足以靖乱御侮，为国捍城矣。今世战阵，益重械器。普通兵士之技艺，体力强壮者，学之实不甚难。今当于体育中，寓教战之道。技艺之无须在军营中学习者，悉于平时养成之。临时召集，少施训练，即可成军。此德国掀起大战时，出兵所以神速，抑亦我国古者，作内政寓军令之征权也。特其行之当务实，不可徒有其名，尤当严戒骚扰。此则宋代之民兵保甲，又足为鉴戒之资矣。[1]

　　我从前的意见，也和章太炎一样，以为国家非有强大的常备军不可的。近来的意见却一变，觉得决不可于民之外，另有所谓"兵"。这理由甚长，简单些说：便是天下的事情，没有能长久不"变坏"的，兵制当然也是这样。所以养着许多兵，等到要用的时候，就正是他"变坏"的时候了。唐朝的府兵，明朝的卫所，在中国历史上，总算带一点兵民不分的意思。然而唐朝的折冲府，到后来竟阒其无人。明朝的卫所，则有人而等于没有，而且比没有人更坏。府兵和卫所，在中国历史上，算是最好的制度，尚且如此。别一朝的兵制，就更不必说了。

---

[1]　《中国历代兵制之变迁》，《美商青年月刊》1941 年第 3 卷第 8 期。

这并怪不得谁,一件事长久了,当然要变坏的。所以国家并不必要有所谓兵的一种人,这是去兵的最高原理。现在的中国,经济上是养不起兵。现在中国的军队,已经如此其坏,再练兵,真正为御外侮而练兵,一时也练不好。这许多理由,尤其是人人见得,无待于言的。在历史上,有名的军队,总是因对付特定的外敌,临时崛起的,只要国家有资财,人民有素质,临时训练不及,断然不足为虑。还有简直去兵之说,也是失之太早的,所以我觉得现在的中国,非全去兵,或至少去其十之七八,而使人民皆有当兵之素养不可。[①]

奖励民间多存军械

予友某君,任职兵工厂二十余年,尝语予,当日本提出二十一条件之时,政府尝密令全国兵工厂料拣军械,会其数不足供一年之用。今日战争,实恃械利,军械缺乏至此,又多窳败,宁不可叹。欲图整顿,又无巨款,此则有志卫国之士,所为抚膺扼腕者也。补救之道,固有多端,断非一时所能具陈,亦非外行所能拟议。然窃谓奖励人民多藏军械,亦其一法。今人民固好武者,如戚墅堰之民,即常年聘有教师,教习拳术枪棒等。夫居今之世,不兼习打靶等有裨战陈之技,而徒练习枪棒,此如亡清之世,战陈久用枪炮,而武科犹仅试弓刀石矣。然此非练习者之咎,政府禁藏军械为之也。今之论者,皆谓民间军械愈多,则乱势愈炽,故斤斤焉禁售军械,汲汲焉搜索民间存械,其实乱与不乱,与民间有械无械,了不相干,彼作乱者,曷尝不能得军械?曷尝能禁止之?徒使良民无以自卫耳。若谓良民有械,必将为乱民所夺,则良民之不能保其械者,必不购械以资盗以自祸。能购械者必能用之,能用之,斯能保。纵或见夺,为数必少,在良民之手者必多也。关东胡匪之炽,原因甚多,政府禁良民购械自卫,亦其一也。

---

① 《对于本刊两周年纪念的感想和希望》,1922 年《沈阳高等师范周刊》,《吕思勉全集》第 11 册,第 314 页。

东人言之,无不蹙额。贾生过秦之论,吾邱禁民挟弓弩之对,千年谬见,至今未破,诚可叹悼。①

明代南北民气之强弱

"中国的形势,是北强南弱,只有北方能征服南方,没有南方能征服北方的。"这是读史的人,向来的一个误解。……看历代的事实……北强南弱……并非在地理上南方不敌北方,乃是历史上的某一时期,文明民族不敌野蛮民族。……我们试仔细分析,自五胡乱华以后,南北的强弱,哪一次不含有民族强弱的因素在内,何尝是什么地理上的原因呢?我说在中国历史上,早就成了北弱南强之局,其理由即在于此。须知从表面上看南方的渐次抬头,只是:(一)明太祖起兵于长江流域而驱逐胡元;(二)历代汉族与异族的相持,都只能利用长江流域,而到明末,则能根据西南;(三)太平天国起于粤江流域,而能震荡中原;(四)现代的革命,亦起于西南,始而推翻清朝,继而打倒北洋军阀,总计起来,不过六百年左右。……这六百年来的现象,也断不能视为偶然的;细加勘察,则知此四役者,其形势虽各不同,而实有一共同的因素在内,此因素惟何?曰:民族之自信力与自负心。自信力是自觉其优强,断不会被异族所屈服;自负心是自觉其优良,断不肯与异族相同化。这两种力量正是一民族之所以成其为一民族。……然自五胡乱华以来,实以南方为重要的根据地,所以我说:在历史上早已形成了北弱南强之局,因为我国民今后的伟业,其源泉大部分在南方的。②

明以后官俸太薄

官禄至近代而太薄,亦为官吏不能清廉之原因。古者禄以代耕,

---

① 《光华大学与国民自卫》,《光华周报》1927 年第 1 卷第 5/6 期。
② 《论南北民气之强弱》,1938 年《中美日报》。又《吕思勉论学丛稿》,第 321、323、24、326 页。

以农夫一人所入为单位,自士以至于君,禄或与之埒,或加若干倍。在位者之所得,在一国中居何等,较之平民相去奚若,皆显而易见。后世生计日益复杂,此等制度自不易行。然历代官禄多钱谷并给,或给以田,至明世始专以银为官俸,而其所给,乃由钞价转折而来。清代制禄,顾以此为本,而银价又日落,官吏恃俸给遂至不能自存矣。……要之,历代制禄厚薄虽有不同,其足以养其身,赡其家,使其润泽及于九族乡党而犹有余裕,则一也。自元代以钞制禄,明时钞法既废,而官禄顾折高价以给之,又罢其实物之给,而官吏始蹩然无以自给矣。①

官俸,历代虽厚薄不同,而要以近代之薄为最甚。古代大夫以上,各有封地。家之贫富,视其封地之大小、善恶,与官职的高下无关。无封地的,给之禄以代耕,是即所谓官俸。古代官俸,多用谷物,货币盛行以后,则钱谷并给。又有实物之给,又有给以公田的。明初尚有此制,不知何时废坠,专以银为官俸。而银价折合甚高。清朝又沿袭其制。于是官吏多苦贫穷。内官如部曹等,靠印结等费以自活,外官则靠火耗及陋规。上级官不亲民的,则诛求于下属。京官又靠外官的馈赠。总而言之,都是非法。然以近代官俸之薄,非此断无以自给的。而有等机关,收取此等非法的款项,实亦以其一部分支给行政费用,并非全入私囊。所以官俸的问题,极为复杂。清世宗时,曾因官俸之薄,加给养廉银,然仍不足支持。现代的官俸,较之清代,已稍觉其厚。然究尚失之于薄。而下级的公务员尤甚。又司法界的俸禄,较之行政界,不免相形见绌。这亦是亟须加以注意的。②

论恤刑之法

欧洲以司法独立为恤刑之法,中国则以(一)缩小下级官吏定罪的权限,(二)和增加审级,为恤刑之法。汉代太守便得专杀,然至近

---

① 《中国制度史》,第 706、707 页。
② 《吕著中国通史》上册,第 118—119 页。

代，则府、厅、州、县，只能决徒以下的罪，流刑必须由按察司亲审，死刑要待御笔勾决了。行政、司法机关既不分，则行政官吏等级的增加，即为司法上审级的增加。而历代于固有的地方官吏以外，又多临时派官清理刑狱。越诉虽有制限，上诉是习惯上得直达皇帝为止的，即所谓叩阍。宋代初命转运使派官提点刑狱，后独立为一司，明朝继之，设按察司，与布政使并立，而监司之官，始有专司刑狱的。然及清代，其上级的督抚，亦都可受理上诉。自此以上，方为京控。（刑部、都察院、提督，均可受理。）临时派官覆审，明代尤多。其后朝审、秋审，遂沿为定制。清代秋审是由督抚会同两司举行的，决定后由刑部汇奏，再命三法司覆审，然后御笔勾决，死刑乃得执行。在内的则由六部、大理寺、通政司、都察院会审，谓之朝审。此等办法，固得慎重刑狱之意。然审级太多，则事不易决。又路途遥远，加以旷日持久，人证物证，不易调齐，或且至于湮灭，审判仍未必公平，而人民反因狱事拖延受累。所以此等恤刑之法，亦是有利有弊的。

司法虽不独立，然除特设的司法官吏而外，干涉审判之官，亦应以治民之官为限。如此，（一）系统方不紊乱；（二）亦且各种官吏，对于审判，未必内行，令其干涉，不免无益有损。然历代既非司法之官，又非治民之官，而参与审判之事者，亦在所不免。如御史，本系监察之官，不当干涉审判。所以弹劾之事，虽有涉及刑狱的，仍略去告诉人的姓名，谓之风闻。唐代此制始变，且命其参与推讯，至明，遂竟称为三法司之一了。而如通政司、翰林院、詹事府、五军都督等，无不可临时受命，与于会审之列，更属莫名其妙。又司法事务，最忌令军政机关参预。而历代每将维持治安及侦缉罪犯之责，付之军政机关。使其获得人犯之后，仍须交给治民之官，尚不易非理肆虐，而又往往令其自行治理，如汉代的司隶校尉，明代的锦衣卫、东厂等，尤为流毒无穷。[①]

---

① 《吕著中国通史》上册，第194—195页。

社会制裁与劝民息讼

至于刑法,则向来维持秩序的,是习惯而非法律。换言之,即是社会制裁,而非法律制裁。其所由然:(一)因政治取放任主义而软弱无力。(二)因疆域广大,各地方风俗不同,实不能实行同一的法律。于是法律之用为微,而习惯之为用广。(三)因社会上的恶势力,并没有能够根本铲除。如家法处置等事,到现在还有存留于社会的。(四)因官僚阶级中人,以剥削平民为衣食饭碗,诉讼事件,正是一个剥削的好机会。此项弊窦,既为官僚阶级的本质,则虽良吏亦无如之何。不得已,乃惟有劝民息讼。以国家所设的官,本以听讼为职的,而至于劝民息讼,细想起来,真堪失笑。然在事实上,却亦不得不然。五口通商以后,西人借口于我国司法的黑暗,而推行其领事裁判权,固不免心存侵略,然在我,亦不能说是没有召侮的原因。[①]

六 广田自荒最易招外侮

中国疆域广大,法律是属人主义,以"不求变俗"为治,化外人犯罪,就依其国法治之。至近代与外国订约,仍据旧见解以应付,遂贸然允许领事裁判权。藩属之地,原是屏蔽于国境之外,历代都不设官治民,只设官监督其酋长。至清末民初,一时不易骤图改省,最好行联邦之法,中央操外交、军事、交通、币制之权,余则听其自治。历代盛时,疆域广大,然多非实际的占领,只可称为点或线的占领。政治主于放任,调剂人口等事,政府素不关怀,殖民之说,尤自古无有。数千年来,广田自荒,易启戎心而招外侮。至清行封锁政策,阻止汉人向蒙满移殖。自清之季,丧乱频仍,民之移居关东者日益众。计关东之民,汉人居十五分之十四。是则丧乱于内,而拓殖于外也。总之,只可"移民实边",不可"限民虚边"!

---

① 《中国近世史前编》,《吕著中国近代史》,第 157 页。

"不求变俗"与领事裁判权

古代的法律，本来是属人主义的，中国疆域广大，所包含的民族极多，强要推行同一的法律，势必引起纠纷。所以自古即以"不求变俗"为治。（《礼记·曲礼》）统一以后，和外国交通，亦系如此。《唐律》：化外人犯罪，就依其国法治之。必两化外人相犯，不能偏据一国的法律，才依据中国法律治理。这种办法，固然是事实相沿，然决定何者为罪的，根本上实在是习惯。两族的习惯相异，其所认为犯罪之事，即各不相同。"照异族的习惯看起来，虽确有犯罪的行为，然在其本人，则实无犯罪的意思。"在此情形之下，亦自以按其本族法律治理为公平。但此项办法，只能适用于往来稀少之时。到近代世界大通，交涉之事，日益繁密，其势就不能行了。中国初和外国订约时，是不甚了然于另一新局面的来临的，一切交涉，都根据于旧见解以为应付，遂贸然允许了领事裁判权。而司法界情形的黑暗（主要的是司法不独立，监狱的黑暗，滥施刑讯及拘押等），有以生西人的戒心，而为其所借口，亦是无可讳言的。①

属地与羁縻之政

中国历代对于属地，系取羁縻政策的，政府或设官以管理其通路，如汉朝的西域都护是；又或驻扎于几个要点，如唐朝的都督府是。此等官吏对于服属的部族加以管理，有违命或互相攻击或内乱之事，则加以制止。防患于未然，使其事不至扩大而成为边垂之患，此即所谓守在四夷。但中国的政情，是以安静为主的。不但向外开拓，即对于边疆的维持，亦不能费多大的国力。所以到服属的部族真个强盛时，中国所设的管理机关，就只得撤退。再进一步，就患仍中于边垂了。历代的武功，除西汉一朝去封建时代近，其君主及人民都略有侵

---

① 《吕著中国通史》上册，第 196 页。

略的性质外,其余如唐朝及清朝,实都不过如此。看似武功煊赫,拓土万里,实则都是被征服者的衰乱,并不是中国的兵怎样的强。总而言之,开疆拓土,甚至于防守边垂,在中国政治上,实向不视为要务。在如此情形之下,驾驭未开化的蛮族,尚且不足,何况抵御现代西方国家的侵略?所以中西交通之后,中国的属地和属国,必要有一度的被侵削。这也是前此的政情所限定的,并非任何一个人或一件事的失策。①

改藩属为联邦

中国历代,所谓藩属,本来不过是一个空名,实际上得不到什么利益的。所以论政之家,多以疲民力、勤远略为戒。但到西力东侵以来,情形却不同了。所谓藩属,都是屏蔽于国境之外的,倘使能够保存,敌国的疆域,即不和我国直接,自然无所肆其侵略。所以历来仅有空名的藩属,到这时候,倒确有藩卫的作用了。但以中国外交上的习惯和国家的实力,这时候,如何说得到保存藩属?②

藩属之地,历代都不设官治理其民,而只设官监督其酋长,清朝还是如此的。奉天、吉林、黑龙江三省,清朝称为发祥之地。其实真属于满洲部落的,不过兴京一隅。此外奉天全省,即前代的辽东、西,本系中国之地。吉、黑两省,亦是分属许多部落的,并非满洲所有。此等人民,尚在部落时代,自不能治以郡县制度。清朝又立意封锁东三省,不许汉人移殖。所以其治理之法,不但不能进步,而反有趋于退步之势。奉天一省,只有奉天和锦州两府,其余均治以将军、副都统等军职。蒙古、新疆、西藏,亦都治以驻防之官。这个固然历代都是如此,然清朝适当西力东侵之时,就要情见势绌了。末年回乱平后,改新疆为行省。日俄战后,改东三省为行省。蒙古、西藏,亦图改

---

① 《中国近世史前编》,《吕著中国近代史》,第 193—194 页。
② 《吕著中国通史》下册,第 537—538 页。

省,而未能成功。藩属之地,骤图改省,是不易办到的。不但该地方的人民,感觉不安。即使侥幸成功,中国亦无治理其地的人才。蒙、藏的情形,和新疆、东三省是不同的。东三省汉人已占多数,新疆汉人亦较多,蒙、藏则异于是。自清末至民国初年,最好是将联邦之法,推行之于蒙、藏,中央操外交、军事、交通、币制之权,余则听其自治。清季既不审外藩情势,和内地的不同,操之过急,以致激而生变。民国初年,又不能改弦易辙,许其自治,以生其回面内向之心,杜绝强邻的觊觎。因循既久,收拾愈难,这真是贾生所说,可为痛哭、流涕、长太息的了。[①]

历代疆域虽广而多非实际占领

我国历代盛时,疆域非不广大,然多并非实际的占领,如汉朝设西域都护,以维持天山南北两条通路,只可称为线的占领。唐朝设西域都护府以管理漠南北,又于西域设四镇,只可称为点的占领。此等占领,虽身在其地,并不能确立势力,而要有别一种势力,以为其后盾而维持之,到维持之势力亡,其本身即不得不撤退了。[②]

广田自荒,启戎心而招外侮

中国议论,有与欧洲异者。欧洲古希腊等皆小国,崎岖山海之间,地狭人稠,过庶之形易见。故亚里士多德(古希腊大哲学家)以来,已有人众而地不能容,为最后之忧之说。马尔萨斯之人口论,特承其余绪而已。中国则大陆茫茫,惟患土满。故古之论者,多以民之不庶为忧。后世虽有租庸调等计口授田之法,实未必行。故过庶之患难见。而政治主于放任,调剂人口等事,政府又素不关怀,殖民之说,尤自古无有。数千年来,国内则荒处自荒,稠密处自患稠密。开

---

① 《吕著中国通史》上册,第 115 页。
② 《从民族拓殖上看东北》,1946 年 3 月 26 日《文汇报》。

疆拓土，亦徒以餍侈君喜功好大之心，于人民无甚裨益。"年年战骨埋荒外，空见蒲萄入汉家。"古来暴骨沙场，不知凡几，而迄今日，仍以广田自荒，启戎心而招外侮。诵昔人之诗，能无深慨乎！①

清季移民关东日众

关东三省，是清朝的老家。（其实也算不得他的老家，因为辽东西本来是中国的郡县。）他入关以后，还想把他保守着。（倘使老家给汉人占据起来，他就无家可归，真正在中原做了客帝了。）而东三省的形势，和蒙古的关系，又很为密切的。所以想把这两处，通统封锁起来。关东三省中，只有少数的"民地"。此外就都是"旗地"和"官地"，汉人出关耕垦，是有禁的。蒙古亦有每丁的私有地，和各旗公共之地。都不准汉人前往垦种，就汉人前往蒙古经商的，也要领了票据，然后可往。且不得在蒙古住满一年。不准在蒙地造屋。他的意思，无非怕汉蒙联合，要想把汉蒙隔绝了，满蒙却联结一气，以制汉人，然而这种违反自然趋势的命令，到底敌不过汉族天然膨胀之力。当康熙时，山东的人民，已经陆续的向关东移住了。这种封锁的政策，虽然不能阻止汉人的自然移殖，毕竟把汉人的移殖，阻止得缓了许多。现在蒙满之地，还是弥望荒凉，都是这种封锁政策的罪恶。倘使当初不存一"联合满蒙，以制汉人"的谬见，早早把满蒙开放，设法奖励汉人的移殖，到现在，就不敢说和内地一样，怕总比现在的情形，充实的加倍不止。决不会有后来抱着满蒙这么一大片的地方，反忧其"瓠落而无所容"的患害。不但如此，汉官昏愦，到底也比什么将军副都统等清楚些。（就使官都昏愦，幕里也总有明白的人。）倘使早早招徕汉人，设置州县，沿边的情形，也总要比较明白。像前五四、五二两年（一八五八、一八六〇），一举而割掉几千万方里的地方的事情，怕不会有罢？

---

① 《中国文化史六讲》，《吕思勉遗文集》下册，第107—108页。

总而言之，从古以来，只听见"移民实边"，没听见"限民虚边"！①

安土重迁，人之情也。然当丧乱之际，死亡迫于眉睫，人亦孰不欲迁徙以自安？所以犹不乐徙者：则以上之所利，非必民之所利；或虽为民所同利，而迫蹙驱遣，所以徙之者非其道耳。职是故，丧乱之际，民之自行移徙者，实较官所移徙为多。观后汉之末，民徙交州及辽东西者之多而可知矣。边方之开辟充实，实有赖焉。自清之季，丧乱频仍，民之移居关东者日益众。至今日，都计关东之民，汉人居十五分之十四。日本强据关东，国际联盟派员调查，其所撰报告，犹以是为关东当属中国之证焉。是则丧乱于内，而拓殖于外也。故曰：祸兮福所倚，福兮祸所伏。②

七 明清之际的思想变化

明清之际，中国思想界有一个根本的变动，即对于向来社会的组织，根本怀疑。然闭关独立，没有外国情形可资比较，要想从根本上改革，求一种参考的数据，就只得求之于古。顾亭林《封建论》：痛于中国的日贫日弱，而思所以救之。而推求贫弱的根源，则以为由于庶事的废弛；庶事废弛的根源，他以为由于其专在上。所以说郡县之制已敝，而将复返于封建。然宋学家所痛心疾首之弊，乃昔时社会之本质如此，非改变其社会组织，其病必不能去，断非但改其政治制度，遂能有济者也。即如《郡县论》所论而行之，试问何以能保中央政府不为恶乎？昔时论建都者，多注重于政治军事，而罕注重于化民成俗。黄梨洲《明夷待访录》说：天下之"重"，在财力，在文化，而不单在兵事。其识可谓胜人一筹。

① 《自修适用白话本国史（四）》第四篇《近世史下》，第 58、59 页。
② 《秦汉移民论》，《齐鲁学报》1941 年第 2 期。

明末清初的思想变化

中国的变法，来源是很远的。原来从秦朝统一以后，直到西力东渐以前，二千多年，中国社会的状况，没什么根本的变更。而从中古以来，屡次受外族的征服；到清朝入关，这种现象，已反复到第五次了。五胡、辽、金、元、清。而治化的不进，民生的憔悴，还是一言难尽。物穷则变，到这时候，中国思想界，便要起一个根本上的变动了。——便是对于向来社会的组织，根本怀疑。却是这时代，闭关独立，并没有外国的情形，可资比较；怀疑于当时的社会组织，要想从根本上改革，求一种参考的数据，就只得求之于古。所以当明末清初的时候，社会上就发生了两种思想。（一）觉得向来支配社会的义理——社会上人人承认的——，并无当于真理。向来所视为天经地义的道理，到此便都要怀疑。如黄梨洲的《明夷待访录·原君》等篇，就是这种思想的代表。这是精神上的。（二）其在物质上：则觉得当时所行的治法，彻底不妥，无可修改；欲图改善，非从根本上变革不可。就有极端复古之论。当时主张封建的人，便是这一种心理。顾亭林的《封建论》，便是这种思想的代表。——吕晚村、陆生柟等，也是主张封建的。——封建原是不可复的事情，然而至于疑心到郡县，几乎要主张封建，就真可算是对于当时的社会组织，根本怀疑了。有了这一种趋势，就是没有西力东渐的事实，中国的社会，慢慢儿也要生根本上的变动的；不过变得慢些，又不是现在这种变法罢了。[①]

评顾亭林《封建论》

顾亭林先生的《封建论》："封建之废，非一日之故也，虽圣人起，亦将变而为郡县。方今郡县之敝已极，而无圣人出焉，尚一一仍其故事，此民生之所以日贫，中国之所以日弱，而益趋于乱也。何则？封

---

① 《自修适用白话本国史（四）》第四篇《近世史下》，第47—48页。

建之失，其专在下；郡县之失，其专在上。"

他的意思，只是痛于中国的日贫日弱，而思所以救之。而推求贫弱的根源，则以为由于庶事的废弛；庶事废弛的根源，他以为由于其专在上。所以说郡县之制已敝，而将复返于封建。自宋至明——实在清朝讲宋学的人，也还有这一种意见——主张井田、封建的人很多。他们的议论虽不尽同，他们的办法亦不一致；然略其枝叶，而求其根本，以观其异中之同，则上文所述的话，可以算是他们意见的根本，为各家所同具。

他们的意见，可以说是有对有不对。怎说有对有不对呢？他们以为中国贫弱的根源，在于庶事的废弛，这是对的。以为庶事废弛的根源，是由于为政者之不能举其职，而为政者之不能举其职，是由于君主私心太重，要把天下的权都收归一己，因而在下的人，被其束缚而不能有为，这是错的。须知君主所以要把政治上的权柄，尽量收归自己，固不能说其没有私心，然亦自有其不得已的苦衷。在封建时代，和人民利害相反的是贵族，到郡县时代，和人民利害相反的是官僚。君主所处的地位，一方面固然代表其一人一家之私，如黄梨洲所云视天下为其私产；又一方面，则亦代表人民的公益，而代他们监督治者阶级。这一种监督，是于人民有利的。倘使没有，那就文官武将，竞起虐民，成为历代朝政不纲时的情形了。渴望而力求之，至于郡县之世而后实现的，正是这个。至于庶事的废弛，则其根源，由于征服阶级的得势，一跃而居于治者的地位。他们的阶级私利是寄生。为人民做事，力求其少，而剥削人民，则务求其多。此种性质，从贵族递嬗到官僚，而未之有改。而人民方面，则因其才且智者，皆羡治者阶级生活的优越，或则升入其中，或则与相结托，所剩的只有贫与弱。因而废弛的不能自举，被破坏的不能自保，仅靠君主代他们监督，使治者阶级，不能为更进一步的剥削，而保存此贫且弱的状况。除非被治者起而革命，若靠君主代为监督，其现状是只得如此的，不会再有进步的。治者阶级而脱离了君主的监督，那只有所做的事，更求其少，所得的利，更求其多，如何会勤勤恳恳，把所有的一块土地人民治好呢？若能有这一回事，封建政体，倒不会敝，而无庸改为郡县了。所以封建之论，的确是开倒车。他们有这一种思想，也无怪其然，因为人是凭空想不出法子的，要想出一种法子来，总得有所依傍。然他们当日，陈列于眼前的政体，只有封建、郡县两种。郡县之制，他们既认为已敝而不可用，要他们想个法子，他们安得不走上封建的一条路呢？

国家和社会的利害，不是全然一致的，又不是截然分离的。因为国家的内部，有阶级的对立：凡国家的举动，总是代表治者阶级，压迫被治阶级的；所以国家和包含于国家中的人，利害总不能一致。然而在或种情形之下，则国家和全体社会的利害，是一致的；尤其是在对外的时候。国家有所求于国民，其事必须办得好；如其办不好，则是国民白受牺牲，国家亦无益处了。国家所恃以办事的是官僚。官僚在监督不及之处，是要求自利的。官僚的自利，而达到目的，则上无益于国，而下有损于民的。固然，官僚阶级中也有好人；而一国中监督官僚的人，其利害也总是和国与民相一致的；然而这总只是少数。所以国家所办的事，宜定一最大限度，不得超过；而这最大限度的设定，则以（一）必要，（二）监督所能及，不至非徒无益，反生他害为限。[①]

评顾亭林《郡县论》

此篇（即顾亭林《郡县论》）之蔽安在乎？曰中国封建政体之废（此旧日所用狭义之封建，专就政治上言之，非今日所用广义之封建，主要之意义，在于经济上者也），有一要义焉．曰：去其相互间之兵争，且使固有君国子民之权者，失去其权，不能虐民而已。故当封建之世，即得明天子，天下亦不能大治，以列国之君，不能皆贤，而其治

---

① 《中国政治思想史十讲（六续）》（第八讲），《光华大学半月刊》1936 年第 5 卷第 1 期。

民之权,仍为合法也。郡县之世则不然,事实上,中央政府,固不能事事而正之,然就法律上言,则其权固得贯彻到底,有好事皆可推行,有恶事皆可制止,故得一好中央政府,政府即可彻底改良矣。但此系理论如此,事实上,则有阶级之世,治者阶级,必思朘削被治者以自利。郡县之世,为统治之阶级者谁乎?则官僚是已。官僚阶级,既欲朘民以自利,则贤明之中央政府,必图制止之。制止之策惟何?(一)曰严密监督其所为,如是,则监督之人必日增,监督之具必日密,然其力终有所弗胜。(二)则惟有竭力减少所办之事,于是百事皆废矣。故宋学家所痛心疾首之弊,乃昔时社会之本质如此,非改变其社会组织,其病必不能去,断非但改其政治制度,遂能有济者也。即如此篇所论,果如其说而行之,试问何以能保中央政府不为恶乎?①

黄梨洲论建都之地

自中国历代兵争之成败观之,似乎北可以制南,南不可以制北,故论建都之地者,多谓北胜于南。而同一北方,则又谓西胜于东,汴梁不如洛阳,洛阳不如长安,此皆以成败之原因,一断之于军事,而言军事之成败,则又一断之于地理形势,殊为失实。只有黄梨洲,其所见能与众不同,他在《明夷待访录》上说:"秦汉之时,关中风气会聚,田野开辟,人物殷盛,吴楚方脱蛮夷之号,故不能与之争胜。今关中人物,不及吴会久矣。东南粟帛,灌输天下,天下之有吴会,犹富室之有仓库匮箧也。千金之子,仓库匮箧,必身守之,而门庭则以委之仆妾。舍金陵而弗都,是委仆妾以仓库匮箧,昔日之都燕,则身守夫门庭矣,曾谓治天下而智不千金之子若欤?"他知道天下之"重",在财力,在文化,而不单在兵事,其识可谓胜人一筹。②

---

①　《史籍选文评述》,《吕著史学与史籍》,第 196 页。
②　《南京为什么成为六朝朱明的旧都》,1946 年 5 月 5 日《正言报》。

都邑选择当首重社会风纪

都邑的选择，我是以为人事的关系，重于地理的。古人有治，首重风化。以今语言之，即国家之所注重者，不徒在政治、军事，而尤重视社会风纪、人民道德，此义论政之家，久已视为迂腐，然在今日国家职权扩大之时，似亦不可不加考虑。欲善风俗，必有其示范之地，以理以势言之，自以首都为最便，故京师昔称首善之区。自教化二字，国家全不负责以来，人口愈殷繁，财力愈雄厚之地，即其道德风纪愈坏，京师几成为首恶之地。人总是要受社会影响的，居淫靡之地，精神何能振作？所耗费既多，操守安得廉洁？吏治之不饬，道德和风纪之败坏，实为之厉阶。值此官僚政治为举世所诟病之秋，安可不为改弦更张之计？然欲图更化，旧都邑实不易着手，则首都所在，似以改营新都为宜。昔时论建都者，多注重于政治军事，而罕注重于化民成俗，有之者，则惟汉之翼奉、唐之朱朴、宋之陈亮。翼奉当汉元帝时，他对元帝说：文帝称为汉之贤君，亦以其时长安的规模，尚未奢广，故能成节俭之治，若在今日，亦"必不能成功名"，他主张迁都成周，复位制度，"与天下更始"。朱朴，当唐末亦说"文物资货，奢侈僭伪已极"，非迁都不可。陈亮当宋高宗时，上书说："钱塘终始五代，被兵最少，二百年之间，人物繁盛，固已甲于东南。而秦桧又从而备百司庶府，以讲礼乐于其中，士大夫又从而治园圃台榭，以乐其生；干戈之余，而钱塘遂为乐国矣。"窥其意，宴安鸩毒，实为不能恢复的大原因。三家之言，皆可谓深切著明，而陈亮之言，实尤为沉痛。[①]

清代汉学的价值

中国学术，可分为六个时期：（一）先秦时期。……（二）两汉时期。……（三）魏晋时期。……（四）南北朝隋唐时期。……（五）宋元

[①] 《南京为什么成为六朝朱明的旧都》，1946年5月5日《正言报》。

明时期。……（六）晚明有清时期。这时期可称为"汉学"时期。中国人的学问，有一个字的毛病，便是"空"。所谓空，不是抱褊狭底现实主义的人所排斥的空，乃是其所研究的对象，在于纸上，而不在于空间。——譬如汉朝人的讲经学，就不是以宇宙间的事物为对象，而是以儒家的经为对象。——这是由于尊古太甚，以为"宇宙间的真理，古人业已阐发无余；我们只要懂得古人的话，就可懂得宇宙间的真理"的缘故。这种毛病，是从第二期以后，学术界上通有的毛病。但是学术是要拿来应付事物的。这种学术，拿来应付事物，总不免要觉其穷。于是后一期的学术，起而革前一期的学术的命。第五期的学术，是嫌第四期的学术，太落空了，不能解决一切实际的问题而起的。然而其实第五期的学术，带有第四期的学术的色彩很多；而且仍旧犯了"以古人之书为研究的对象"的毛病，既不能真正格明天下之物之理，又不能应付一切实际的问题。到后来，仍旧变为空谭无用。明朝时候，王学出，而其落空也更甚。这种学术的弊坏，达于极点，而不可不革命了。所以清代的汉学，乘之而起。汉学虽亦不免以古人的书为对象；但（一）其所"持为对象的古人的书"，是很古的，很难明白的。要求明白它，不得不用种种实事求是的考据手段。因为用了这种手段，而宇宙间的真理，也有因此而发明的。考据古书，本是因为信古书而起。然其结果，往往因此而发现古书的不可信。（二）其所持为对象的，是第一期人的书。传注虽是汉人的书，实际上都是第一期人的遗说。"以古人之书为对象，而不以宇宙间的事物为对象"的毛病，是第二期人才有的。第一期人，还是以事物为对象。看他的书，好比看初次的摄影一样，究竟去事物还近。（三）而且"考求宇宙间事物"的精神，和实事求是的精神，原是一贯的。这是经过汉学时代之后，中国人易于迎接西洋人科学思想的原理。[①]

---

① 《自修适用白话本国史（四）》第四篇《近世史下》，第 101、102—103 页。

附录　读史须知

一　为学当去名利之念

世事无一不在变迁进化之中，虽有大力莫之能阻，所以历史是维新的佐证，不是守旧的护符。对于现状的不满，乃是治学问者，尤其是治社会科学者真正的动机。社会科学其本在识，而识之本，尤在于志，必有己饥己溺之怀，然后知世有饥溺之事。社会的苦痛，积重如山，疾苦如海，苟能深切认识，最足以激动、培养人们悲天悯人的感情。故为学之事与利禄之念最不相容，有志于学问者，勉为真正的学者，而绝去名利之念。但科举时代的态度，国人始终没有改。凡所讲习，都视为敲门砖，任何有用的好学问，在这态度下，都断送了。若对于现状，本不知其为好为坏，因而没有改革的思想，又或明知其不好，而只想在现状之下，求个苟安，或者捞摸些好处，因而没有改革的志愿，那还讲做学问干什么？

历史是维新佐证不是守旧护符

读历史的利益何在呢？读了历史，才会有革命思想。这话怎样讲呢？那就是读了历史，才知道人类社会有进化的道理。从前的人，误以为读了历史，才知道既往，才可为将来办事的准则，于是把历史来作为守旧的护符，这是误用了历史的。若真知道历史，便知道世界上无一事不在变迁进化之中，虽有大力莫之能阻了。所以历史是维新的佐证，不是守旧的护符。惟知道历史，才知道应走的路，才知道自己所处的地位，所当尽的责任。①

对现状的不满是治学的真动机

大凡一个读书的人，对于现社会，总是觉得不满足的，尤其是社会科学家，他必先对于现状，觉得不满，然后要求改革；要求改革，然后要想法子；要想法子，然后要研究学问。若其对于现状，本不知其为好为坏，因而没有改革的思想，又或明知其不好，而只想在现状之下，求个苟安，或者捞摸些好处，因而没有改革的志愿，那还讲做学问干什么？所以对于现状的不满，乃是治学问者，尤其是治社会科学者真正的动机。②

学者当有己饥己溺之怀

经世二字，见于《庄子》。经之义为经纶，为经营，乃将一切事，措置得无一不妥帖之谓。夫能将天下事措置得无一不妥帖，即无一夫不获其所矣。此等情状，古人谓之大顺。《礼记·礼运》曰：故事大积焉而不苑，并行而不缪，细行而不失，深而通，茂而有间，连而不相及也，动而不相害也，此顺之至也。……古人所谓经世之术，果足以致大顺矣乎？此殊难言，然其怀经世之志，则不可诬也。

自吾有知识以来，五十年矣。小时所遇之读书人，其识见容或迂陋可笑，然其志则颇大，多思有所藉手以自效于社会国家，若以身家之计为言，则人皆笑之矣。今也不然。读书者几皆以得一职求衣食为当然，一若人之所求，更无出于此之外者。人诚不能无衣食，然谓所求仅仅在此可乎？人之所求，仅在衣食，是率天下皆自私自利之徒

---

① 《历史研究法》，永祥印书馆 1945 年版，第 73—74 页。
② 《从我学习历史的经过说到现在的学习方法·社会科学是史学的根基》，1941 年 3 月 21《中美日报》。

也，聚自私自利之人，而欲为利国利民之事，不亦蒸沙而欲成饭乎？社会科学其本在识。当识人事之万象纷纭，而能明其理，知其所以然之故，然后知所以治之之方，而识之本，尤在于志，必有己饥己溺之怀，然后知世有饥溺之事，不然饥溺者踵接于前·彼视之若无所见也。张横渠见饿莩辄咨嗟，对案不食者竟日。嗟乎·见此饿殍者，独横渠也哉？

或曰：治科学者，曷尝遗弃世务？彼其于学，诚嗜之深而好之笃，于世务遂有不暇及耳。此于自然科学，理或可通，于社会科学，则未闻有漠然不知人之苦乐，而犹克有所知能者也。多欲而避事，乃借口于学者不当与世务，以自逃责，而于权利之争，争先恐后，未见其无所知不暇及也。然则所谓遗弃世务者，得无其自蔽之烟幕弹乎？是则学者之耻也。①

（蔡）子民先生主持北大，所以能为中国的学术界，开一新纪元，就由其休休有容的性质，能使各方面的学者同流并进，而给与来学者以极大的自由，使其与各种高深的学术，都有接触，以引起其好尚之心。……子民先生自己的学术，亦有其相当的价值。子民先生的宗旨，在于提倡美育。他说：人最紧要的是"化除小己"。小己怎样化除呢？他说：人道主义的大阻力为"专己性"，而美感为专己性的良药。为什么呢？因为美感不独曼丽的，又有刚大。人而能感觉刚大之美，则"小己益小益弱，寝至遁于意识之外"，而"所谓我相者，即此至大至刚之本体"。此项美育的宗旨，施之于一般人民，是无效的。因为其太觉抽象了，多数人所能感到的，是现实的生活，谁知道什么本体现象呢？况且子民先生的所谓美，不免囿于传统的思想，偏于自然方面。我则以为人最素朴的，而亦最真实的，是自己的生活。构成自己的生活的，就是环我而处的人，亦就是社会。所以社会的惨舒，社会上人的苦乐，是最足以激动我的感情，而亦是最足以培养人们的

---

① 《吕诚之先生讲经世》，1941 年《光华学刊》创刊号。

感情的。与其引导人以认识大自然的庄严，不如指示人以现社会的苦痛。积重如山，疾苦如海，苟能深切认识，自然视当世之所谓纷华靡丽者若土苴。既视当世之纷华靡丽者若土苴，自然能认识大自然的美丽。历代遁世的高人，无不有一段悲天悯人的苦衷，潜伏在乐水乐山之后，就是为此。历来伟大的宗教家，如释迦，如基督，所以不讲涵养性情，专讲苦行，就是为此。他并非不讲美，而是他所激发的，便是天下至美的感情。①

真学者当去名利之念

真正的学者，乃是社会的，国家的，乃至全人类的宝物，而亦即是其祥瑞。我愿世之有志于学问者，勉为真正的学者。如何则可为真正的学者？绝去名利之念而已。显以为名者，或阴以为利；即不然，而名亦就是一种利；所以简而言之，还只有一个利字。不诚无物；种瓜不会得豆，种豆不会得瓜；自利，从来未闻成为一种学问。志在自利，就是志于非学，志于非学，而欲成为学者，岂非种瓜而欲得豆，种豆而欲得瓜？不诚安得有物？然则学问欲求有成，亦在严义利之辨而已。②

为学之事与利禄之念最不相容

抑吾犹有一言，欲为学生诸君告者：则为学之事与利禄之念最不相容是也。今试问吾国，自汉以后，何以诸子百家之学尽废，而一于儒？曰：利禄为之也。儒家之学，何以不旋踵，复为异说所窜乱？曰：利禄为之也。隋唐而后，何以士于凡百有用之学一无所知，而惟诗赋帖拓经义论策之知？曰：利禄为之也。其间岂无一二瑰伟绝特之士，思欲探求事物而扬真理者？然举世滔滔，方沉溺于利禄，而竞

---

① 《蔡孑民论》，《宇宙风（乙刊）》1940 年第 24 期。
② 《从章太炎说到康长素、梁任公》，《月刊》1946 年第 1 卷第 3 期。

趋于俗学,欲以一人之力,独挽狂澜,夫固知其难矣。故虽偶有发明,卒不能发辉光大,且不旋踵而废坠也。今者科举之制既废,在上者不复悬利禄之途,驱诱学子。叔孙胜人之诮,桓公嗜古之荣,吾知免矣。然举世滔滔,方颠倒于拜金主义,其为学问害痏与科举等,或且甚焉也。吾为此惧,敢又以是为学生诸君告。吾从事教育十余年,凡及门之士,克自树立者,必其以学问为目的,不以之为手段者也。否则始虽以为手段,终且以为目的者也。其惟作官谋馆是务者,终必不能有成。阅人多矣,非虚言也。①

　　天下没有那一件事物一定是有用的,那一件事物一定是无用的,而只看我们对待他的态度。科举废,学校兴,业经四十余年了。学校中所讲习的,自较科举所考的为有用,但中国的读书人,科举时代的态度,始终没有改。凡所讲习,都视为敲门砖,对于本身,并无诚意。如此,自然说不上有兴趣,更说不上有热心,什么有用的好学问,在这态度下,都断送了。②

二　借历史倡爱国亦有弊

　　　学术为国家社会兴盛的根源,真正的学术,那有无用的呢?然要研究学术,却宜置致用于度外。治社会科学者最怕的是严几道所说的"国拘",视自己社会的风俗制度为天经地义。此正是现在治各种学问的人所应当打破的成见,而广知各国的历史,则正是所以打破此等成见的,何况各国的历史,还可以互相比较。又爱国爱族,诚未尝不可提倡,借历史以激励爱国家、爱民族之心,亦确是一个很好的办法。然而天下事总有一个适当的限度,超过这限度,致失史事之真,就不是真理,而是出于矫揉造作的了,其事就不免有弊。历史上峕事情前后不符的甚多,未可轻易地执着前事以推断后事,社会变迁较缓慢之世,前后的事情,相

---

① 《今后学术之趋势及学生之责任》,《中华学生界》1916 年第 2 卷第 1 期。
② 《学制刍议续篇》,《改造杂志》1947 年第 2 期。

类似的成分较多,执陈方以医新病,贻误尚浅,到社会情形变化剧烈时,就更难说了。

学问只分真伪

学术为国家社会兴盛的根源,此亦众所共知,无待更行申说。然要研究学术,却宜置致用于度外,而专一求其精深。此非谓学术可以无用;学术之终极目的,总不外乎有用,这是无可否认的。但以分工合力之道言之:则人之才性,各有所宜,长于应付实务者,既未必宜于探索原理。即就探索原理论,学术研究的对象,极为繁多,长于此者,亦未必长于彼。又况研究愈精,则所搜集之材料愈多;各种学问之间,其相互关系亦益密;兼收并蓄,断非一人之力所克胜。所以事功学问,不得不判为两途;而学术又不能不分科;抑且学问愈发达,则分科愈详密。中国人对于学术,非不重视,然于此,颇嫌其未达一间。所以以学术事功,相提并论,总不免有轻学术而重事功之见。而且谈起学术来,还要揭举著"有用之学"四字;其实学问只分真伪,真正的学术,那有无用的呢?[①]

治学不可有"国拘"

社会的体段太大了,不像一件简单的物事,显豁呈露地摆在我们面前,其中深曲隐蔽之处很多,非经现代的科学家,用科学方法,仔细搜罗,我们根本还不知道有这回事,即使觉得有某项问题,亦不会知其症结之所在。因而我们想出来的对治的方法,总像斯宾塞在《群学肄言》里所说的:"看见一个铜盘,正面凹了,就想在其反面凸出处打击一下,自以为对证发药,而不知其结果只有更坏。"发行一种货币,没有人肯使用,就想用武力压迫,就是这种见解最浅显的一

---

① 《蔡子民论》,《宇宙风(乙刊)》1940 年第 24 期。

个例子。其余类此之事还很多，不胜枚举，而亦不必枚举。然则没有科学上的常识，读了历史上一大堆事实的记载，又有何意义呢？不又像我从前读书，只是读过一遍，毫无心得了么？所以治史而能以社会科学为根柢，至少可以比我少花两三年功夫，而早得一些门径。这是现在治史学的第一要义，不可目为迂腐而忽之。对于社会科学，既有门径，即可进而读史，第一步，宜就近人所著的书，拣几种略读，除本国史外，世界各国的历史，亦须有一个相当的认识；因为现代的历史，真正是世界史了，任何一国的事实，都不能撇开他国而说明。既然要以彼国之事，来说明此国之事，则对于彼国既往之情形，亦非知道大概不可。况且人类社会的状态，总是大同小异的；其异乃由于环境之殊，此如夏葛而冬裘，正医其事实之异，而弥见其原理之同。治社会科学者最怕的是严几道所说的"国拘"，视自己社会的风俗制度为天经地义，以为只得如此，至少以为如此最好。此正是现在治各种学问的人所应当打破的成见，而广知各国的历史，则正是所以打破此等成见的，何况各国的历史，还可以互相比较呢？①

借历史以爱国不可用之太过

借历史以激励爱国家、爱民族之心，用之太过亦有弊。不错，爱国家、爱民族，是确有其理的；而借历史以激励爱国家、爱民族之心，亦确是一个很好的办法。然而天下事总有一个适当的限度，超过这限度，就不是真理，而是出于矫揉造作的了，其事就不免有弊。这在欧洲，十九世纪后半期各国的历史，都不免有此弊，而德国为尤甚。亚洲新兴的日本，此弊亦颇甚至。中国人偏狭之见，较之德、日等

---

① 《从我学习历史的经过说到现在的学习方法·社会科学是史学的根基》，1941年3月21日《中美日报》。

国,可谓相差甚远,然亦不能绝无。中国人有此弊,是起于宋以后的。①

爱国爱族,诚未尝不可提倡,然蔽于偏见,致失史事之真,则缪矣。中西交接之初,史家此等谬误,盖未易枚举,今日读之,未见不哑然失笑者也。若乃明知非史事之真,而故为矫诬,以愚民而惑世,如日本人之所为者,则尤不足道矣。②

鉴史不可执陈方以医新病

历史到底是怎样一种学问?研究了它,有什么用处?提出这一个问题,我知道多数人都能不待思索而回答道:历史是前车之鉴。什么叫做前车之鉴呢?那就是:从前的人所做的事情,成功的,大家认为好的,我们可奉以为法,照着他做;失败的,大家认为坏的,我们当引以为戒,不照着他做。姑无论成功失败,不尽由于做法的好坏;众人所谓好坏,不足为准;即置二者于弗论,世事亦安有真相同的?执着相同的方法,去应付不同的事情,哪有不失败的道理?在社会变迁较缓慢之世,前后的事情,相类似的成分较多,执陈方以医新病,贻误尚浅,到社会情形变化剧烈时,就更难说了。近代世界大通,开出一个从古未有的新局面,我们所以应付之者,几于着着失败,其根源就在于此。所以愤激的人说道:历史是足以误事的。因为不读历史,倒还面对着事实,一件新事情来,要去考察它的真相,以定应付的方针;一有了历史知识,先入为主,就会借重已往的经验,来应付现在的事情,而不再去考察其真相;即使去考察,亦易为成见所蔽,而不能见其真相了。如咸丰十年,僧格林沁被英、法兵打败了,薛福成的文集里,有一篇文章记载其事,深致惋惜之意。他说:咸丰八年,业经把英、法兵打败了,这一次如能再打一个胜仗,则他们相去数千里,远

---

① 《历史研究法》,第35页。
② 《史籍与史学》,《吕著史学与史籍》,第52页。

隔重洋,不易再来第三次,时局就可望转机了。近代世界交通的情形,是否英、法再战败一次,即不易三来?当日清朝腐败的情形,是否再战胜一次,时局即可望转机?我们在今日看起来,可谓洞若观火,而在当日,号称开通的薛福成竟不能知,这也无怪其然。当日英、法的情形,自非薛氏所能洞悉。然使薛氏而毫无历史知识,倒也不会作英、法再败即不易三来的推测。有了历史知识,照历史上的成例推测,相去数千里,远隔重洋,而要兴兵至于三次、四次,确是不容易的,无怪薛氏要作此推测了。据此看来,历史知识足以误事之言,并不能说它不对。然而没有历史知识,亦未尝不误事。当袁世凯想做皇帝时,先由筹安会诸人列名发出通电,说要从学理上研究中国的国体问题,到底君主民主,孰为适宜?当时大家看见这个通电,就说:袁世凯想做皇帝了。我却不以为然。我说:这其中必然别有缘故,深曲隐蔽,不可轻于推测。为什么呢?我以为生于现今世界,而还想做皇帝,还想推戴人家做皇帝,除非目不识丁,全不知天南地北的人,不至于此,以此推测袁世凯和筹安会诸人,未免太浅薄了,所以我有此见解。然而后来,事情一层层披露出来,竟尔不过如此,这不是一件奇事么?此无他,还是缺乏历史知识而已。据这件事情看来,历史知识是不会误事的,所以误事,还是苦于历史知识的不足。这话怎样讲呢?须知道世界上是没有全无历史知识的人的。我们和人家谈话,总听得他说从前如何如何,这就是历史知识。所谓历史,原不过是积从前如何如何而成,所以此等人和专门的史学家,其知识之相去,亦不过程度之差而已。袁世凯和筹安会中人,想做皇帝,想推戴人家做皇帝时,亦何尝没有他们的历史知识?在中国历史上,皇帝是如此做成的;推戴人家做皇帝,是如此而成功的,岂能说是没有?以当时的情形而论,反对的人,自然不会没有的,然而据历史上的成例推测,岂不可期其软化?即有少数人不肯软化,又岂不可望其削平?这个,据着他们仅有的、一偏的历史知识推测,自亦可以作此断案,自不免于希冀侥幸。倘使他们再多读一些近代的外国历史;倘使他们的心思再能用得深一点,知道历史上的事情前后不符的甚多,未可轻易地执着前事以推断后事,他们自然不至于有此失着了。所以说:误事的不是历史知识,只是历史知识的不足。[①]

三 学问在空间不在纸上

学问在空间,不在纸上,读书是要知道宇宙间的现象,就是书上所说的事情;而书上所说的事情,也要把他转化成眼前所见的事情。如此,则书本的记载,和阅历所得,合同而化,才是真正的学问。我们对于学问的见解,大概观察现社会所得,而后以书籍证明之。断无于某项原理茫然不知,而能得之于书籍者也。凡观古人之文,宜设身处地,细考其所处之时地及其所与言之人,并须察度其人性情学问如何?然后能真了解其言,不致偏护古人,亦不至厚诬古人。古今人之才智,不甚相远,普通之事理,谈学问者,亦多能见之,决无举世皆愚陋,一二人独明智之理也。现代史学上的格言,是"求状况非求事实",是"重常人,重常事",常人、常事是风化,特殊的人所做的特殊的事是山崩。不知道风化,决不能知道山崩的所以然,如其知道了风化,则山崩只是当然的结果。

学问在空间不在纸上

夫学问之事,原不限于读书。向者士夫埋头钻研,几谓天下之事,尽于书籍之中,其号称读书,而实不能读书者无论矣。即真能读书者,其学问亦多在纸上,而不在空间。能为古人作忠臣,而不能为当世效实用,若是者,其读书似极无用。今者举国之人,读书力虽日见衰退,似未足为大病也。然事有以无用为有用者,读书之风盛,则志节高尚之人自多,而奔竞无耻者自少,治事有条理之人自多,而冯

---

① 《历史研究法》,第1—4页。

陵叫嚣者自少。今日之当路者，但能以小利害劫人，即无论何人，皆可使之枉道而从我。而其他大多数初无利害关系之人，亦辄为所惑，皆坐此也。①

学问在空间，不在纸上，读书是要知道宇宙间的现象，就是书上所说的事情；而书上所说的事情，也要把他转化成眼前所见的事情。如此，则书本的记载，和阅历所得，合同而化，才是真正的学问。昔人所谓"世事洞明皆学问，人情练达即文章"，其中确有至理。知此理，则阅历所及，随处可与所治的学问相发明，正不必兢兢于故纸堆中讨生活了。所以职业青年治学的环境，未必较专门读书的青年为坏，此义尤今日所不可不知。②

学问之道，贵乎求真，"真的学问，在空间不在纸上"，这个道理，是容易明白的。自然，最初写在纸上的，是从空间来的，不然，他也不会有来路。然而时间积久了，就要和实际的情形不合，所描写的，不是现在的情形了；所发表的意见，也和现在不切。然而时间积久了，就使他本身成为权威，以为除书所载而外，更无问题，而一切问题，古人也都已合理的解决了，所苦者，只是我们没有能了解古人的话，或虽了解而不能实行。即有少数人，觉得书之外还有问题，古人解决问题的方法，亦未为全是的，然而先入为主，既经受了书的暗示，找出来的问题，还是和古人相类，而其所谓解决的方法，也出不得古人的窠臼，和现在还是隔着一重障碍。所以从来批评读书人的，有一句话，叫做"迂阔而远于事情"。"情"是"实"，"事情"就是"事实的真相，""迂"是绕圈子，"阔"是距离的远，你不走近路而走远路，自然达不到目的地，见不到目的物的真相了。这一个批评，实在是不错的，读书人的做作事，往往无成，就是为此。③

---

① 《论国人读书力减退之原因》，1918 年 3 月 25 日《时事新报》。
② 《从我学习历史的经过说到现在的学习方法·职业青年的治学环境》，1941 年 3 月 23 日《中美日报》。
③ 《蠹鱼自讼》，《春雷：文艺春秋丛刊之三》，上海永祥印书馆 1945 年版，第 111 页。

读书与观察现状

读书,到底是有益的,还是有害的事? 这话是很难说的。"学问在于空间,不在于纸上。"要读书,先得要知道书上所说的,就是社会上的什么事实。如其所说的明明是封建时代的民情,你却把来解释资本主义时代的现象;所说的明明是专制时代的治法,你却把来应付民治主义时代的潮流;那就大错了。从古以来,迂儒误国;甚至被人姗笑不懂世事;其根源全在于此。所以读书第一要留心书上所说的话,就是社会的何种事实。这是第一要义。这一着一差,满盘都没有是处了。①

读书与观察现社会之事实,二者交相为用,而后者之力量实远强于前者。我们对于学问的见解,大概观察现社会所得,而后以书籍证明之。断无于某项原理茫然不知,而能得之于书籍者也。职是故,人在未治某种学问以前,即可知其能治此学问与否。其法维何? 先就某学问所研究之事实与之纵谈。其人能了解,有兴味者,即能治此学问之人,如不然者则不能也。②

我觉得空谈方法,终究不甚亲切;而开书目,亦不是第一顶要紧的事。因为学问在空间不是在纸上的。纸上所加载的,还是空间的某一种现象。你要是对于这一种现象,没有兴味,不能了解,那就再把好的书,依着顶好顺序介绍给你看,也是无益。教育是只能发达其性所固有,不能增益其性之所本无的。……其实社会上现行之事,可与书籍上的事互相参证的,不知凡几。……虽然社会现象,不比自然现象那么刻板。他永没有再现的机会,因而没有真正相同的事情,然而以事论虽不同,以理论却是可以相同的。而且较大的事情,你永远没有整个的直接观察的机会,总只是"比量",总只是"推知"。要是你

---

① 《读书的方法》,1946 年 6 月 3 日《正言报》。
② 《张芝联〈历史理论引论〉案语》,《文哲》1939 年第 1 卷第 8 期。

对于社会上天天发生的事情，不感觉兴味，觉得其中没有什么可供研究的问题，你就根本不必研究社会科学，不如善用其所长，研究自然科学去。[1]

唯设身处地才有真了解

后汉风气务名而不务实，故当时政论之家，多主以刑名法术整齐之，魏武帝、诸葛孔明皆任法为治，时势之要求则然也。诸论政之家，以王仲任之《论衡》最为世所称，今举一篇（编者按：即《非韩》），以代表其余。王符《潜夫论》、崔寔《政论》等可以参看。仲任可取处在思想，其文笔则不甚健。《论衡》一书以理胜，非以文胜。仲任思想，自是可取，然近人推崇似又太过。仲任之学，实出申韩，以此论治而救末流之弊则通，以此等见解推之以论一切事则病矣。近人推仲任，谓其能破除迷信也。然古之有学问者，何人尝迷信哉！仲任论事精辟处甚多，固执可笑处亦不少。胡适之讥章实斋骂袁子才为绍兴师爷口吻（见所著《章实斋年谱》），若仲任者，则绍兴师爷口吻之尤甚者也。凡观古人之文，宜设身处地，细考其所处之时地及其所与言之人，并须察度其人性情学问如何？然后能真了解其言，不致偏护古人，亦不至厚诬古人。古今人之才智，不甚相远，普通之事理，谈学问者，亦多能见之，决无举世皆愚陋，一二人独明智之理也。此等方法，今人固恒言之。然往往自己便不能用，此好谈方法而不肯问学之过也。[2]

求状况与求事实

现代史学上的格言，是"求状况非求事实"。这不是不重事实，状况原是靠事实然后明白的，所以异于昔人的，只是所求者为"足以使某

① 《活的史学研究法》，《学风》1941 年第 2 卷第 3 期。
② 《中国文学史选文》，《吕思勉遗文集》上册，第 762—763 页。

时代某地方一般状况可借以明白的事实",而不是无意义的事实而已。所以有许多事情，昔人视为重要，我们现在看起来，倒是无关重要，而可以删除的。有许多事情，昔人视为不重要，不加记载，不过因他事而附见的，我们现在看来，倒是极关重要的，要注意加以搜辑。……所以求状况的格言，是"重常人，重常事"，常人、常事是风化，特殊的人所做的特殊的事是山崩。不知道风化，决不能知道山崩的所以然，如其知道了风化，则山崩只是当然的结果。①

为学贵在见人之所不见

人之为学，所难者在见人之所不见。同一书也，甲读之而见有某种材料焉，乙读之，熟视若无睹也。初读之，茫然无所得，复观之，则得新义甚多。此一关其人之天资，一视其人之学力。为学之功，全在炼成此等眼光，乃可以自有所得。而此等眼光，由日积月累而成，如长日加益而不自知。其所得者，亦由铢积寸累。未有一读书，即能贯串古今者也。故昔之用功者，只作札记，不作论文，有终身作札记，而未能成有条理系统之论文者。非不知有条理系统之足贵，其功诚不易就也。②

四　先读科学书，后读古书

读旧书自然是有利亦有害的。但对于先后缓急，却不可不审其次序。对于现在的科学，先已知其大概，然后在常识完备的条件下，了解古书，自然是有益的。凡读书，不必一字一句都能解说，前人教初学读书，譬诸略地，务求其速，而戒攻坚。但略读则可，越过则不可，因为越过是不读，非略读。人之读书，须经过杂读及乱读之一时期，此时最宜

---

① 《历史研究法》，第 46—47 页。
② 《大学杂谈》，1928 年《光华年刊》。

听其自由，而勿加禁断。学问之家，或主精研，或主博涉，不过就其所注重者而言，决不是精研之家，可以蔽聪塞明，于一个窄小的范围以外，一无所知，亦不是博涉之家，一味的贪多务得，而一切不能深入。无特色之书，读之不易有所得；有特色的书，只会注意于一两方面；故读书所以要用几种书互相参考。凡读史，当从多方面领略，因史籍随吾人之研究，可供给吾人以无限之材料。

先读科学书，后读古书

读旧书到底是有益的，还是有害的？这个问题，很难得满意的解答。平心论之，自然是有利有害。但对于先后缓急，却不可不审其次序。对于现在的科学，先已知其大概，然后在常识完备的条件下，了解古书，自然是有益的。若其常识不完备，退化了好几世纪，而还自以为是，那就不免要生今反古，与以耳食无异了。所以我劝青年读书，以先读现在的科学书，而古书且置为缓图为顺序。[①]

我觉得读书的为利为害，确实很难说的，而尤其是社会科学。假使在尧、舜的时代发明了火车，不会到现在，熙他的法子忽然开不动；在周公的时代而发明了电灯，不会到现在，熙他的法子忽然点不亮。至多是浅陋陈旧些罢了。那么，读古人自然科学的书，决不至于全上当。社会科学就很难说了。且如现在，经商成为学问，货币也成为经济上的大问题。今人大抵笑古人愚昧，不知道商业的重要，而要讲什么贱商、抑商；又不知道货币之不可无，而欲废之而代以谷帛。好像现在所谓经济学理，恒存于天壤，只是古人没有发明。试想没有交换之世，安得有商业？无商业，安得有货币？当这时代，现在所谓商业的学理、货币的学理，都存在何处呢？然则古人所说的话，安能适合于今日？然而人，不读书则已，既读书，别说墨守，即极得鱼忘筌之

---

① 《孤岛青年何以报国》，《美商青年月刊》1941 年第 3 卷第 1 期。

人，也不免先入为主。一件事情横在面前，明明有问题的，也以为前人业经发明，更无问题；即使用心去想，其所得的结果，也不易越出前人的范围；而且世界上有许多该注意的现象，只因前人未曾提及，也就不知道其该注意了。天下有许多事情，往往出乎人们意料之外，使人们手足失措，就是为此。[①]

初学之书不在多

"行远自迩，登高自卑"，讲到入手的方法，我们就不能不从最浅近、最简易的地方着眼了。大抵指示初学门径之书，愈浅近、愈简易愈好，惟不可流于陋耳。陋非少之谓，则不陋非多之谓。世惟不学之人，喜撑门面，乃胪列书名，以多为贵，然终不能掩其陋也。[②]

凡读书，决无能一字一句，无不懂得的。不但初学如此，即老师宿儒，亦系如此。吾乡有一句俗话说："若要盘驳，性命交托。"若读书必要一字一句都能解说，然后读下去，则终身将无读完一部书之日，更不必说第二部了。其实，有许多问题，在现时情形之下，是无法求解的；有些是非专门研究，不能得解；即能专门研究，得解与否，仍未可知的；有些虽可求解，然非读下去，或读到他书，不能得解，但就本文钻研，是无益的；并有些，在我是可不求甚解的。不分轻重缓急，停滞一处，阻塞不前，最为无谓。所以前人教初学读书，譬诸略地，务求其速，而戒攻坚。但定为应读的，略读则可，越过则不可，因为越过是不读，非略读耳。[③]

凡阅书皆宜出之自力，为教师者，虽可偶备质问，助析疑义，而断不可操刀代斫，大加辅助。即答问亦宜极少。阅者既以涉猎为主，尽可不求甚解。大致能明白者即置之，必实不能通者，然后从事

① 《两年诗话》，《两年：文艺春秋丛刊之一》，上海永祥印书馆 1944 年版，第 109 页。
② 《孤岛青年何以报国》，《美商青年月刊》1941 年第 3 卷第 1 期。
③ 《中国史籍读法》，《史学四种》，上海人民出版社 1981 年版，第 74—75、80—81 页。

于考求焉，考查不能得，亦即姑置之。所谓看书如攻城略地，但求其速也。质而言之，只求其每日能有一小时，一小时中能粗枝大叶阅过一二万字，则积以四年之久，国文自无不通之理，以后特以阅书，自不患其不解耳。今之学生阅书之事绝少，阅读中国古籍，尤为绝无仅有之事，以致于阅书之法，全无所知，以为阅一书，亦必如听教师之讲解教科书，至字字明白而可也。于是惰者，偶一翻阅，遇不能通处，辄弃去。其勤者，则字字请益教师，语语查阅字典，卒至不能终卷而后已。皆由未知读书必出之以渐，初读书时，必经过触目荆棘之一境故也。[1]

精研与博涉

在《书经》的《洪范篇》上，有"沉潜刚克，高明柔克"两句话。这两句话，是被向来讲身心修养的人，看作天性不同的两种人所走的两条路径的。其实讲研究学问的方法，亦不外乎此。这两种方法：前一种是深入乎一事中，范围较窄，而用力却较深的。后一种则范围较广，而用功却较浅。这两种方法：前一种是造就专家，后一种则养成通才。固然，走哪一条路，由于各人性之所近，然其实是不可偏废的。学问之家，或主精研，或主博涉，不过就其所注重者而言，决不是精研之家，可以蔽聪塞明，于一个窄小的范围以外，一无所知，亦不是博涉之家，一味的贪多务得，而一切不能深入。[2]

所以现在在校的学生，固应于所专的科目以外，更求广博的知识。即无机会受学校教育的青年，亦当勉力务求博览。学问有人指导，固然省力，实无甚不能无师自通的。现在的学生，所以离不开教师，（甲）正由其所涉的范围太狭，以致关涉他方面的情形，茫然不解。遂非有人为之讲解不可。（乙）亦由其看惯了教科书讲义，要句句看

---

[1] 《拟中等学校熟诵文及选读书目》，《吕思勉遗文集》上册，第 743—744 页。
[2] 《读书的方法》，1946 年 6 月 3 日《正言报》。

得懂的书，方才能看，肯看，不然就搁起了。如此，天下岂复有可读之书？若其所涉博，则看此书不能懂的，看到别一部书，自然会懂，届时不妨回过来再读这部书，何至于一有不通，全部停顿？须知一章一节，都有先生讲解，在当时自以为懂了，其实还不是真懂的。所以求学的初步，总以博涉为贵，而无师正不必引为大戚。[①]

读自己所好之书

（自行读书）当读何书乎？曰：此无一定。"吾所最好读之书，即吾所最宜读之书。"此予之格言也。大抵人之性质，各有所近。就其所近者而求之，则相说以解，毫不费力。就其所远者而强为焉，则事倍功半，甚至终无悟入处也。夫文学之种类亦多矣。以与口语之远近言之，则有文言白话之分；以其主于应用或不主应用言之，则有纯文学杂文学之别。凡此种种，悉数难终，而要之性质相近者，自能一见如故，结为好友也。大抵人之读书，须经过杂读及乱读之一时期，而后趋向乃定，此其一关系年龄之长幼，一关系学问之浅深。至趋向略定时，本已无庸教得。所贵迎机指导，略与辅助者，则正在其杂读及乱读之时代耳。然此时代，最宜听其自由，其实干涉亦无效。除必不可读之书外，宜一切勿加禁断也。[②]

不能只读一种书

"一部书的教师，是最不值钱的。"一部书的学者，亦何莫不然。这不关乎书的好坏。再好的，也不能把一切问题，包括无遗的，至少不能同样注重。这因为著者的学识，各有其独到之处，于此有所重，于彼必有所轻。如其各方面皆无所畸轻，则亦各方面无所畸重，其书就一无特色了。无特色之书，读之不易有所得。然有特色的书，亦只

---

① 《孤岛青年何以报国》，《美商青年月刊》1941年第3卷第1期。
② 《国文教授祛蔽篇》，《新教育》1925年第10卷第3期。

会注意于一两方面,而读者所要知道,却不是以这一两方面为限的。这是读书所以要用几种书互相参考的理由。这一层亦是最为要紧的。[①]

读书当从多方面领略

凡读史,当从多方面领略。史籍实随吾人所欲研究,而供给吾人以无限之材料。如此篇(编者按:即《汉书·李广苏建传》),李广、李陵,皆可见封建时代武士之性质。其不爱财利,与士卒同甘苦,谦让下士,自为其光明面,然杀降则为其黑暗面。李陵之兵强矣,然以步卒五千涉单于庭,则为轻视士卒之生命以要功,非古者"可杀而不可使击不胜"之义也。且略关东徙边者之妻,匿之车中而偕行,尤可见其军纪之坏,此等兵,果可用之以克敌乎?即能克敌,国内多聚此等兵,能无他患乎?观此篇王朔之语,又谓三代之将,道家所忌,即可见时人对于武士之反对也。李广甚重封侯,其愚已不可及。然苏武,徒以父子为汉武所成就,而甘心为之效死,不复问是非善恶,其愚亦无异于广也。广既为卫青所害,敢又为霍去病所杀,而李陵仍愿为汉家效忠,其愚实更不可及。此等并可见封建时代士大夫之性质,此等性质,西汉时最浓厚,东汉时已大衰,魏晋后几不可见矣。(有之者,乃其个人之性质,非复社会之风气。)汉武帝欲事四夷,本无以卫青、霍去病为大将之理,而用之,则以椒房之亲故也。(青,卫皇后弟。去病,青姊子。)听李陵以步卒涉单于庭,本非用兵之道。已又疑其中悔,终乃自悔堕路博德术中,纯用手段,不以至诚待人。闻李陵败,召相者视其母妻有无死伤之色,尤可见其迷信。责问陈步乐,致其自杀,则可见其暴虐。群臣除一司马迁外,皆罪李陵,岂无知其不然者?皆为积威所劫而面从也。此等人,可以事四夷乎?汉武之事四夷实侵略多而防御少。即不论此,当时国力之耗费甚大,与其成功,实不

---

① 《读书的方法》,1946 年 6 月 3 日《正言报》。

成正比例。使易一人而用兵，其成功与耗费之比例，必非如此。故汉武之武功，即站在侵略之立场上言之，亦无足称也。（当时之文治派，如夏侯胜及《汉书·西域传》之作者等，本不站在侵略之立场上，故于汉武非议尤甚。）李广不肯对刀笔之吏，可见当时刀笔吏之酷。李陵军败，埋珍宝地中，可见当时行军多赍珍宝充赏。左伊秩訾不肯杀汉使，谓即谋单于，何以复加？可见野蛮人持法论事多有平心处。此仅略举其例。要之，读书可接触之方面甚多。初读时几如山阴道上，应扩其胸襟以受之；久之宗旨既定，则或专取某方面，或专撷其菁英，而事迹皆在所吐弃，必有一途以自处矣。[①]

---

① 《史籍选文评述》,《吕著史学与史籍》, 第140—141页。